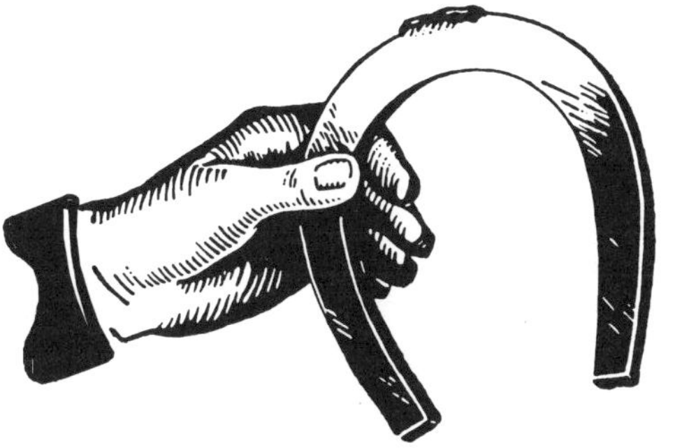

JACKPOT

Good Luck

Spyros Makridakis, Robin Hogarth & Anil Gaba

TANZ MIT DEM GLÜCK

WIE WIR DEN ZUFALL FÜR UNS NUTZEN KÖNNEN.

Aus dem Englischen
von Hendrik Lorenzen

Tolkemitt Verlag bei Zweitausendeins

Deutsche Erstausgabe
1. Auflage, Oktober 2010

Die englische Originalausgabe ist 2009 unter dem Titel
»Dance With Chance« bei Oneworld Publications, Oxford, erschienen.

Lektorat: Ekkehard Kunze, Büro Z, Wiesbaden.
Umschlaggestaltung: Tom Ising für Herburg Weiland, München.
Herstellung von Urs Jakob,
Werkstatt im Grünen Winkel, CH-8400 Winterthur.
Satz: Fotosatz Amann in Aichstetten.
Druck und Bindung: Ebner & Spiegel in Ulm.
Printed in Germany.

Dieses Buch gibt es nur bei Zweitausendeins im Versand, Postfach
D-60381 Frankfurt am Main, Telefon: 069-420 8000, Fax: 069-415 003.
Internet: www.Zweitausendeins.de, E-Mail: Service@Zweitausendeins.de.
Oder in den Zweitausendeins-Läden in
Augsburg, 2x in Berlin, in Bonn, Braunschweig, Bremen, Darmstadt, Dresden, Düsseldorf,
Erfurt, Frankfurt am Main, Freiburg, Göttingen, 2x in Hamburg, in Hannover, Karlsruhe,
Kiel, Koblenz, Köln, Konstanz, Leipzig, Ludwigsburg, Mannheim, Marburg, München,
Münster, Neustadt an der Weinstraße, Nürnberg, Oldenburg, Osnabrück,
Stuttgart und Ulm.

In der Schweiz über buch 2000, Postfach 89, CH-8910 Affoltern a. A.
In Österreich über Buchkontor, Kriemhildeplatz 1, A-1150 Wien.

ISBN 978-3-942048-23-1

Inhalt

Vorwort

Bevor es losgeht ...

Tanz mit dem Glück entstand durch die Begegnung dreier Professoren, die sich für die gleiche Sache interessierten: das menschliche Bedürfnis, die Zukunft vorherzusagen und zu beeinflussen.

Begonnen hatte alles in den 70er Jahren, als einer der Hochschullehrer, ein gelernter Statistiker, eine unangenehme Überraschung erlebte. Ihm war aufgefallen, dass viele Geschäftsleute für ihre Prognosen nicht gerade die aktuellsten statistischen Methoden verwendeten. Mit einer Studie wollte er sie davon überzeugen, mathematisch anspruchsvoller vorzugehen. Doch zum intellektuellen Entsetzen des Professors – von der Blamage ganz zu schweigen – zeigte seine Untersuchung, dass die schlichten Methoden, mit denen meist gearbeitet wurde, besser vorhersagten als seine ausgeklügelten Modelle.[1] Widerstrebend fragte er sich, ob man bei Zukunftsprognosen anstatt der Mathematik nicht doch besser der menschlichen Intuition vertrauen sollte.

Von diesem Dilemma erzählte er einem Kollegen, seines Zeichens Professor für kognitive Psychologie. »Tut mir leid«, antwortete dieser, »aber empirische Untersuchungen in meinem Fachbereich zeigen, dass das menschliche Urteilsvermögen noch unzuverlässiger bei Vorhersagen ist als statistische Modelle.«[2] Lange Zeit grübelten die beiden über dieses Thema, wie Professoren das eben so tun. Jahre später trafen sie sich erneut an jener berühmten Business School, wo sie sich einst kennen gelernt hatten. Dort sprachen sie mit einem dritten Hochschullehrer. Dieser beschäftigte sich mit Entscheidungsprozessen und dem Verhältnis von Theorie und Praxis, Rationalität und Irrationalität sowie von statischen Modellen und Bauchgefühl.

So kam es zu dem Projekt *Tanz mit dem Glück* – mit dem Ziel, Menschen in Situationen, in denen zuverlässige Prognosen nicht möglich sind, zu besseren Entscheidungen zu verhelfen. Ganz wesentlich ist es, die Ungewissheit zu akzeptieren und herauszufinden, was sich in einer Situation vorhersagen lässt und was nicht, um so die Grenzen des Voraussagbaren zu erkennen. Nur dann besteht die Chance, mit den alltäglichen Ungewissheiten realistisch umzugehen, ohne den Launen des Zufalls zum Opfer zu fallen.

Hier aber drängt sich die Frage auf, warum den Menschen die Grenzen der Voraussagbarkeit so wenig bewusst sind. Der Grund dafür ist, dass sie in den meisten Lebenssituationen kaum eine Rolle spielen. Viele alltägliche Aktivitäten wie essen, ins Kino gehen, lesen oder die Straße entlang spazieren beinhalten Unwägbarkeiten, die wir problemlos meistern. Dafür brauchen wir keine Vorhersagen oder Planungen. Auch gibt es Ereignisse, die wir relativ gut voraussehen können, wie zum Beispiel Ebbe und Flut, Aufgang und Untergang der Sonne und den Beginn unserer Lieblingsfernsehsendung. Geordnete Abläufe und Vorhersehbarkeit bestimmen viele Situationen unseres Alltags.

Gleichwohl haben wir auch gewichtige Entscheidung in ganz anders gearteten Situationen zu treffen, in denen wir nur sehr begrenzt Vorhersagen machen können und wenig Kontrolle über den Gang der Dinge haben. Wer weiß schon, wo morgen oder im nächsten Jahr die Aktienkurse stehen? Wann die nächste Immobilienkrise kommt, durch die die Finanzunternehmen, die doch eigentlich Risikoexperten sind, Verluste in Billionenhöhe machen? Oder wann und wo sich das nächste Erdbeben oder der nächste Terroranschlag ereignet? – Oder ganz persönliche Fragen wie: Wird Ihre neue Chefin mit Ihrer Arbeit zufrieden sein? Wird sie Sie befördern? Und wenn dann das neue Produkt auf den Markt kommt, an dem Sie zwei Jahre lang gearbeitet haben: Wird es ein Erfolg oder ein Flop?

Es handelt sich also um klar zu unterscheidende Situationen. Doch die Menschen tun so, als wären für sie die Ungewissheiten der einen Situation genauso kalkulierbar wie die der anderen. Das mag für das Wohlbefinden bequem sein, doch man macht sich damit etwas vor. Kurz gesagt: Wir leiden unter einer »Kontrollillusion«, die uns glauben lässt, die Zukunft sei vorhersehbarer und weniger ungewiss, als sie es in Wirklichkeit ist. Noch fataler ist der Glaube, wir könnten Zufallsereignisse durch unser eigenes Handeln beeinflussen.[3]

Eigentlich, so sollte man meinen, müssten solche irrigen Vorstellungen heutzutage ausgestorben sein und rationales Denken unsere von technischem Fortschritt und hohem Bildungsniveau geprägte Gesellschaften bestimmen. Doch Aberglaube ist auch heute noch weit verbreitet. 2004 ermittelte die amerikanische National Science Foundation, dass 28 Prozent der Amerikaner an Astrologie glauben, 15 Prozent ihr Horoskop täglich oder »ziemlich häufig« lesen und dass 70 Prozent der Studenten überzeugt sind, ein Talisman würde bei Prüfungen helfen. In China glauben Millionen, dass die Farbe Rot Zufriedenheit, Wohlstand, Ruhm und Glück bringe. Sie glauben auch, dass die Acht eine Glückszahl sei. So bezahlte ein reicher Chinese 2,33 Millionen Yen (damals etwa 280.000 Dollar), um die aus acht Achten bestehende Superglückstelefonnummer 8888-8888 zu bekommen.[4] Diesen und ähnlichen Aberglauben gibt es überall.[5] In Italien hat man die Zahl 13 aus der Lotterie gestrichen. 80 Prozent der Hochhäuser in den verschiedensten Großstädten der Welt haben keinen 13. Stock, in den Flughäfen gibt es oft kein Gate mit der Nummer 13, in den Flugzeugen selbst wird die 13. Sitzreihe nicht gezählt, in Krankenhäusern und Hotels sucht man die Zimmernummer 13 vergebens. Kaum zu glauben, dass solcher Aberglaube noch im 21. Jahrhundert überall auf der Welt zu finden ist und das Handeln von Milliarden von Menschen beeinflusst.

Sind wir also verrückt? – Ganz und gar nicht. Wir haben ein naturgegebenes Bedürfnis, unsere Umgebung zu kontrollieren. Um das tun zu können, müssen wir Zukünftiges vorhersagen. Genau das hat die menschliche Spezies dazu befähigt, sich über die Jahrhunderte weiterzuentwickeln. Aber diese Veranlagung kann uns auch in die Irre führen. Vor allem hindert sie uns zu erkennen, wie entscheidend die Rolle des Zufalls in unserem Leben ist und verleitet uns daher zu irrationalen Entscheidungen, die auf Aberglauben, Wunschvorstellungen und Illusionen gründen. Das betrifft tatsächlich alle Bereiche unseres Privat- und Berufslebens. Man kann noch so sehr davon überzeugt sein, dass man vor Aberglauben gefeit ist, dass man auf seinem Gebiet Experte ist und dass man nie etwas Irrationales tut: man ist und bleibt in seinem Verhalten Mensch. Wir sind mit dem Trieb geboren, das Zufällige in unserem Leben auszuschließen, und unsere Gefühle bestärken uns darin noch, dass wir das könnten.

Der Aberglaube macht es uns leicht zu glauben, es gäbe einen Weg, das Unkontrollierbare zu kontrollieren. Wir brauchen und wollen das, denn die Vorstellung, nicht alles kontrollieren zu können, macht uns Angst und Stress. Kein Wunder also, dass wir der »Kontrollillusion« erliegen, verspricht sie uns doch Vorhersehbarkeit und ignoriert die Ungewissheiten unseres Lebens und die Rolle des Glücks, die es darin aufgrund puren Zufalls spielt. Warum also sollte man realistisch sein und sich sorgen, wenn es viel leichter ist zu glauben, durch eigenes Vermögen und Handeln die Ergebnisse von Zufallsereignissen beeinflussen zu können?

In diesem Buch wollen wir Folgendes zeigen: Wenn man realistisch bleibt und sich keine Illusionen macht, alles kontrollieren zu können, gewinnt man mehr an tatsächlicher Kontrolle über sein Leben. Wir nennen dies das »Paradox der Kontrolle«. Mit dem Glück zu tanzen meint, anzuerkennen, dass der Zufall eine entscheidende Rolle in unserem Leben spielt, dass wir ihn zwar nicht beeinflussen, aber seine Vorteile nutzen können, indem wir uns gegen seine negativen Auswirkungen wappnen. Das ist vielleicht nicht so bequem wie die Kontrollillusion, wir werden Ihnen aber zeigen, dass der Tanz mit dem Glück nur zu Ihrem Vorteil ist und Ihre wirkliche Kontrolle über Ihr Schicksal erhöht. Auf diese Weise können Sie den Zufall für sich und Ihr Wohlergehen arbeiten lassen und damit das »eigene Glück«, wie wir es nennen, steigern.

Denken Sie einmal über folgende Fragen nach:

- Warum benutzen Banken einfache Computerprogramme, um die Kreditwürdigkeit eines potenziellen Kunden zu prüfen, anstatt dem Urteil ihrer Sachbearbeiter zu vertrauen?
- Warum sind Anlageempfehlungen, erstellt durch Affen, die mit verbundenen Augen Pfeile auf Kurszettel werfen, oft gewinnbringender als die von professionellen Anlageberatern mit sechsstelligem Einkommen?
- Warum ist es besser, wie eine Studie in einem großen städtischen Krankenhaus gezeigt hat, beim Überweisen der Patienten in die Herzabteilung nicht dem Urteil der Mediziner zu trauen, sondern einfachen statistischen Regeln?

- Warum sind die reichsten US-Amerikaner nicht glücklicher als die Inuit, die in der polaren Kälte Grönlands leben?
- Warum geht es Ländern mit Planwirtschaft ökonomisch schlechter als Ländern, die keine zentrale Planung haben?

Die Antworten auf diese Fragen zeigen, dass ein Abschied vom Glauben an eine illusionäre Kontrolle letztlich zu mehr Kontrolle führt.

Die Kontrollillusion durchdringt nahezu alle Bereiche unseres Lebens. Sie kann schwerwiegende negative Folgen für unser Wohlergehen haben. Natürlich würden wir gerne alle wichtigen Themen, die unser Leben berühren, in diesem Buch ansprechen. Leider ist das unmöglich. Unserem eigenen Ratschlag folgend gaben wir ein wenig Kontrolle an unsere potenziellen Leser ab und machten eine Umfrage. Wir wollten wissen, welche Themen ihnen am wichtigsten sind. Vier Lebensbereiche schälten sich heraus, die wir in diesem Buch ausführlich behandeln werden. Bei dieser Umfrage wollten wir außerdem wissen, wie viel von dem, was in diesen Lebensbereichen passiert, von ihnen selbst und ihren Handlungen und wie viel vom Zufall abhängt. Die Antworten zeigten wieder einmal, wie verbreitet Kontrollillusionen sind. Das hat unweigerlich zur Folge, dass unsere Freunde, Familien, Studenten und Kollegen unnötige Enttäuschungen hinnehmen müssen.

Unser Ziel ist es, unseren Lesern zu helfen, die Illusion der Kontrolle zu überwinden. Haben Sie einmal die Grenzen der Vorhersagbarkeit akzeptiert, werden wir Ihnen zeigen, wie Sie durch das Paradox der Kontrolle mehr Kontrolle gewinnen.

Dieses Buch wurde konzipiert, um Ihnen schmerzhafte Fehler zu ersparen und die Rolle des Zufalls in wichtigen Lebensbereichen nutzbar zu machen. Haben Sie keine Angst vor dem Tanz mit dem Glück. Erkennen Sie die schönen Seiten des Zufalls und die Möglichkeiten, durch ihn Ihr Leben besser in den Griff zu bekommen.

Spyros Makridakis
Robin Hogarth
Anil Gaba

Kapitel 1

Drei Wünsche vom Flaschengeist

Wer Wissen besitzt, trifft keine Vorhersagen.
Wer Vorhersagen trifft, besitzt kein Wissen.
Laozi

Die tragischen Ereignisse des 11. September 2001 haben sich tief ins kollektive Gedächtnis der Menschheit gebrannt. Die ersten Schätzungen über die Zahl der Todesopfer, von denen wir voller Grauen über die Medien erfuhren, wurden von den Behörden später offiziell auf 2974 korrigiert. Eine Zahl, die wir oft gehört haben, zu oft vielleicht.

Manche Statistiker behaupten, diese Zahl sei in Wirklichkeit wesentlich höher. Die offiziellen Angaben ignorieren Tausende von Menschen, die in Folge des 11. September ihr Leben aufs Spiel setzten. Vielleicht waren ja auch Sie – ohne es zu wissen – einer davon und sind gerade noch einmal davongekommen. Aber das sollten wir besser genauer erklären.

Die Kontrollillusion

Nach dem 11. September 2001 war die Furcht vor weiteren terroristischen Anschlägen groß. Viele fuhren deshalb lieber mit dem Auto, statt zu fliegen. Die Anzahl der Flugreisenden im 4. Quartal 2001 sank um 18 Prozent im Vergleich zum gleichen Quartal des Vorjahres. Aufgrund der Ereignisse des 11. September entschied sich fast jeder fünfte Reisende gegen eine Flugreise. Schauen wir uns einige weitere Zahlen an: 2001 kamen in den USA 483 Passagiere durch Unfälle in der zivilen Luftfahrt ums Leben, ungefähr die Hälfte davon am 11. September. 2002 gab es keine Todesfälle,

2003 waren es 19 und elf im Jahr 2004. Von 2002 bis 2004 kamen also insgesamt 30 Flugreisende in den USA ums Leben. Im gleichen Zeitraum starben in den USA 128.525 Menschen durch Straßenverkehrsunfälle. Das sind zirka fünf Prozent mehr, als vorherige Zahlen erwarten ließen. Die Statistiker folgern daraus, dass wahrscheinlich 5000 Menschen weniger gestorben wären, wenn sie wie gewohnt den Flieger genommen hätten. Hinzu kommen noch 45.000 Schwerverletzte und 325.000 Leichtverletzte, die ansonsten unversehrt geblieben wären.[1]

Warum entschieden sich nach den Anschlägen vom 11. September so viele Menschen für das Auto und gegen das Flugzeug? Die Erklärung ist einfach: Am Steuer des eigenen Wagens meint man, alles selbst unter Kontrolle zu haben. Erklärt man den Autofahrern, dass ihr Einfluss auf viele Dinge sehr gering ist – die Fähigkeiten der anderen Fahrer, das Wetter, technische Probleme, der Zustand der Straße und was sonst noch alles einen Unfall verursachen kann –, dann werden sie kaum widersprechen. Dennoch fühlen sie sich beim Autofahren sicherer, sie glauben, Herr über ihr Schicksal zu sein – welche Argumente auch immer dagegen sprechen. In einem Flugzeug hingegen haben sie das Gefühl, als läge ihr Leben in der Hand des Piloten – oder noch schlimmer, in der von Terroristen.

Psychologen nennen das »Kontrollillusion«. Evolutionsgeschichtlich ein durchaus nachvollziehbares Phänomen. Das Bestreben, die Umwelt zu beherrschen, ist eine wichtige Triebfeder in der Entwicklung der menschlichen Spezies – vom Ackerbau bis zur Eroberung des Weltalls. Das Problem dabei: Wir erkennen die Grenzen unseres Einflusses nicht. Untersuchungen haben gezeigt, dass viele ihre Chancen beim Lotto höher einschätzen, wenn sie mit eigenen Zahlen spielen. Oder dass sie beim Glücksspiel eher gewinnen, wenn sie selbst die Würfel werfen. Doch das ist völliger Unsinn. Diese Spiele basieren einzig und allein auf Glück.

Diejenigen, die nach dem 11. September aufs Auto umgestiegen sind und bei einem Unfall starben, hatten so gesehen Un-Glück. Aber sie tragen nicht allein die Verantwortung für diese unsinnige Entscheidung. Unser tief verwurzelter Glaube, alles kontrollieren zu können, wird durch die Medien noch verstärkt. Jeder Flugzeugabsturz produziert Fernsehbilder von zerborstenen Wracks und

Leichen. Kein Wunder, dass so viele sich vorm Fliegen fürchten – und zwar taten sie das auch schon vor dem 11. September 2001.

Dass unzählige Flugzeuge täglich sicher ans Ziel kommen, erregt dagegen kaum mediale Aufmerksamkeit. Selbst die Vernünftigsten unter uns halten Flugzeugunfälle für viel wahrscheinlicher, als sie sich tatsächlich ereignen.[2]

Autounfälle dagegen machen selten Schlagzeilen, es sei denn, es handelt sich um eine Massenkarambolage mit zahlreichen Toten (was aber statistisch gesehen eine Ausnahme ist). Weniger spektakuläre Verkehrsunfälle ereignen sich jedoch in großer Zahl und mit erschreckender Regelmäßigkeit. Weltweit sterben Hunderttausende Menschen im Straßenverkehr, noch mehr werden dabei schwer verletzt. Nur erfahren wir davon kaum etwas. Mangelnde Kenntnis nimmt dem Verstand die Möglichkeit, unser instinktives Handeln zu korrigieren.

Wie sich nach dem 11. September gezeigt hat, kann die Kontrollillusion, verstärkt durch die Sensationsgier der Medien, fatale Folgen haben. Oft ist sie unserer Gesundheit, unserem Wohlstand, unserer Karriere und unserem Glück abträglich. Auf jeden Verkehrstoten kommen neun Schwerverletzte. Das ist auch einer der Gründe, warum dieses Buch entstanden ist – es soll zeigen, dass wir vieles in unserem Leben nicht vorhersehen, geschweige denn kontrollieren können, und dass man einiges tun kann, um sich gegen eine ungewisse Zukunft zu wappnen. Vor allem ist es wichtig zu verstehen, wie das Wechselspiel von Zufall und eigenem Handeln unser Leben bestimmt.

Von der Illusion zum Paradox

Es fällt uns schwer einzusehen, dass unsere Entscheidungen von vielen Unwägbarkeiten begleitet sind, ohne uns gleich dadurch lähmen zu lassen.[3] Von einem Auto angefahren zu werden, im Südseeurlaub eine Kokosnuss auf den Kopf zu bekommen oder unheilbar an Krebs zu erkranken, das kann jedem widerfahren. Die Kontrollillusion jedoch gaukelt uns vor, so etwas passiere nur den anderen und niemals uns selbst.

In diesem Buch geht es aber um mehr als nur darum, die Kontrollillusion als solche zu entlarven. Die Botschaft ist subtiler und auch verlockender. Als Menschen können wir unser existenzielles Bedürfnis, Ungewisses ausschließen zu wollen, nicht einfach ablegen. Doch paradoxerweise verschafft uns die Einsicht, dass wir eben nicht alles kontrollieren können, tatsächlich mehr Kontrolle über das, was uns widerfährt. Und dies kann unser Verhalten, wie wir uns der Zukunft stellen und wie wir unsere Entscheidungen treffen, wesentlich verändern. Manche böse Überraschung lässt sich vermeiden, wenn wir uns nicht mehr vormachen, wir könnten alles kontrollieren (wenn wir zum Beispiel wieder ein Flugticket kaufen, statt mit dem Auto zu fahren). In anderen Fällen kann man sich mit der richtigen Versicherung vor bestimmten Risiken schützen (mit einer Lebensversicherung zum Beispiel, die die Familie im Falle eines Schicksalsschlags absichert, oder einfach dadurch, dass man sich beim Autofahren immer anschnallt).

Die gestiegene Zahl der Straßenverkehrsopfer als Folge des 11. September hat gezeigt, welche schwerwiegende Folgen Kontrollverlust haben kann. Hätten die Regierungen nur einen kleinen Teil der enormen Ausgaben für Flugsicherheit darin investiert, der Öffentlichkeit zu vermitteln, dass Fliegen sicherer ist als Autofahren, hätten sie tausende Menschen vor dem Tod und zigtausende vor dem Krankenhaus bewahrt. Um das zu verstehen, muss man kein Spezialist für Wahrscheinlichkeitsrechnung oder Statistik sein. Da reichen einfache Fakten. Die Information, dass im Jahr 2002 in den USA kein einziger Flugpassagier sein Leben verlor, dagegen aber 43.005 Verkehrstote und unzählige Schwerverletzte zu beklagen waren, kann unser Verhalten ändern. Reisende, die nicht mehr an der Illusion der Kontrolle festhalten und sich einer Fluggesellschaft anvertrauen, reduzieren ihr Risiko eines Unfalls. Es klingt vielleicht paradox, aber die Einsicht, dass absolute Kontrolle illusorisch ist, verschafft größere Kontrolle. Dieses »Kontrollparadox« ist die wesentliche Aussage dieses Buches.

Dein Wunsch sei dir Befehl. Oder?

Stellen Sie sich einmal vor, etwas sehr Außergewöhnliches sei gerade passiert. Anstelle der vollbeschriebenen Seiten hätte sich beim

Aufschlagen des Buches ein Flaschengeist gezeigt, der Ihnen drei Wünsche freistellt. Was würden Sie sich wünschen? Moment, Moment... Sagen Sie noch nichts. Wie bei jedem richtigen Flaschengeist gibt es auch hier bestimmte Regeln, die befolgt werden müssen. Deshalb folgende Ratschläge.

Erstens: Seien Sie vernünftig und eigennützig zugleich. Ihre Wünsche sollten Ihnen langfristig nützen, dann haben Sie am meisten davon – und nur Ihnen allein. Zweitens: Bleiben Sie realistisch. Ihre Wünsche sollten nicht völlig wirklichkeitsfremd sein. 500 Jahre alt werden oder 20 Jahre jünger sein ist nicht drin. Drittens: Überlegen Sie sich Ihre Wünsche genau. Sonst machen Sie den gleichen Fehler wie der sagenhafte König Midas, der sich wünschte, alles, was er berühre, möge zu Gold werden. Das geschah dann auch mit seinen Speisen, seinen Getränken und schließlich mit seiner Tochter. Viertens: Bedenken Sie, dass Sie nicht der Einzige sind, dem ein Flaschengeist Wünsche erfüllt. (In jedem Exemplar dieses Buches wohnt so ein Flaschengeist.) Von mir aus wünschen Sie sich, der reichste Mensch der Welt zu sein. Erwarten Sie nur nicht, dass das lange so bleibt, denn bestimmt wünscht sich gerade ein anderer Leser das Gleiche. Und keine faulen Tricks. Ein Wunsch darf nicht aus zwei Wünschen bestehen. Reich und berühmt zu sein sind eindeutig zwei Wünsche. Und der uralte Trick, sich mit dem letzten Wunsch neue Wünsche zu wünschen, funktioniert auch nicht.

Denken Sie einen Moment nach. Dann schreiben Sie Ihre drei Wünsche auf.

1. ______________________________
2. ______________________________
3. ______________________________

Bevor wir verraten, was sich andere Menschen wünschen, beantworten Sie bitte noch folgende Frage: Wie hoch ist der Anteil, den Sie selbst zur Verwirklichung dieser Wünsche beitragen könnten? Schreiben Sie zu jedem Wunsch einen Wert zwischen 0 und 100 auf. 0 bedeutet, Sie haben gar keinen Einfluss auf die Erfüllung des Wunsches (nur Glück oder Zufall könnte Ihnen dabei helfen). 100 bedeutet, dass Sie bei der Erfüllung dieses Wunsches alles selbst in der Hand haben (und Glück oder Zufall spielt dabei keine Rolle).

1. Mein Einfluss auf die Erfüllung des ersten Wunsches beträgt (bitte einen Wert zwischen 0 und 100 eintragen) ____________________
2. Mein Einfluss auf die Erfüllung des zweiten Wunsches beträgt (bitte einen Wert zwischen 0 und 100 eintragen) ____________________
3. Mein Einfluss auf die Erfüllung des dritten Wunsches beträgt (bitte einen Wert zwischen 0 und 100 eintragen) ____________________

Vielleicht haben Sie sich ganz ausgefallene Dinge gewünscht. Wie vergleicht man diese mit den Wünschen anderer? Wir haben mehrere Flaschengeister losgeschickt, die 750 Menschen, leitende Angestellte, BWL-Studenten und Akademiker, nach ihren Wünschen gefragt haben. Die meisten Antworten waren Variationen der folgenden Wünsche:

1. Ich möchte glücklich sein.
2. Ich möchte lange leben – oder zumindest ein Leben lang gesund sein.
3. Ich möchte wohlhabend sein.
4. Ich möchte Erfolg haben – zum Beispiel als erfolgreicher Unternehmer, als angesehener Künstler, als viel gelesener Schriftsteller, als berühmter Fußballspieler.

Viele Wünsche haben mit Liebe zu tun, doch da Liebe so schwer zu messen ist, möchten wir sie außen vor lassen.

Der eigene Einfluss auf die Erfüllung der Wünsche variiert abhängig vom betreffenden Wunsch. Im Durchschnitt wurden die Einflussmöglichkeiten wie folgt eingeschätzt: 64 Prozent auf die eigene Zufriedenheit, 52 Prozent auf Gesundheit und Lebensdauer, 53 Prozent auf Wohlstand und 63 Prozent auf den eigenen Erfolg. Doch ist das realistisch?

Die Antwort ist ein eindeutiges Nein. Tatsächlich haben wir so gut wie keinen Einfluss auf unsere Gesundheit und darauf, wie lange wir leben. Natürlich lassen sich einige allgemeine Aussagen über Menschentypen machen, deren Lebenserwartung besonders hoch ist. Schlanke, aktive Frauen, die nicht rauchen, leben länger als fettleibige männliche Sportmuffel, die zwei Packungen Zigaretten am Tag rauchen. Doch geht es um einen einzelnen Menschen, geben auch Ärzte zu, dass ihre Prognosen eher einem Stochern im Nebel ähneln. Gesundheit und Lebensdauer sind sehr vom Zufall abhängig. Wer in jungen Jahren ernsthaft oder tödlich erkrankt, hätte niemals geglaubt, dass ausgerechnet ihm so etwas widerfährt. Es ist einfach Pech.

Aber haben wir nicht wenigstens Einfluss auf unsere Zufriedenheit, unseren Lebensstandard und den beruflichen Erfolg? Denn hartes Arbeiten, Zielstrebigkeit, Bildung und Erfahrung spielen hierbei doch bestimmt eine bedeutende Rolle. Doch bisherige statistische Erhebungen legen nahe, dass das Glück darüber entscheidet, welcher hart arbeitende, zielstrebige und gebildete Mensch letztlich Erfolg hat.

Vorbereitet sein

Verantwortlich dafür, dass die Einflussmöglichkeiten auf den eigenen Erfolg falsch eingeschätzt werden, sind auch die Medien (ja, die schon wieder). Unablässig berichten sie von erfolgreichen Menschen, aber nie von denen, die ihren Traum nicht verwirklichen konnten. Über die eindrucksvollen Karrieren von Sir Richard Branson, Warren Buffett, Bill Gates, Tiger Woods und Nicole Kidman sind wir bestens informiert. Wir ahnen, dass dies außergewöhnliche Menschen sind. Von gescheiterten Unternehmern, Sportlern und Schauspielern erfahren wir dagegen so gut wie gar nichts. Auch nicht, wie Menschen und Unternehmungen scheitern. Um ein Beispiel zu geben: Wussten Sie, dass in den USA im Jahr 2006 über 40.000 Firmen und mehr als zwei Millionen Einzelpersonen bankrottgegangen sind? Die meisten von ihnen hätten niemals gedacht, dass dies ausgerechnet ihnen passieren würde. Jeder ehrgeizige Unternehmer glaubt daran, eines Tages ganz oben zu stehen.

Ein weiterer Grund für die Fehleinschätzung ist die alltägliche Erfahrung, dass die meisten physikalischen Phänomene vorhersehbar sind. Lassen wir einen Ball fallen, fällt er auf den Boden. Die Sonne geht abends unter und am nächsten Morgen wieder auf. Auch Ebbe und Flut kommen auf die Minute genau. Aus der Vorhersagbarkeit dieser Phänomene folgern wir, dass dies auch mit unserem Leben möglich sein müsste. Doch tatsächlich sind viele Ereignisse wie Erdbeben, Tsunamis, Hurrikans und Hochwasser nicht verlässlich vorhersagbar. Als ein Tsunami im Dezember 2004 in Südostasien über eine Viertelmillion Todesopfer forderte, war kein Terrorist der Schuldige, sondern Mutter Natur. Tausende Touristen, die dort ihren Urlaub verbrachten, hätten niemals geahnt, dass sie bei dieser Reise ihr Leben aufs Spiel setzten.

Bei sozioökonomischen Phänomenen geht die Treffsicherheit unserer Vorhersagen gegen null. Wer hätte die Pleite von Enron und WorldCom vorhersagen können? Oder den Börsencrash am »Schwarzen Montag« 1987, als die Aktien an einem einzigen Tag mehr als 22 Prozent ihres Wertes verloren? Oder die Immobilienkrise, die weltweit zu einer schweren Rezession führte, Aktienwerte in Billionenhöhe vernichtete und nach Angaben der Internationalen Arbeitsorganisation (ILO) 20 Millionen Jobs kostete.

Um Missverständnissen vorzubeugen: Natürlich wollen wir niemanden von seinen Bemühungen abbringen, im Beruf erfolgreich zu sein. Auch nicht davon, sich Wettervorhersagen anzuschauen oder in ferne Länder zu reisen. Worauf wir hinauswollen, ist, dass man sich mehr bemühen sollte, die Aussichten auf Erfolg oder Scheitern zu verstehen und abzuschätzen. Solche Einsichten helfen dabei, böse Überraschungen und Enttäuschungen zu vermeiden, und bereiten auf wahrscheinliche Rückschläge vor. Ein gescheitertes geschäftliches Unterfangen kann wertvolle Erfahrungen bringen, der Beginn einer neuen Karriere sein oder Kontakte aufbauen helfen, die einem in Zukunft von Nutzen sind. Doch ohne Plan B verpuffen diese Gelegenheiten, spätestens wenn der Insolvenzverwalter an die Tür klopft.

Als Erstes müssen wir akzeptieren, dass wir über unsere Umwelt nur eine sehr begrenzte Kontrolle haben. Auch wenn sich Tsunamis, Erdbeben und Hurrikans nur selten ereignen, treffen sie uns unerwartet und mit voller Kraft. Als Zweites sollten wir die Chancen auf Erfolg oder Scheitern realistisch abschätzen, ohne uns durch Kontrollillusion oder Wunschdenken beeinflussen zu lassen. Dann erst können wir den dritten und entscheidenden Schritt machen. Wir weiten unsere Prognose der ungewissen Zukunft um die Möglichkeit völlig unvorhersehbarer Ereignisse aus. (Eine Ungeheuerlichkeit wie der 11. September war undenkbar, bis es dann passierte.) Mit dieser Methode sind wir im Stande, das Risiko ganz pragmatisch und mit klarem Verstand in den Griff zu bekommen. Und genau darum geht es in diesem Buch. Wenn Sie noch nicht überzeugt sind, denken Sie einmal über die folgende Geschichte nach.

Besser als die anderen

Hugo ist ein 32-jähriger Trader einer bekannten Investmentbank im Herzen von Londons Finanzdistrikt »The City«. Seit sieben Jahre arbeitet er hier, die letzten fünf hat er vor allem mit Futures gehandelt. Sein Job ist harte Arbeit. Was Hugo verdient, hängt von seiner Leistung ab. Letztes Jahr verdiente er gut 400.000 Pfund inklusive Boni – zu seiner Befriedigung deutlich mehr als seine Cambridge-Kumpels.

Heute bekommt er mal etwas Abwechslung. Wissenschaftler einer Business School haben sich mit ihm verabredet. Natürlich nur ganz kurz, denn Zeit ist Geld. Nach einigen Fragen zum Lebenslauf bitten sie Hugo, ein Spiel zu spielen, das wie ein altmodisches Videospiel aussieht. Man sieht eine Indexkurve, die sich entlang der Zeitachse nach oben und unten bewegt. Die Kurve zeigt Marktdaten an, ganz ähnlich wie die, die Hugo jeden Tag auf seinem Monitor verfolgt. Die Kurve beginnt bei null und bewegt sich dann über einen Zeitraum von 50 Sekunden jede halbe Sekunde entweder nach oben oder nach unten. Ziel des Spiels ist es, Punkte zu gewinnen. Der Endwert des Index zeigt seine erreichte Punktzahl an. Des Weiteren erklärt man Hugo, dass die Indexveränderungen zum Teil zufällig sind, er aber mit drei Tasten der Tastatur das Ergebnis beeinflussen kann. Es ist ihm freigestellt, die Tasten zu benutzen oder nicht. Hugo spielt wie besprochen vier Mal und versucht alles, um gut abzuschneiden. Bei den ersten beiden Versuchen erreicht er ein gutes Ergebnis, beim dritten ist es schlechter, beim letzten landet er wieder bei seinem Ausgangswert. Nach jeder Runde wird er von den Wissenschaftlern gebeten, den Erfolg seiner Tastenaktivitäten auf einer Skala von 1 bis 100 zu bewerten.

Hugo wusste, dass nicht nur er den Test machen würde. Das motivierte ihn zusätzlich – mehr, als er am Abend in der gemeinsamen Lieblingsbar zugeben wollte. Doch was ihm diese schlitzohrigen Wissenschaftler nicht gesagt hatten: Die Betätigung der Tasten hatte gar keinen Einfluss auf das Endergebnis. Sie hatten geschickterweise die Formulierung gewählt, die Tasten »könnten« einen Einfluss auf das Ergebnis haben. In Wirklichkeit aber stiegt und fiel der Index rein zufällig.

Diese Geschichte basiert auf einer tatsächlichen Studie aus dem Jahr 2003, an der 107 Investmentbank-Trader teilgenommen hatten.[4] Zwei Ergebnisse dieser Studie sind für uns besonders interessant. Das Spiel zeigte, wie anfällig die Trader für die Kontrollillusion waren. Je stärker sie die Wirkung der Tasten einschätzten, desto größer war auch der Glaube an die eigenen Einflussmöglichkeiten. Der jeweilige Illusionswert eines Traders konnte darüber hinaus auch in Beziehung zu seiner leistungsabhängigen Bezahlung gebracht werden. Es zeigte sich, dass die Händler, die mehr verdienten, weniger anfällig für die Kontrollillusion waren. Das Durchschnittsgehalt der fünf mit den höchsten Kontrollillusionswerten lag im Vergleich zu den fünf mit den niedrigsten Werten um ungefähr 230.000 Pfund niedriger.

Als Hugo ein paar Monate später das Ergebnis der Wirtschaftswissenschaftler erfährt, ist er darüber enttäuscht, dass sein Illusionswert (den er sich notiert hatte, um im Fall der Fälle damit angeben zu können) genau im Mittelfeld liegt – genau wie sein Einkommen. Natürlich erwähnte er beim Treffen in der Bar am folgenden Abend nichts davon. Doch da er ein sehr wettbewerbsorientierter Typ ist, nutzte er dieses Erlebnis, um etwas daraus zu lernen. Er veränderte seine Einstellung zum Risiko und versuchte, sein überzogenes Selbstvertrauen in den Griff zu bekommen. Und das mit Erfolg. In den nächsten Jahren erzielte er vier Millionen Pfund an Boni. Mit einer Kombination aus Erfahrung und veränderter Realitätswahrnehmung investierte er das Geld und verdoppelte es. Sein Lebensstil veränderte sich deutlich. Als seine Cambridge-Kumpel, mittlerweile von Neid geplagt, ihn nach seinem Erfolg fragten, gab er unumwunden zu, Glück gehabt zu haben. Mittlerweile wohnt er auf einem Schloss in Südfrankreich und betreibt erfolgreich ein Weingut. Und endlich hat er Zeit, Klavierunterricht zu nehmen.

Und was kommt als Nächstes?

Jeder von uns managt ein individuelles »Schicksal«, welches sich aus allen guten und schlechten Ereignissen im Leben zusammensetzt. Mit »Schicksal« (einem Begriff, den wir öfter in diesem Buch verwenden werden) meinen wir alle Faktoren, die unsere Lebensqualität bestimmen: Freundschaften, Anerkennung, Glück, Spaß, Gesundheit, Erfolg und natürlich auch Wohlstand.

Dieses Buch soll helfen, das eigene Schicksal bestmöglich zu managen. Dafür werden wir uns drei Lebensbereichen widmen: Gesundheit, Vermögensbildung und Beruf. Diese Themen eignen sich nicht nur gut für das, was wir vermitteln wollen. Sie berühren – neben »Glück« – auch die Wünsche, die bei den Flaschengeistern am meisten genannt wurden. Deshalb nehmen wir an, dass auch Sie diese Themen interessieren.

Hier ein paar Beispiele für die Fragen, die wir stellen möchten: Warum haben mammographische Vorsorgeuntersuchungen kaum Auswirkungen auf die Brustkrebsrate? Warum freuten sich so viele Anleger über eine Jahresrendite von 7 Prozent zu einer Zeit, als der Aktienmarkt über Jahrzehnte eine jährliche Wachstumsrate von 13 Prozent verzeichnete? Wieso gehen äußerst erfolgreiche Unternehmen plötzlich pleite? Alle drei Fragen berühren unsere Unfähigkeit einzusehen, dass bestimmte Vorhersagen unmöglich sind. Der unbedingte Wunsch nach Gewissheit lässt uns oft glauben, dass Experten – Ärzte, Vermögensverwalter und Vorstandsvorsitzende – dort in die Zukunft sehen können, wo wir es gar nicht können. Doch das ist wieder nur ein anderes Beispiel für unsere Kontrollillusion. Selbst die fähigsten Fachleute besitzen keine Kristallkugel. Von einigen Situationen abgesehen, die nur durch Naturgesetze bestimmt sind, kann niemand die Zukunft exakt vorhersagen. Eine eintreffende Vorhersage ist reines Glück. Niemand kann die Ungewissheit der Zukunft reduzieren. Wer dies glaubt, wird Opfer der Kontrollillusion, mit all den bereits erwähnten negativen Konsequenzen.

Die folgenden sechs Kapitel geben detaillierte Antworten auf die oben gestellten Fragen. Wir werden empirische Beweise vorlegen, die zeigen, dass es für uns unmöglich ist, die Zukunft präzise vorherzusagen. Wir bieten Strategien an, wie man mit der daraus resultierenden Ungewissheit umgehen kann. Wir überlassen es aber Ihnen, die richtigen Entscheidungen zu treffen (das kann Ihnen auch niemand abnehmen). Unsere Botschaft, die wir hier öfter wiederholen werden, lautet: Der beste Weg, mehr Kontrolle zu erlangen und sein persönliches Schicksal zu verbessern, besteht in der Einsicht, dass wir keine Kontrollmöglichkeiten haben. Wie sich noch öfter zeigen wird, zahlt man einen hohen Preis für die Selbsttäuschung, Kontrolle über Dinge zu haben, die man nicht kontrollieren kann. Ebenso wichtig ist die Einsicht, dass kein Experte Ihnen helfen kann, mehr Kontrolle über Ihre Zukunft zu gewinnen.

Seien Sie gewarnt: Die richtigen Entscheidungen können Ihrer Intuition zuwiderlaufen. Wir werden Ihnen zum Beispiel raten, keine medizinischen Tests zu machen, solange Sie gesund sind. Wir meinen auch, dass Sie Ihre Aktien lieber nach dem Zufallsprinzip auswählen sollten, statt einem Anlageberater zu vertrauen, dessen siebenstelliger Bonus durch Anleger wie Sie finanziert wird. Geschäftserfolg ist ein etwas komplexeres Thema, manchmal ist aber auch nur gesunder Menschenverstand vonnöten. Hier kommt es darauf an, den besten Rat und die richtige Entscheidung für Ihre spezielle Situation zu finden. Doch folgen Sie nie irgendwelchen Gurus, die Bücher mit schlichten Erfolgsrezepten veröffentlichen. In einer Welt steigender Ungewissheit und zunehmendem globalen Wettbewerbs braucht man für die richtigen Geschäftsentscheidungen ein neues Denken und innovative Ansätze. Leider können wir Ihnen kaum helfen, diese zu finden (würden wir das versprechen, wären wir nicht besser als die eben erwähnten Gurus). Zumindest hoffen wir, Sie davon überzeugen zu können, wie unerlässlich es ist, in diese Richtung zu denken.

Nur wenig können wir tun, um unser Schicksal tatsächlich zu beeinflussen. Die empirischen Untersuchungen zum Thema Zufriedenheit sind noch weniger belastbar als die aus den Bereichen Medizin, Investitionen und Geschäftsstrategien. Doch wenn Sie sich um Gesundheit, Wohlstand und Karriere kümmern – so unromantisch das jetzt klingen mag –, stellen sich Zufriedenheit und vielleicht sogar Liebe von selbst ein. Wir werden im letzten Kapitel unseres Buches darauf zurückkommen. Doch vorerst wollen wir uns mit den theoretischen und den praktischen Fragen zu den genannten Themen beschäftigen.

Pragmatisch mit dem Leben umzugehen bedeutet auch, zu wissen, was man beeinflussen kann und was nicht. Wir bestimmen selbst, wofür wir uns entscheiden. Es ist unsere eigene Entscheidung, das Ersparte auf dem Aktienmarkt zu investieren, einen bestimmten Job anzunehmen oder einen Regenschirm dabei zu haben. Doch liegt es nicht in unserer Hand, ob die Aktienkurse steigen oder fallen, ob unser Chef sich als paranoid erweist oder ob es regnen wird. Interessanterweise sind die Folgen unserer Entscheidungen von recht unterschiedlichem Gewicht. Einen Schirm mitzunehmen ist nicht sonderlich aufwendig, den falschen Job anzunehmen kann dagegen große Auswirkungen auf unsere berufliche Laufbahn und manchmal sogar auf die Gesundheit, die Lebenserwartung und die Zufriedenheit haben. Wenn wir unser gesamtes Geld in Aktien investieren und die Kurse in den Keller gehen, ist das ein Desaster. Steigen sie dagegen, haben wir unser finanzielles »Schicksal« verbessert. Investieren wir nur einen kleinen Teil des Geldes, spielt die Entwicklung der Märkte keine so entscheidende Rolle.

Letztlich sind Erfolg oder Scheitern eine Kombination aus eigenem Handeln (auf den Märkten zu investieren und bestimmte Aktien auszuwählen) und Ereignissen in unserer Umgebung (wie sich der Markt entwickelt). So verhält es sich mit fast allen Lebensentscheidungen.

Doch wir wollen in diesem Buch nicht nur über Probleme reden. Wir schlagen auch Strategien vor, mit denen Sie dem Ungewissen begegnen können. Es ist oft ein schwieriger Moment, wenn wir bei anstehenden Entscheidungen von Gefühlen überflutet werden. Vor allem Gier, Angst und Hoffnung bilden eine Art Bermudadreieck, in dem unsere rationalen Absichten spurlos verschwinden können. Doch mit Hilfe unserer Vorschläge gehen Sie auftretenden Gefahren aus dem Weg, indem Sie Ungewissheiten mit realistischer Hoffnung begegnen und Gier mit Angst ausgleichen.

Als Erstes betrachten wir die empirischen Belegen für die Grenzen der Vorhersagbarkeit in den Bereichen Gesundheitswesen, Vermögensanlagen und Geschäftswelt (Kapitel 2, 4 und 6). Diese Grenzen sind früher erreicht, als viele annehmen. Wir werden herausarbeiten, wie man aus der Ungewissheit Vorteile ziehen kann (Kapitel 3, 5 und 7). Vor allem wollen wir zeigen, dass man viel schlechter dasteht, wenn man sich den Zufall nicht zu nutze macht. Gerade im Bereich der Investitionen können diesbezügliche Verluste sogar relativ präzise quantifiziert werden.

In Kapitel 8, 9 und 10 führen wir genauer aus, wie man mit der zuvor bestimmten Ungewissheit umgehen kann, und liefern einen allgemeinen Bezugsrahmen. Dieser wird in Kapitel 11 und 12 ausgebaut, indem die Widersprüche unserer geistigen Fähigkeiten und die verschiedenen Wege, Entscheidungen zu treffen, untersucht werden. Kapitel 13 zeigt, was wir über Glück und Zufriedenheit wissen, und stellt heraus, wie wenig vorhersagbar diese sind.

Und der Flaschengeist? Er wird für immer verschwunden bleiben. Wir verbannen ihn zusammen mit all den Wunschträumen, die ihn und seinesgleichen erschaffen haben. Für den Rest des folgenden Buches und hoffentlich auch für den Rest Ihres langen, gesunden, erfolgreichen und glücklichen Lebens werden Sie die Risiken und Ungewissheiten des Lebens auf eine rationale, pragmatische und effektive Weise angehen. Wir hoffen, dass wir Ihre ganz persönliche Form der Kontrollillusion für immer und ewig beseitigen können.

Kapitel 2

Bittere Pillen

Jeder kann alt werden. Man muss nur lang genug leben.
Groucho Marx, Komiker

Wie wir in Kapitel 1 gesehen haben – und wie auch jeder gute Flaschengeist bestätigen wird –, wünschen sich die meisten Menschen ein langes und gesundes Leben. Manche meinen, dass die elterlichen Gene hier eine entscheidende Rolle spielen. Doch so einfach ist es leider nicht. Während die Körpergröße der Eltern zu 80 bis 90 Prozent auch die Größe des Kindes bestimmt, wird die Lebenserwartung nur mit 3 Prozent von ihnen beeinflusst. Selbst das Lebensalter von eineiigen Zwillingen variiert im Durchschnitt um zehn Jahre.[1] In diesem wie im folgenden Kapitel untersuchen wir, was unsere Gesundheit und unsere Lebenserwartung bestimmt. Vor allem wollen wir zeigen, wie sehr die Erkenntnisse der Medizin von Ungewissheit bestimmt sind und wie man damit umgehen kann. Wir beginnen mit drei Geschichten aus der Welt der Medizin.

Was der Doktor sagt

Die erste Geschichte führt uns zurück in das Jahr 1685. Der britische König Karl II. litt an Urämie, einer Harnvergiftung, verursacht durch eine Nierenfehlfunktion. Vierzehn der besten Ärzte behandelten ihn. Der Medizinhistoriker H. W. Haggard beschreibt die damaligen Ereignisse sehr lebendig:

Der König wurde zur Ader gelassen … ein ganzes Glas aus seinem rechten Arm. Als Nächstes entnahmen die Ärzte 220 Milliliter Blut aus seiner linken Schulter …, gaben ein Brechmittel, damit der

König sich übergab, zwei Abführmittel und einen Einlauf aus Antimon, Steinsalz, Eibischblättern, Veilchen, Rübenwurzel, Kamillenblüte, Fenchelsamen, Leinsamen, Kardamomsamen, Zimt, Safran, Karminsäure und Aloe. Dann wurde der Kopf des Königs geschoren und eine Blase auf seinem Kopf angeschnitten. Ein Niespulver aus der Nieswurzwurzel wurde verabreicht, um sein Gehirn zu reinigen, sowie ein Pulver aus Schlüsselblume zu seiner Stärkung, denn in jenen Tagen war man der Überzeugung, das Nasensekret stamme aus dem Gehirn. Die Brechmittel wurden regelmäßig verabreicht, zudem ein schmerzlindernder Trank, der aus Gerstenwasser, Süßholz, süßer Mandel, leichtem Wein, Wermutöl, Anis, Distelblättern, Minze, Rose und Engelwurz bestand. Ein Pflaster aus Pech und Taubenkot wurde dem König auf die Füße geklebt. Als Nächstes kamen wieder Aderlässe, gefolgt von der Einnahme von Melonensamen, Manna, Rotulme, Wasser aus der Späten Traubenkirsche, Maiglöckchenextrakt, Pfingstrose, Lavendel, in Essig aufgelöste Perlen, Enzianwurzel, Muskat und Nelken. Dieser Mixtur wurden 40 Tropfen Menschenschädelextrakt zugefügt. In letzter Verzweiflung versuchte man es mit einem Bezoar. Doch der König starb.[2]

Es ist anzunehmen, dass Karl II. ohne die Behandlung der gepriesenen Ärzte länger gelebt hätte.

Doch nun zurück in unsere heutige Zeit, auf die andere Seite des Atlantiks. Hier ereignete sich die zweite und noch tragischere Geschichte. Ben Kolb war sieben Jahre alt, als er im Dezember 1995 wegen einer Routineoperation am Ohr das Memorial Hospital in Florida besuchte. Die von den Ärzten eingeleitete Anästhesie zeigte nach 20 Minuten die übliche erste Wirkung. Als Nächstes wurde Lidocain injiziert, ein lokales Narkosemittel, das Blutungen reduziert. Schon kurz darauf schien etwas schiefzulaufen. Bens Herzfrequenz und Blutdruck stiegen gefährlich an. Der Notfallanästhesist wurde gerufen. Ihm gelang es, den Zustand des Patienten zu stabilisieren. Doch neun Minuten später fielen Herzfrequenz und Blutdruck dramatisch ab, die Lungen liefen mit Flüssigkeit voll, ein Herzstillstand folgte. Fast zwei Stunden versuchten Ärzte und Schwestern zu reanimieren, doch ohne Erfolg. Ben lag 24 Stunden im Koma, dann gaben die Eltern ihr Einverständnis, die lebenserhaltenden Geräte abzuschalten.

Die Autopsie ergab, dass menschliches Versagen für Bens Tod verantwortlich war. Die Injektionsspritze mit Lidocain enthielt in Wirklichkeit konzentriertes Adrenalin. Wäre dieses Unglück nicht passiert, hätten wir nie etwas von Ben Kolb gehört. Er wäre jetzt vielleicht auf dem College und hätte sein ganzes Leben noch vor sich.

Sechs Jahr nach Bens dramatischem Tod ereignete sich die dritte Geschichte. Ein Bundesbezirksgericht in Wyoming entschied, dass der Pharmakonzern GlaxoSmithKline der Familie von Donald Shell 6,4 Millionen Dollar Entschädigung zahlen müsse. Am 13. Februar 1998 hatte Shell unter Wirkung des Antidepressivums Paxil (auch bekannt als Seroxat) bei einen Amoklauf in Gillette, Wyoming, seine Frau, seine Tochter und seine neun Monate alte Enkeltochter mit einer Pistole des Kalibers .22 erschossen und sich dann selbst umgebracht. Am 2. Juni 2004 klagte der New Yorker Generalstaatsanwalt Eliot Spitzer GlaxoSmithKline wegen Verbraucherbetrugs an. Er warf der Firma vor, negative Informationen über das populäre und äußerst einträgliche Antidepressivum verschwiegen zu haben.

Obwohl das Unternehmen drei Studien über Paxil in Auftrag gegeben hatte, veröffentlichte es nur die Ergebnisse der einzigen positiven Untersuchung. Noch schlimmer war, dass das Medikament als für Jugendliche geeignet angeboten wurde, obwohl die drei Untersuchungen keine verlässlichen Beweise dafür geliefert hatten. Zudem fand das Gericht heraus, dass die veröffentlichte Studie nur Kopfschmerzen als mögliche Nebenwirkung angab. Die anderen Untersuchungen dagegen ermittelten bei 6,5 Prozent der Probanden Anzeichen »emotionaler Labilität« bis hin zu Selbstmordgedanken (im Unterschied zu 1,4 Prozent bei denen, die nur ein Placebo bekommen hatten). Auch war die tatsächliche Selbstmordrate bei den Paxil-Probanden in den unveröffentlichten Studien wesentlich höher als bei denjenigen, die das Medikament nicht bekommen hatten.[3]

Diese drei Geschichten liefern uns drei wichtige Erkenntnisse. Erstens: Selbst die Annahmen ausgezeichneter Fachleute erweisen sich im Nachhinein oft als falsch. Medizin ist keine exakte Wissenschaft. Zweitens: Fehler passieren. Trotz der besten Absichten kommt es immer wieder zu menschlichem Versagen. Drittens: Nicht alle Absichten sind gut. Wie in anderen Bereichen liegt die Ursache mancher Fehlleistungen in persönlichen Interessen.

Lassen Sie sich von diesen ziemlich negativen Eindrücken nicht abschrecken. Uns, wie Ihnen selbst und Ihrem Arzt, liegt Ihr Wohlbefinden am Herzen. Aber um die eigene Gesundheit bestmöglich managen zu können, müssen wir die Grenzen der medizinischen Wissenschaft ausloten. Und wie in allen anderen Lebensbereichen auch müssen wir erkennen, welche gewichtige Rolle der Zufall hier spielt.

Wir werden in diesem Kapitel immer wieder betonen, dass die Medizin keine exakte Wissenschaft ist. Dass ein anständiger Arzt sich bei seiner Behandlung am aktuellen Wissensstand orientiert, bedeutet jedoch keineswegs, dass er die richtige Antwort weiß (siehe Karl II.). Patienten ahnen meist nicht, wie viel Ungewissheit zur medizinischen Praxis gehört. Dennoch gibt es sie, und das Gegenteil zu behaupten würde bedeuten, wieder einmal der Kontrollillusion zu verfallen. Ärzte können diese Ungewissheit nicht ausräumen. Und tatsächlich ändern sich ihre Ratschläge (aus gutem Grund) über die Jahre immer wieder. Auch sind sie oft von Land zu Land unterschiedlich. Und selbst wenn wir die zeitlichen und räumlichen Unstimmigkeiten mal beiseite lassen: Wissenschaftler und Ärzte sind auch nur Menschen. Sie machen Fehler aus guten und manchmal auch aus schlechten Gründen. Untersuchungen zeigen, dass Behandlungsfehler die dritthäufigste Todesursache in den USA sind, gleich nach Krebs und Herzerkrankungen, und verantwortlich für mehr als 225.000 Tote pro Jahr.[4] Studien in Großbritannien und Kanada kommen zu dem gleichen Ergebnis.

Doch das Gesundheitswesen hat noch ein weiteres und weit ernsteres Problem. Schuld daran sind diesmal nicht die Ärzte. Wir möchten es wieder anhand zweier Anekdoten darstellen.[5] Es handelt sich um wahre Geschichten, nur die Namen haben wir weggelassen.

Alles durchleuchtet

In den 90er Jahren hatte ein Arzt in einem Zeitraum von zwei Jahren 90 Frauen mittels Mammographie positiv getestet und von der Notwendigkeit eines operativen Eingriffs überzeugt. Es sei der einzig sichere Weg, so seine Behauptung, ihr Leben zu retten und ihre

Angehörigen vor Kummer zu bewahren. Was er nicht wusste (oder, schlimmer noch, worüber er nicht aufklärte): 93 Prozent der bei dieser Art der Vorsorgeuntersuchung positiv getesteten Frauen erkranken nicht an Brustkrebs.[6] Das heißt, ungefähr 84 Patientinnen haben eine schmerzhafte und kostspielige Operation über sich ergehen lassen, die bestenfalls überflüssig war.

Ungefähr zur gleichen Zeit wurde im Rahmen einer Vorsorgeuntersuchung bei einer alleinstehenden Mutter HIV diagnostiziert. Damals stand die AIDS-Forschung noch am Anfang, die heute verfügbaren wirksamen Medikamente gab es noch nicht. Die Frau verlor ihre Freunde und ihre Arbeit, denn jeder hatte Angst, sie zu berühren. Sie selbst traute sich nicht, ihren Sohn in den Arm zu nehmen und ihm sein Essen zuzubereiten. Neun Monate später erkrankte sie an einer Bronchitis. Sie dachte, dies sei der Anfang vom Ende. Ihr Arzt empfahl ihr einen zweiten AIDS-Test. »Wozu soll das gut sein?«, dachte sie, hätte aber dem Ratschlag eines Arztes nie widersprochen. Dieser Test fiel negativ aus. Bei ihrem ersten Test war es zu einer Verwechslung gekommen, wie sich nun herausstellte. Eigentlich großartige Neuigkeiten, doch die psychologischen Wunden der Mutter wie der des an mangelnder Zuwendung leidenden Sohnes waren nicht mehr rückgängig zu machen. Die andere in diese Verwechslung verwickelte Person erhielt eine sehr schlechte Nachricht. Zu spät, um einer Infektion anderer Menschen mit dem HIV-Virus vorzubeugen.

Beide Fälle zeigen, dass Testergebnisse nicht 100-prozentig zuverlässig sind. Und doch gehen Ärzte und Patienten so mit ihnen um. Der deutsche Psychologe Gerd Gigerenzer spricht in diesem Zusammenhang von der »Illusion der Gewissheit«, einer nahen Verwandten der uns bereits bekannten »Kontrollillusion«. Was kann man als Patient daraus lernen? Ganz einfach: Erhält man ein unerwartetes Testergebnis, sollte man den Test wiederholen. Es ist sehr unwahrscheinlich, dass es zweimal hintereinander zu einem Fehler kommt.

Ebenso können Ärzte und ihre Ausbilder daraus etwas lernen. Für Verallgemeinerungen sollten sie die Ungewissheiten ihres Berufes kennen und einiges über Statistiken wissen. Aber auch die Patienten haben hier ihren Anteil. Ärzten gegenüber neigen sie zu ehrfürchtigem Verhalten. Irrigerweise glauben sie oft, dass Ärzte alles wissen und Tests unfehlbar sind. Sie möchten, dass die Ärzte alle Ungewissheiten ausräumen. Wie wir in diesem Buch noch zeigen werden, entsteht durch das unerschütterliche Vertrauen in Experten eine Kontrollillusion. Bekommen wir also wirklich die fachmännische Beratung, die wir verdienen?

Und, lebten sie glücklich bis ans Ende ihrer Tage?

Wenden wir uns nun der Lebenserwartung zu. Natürlich muss man der Medizin dafür dankbar sein, dass unsere Lebenserwartung in den letzten zwei Jahrhunderten so erstaunlich gestiegen ist. Das bedeutet aber keineswegs, dass heutige Ärzte allwissend sind. Aktuelle Ratschläge für ein längeres Leben basieren oft auf fragwürdigen Messergebnissen und lausigen Beweisführungen. Das lässt einige deprimierende Schlüsse zu, doch lassen Sie sich davon nicht entmutigen, schon im nächsten Kapitel liefern wir aufmunternde Einsichten.

Betrachten wir einmal die Entwicklung unserer Lebenserwartung. Vor 12.000 bis 14.000 Jahren betrug sie kaum mehr als 20 Jahre. Dann garantierte die Tierhaltung dem Menschen eine verlässlichere Lebensmittelversorgung als die Jagd. Einige Jahrtausende später war die Landwirtschaft die nächste bedeutende Errungenschaft im Kampf ums Überleben. Seitdem ist die Lebenserwartung stetig gestiegen. Vor ungefähr 2000 Jahren lag sie bei 25 Jahren (eine gewaltige Steigerung um 25 Prozent). Weitere 1000 Jahre später lag sie zumindest in England bei 30 Jahren (ein Anstieg um abermals 20 Prozent). Um 1750, als Großbritannien von den Errungenschaften der Industrialisierung profitierte und ökonomisch schneller wuchs als jedes andere Land, stieg auch die Lebenserwartung um fünf Jahre auf 35. Danach stieg sie exponentiell an und verdoppelte sich in zwei Jahrhunderten auf 70 Jahre. Dies ist auch ein gutes Beispiel für den Einfluss des Zufalls auf die Lebenserwartung. Wie lange man lebt, hängt unter anderem davon ab, wann man geboren wird.

Die Lebenserwartung hängt auch davon ab, wo man geboren wurde und lebt. Vergleicht man die geschätzte Lebenserwartung der im Jahr 2007 Geborenen, liegt sie in den hier führenden Ländern bei über 80 Jahren, bei den folgenden 16 Ländern bei 79 Jahren. Am unteren Ende der Skala gibt es Länder mit einer Lebenserwartung zwischen 40 und 45. In den letzten fünf Ländern können in 2007 geborene Kinder sich glücklich schätzen, wenn sie 40 Jahre alt werden. Der Unterschied von Andorra mit 83,5 Jahren und Swasiland mit 32,2 Jahren ist gewaltig. In den Industrieländern hat es Vorteile, als Frau geboren zu werden, zumindest in Bezug auf die Lebenserwartung. Japanische Männer zum Beispiel werden durchschnittlich 74,2 Jahre alt, ihre Schwestern dagegen 85 Jahre (die weltweit höchste Lebenserwartung bei den Frauen). Entsprechend gibt es große Unterschiede innerhalb eines Landes und der dort lebenden ethnischen Gruppen. In den USA haben Frauen asiatischen Ursprungs, die in Bergen County, New Jersey, leben, eine Lebenserwartung von 91 Jahren, männliche eingeborene Amerikaner aus South Dakota dagegen nur eine von 58 Jahren.[7]

Ob wir es jetzt Glück oder Schicksal nennen, keiner von uns hat Einfluss auf seine ethnische Zugehörigkeit, seine Nationalität, sein Geschlecht oder den Tag seiner Geburt. Was also können wir tun (außer nach Andorra zu ziehen), um unsere Lebenserwartung zu erhöhen? Neben dem landläufigen Ratschlag, Übermaß zu vermeiden – sei es an Zigaretten, Alkohol, Drogen, Essen oder auch Sport –, gibt es weitere, die für ein längeres, gesünderes Leben sorgen.

Das Leben ist ein gefährliches Abenteuer

Wissenschaftler haben die negativen Auswirkungen bestimmter Aktivitäten auf die Lebenserwartung ermittelt und so genannte Risikofaktoren ausgemacht. Ganz weit vorne liegt das Rauchen. Sie haben auch versucht zu ermitteln, inwieweit sich die Lebenserwartung eines Rauchers von der eines Nichtrauchers unterscheidet. Stellt sich heraus, dass ein Nichtraucher im Durchschnitt ein Jahr länger lebt als ein Raucher, folgern sie daraus, dass Rauchen das Leben um diesen Wert verkürzt.

Viel mehr als diese spärliche Schlussfolgerung ist bei ihren Untersuchungen nicht herausgekommen. Manche Raucher, und selbst einige Wissenschaftler, interpretieren sie fälschlicherweise so: »Hör auf zu rauchen und du lebst ein Jahr länger.« Doch um zu einer solchen Schlussfolgerung zu gelangen, müsste man sich die verschiedenen Studien ansehen, die Gruppen vergleichen, die mit unterschiedlichem Alter mit dem Rauchen angefangen und wieder aufgehört haben.

Eine weitere Schwierigkeit ist, dass es im wirklichen Leben oft zu einer komplexen Kombination von Risikofaktoren kommt. Raucher trinken meist auch viel Alkohol und treiben keinen Sport. Wie aber entwirren Wissenschaftler und Statistiker die kombinierten Effekte verschiedener Lebensweisen?

In einer groß angelegten Studie, veröffentlicht in der angesehenen medizinischen Fachzeitschrift *The Lancet*,[8] untersuchten die Wissenschaftler den Einfluss von 20 Risikofaktoren auf die Lebenserwartung in verschiedenen Ländern. Sie stellten fest, dass diese 20 Faktoren die Lebenserwartung in Schwarzafrika durchschnittlich um 16,1 Jahre und in den Industrieländern um 4,4 Jahre verkürzten. Auf entwicklungsländertypische Risikofaktoren wie Unterernährung bei Kindern, verschmutztes Wasser und schlechte Hygienebedingungen hat der Einzelne keinen Einfluss. Deshalb betrachten wir jetzt nur eine Auswahl von acht Risikofaktoren, die auch in den Industrienationen eine Rolle spielen.

Wir werden die *Lancet*-Untersuchung mit den Ergebnissen einer Studie der Harvard School of Public Health vergleichen.[9] Letztere verwendete die statistische Methode der Metaanalyse, um die unterschiedlichen Lebenserwartungen, bedingt durch verschiedene Risikofaktoren, zu ermitteln. Dafür wurden alle Ergebnisse vorheriger Untersuchungen zusammengeführt. Die Werte der rechten Spalte in Tabelle 1 zeigen die Ergebnisse beider Untersuchungen (wir haben ein bisschen geschummelt, denn die Harvard-Studie liefert keine Angaben zu Alkohol, Obst/Gemüse-Konsum und beruflichem Risiko).

Tabelle 1 bietet zwei Möglichkeiten, die Auswirkungen der Risikofaktoren zu betrachten. Die erste Spalte »Anteil« zeigt die prozentuale Variabilität der Lebenserwartung bezüglich der Risikofaktoren der *Lancet*-Studie. Die größte Überraschung ist, dass die Summe der acht hauptsächlichen Faktoren nur 21,6 Prozent ausmacht. Das heißt: Fast 80 Prozent sind ungeklärt und somit jenseits unserer Kontrolle. Die beiden folgenden Spalten zeigen, wie viele Lebensjahre man gewinnt, wenn die Risikofaktoren ausgeschlossen wer-

Tabelle 1 Bedeutende Risikofaktoren: Anteil und Einfluss auf die Lebenserwartung

		erhöhter Lebenserwartung bei Vermeidung	
		(*Lancet*-Studie)	(Harvard-Studie)
bedeutende Risikofaktoren	Anteil	in Jahren	in Jahren
1. Bluthochdruck	4,4%	0,90	0,75
2. Tabak	4,1%	0,84	0,75
3. Alkohol	4,0%	0,81	0,81*
4. hoher Cholesterinwert	2,8%	0,57	0,75
5. hoher Body-Mass-Index	2,3%	0,47	0,60
6. niedriger Obst-/ Gemüsekonsum	1,8%	0,37	0,37*
7. Bewegungsmangel	1,3%	0,26	0,62
8. berufliche Risikofaktoren	0,9%	0,18	0,18*
Gesamt	21,6%	4,40	4,83

* Zahlen der *Lancet*-Studie, da die Harvard-Studie zu diesen Risikofaktoren keine Zahlen angibt.

den. Auch hier gibt es eine ähnliche Überraschung: Die maximale Verbesserung der Lebenserwartung beträgt nur 4,4 bzw. 4,8 Jahre. Bluthochdruck, Tabak- und Alkoholkonsum haben die stärksten negativen Auswirkungen. Daraus lässt sich schließen, dass in den Industrieländern, wo die größten Risikofaktoren wie Unterernährung und mangelnde Hygiene beseitigt sind, nur noch wenig Raum für eine weitere Steigerung der Lebenserwartung besteht!

Die Ergebnisse beider Studien weichen zwar leicht voneinander ab, stimmen aber deutlich darin überein, dass die acht Risikofaktoren, die alle mehr oder weniger beeinflussbar sind, lediglich über vier bis fünf Jahre mehr Lebenserwartung entscheiden.

Das ist vielleicht weniger als erhofft, aber niemand hätte wohl etwas dagegen, vier bis fünf zusätzliche Jahre gesund und glücklich zu leben.

Eine andere Meinung einholen

Aber Moment mal! Wenn wir solche Ergebnisse kritiklos annehmen, machen wir dann nicht den gleichen Fehler wie die Patienten, die sich nicht trauen, ihr Testergebnis anzuzweifeln? Sollten wir nicht erst die Verlässlichkeit der verfügbaren medizinischen Daten genauer überprüfen? Folgen wir also unserem eigenen Ratschlag und holen eine zweite und dritte Meinung ein.

Bei einem genaueren Blick auf die Zahlen der zweiten Studie bemerken wir, dass die Angaben zu den Risikofaktoren erheblich abweichen. Beschäftigen wir uns als Erstes mit dem Einfluss des Cholesterinwertes auf die Lebenserwartung. Eine Studie aus dem Jahr 2000, veröffentlicht in *The Journal of the American Medical Association*, betont die unterschiedlichen Ansichten der verschiedenen Wissenschaftler:

> *Eine Auswertung aller Untersuchungen zu cholesterinsenkender Ernährung, veröffentlicht in 1987, zeigte eine Zunahme an Todesfällen um 6 Prozent unter denjenigen, die eine cholesterinsenkende Diät durchgeführt hatten im Unterschied zu denen, die diese Diät nicht durchführten. Eine ähnliche Veröffentlichung zu Arzneimitteluntersuchungen zeigte eine Zunahme von Todesfällen um 13 Prozent unter denjenigen, die cholesterinsenkende Medikamente eingenommen hatten. Dem entgegengesetzt belegte eine Studie, die die Daten von 81.488 Männern im Alter von 18 bis 39 Jahren ausgewertet hatte, eine durchgängige Beziehung zwischen Cholesterinspiegel und erhöhtem Risiko von Herzerkrankungen, Gefäßerkrankungen und Gesamtmortalität. Menschen mit einem niedrigen Cholesterin-Ausgangswert von weniger als 200 mg/dl hatten eine um 3,8 bis 8,7 Jahre höhere Lebenserwartung.*[10]

Das Verhältnis von Cholesterinwert, der Einnahme von cholesterinsenkenden Medikamenten und Sterblichkeitsrate ist verwirrend. Es überrascht daher nicht, dass das Wort vom »Cholesterin-Mythos«[11] die Runde macht. Hinzu kommt, dass Untersuchungen gezeigt haben, dass manche cholesterinsenkende Mittel nicht nur wirkungslos sind, sondern zudem die Herzinfarktgefahr erhöhen und gravierende Nebenwirkungen haben.[12] Außerdem gibt es Bedenken, dass Pharmakonzerne aus Eigeninteresse möglicherweise nachteilige Befunde über ihre Präparate nicht veröffentlichen.[13]

Dass Rauchen das Leben verkürzt, ist dagegen eindeutig nachgewiesen. Oder etwa auch nicht? Eine kürzlich im *British Medical Journal* veröffentlichte Studie behauptet, Nichtraucher leben gut 10 Jahre länger als Raucher. Das sind neun Jahre mehr als die Schätzung der *Lancet*-Studie.

> *Der vorzeitige Tod im Zusammenhang mit Rauchen hatte seinen Grund vor allem in Gefäß-, neoplastischen und Atemwegserkrankungen. Männer, die zwischen 1900 und 1930 geboren wurden und regelmäßig Zigaretten geraucht hatten, starben im Durchschnitt 10 Jahre früher als lebenslange Nichtraucher.*[14]

Denjenigen, die keinen Sport treiben, raten wir davon ab, den Artikel aus dem *Archiv of Internal Medicine* zu lesen:

> *Mittlere und höhere physische Aktivität führt zu einer um 1,3 bis 3,7 Jahre höheren Lebenserwartung wie zu 1,1 bis 3,2 Jahren ohne Gefäßerkrankungen, und zwar für Männer ab 50 Jahren im Vergleich zu denen, die ein niedriges Bewegungsniveau beibehielten. Bei Frauen liegt der Unterschied bei 1,5 bis 3,5 Jahren in der Lebenserwartung und 1,3 bis 3,3 mehr Jahre ohne Gefäßerkrankungen.*[15]

Düstere Nachrichten hatten die *Annals of Internal Medicine* in 2003 für die Übergewichtigen:

> *Starke Abnahme der Lebenserwartung steht im Zusammenhang mit Übergewicht und Fettleibigkeit. 40 Jahre alte Nichtraucherinnen verloren 3,3 Jahre und 40 Jahre alte Nichtraucher 3,1 Jahre ihrer Lebenserwartung durch Übergewicht. 40 Jahre alte Nichtraucherinnen verloren 7,1 Jahre und 40 Jahre alte Nichtraucher 5,8 Jahre ihrer Lebenserwartung durch Fettlebigkeit.*[16]

Und schließlich verbreitete 2005 die Zeitschrift mit dem fröhlichen Titel *Hypertension* schlechte Nachrichten für alle Menschen mit Bluthochdruck:

Unabhängig vom Geschlecht haben 50-Jährige mit Bluthochdruck im Unterschied zu Menschen mit normalem Blutdruck eine kürzere Lebenserwartung, eine kürzere erkrankungsfreie Zeit in Bezug auf Gefäßerkrankungen, Herzinfarkt und Schlaganfall sowie eine längere Lebensspanne mit diesen Erkrankungen. Normotone Männer (22 Prozent der Männer) lebten 7,2 Jahre länger (95 Prozent Konfidenzintervall, 5,6–9,0) ohne Gefäßerkrankungen verglichen mit hypotonen Männern und waren 2,1 (0,9–3,4) Jahre weniger von Gefäßerkrankungen betroffen. Ähnliche Unterschiede wurden bei Frauen festgestellt.[17]

Wir wollen jetzt einmal die Ergebnisse der verschiedenen Studien in Tabelle 2 zusammenfassen.

Allein durch diese fünf Risikofaktoren erhalten wir einen Unterschied in der Lebenserwartung von über 32 Jahren! Wie ist das möglich? Wurde bei den Erhebungen etwas falsch gemacht? Oder stimmt die statistische Beweisführung nicht? Welcher dieser Studien können wir trauen, wenn überhaupt? Wir werden auf diese Fragen etwas später zurückkommen. Doch zunächst wollen wir uns noch ein paar weitere Rätsel zum Thema Lebenserwartung anschauen.

Tabelle 2 Hauptrisikofaktoren: Aufstellung der höheren Lebenserwartung

Hauptrisikofaktor	längere Lebenszeit bei Vermeidung (in Jahren)
1. Rauchen	10,0
2. Bluthochdruck	7,2
3. Fettlebigkeit (Durchschnitt Männer/Frauen)	6,45
4. hoher Cholesterinwert (Durchschnitt)	6,25
5. körperliche Aktivität (Durchschnitt Männer/Frauen)	2,5
Gesamt	32,4 Jahre

Nationale Rätsel

Wissenschaftler im Gesundheitswesen und Statistiker haben schon immer Probleme damit gehabt, die Erhebungsergebnisse bestimmter Länder zu erklären. Ein Beispiel ist Japan. Der Zigarettenkonsum pro Kopf in Japan ist einer der höchsten der Welt, trotzdem ist Japan eines der Länder mit der höchsten Lebenserwartung (zumindest unter den großen Ländern). Die erwähnte britische Studie behauptet, dass Nichtraucher eine 10 Jahre höhere Lebenserwartung haben als Raucher. Würde dies allgemein zutreffen, hätten japanische Frauen, von denen 41 Prozent Raucherinnen sind, eine durchschnittlich vier Jahre höhere Lebenserwartung. Sie müssten dann im Durchschnitt unglaubliche 89 Jahre alt werden. Die gesamte Lebenserwartung in Japan würde 86 Jahre übersteigen, wenn Männer und Frauen mit dem Rauchen aufhören würden. Könnten sie auch noch alle anderen Risikofaktoren ausschließen, würde ihre Lebenserwartung laut Tabelle 2 auf über 100 Jahre steigen.

In der internationalen Raucherrangliste liegt Griechenland im Vergleich der Industrieländer auf Platz 1. In Norwegen ist der prozentuale Raucheranteil am geringsten. Trotzdem ist die Lebenserwartung in Norwegen nur dreieinhalb Monate höher als in Griechenland, ein Land, im dem man zudem von sportlicher Ertüchtigung wenig hält und die Versorgung durch Krankenhäuser nur lückenhaft ist.

Wie sieht es mit fetthaltiger Ernährung und Cholesterinaufnahme aus? In Frankreich gibt es hier eine paradoxe Situation. Die Lebenserwartung im städtischen Frankreich liegt bei über 80 Jahren – die zehnthöchste in der internationalen Rangliste –, obwohl das französische Essen sehr fetthaltig ist. Gehen wir mehr ins Detail, sehen wir, dass in Frankreich weniger Menschen an Gefäßerkrankungen sterben als in anderen Ländern (39,8 von 100.000 gegenüber 196,5 von 100.000 in den USA). Im Périgord, eine Region in Südfrankreich und berühmt für ihre sehr kalorienhaltige Spezialität *foie gras*, ernährt man sich besonders fetthaltig (viel Butter, Ente und Gans). Trotzdem ist die Lebenserwartung hier höher als im Rest Frankreichs, und auch die Sterberate durch Gefäßerkrankungen ist niedriger. Vergleichen wir Frankreich mit Norwegen, zeigt sich, dass der Zigarettenkonsum pro Kopf hier um das 2,8-Fache höher ist, der Fettkonsum in Letzterem deutlich niedriger. Aber – Sie ahnen es schon – die Franzosen leben durchschnittlich ein Jahr länger als die Norweger. Die einzig logische Schlussfolgerung kann nur sein, dass es andere Faktoren als Rauchen und Cholesterinspiegel zur Erklärung der unterschiedlichen Lebenserwartung in Frankreich, den USA, Norwegen oder vielen anderen Industrienationen geben muss.

Durch den ausschließlichen Fokus auf die negativen Aspekte der Risikofaktoren haben staatliche Gesundheitsinitiativen die Tendenz, falsche Hoffnungen bezüglich der Lebenserwartung zu wecken. Eigentlich waren wir davon ausgegangen, dass die Mediziner Bescheid wissen. Doch je intensiver wir uns mit der Beweislage beschäftigen, bleibt bei wohlwollender Haltung nur noch übrig: Die Mediziner möchten, dass wir kein Risiko eingehen. Erstaunlicherweise wurde ausgiebig geforscht, um herauszufinden, warum Japaner, Griechen und Franzosen länger leben, als medizinische Studien es nahe legen. Doch wir brauchen objektivere und präzisere Kosten-Nutzen-Analysen über die verschiedenen Faktoren, die unsere Lebensdauer beeinflussen, um unser Leben danach auszurichten.

Kommt Zeit, kommt Rat

Noch vertrackter wird es, wenn wir uns ansehen, wie sich medizinische Ratschläge im Lauf der Jahre geändert haben. Dafür müssen wir gar nicht ins Jahr 1685 zum leidenden König Karl II. zurückkehren. Es reichen einige Beispiele aus unserer eigenen Vergangenheit, um den radikalen und unerklärlichen Sinneswandel unter Medizinern aufzuzeigen.

Nehmen wir das Beispiel Kaffee. Ist er nun gesund oder ungesund? Seit den 50er Jahren wird Kaffee mit Herzerkrankungen und Krebs in Verbindung gebracht. Doch jüngste Studien (und die ihnen folgenden unzähligen Zeitungsartikel) erwecken den Eindruck, dass Kaffeegenuss lebensverlängernd sein kann, das Risiko von Herzerkrankungen, Diabetes Typ-2, Parkinson, Leberzirrhose, Asthma und selbst Eierstockkrebs verringert.[18] Kaffeetrinken ist plötzlich kein gesundheitsschädliches Laster mehr, sondern eine zuträgliche Nahrungsergänzung. Bis auf weiteres zumindest.

Und wie ist es mit Salz? Die dem amerikanischen Gesundheitsministerium unterstellte American Drug and Food Administration (FDA) dokumentiert auf ihrer Webseite die kontroverse Geschichte ärztlicher Empfehlungen zum Thema Salzkonsum und seiner Gefahren, vor allem Bluthochdruck. 1998 legte eine Metaanalyse, (veröffentlicht im *Journal of the Medical Association*) nahe, dass eine »eingeschränkte Salzaufnahme« nur minimale Auswirkungen auf den Blutdruck hat.[19] Sofort wurden der Studie methodische Mängel vorgeworfen und eine Debatte losgetreten, die bis heute erbittert geführt wird. Tatsächlich spricht die FDA aktuell keine Empfehlungen mehr zum Salzkonsum aus. Sie empfiehlt Mäßigung und weist darauf hin, dass weniger Salz zu essen für einen normalen, gesunden Erwachsenen nicht schädlich ist. Ob dieser Ratschlag dem eigentlichen Thema ausweicht oder stillschweigend anerkennt, dass die Beweislage dünn ist, sei dahingestellt. Zumindest ist er ehrlich.[20]

Nun zu chirurgischen Eingriffen. Die Mandeloperation war bis in die 80er Jahre eine übliche Praxis. Millionen von Menschen (vor allem Kindern) wurden die Mandeln entfernt, wenn sie sich regelmäßig entzündeten und anschwollen. In den 20er Jahren entfernten manche praktische Ärzte Kleinkindern die Mandeln als präventive Maßnahme, ähnlich den heutigen Impfungen. Heutzutage ist die Entfernung der Mandeln selten geworden und wird nur bei schweren Rachenproblemen oder Schlafapnoe-Syndrom empfohlen. Der Grund für die Abkehr war die Erkenntnis der Wissenschaftler, dass die Gesundheit von Kindern in Gegenden, wo diese Operation üblich war, nicht besser war als dort, wo sie selten praktiziert wurde.[21] Die Debatte ist dadurch aber nicht verstummt. Viele Veröffentlichungen für HNO-Spezialisten sprechen sich für die Mandelentfernung aus, während Kinderärzte grundsätzlich dagegen sind. Falls Sie dieser Konflikt überrascht, erinnern Sie sich an das, was wir über Eigeninteresse gesagt haben.

Zumindest Vitamine sind gut für unsere Gesundheit. Oder etwa auch nicht? Nahrungsergänzungsmittel sind weltweit ein riesiges Geschäft. Man sagt ja, dass der Markt im Allgemeinen Recht hat (Mediziner dagegen öfter irren). Eine neue Metaanalyse von 47 Untersuchungen und 180.938 Menschen, die nach dem Zufallsprinzip entweder Vitamine in verschiedenen Dosen oder Placebos bekamen, stellen vorherige Annahmen in Frage. Zusammenfassend wird festgestellt, dass die drei antioxydantischen Nahrungsmittelergänzungen Vitamin A, Vitamin E und Betakarotin nicht empfohlen werden können und dass ihre Einnahme die Sterblichkeitsrate erhöht.[22]

Eine noch aktuellere Studie mit fast 300.000 Männern hat ergeben, dass die mehr als einmalige tägliche Einnahme von Multivitaminpräparaten das Risiko von fortgeschrittenem und tödlichem Prostatakrebs erhöht. Die Studie kommt zu dem Ergebnis, dass Männer mit hohem Konsum von Vitaminpräparaten fast doppelt so oft an tödlichem Prostatakrebs erkranken wie Männer, die solche Pillen nicht nehmen.[23]

Aber warum?

Anstatt jetzt zu fragen, wem wir trauen können, ist es vielleicht besser, erst einmal zu verstehen, warum Mediziner so oft ihre Meinung ändern. Schauen wir uns dafür ein besonders extremes Beispiel an. Ein Artikel der *USA Today* aus dem Jahr 2004 mit dem Titel »Fettsucht bald Todesursache Nummer 1« zeigt exemplarisch, wie die Presse mit den Ergebnissen einer großen Studie zu Fettleibigkeit in den USA umgegangen ist. Die Boulevardzeitung zitiert eine Studie des *Journal of the American Medical Association*, in der behauptet wird, dass im Jahr 2000 rund 400.000 Todesfälle auf das Konto von schlechter Ernährung und mangelnder Bewegung gingen gegenüber 435.000 durch Tabakkonsum.[24]

Nur ein Jahr später erschien in derselben Zeitschrift die Studie einer anderen Forschergruppe. Sie kam zu dem Ergebnis, dass Fettsucht und Übergewicht für weniger als 26.000 Todesfälle pro Jahr verantwortlich sind – ein Fünfzehntel der ersten Annahme.[25] Während die Öffentlichkeit sich weiter über die Zahlen der ersten Studie ereiferte, teilte ein Sprecher des Centers for Desease Control and Prevention (dessen Kollegen an beiden Studien beteiligt gewesen waren) der *New York Times* mit, dass seine Behörde noch keine offizielle Position zu der neuen Studie beziehen will, weil »es wissenschaftlich dafür noch zu früh sei«.[26] Ein Grund für das unterschiedliche Ergebnis der beiden Untersuchungen war, dass die zweite auch das im Vergleich zu normalen/dünnen Menschen niedrigere Sterblichkeitsrisiko von nicht fettleibigen Übergewichtigen mit einbezog. Es hat also auch Vorteile, nicht dünn zu sein. Die *New York Times* schrieb: »Einige Pfund zu viel verhindern jährlich ungefähr 86.000 Todesfälle. Diese Schätzung explodierte wie eine Bombe unter den Verantwortlichen im Gesundheitswesen, die mit der nachweislich zunehmenden Fettleibigkeit zu kämpfen haben. Es herrschte Erklärungsnotstand. Das Konzept von Normal- und Übergewicht muss neu überdacht werden.«[27]

Eine weitere aktuelle Studie zu dem Thema aus dem *American Journal of Public Health* befand:

> *Die Sterblichkeitsrate unter Männern mit »Normalgewicht« (das heißt diejenigen, die der Body-Mass-Index als normal definiert, also mit einem Wert von 20 bis 25 Kilo/m^2) war genauso hoch wie die unter Männern in der gemäßigten Übergewichtskategorie (BMI von 30 bis 35 kg/m^2). Ein minimal erhöhtes Risiko wurde bei einem BMI von ungefähr 26 kg/m^2 gefunden. Bei den Frauen war die Sterblichkeitsrate bei ungefähr 23 bis 24 kg/m^2 am niedrigsten. Über 27 kg/m^2 war das Risiko ansteigend. In jeder Spezifikation war der Anstieg der Kurve flach und unbeständig für den BMI-Bereich von 20 bis 35 kg/m^2. Das legt vernachlässigbare Risikounterschiede bei geringen Gewichtsunterschieden für einen großen Teil der Bevölkerung nahe.*[28]

Anders ausgedrückt: Diese Studie fand nur geringfügige Unterschiede in der Lebenserwartung zwischen so genannten Normalgewichtigen und Übergewichtigen, auch im Verhältnis zu leicht fettleibigen Menschen. Und selbst voll fettleibige Menschen, so die Studie, hätten eine längere Lebenserwartung, als die erste Studie angegeben hatte. Die Schlussfolgerungen daraus sind überraschend und haben weitreichende Konsequenzen, denn Übergewicht und leichte Fettleibigkeit werden üblicherweise mit hohem Cholesterinspiegel, Bluthochdruck und Bewegungsmangel in Verbindung gebracht:

> *Die neuesten Ergebnisse weisen gegenüber früheren Resultaten eher darauf hin, dass leichte Fettleibigkeit und Übergewicht keinen großen Einfluss auf die Sterblichkeitsrate haben. Ebenso ist*

die Annahme falsch, dass das Risiko, das für eine Person mit einem BMI von 35 (leichte Fettleibigkeit) besteht, auch einer Person mit einem BMI von 30 Sorgen machen muss, vor allem wenn persönlicher und finanzieller Aufwand des Abnehmens hoch sind. Es wäre sinnvoller, sich auf die kleine Gruppe der extrem Fettleibigen zu konzentrieren (mit einem BMI von 40 und höher, 3,3 Prozent der Erwachsenen in 2002), da hier eine deutlichere Beziehung zur Mortalität besteht; manche der Relationen sind möglicherweise durch nicht beachtete Variablen unbrauchbar.

Der Autor dieser Studie bezieht sich auch auf ältere Ergebnisse, die bis ins Jahr 1996 zurückreichen. Sie zeigen, dass die Beziehung zwischen leichter Fettleibigkeit und Mortalität nur schwach ist. Verblüffend ist, dass wir so wenig davon erfahren angesichts all der Schreckensbilder, die Medien und Politiker verbreiten.

Und es gibt noch eine letzte Wendung in der Geschichte des Mythos von der Beziehung zwischen Übergewicht und Lebenserwartung. Im November 2007 veröffentlichte das *Journal of the American Medical Association* einen Artikel mit dem Titel »Ursachenspezifischer Sterblichkeitsüberschuss in Verbindung mit Untergewicht, Übergewicht und Fettleibigkeit«.[29] Eine der Schlussfolgerungen darin lautet:

Übergewicht steht in Verbindung mit einer signifikant verringerten Mortalität bei Nicht-Krebs- und Nicht-Herz-Kreislauf-Erkrankungen (–62.299 Sterblichkeitsüberschuss, 95 Prozent Konfidenzintervall, –100.702 zu –37.897) aber nicht mit Sterblichkeit durch Krebs oder Herz-Kreislauf-Erkrankung.

Und schließlich ein Zitat aus einer aktuellen Studie zu älteren Menschen:

Wir haben beobachtet, dass die allgemeine Sterblichkeit unter fitten Personen geringer war als die unter untrainierten, normalgewichtigen oder mageren Menschen.[30]

Während man also 2003 noch davon ausging, dass Übergewicht die Lebenserwartung um mehr als drei Jahre verringert, legen Studien aus dem Jahr 2006 nahe, dass der entscheidende Faktor für eine längere Lebenserwartung körperliche Fitness ist! Solche über einen gewissen Zeitraum entstehenden widersprüchlichen Behauptungen scheinen in der medizinischen Forschung unangenehm häufig vorzukommen.[31]

Zur Verteidigung der Wissenschaftler möchten wir anführen, dass sie in einer unvollkommenen Welt forschen. Veröffentlichungen ihrer Arbeiten geschehen oft unter Zeitdruck. Und die Chancen für eine Veröffentlichung sind viel größer, wenn ihre Ergebnisse überraschend oder spektakulär sind. So ist Fettlebigkeit als Todesursache Nummer 2 oder 3 mit immerhin 400.000 »Opfern« in den USA pro Jahr wesentlich berichtenswerter als eine Zahl von 26.000 (ungefähr so viele wie Todesfälle durch chronische Lebererkrankung). Die Zahl von bloß 26.000 ist auch schlecht für die Interessen derjenigen, die auf die Vorteile von Diäten und die Gefahren eines hohen Cholesterinspiegels hinweisen. Und schlecht für Unternehmen, die Medikamente für Gewichts- oder Cholesterinreduktion und gegen Herzerkrankungen verkaufen. Und was für Fettlebigkeit und Übergewicht zutrifft, gilt möglicherweise auch für andere Bereiche der Gesundheitsvorsorge.

Wir wollen keine Verschwörungstheorien fördern, sondern Menschen, die ihre Gesundheit verbessern und lange leben möchten, notwendige Informationen liefern. Und wir wollen zeigen, dass der Druck, den Ärzte, Medien, Pharmaindustrie und Gesellschaft ausüben, die Illusion einer allwissenden Medizin nährt. Der gegenüber ist Skepsis nicht nur berechtigt, sondern ratsam.

Die Fehler in medizinischen und statistischen Beweisführungen haben wir noch nicht einmal erwähnt. In den 60er Jahren führten US-Wissenschaftler eine erste groß angelegte Mammographieuntersuchung an 62.000 Frauen durch.[32] Die eine Hälfte ließ über 10 Jahre ihre Brüste durch Mammographie und Abtasten untersuchen. Die andere Hälfte wusste nicht einmal, dass sie an einer Studie teilnahm. Die Anzahl der tödlichen Brustkrebsfälle war unter den untersuchten Frauen um 23 Prozent niedriger als in der Kontrollgruppe. Das klingt doch sehr überzeugend! Zumindest ausreichend, um eine offizielle Empfehlung auszusprechen, alle Frauen sollten sich regelmäßig einem Mammographietest unterziehen.

Doch beim genaueren Betrachten der Zahlen kommen erste Zweifel auf. In der getesteten Gruppe kam es zu 147 Todesfällen aufgrund von Brustkrebs. In der Kontrollgruppe waren es 192, also 45 mehr (und 45 sind 23,4 Prozent von 192, deshalb die Zahl 23 Prozent). Anders ausgedrückt: Auf 10.000 Frauen kam es zu sieben Brustkrebstoten weniger. So betrachtet sehen die Zahlen eher dürftig aus und sind auch statistisch gesehen weniger aussagekräftig. Natürlich scheint eine Vorsorgeuntersuchung für eine einzelne Frau, die glaubt, dass dadurch ihr Leben gerettet werden könnte, sehr positiv. Doch gesamtgesellschaftlich betrachtet scheint ein für alle Frauen empfohlener Mammographietest fragwürdig, selbst wenn man die Kosten und die Unannehmlichkeiten der Untersuchung außer Acht lässt.

Doch die Geschichte geht ja noch weiter. Die Ergebnisse zweier folgender Untersuchungen in Kanada, an denen 90.000 Frauen teilnahmen, zeigten, dass routinemäßige Mammographie keinen Einfluss auf die Sterblichkeitsrate durch Brustkrebs hatte, nicht einmal für die am meisten gefährdete Gruppe der 55- bis 59-Jährigen.[33] Schließlich hat die angesehene Cochrane Collaboration (eine internationale, nicht kommerzielle Organisation, die unabhängige Informationen zu Gesundheitsfragen anbietet) die Untersuchung aus den 60er Jahren überprüft. Dabei stellte sie zwei entscheidende Fehler fest. Die daraufhin korrigierten Ergebnisse lieferten nun keinen Beweis mehr dafür, dass Mammographie-Vorsorgeuntersuchungen die Anzahl der Todesfälle durch Brustkrebs verringern.[34] Doch selbst heute noch empfehlen Ärzte Mammographie!

Noch einmal Bluthochdruck

Eigeninteresse und menschliches Versagen sind nicht die einzigen Gründe für eine skeptische Haltung gegenüber medizinischen Erkenntnissen. Manchmal ist es einfach unmöglich, alle Einflussfaktoren zu erfassen. Das trifft nirgendwo besser zu als in der Gesundheitsforschung. Noch einmal zurück zu der Bluthochdruckuntersuchung, die 2005 in *Hypertension* veröffentlicht wurde. Zum einen schreiben die Autoren: »Unsere Ergebnisse unterstreichen, wie wichtig die Vermeidung von Bluthochdruck und seiner Folgen für die Bevölkerung ist.« Andererseits geben sie durchaus zu:

> *Der größte Teil der Daten, die wir in unserer Analyse verwendeten, wurde vor über drei Jahrzehnten erhoben. Der historische Charakter der Framingham-Studien schränkt die Hochrechnung der Ergebnisse auf die heutige Bevölkerung ein. Seither wurden in der Gesundheitsförderung, den Untersuchungsmethoden, der Vorsorge und den Behandlungsmöglichkeiten von Herz-Kreislauf-Erkrankungen große Fortschritte erzielt.*[35]

Framingham ist eine Stadt in Massachusetts, deren Bevölkerung über drei Generationen hinweg an einer Studie zu Herz-Kreislauf-Erkrankungen teilgenommen hat. Ein wunderbares Forschungsprojekt, das immer noch fortgesetzt wird. Doch die zitierten Zahlen stammen aus den 70er Jahren und sind nicht mehr repräsentativ für die heutige Bevölkerung. Auf Seite 283 des ausführlichen Papiers werden die Details der Erhebung aufgeführt. Die Menschen wurden in drei Gruppen eingeteilt: Menschen mit normalem Blutdruck, solche mit normal bis hohem Blutdruck und eine dritte mit Bluthochdruck. Die durchschnittliche Körpergröße in jeder Gruppe (172 bis 173 cm bei Männern und 159 bis 160 cm bei Frauen) ist einigermaßen repräsentativ für die amerikanische Bevölkerung. Das Gewicht dagegen weicht wesentlich davon ab. Weniger als die Hälfte der Männer mit normalem Blutdruck haben Übergewicht, dagegen sind drei Viertel der Männer mit Bluthochdruck übergewichtig. Auch in den Frauengruppen gibt es ähnliche Unterschiede. Selbst wenn die Autoren das Gewichtsproblem statistisch etwas »ausbalancieren« können, sind die Gruppen dennoch nicht repräsentativ.

Des Weiteren stimmt etwas nicht mit den Gruppengrößen. Nur 22 Prozent der untersuchten Männer und 26 Prozent der Frauen haben normalen Blutdruck. Kann das sein? Das größte Problem der Messergebnisse ist die Anzahl der Raucher. Unter allen Probanden finden sich doppelt so viele Raucher wie in den USA heute. 81 Prozent der Männer und 53 Prozent der Frauen mit normalem Blutdruck rauchen. Selbst in Japan gibt es heute keinen so hohen prozentualen Anteil an Rauchern mehr! In der Gruppe mit Bluthochdruck dagegen ist der Anteil an Rauchern geringer (74 Prozent der Männer und 38 Prozent der Frauen). Sollen wir daraus schließen, dass Rauchen den Bluthochdruck verringert und deshalb empfohlen werden sollte? Sicher nicht. Die Relevanz der Untersuchungsergebnisse ist äußerst fragwürdig.

Vielleicht ist diese anerkannte Studie für sich genommen durchaus von Wert. Was wir in Frage stellen ist der Umstand, dass sie als Grundlage für aktuelle Empfehlungen herangezogen wird. Die Ergebnisse sind nicht nur 30 Jahre alt, sondern auch nicht repräsentativ für die heutige US-amerikanische Bevölkerung, geschweige denn für die japanische oder die in Périgord. Wie wir gesehen haben, warnen ja selbst die Autoren davor, aus ihren Ergebnissen Rückschlüsse für andere Gruppen zu ziehen. Aber genau das tun Ärzte, wenn sie Menschen damit Angst einjagen, ihr Bluthochdruck würde zu einem frühen Tod führen. Der Stress, den sie auf diese Weise verursachen, erhöht den Blutdruck noch weiter.

Drei Mal täglich eine Prise Skepsis

Sich ständig ändernde Meinungen, menschliche Begrenztheiten und statistische Fußfallen weisen alle in die gleiche pessimistische Richtung. Schlechte Aussichten für diejenigen, die etwas für ihre Gesundheit tun wollen. Doch es gibt keinen Grund, fatalistisch zu werden. Unsere Botschaft lautet keineswegs, dass man nichts tun kann. Nur, dass viele medizinische Weisheiten auf tönernen Füßen stehen. Im nächsten Kapitel werden wir endlich ein paar positive Ratschläge geben. Wir wollen eine wissenschaftlichere Perspektive einnehmen, analysieren, was medizinische Untersuchungen wirklich aussagen, verschiedene Meinungen einholen und die der Medizin innewohnenden Unzulänglichkeiten in unsere Perspektive mit einbeziehen. Gleichzeitig bestehen wir weiterhin darauf, die medizinische Forschung immer mit einer Portion Skepsis zu begleiten. Die hat noch nie geschadet.

Kapitel 3

Die richtige Medizin bekommen

Mein Arzt gab mir noch sechs Monate. Als ich die Rechnung nicht bezahlen konnte, bekam ich noch sechs obendrauf.
Walter Matthau, Komiker

Es gibt nicht nur schlechte Nachrichten. Sehen wir von dem bedrückenden Eindruck, den die medizinische Forschung im vorigen Kapitel hinterlassen hat, einmal ab, ist da ein Silberstreif am Horizont. Viele Ärzte geben bereitwillig zu, dass die Medizin keine verlässliche Wissenschaft ist. Akzeptiert man diese Unzulänglichkeiten, ebenso wie die dazugehörige Kontrollillusion, kann man bessere Entscheidungen für die eigene Gesundheit treffen. Und jetzt kommen wir endlich zu den positiven Nachrichten.

Psyche statt Medizin

Während des Zweiten Weltkriegs ging dem amerikanischen Arzt Henry Beecher, der im italienischen Anzio Soldaten operierte, das Morphium aus. Er spritzte seinen Patienten, darunter einige Schwerverletzte, eine harmlose Salzlösung. Zu seiner Verblüffung war die Wirkung fast die gleiche. Die Soldaten dachten, sie bekämen Morphium. Die Salzlösung, die wie ein Placebo wirkte, konnte entsetzliche Schmerzen unterdrücken, selbst bei Amputationen. Natürlich war nicht die Salzlösung dafür verantwortlich, sondern die menschliche Psyche.

Geschichten von erstaunlichen psychischen Selbstheilungskräften findet man nicht nur in Veröffentlichungen zum Thema Schmerzbekämpfung. In einem schwedischen Krankenhaus wurden Ende der 90er Jahre 81 Patienten aufgrund einer abnormalen

Vergrößerung des Herzmuskels operiert. Diese Erkrankung hatte oft nur leichte Beschwerden zur Folge, manche Patienten aber starben daran. Eine gewöhnliche Behandlungsmethode ist die Einsetzung eines Herzschrittmachers, was man bei diesen 81 Patienten auch durchführte. Doch bei der Hälfte von ihnen hatte man den Schrittmacher gar nicht eingeschaltet! Und dennoch stellten sich bei allen die gleichen Verbesserungen ein (nur geringfügig weniger bei den Patienten mit abgeschaltetem Schrittmacher): Die Schmerzen im Brustbereich, Schwindel, Atemnot und Herzrasen nahmen ab.[1]

Wer das vorherige Kapitel aufmerksam gelesen hat, wird jetzt natürlich skeptisch, da an diesem Versuch nur so wenige Personen teilgenommen haben. Doch hier ist ein weiteres Beispiel aus der Placeboforschung. Aus einer großen Gruppe von Männern zwischen 30 und 64 Jahren, die drei Monate zuvor einen Herzanfall erlitten hatten, erhielten 1103 das starke Medikament Clofibrat, 2789 dagegen ein Placebo. Die Wissenschaftler untersuchten den Verlauf über mehr als fünf Jahre. Sie konnten kaum einen Unterschied in der Überlebensrate beider Gruppen feststellen: 20 Prozent der Medikamentierten und 20,9 Prozent der Placeboprobanden starben. Weiter fiel den Wissenschaftlern auf, dass diejenigen, die regelmäßig ihre Pillen genommen hatten, eine höhere Überlebensrate aufwiesen. Von den Patienten, die mehr als 80 Prozent der verschriebenen Menge des Medikaments genommen hatten, starben nur 15,7 Prozent (im Gegensatz zu 22,5 Prozent derjenigen, die weniger als 80 Prozent der vorgesehenen Dosis genommen hatten). Genau das Gleiche ließ sich für die Placebogruppe feststellen.[2]

Die Schlussfolgerung ist, dass Placebos fast genauso gut helfen wie Medikamente. A. K. Shapiro, einer der bekanntesten Autoritäten auf diesem Gebiet, fasst das folgendermaßen zusammen:

> *Placebos können wirksamer sein als richtige Medikamente und auch deren Wirkung aufheben. Der Placeboeffekt erreicht in manchen Studien 100 Prozent. Placebos haben oft eine tiefgreifende Wirkung auf organische Erkrankungen inklusive bösartiger Geschwüre. Oft können Placebos die Wirkung von Medikamenten imitieren.*[3]

Für die, die gerne etwas Positives mitnehmen wollen: Wir lernen hier, dass die menschliche Psyche Dinge bewirken kann, die der starker Medikamente gleichkommt. Trotz 50 Jahren Forschung ist die Wissenschaft eine umfassende Erklärung für die selbstheilende und schmerzlindernde Wirkung von Placebos bisher schuldig geblieben. Doch die Konsequenzen sind für unsere Gesundheit und Lebensdauer gleichermaßen bedeutend. Was können Geist und Körper zusammen erreichen?

Manche Geheimnisse des Placeboeffekts werden vielleicht durch das medizinische Interesse an der »Selbsteinschätzung des eigenen Gesundheitszustandes« gelüftet. Der Siegeszug des Internets hat die Verbreitung verschiedenster Lebenserwartungskalkulatoren und Tools zur Selbsteinschätzung des Gesundheitszustandes befördert. Noch kann man nicht mit Sicherheit sagen, wie zuverlässig diese sind. Mehrere Studien haben die Fähigkeit der Ärzte zur Beurteilung unseres Gesundheitszustandes und unserer Lebenserwartung mit der eigenen Selbsteinschätzung verglichen. Bei diesen Vergleichsuntersuchungen ziehen Ärzte Fachbücher zu Rate, sehen sich Testergebnisse an und führen eine detaillierte Untersuchung des zu behandelnden Patienten durch. Die Patienten selbst beantworten, unabhängig von der Einschätzung des Arztes, eine einfache Multiple-Choice-Frage wie diese:

Wie schätzen Sie ganz allgemein Ihren Gesundheitszustand ein?

(a) ausgezeichnet (b) sehr gut (c) gut
(d) ausreichend (e) schlecht

(bitte machen Sie einen Kreis um die richtige Antwort)

Und was für eine Überraschung ... Die Selbsteinschätzungen des eigenen Gesundheitszustandes sind zuverlässigere Indikatoren für die Lebensdauer der Patienten als die Diagnose der Ärzte – zumindest nach den bisherigen Untersuchungen.[4] Diejenigen, die ihre Gesundheit mit »ausgezeichnet« eingeschätzt hatten (vor allem Frauen), hatten eine zwischen 2- bis 10mal so hohe Wahrscheinlichkeit, 6 bis 10 Jahre länger zu leben als die, die ihren Zustand als »schlecht« angaben. Selbst Alter und Rauchen, die beiden besten objektiven Indikatoren, waren weniger zuverlässig bei der Vorhersage der Lebensdauer als die einfache Multiple-Choice-Frage. Es zeigt sich, dass die Menschen (ganz besonders die älteren) selbst am besten beurteilen können, wie lange sie noch leben werden, nur durch die simple Selbsteinschätzung, wie gut sie sich gerade fühlen.

Das ist also die erste positive Erkenntnis. Wenn Sie sich gut fühlen, machen Sie wahrscheinlich irgendetwas richtig. Wenn Sie nicht zufällig ein hoffnungsloser Hypochonder sind, sollten Sie den Signalen Ihres Körpers trauen und der Kraft Ihrer Psyche, Ihren Körper beeinflussen zu können. Wir behaupten nicht, dass Körper und Geist als Team die Gewissheit besitzen, die der Wissenschaft fehlt. Aber sie teilen einem verlässlich mit, ob es sinnvoll ist, zum Arzt zu gehen.

Was bringen Vorsorgeuntersuchungen?

Aber könnte es nicht sein, dass unser Körper und unsere Psyche etwas vor uns verstecken? Sind jährliche Vorsorgeuntersuchungen und regelmäßige Tests gegen tödliche Krankheiten nicht ratsam? Empirische Untersuchungen haben gezeigt, dass die Lebenserwartung durch jährliche Check-ups nicht steigt. Dafür gibt es zahlreiche fundierte Belege. Ärzte empfehlen jährliche Vorsorgeuntersuchungen schon seit 1920, doch jüngste Studien zeigen, dass die Millionen von jährlichen Vorsorgeuntersuchungen weder gesundheitsfördernd noch lebensverlängernd sind.[5]

Natürlich variieren diese Untersuchungen je nach Land, Kultur und Zeit. Die Einstellung zu vorbeugenden Tests hängt oft davon ab, wie das Gesundheitssystem finanziert wird. Die Interessen der privaten Gesundheitsanbieter und der Versicherungen in den USA sind sehr verschieden von dem eher auf Sparsamkeit bedachten staatlichen Gesundheitssystem in Großbritannien. Doch nicht nur der wirtschaftliche Zusammenhang spielt hier eine Rolle, sondern auch die nachweisliche Sinnhaftigkeit der Tests. Dazu zwei Beispiele, in denen es einerseits um junge Frauen und andererseits um alte Männer geht.

2007 änderte das American College of Obstetricians and Gynecologists eine Empfehlung für Schwangere. Früher hatte man zur Ermittlung des Downsyndroms zu einem Bluttest geraten. Die teurere Fruchtwasseruntersuchung empfahl man nur Frauen über 35, deren Downsyndrom-Risko höher ist, oder Frauen, bei denen der Bluttest auf eine Abnormalität hingewiesen hatte. Doch 2007 riet man nun allen Schwangeren, unabhängig vom Alter und Bluttestergebnis, die teurere Fruchtwasseruntersuchung zu machen.[6]

Ärzte erwähnen selten, dass alle Tests zwei Fehler aufweisen können. Der erste wäre in diesem Fall (und hier eher selten), dass der Test ein Ungeborenes mit Downsyndrom nicht nachweist. Solch ein Testergebnis nennt man »falsch negativ«. Häufiger kommt es dagegen vor, dass der Test fälschlicherweise das Downsyndrom bei einem gesunden Fötus anzeigt (was dann oft zu einem unbegründeten Schwangerschaftsabbruch führt). Solch ein Testergebnis nennt man »falsch positiv«. Zudem kann es bei einer Fruchtwasseruntersuchung zu einer Fehlgeburt kommen. Jedes dieser Probleme kann verschiedene psychische Folgen haben.

Lassen wir die psychischen Belastungen erst einmal beiseite und schauen uns die Zahlen genauer an. Abbildung 1 verdeutlicht die verschiedenen Ergebnisse für eine angenommene Grundgesamtheit von 2500 Schwangeren im Alter von 25 Jahren. Beträgt die Wahrscheinlichkeit eines Downsyndroms 1 : 1250, werden zwei Frauen Babys mit einer Trisomie 21 bekommen, 2498 dagegen nicht (zweite Ebene der Abbildung 1). Die dritte Ebene zeigt die Auswirkungen der Fruchtwasseruntersuchung. Da die Fehlerquote sehr gering ist, gehen wir davon aus, dass die Ungeborenen mit Downsyndrom nachgewiesen werden. Auch die Wahrscheinlichkeit eines falsch positiven Ergebnisses ist hier mit 1 Prozent sehr gering. Da die Zahl der Schwangeren mit gesundem Baby wesentlich höher ist (2498), werden in unserem ausgedachten Beispiel 25 Frauen dieser Gruppe ein falsch positives Testergebnis bekommen, 2473 dagegen ein richtiges Ergebnis.

Das bedeutet, dass die Zuverlässigkeit des positiven Testergebnisses für eine Schwangere mit Downsyndrom-Baby nur 7 Prozent beträgt (zwei der insgesamt 27 als positiv getesteten Schwangeren). Hinzu kommt, dass in zwei von 1000 Fällen die Fruchtwasseruntersuchung zu einer Fehlgeburt führt. Für unser Beispiel nehmen wir an, dass diese alle aus der großen Gruppe der Frauen mit negativem Testergebnis stammen.

Was bedeuten diese Zahlen in der Praxis? Da wir Ihnen ja posi-

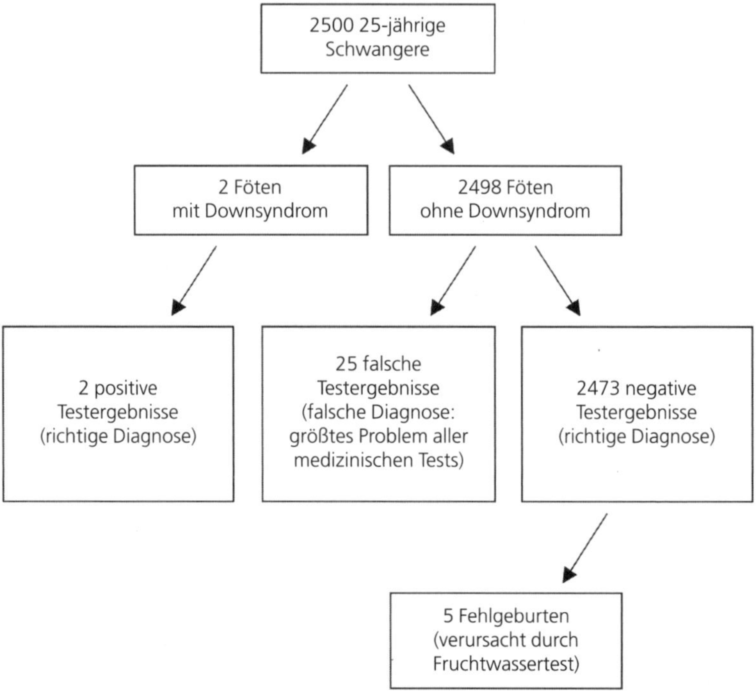

Abbildung 1 Sind Downsyndrom-Tests sinnvoll?

tive Ergebnisse versprochen hatten: Eine 25-jährige Schwangere, deren Fruchtwasser positiv auf das Downsyndrom getestet wird, hat immer noch eine Chance von 93 Prozent, ein gesundes Baby zu bekommen! Sie wird sich fragen, warum sie diesen Test überhaupt gemacht hat. (Von der Gefahr einer Fehlgeburt ganz abgesehen.) Dies ist die mögliche Sichtweise einer Einzelperson. Aus Sicht der Gesundheitspolitik spricht noch weniger für eine allgemeine Fruchtwasseruntersuchung. Kostet jeder dieser Tests 100 Dollar, wären das bei unserem Beispiel insgesamt 250.000 Dollar. Dies für eine Untersuchung, die zu fünf Fehlgeburten führt (und damit zu weiteren Folgekosten), zu 27 Testwiederholungen für weitere 2700 Dollar, mal ganz abgesehen von den nicht zu unterschätzenden psychischen Belastungen in der Phase zwischen den Tests. Nehmen wir nun an, die 27 positiv getesteten Frauen folgen unserem Rat aus dem vorherigen Kapitel und holen eine zweite Meinung ein. Die andere Option wäre ein unnötiger (und noch kostspieligerer) Schwangerschaftsabbruch. Währenddessen entscheidet sich eine der richtigerweise positiv getesteten Frauen dafür, das Kind aus religiösen oder anderen Gründen auszutragen. Worin liegt dann der Wert dieser Untersuchung? Eine Frage, die Sie gerne selbst beantworten können.

Doch genau das ist der springende Punkt. Jeder Patient, der sich Tests unterzieht (vor allem Vorsorgeuntersuchungen), sollte Zugang zu relevanten Erhebungen und Analysen haben. Der Arzt sollte ihm Abbildungen wie die obige zeigen, mit besonderem Augenmerk auf falsch positive Ergebnisse (wie sie bei jedem Test vorkommen), um den Patienten darüber aufzuklären und unnötige Sorgen zu vermeiden. Die große Gefahr ist, dass gesundheitspolitische Richtlinien blind befolgt werden und die Testergebnisse eine Illusion der Gewissheit erzeugen (oder noch schlimmer: eine ungute Mischung aus Ignoranz und Angst).

Jetzt zu unserem zweiten Beispiel. In seinem hervorragenden Buch *Das Einmaleins der Skepsis: Über den richtigen Umgang mit Zahlen und Risiken* beschäftigt sich der Psychologe Gerd Gigerenzer mit dem PSA-Wert bei Prostatakrebs-Vorsorgeuntersuchungen, der durch die Messung eines prostataspezifischen Antigens ermittelt wird.

> *Männer, die am PSA-Screening teilnehmen, sterben ebenso früh und ebenso oft an diesem Karzinom wie jene, die nicht teilnehmen. (...) Mit dem PSA-Test kann Prostatakrebs erkannt werden, weil es aber noch keine wirksame Therapie gibt, erhöht die Früherkennung nicht die Lebenserwartung. (...) Auch kommt es bei diesem Test zu zahlreichen falsch-positiven Ergebnissen. Das bedeutet: Wenn ein verdächtig hoher PSA-Spiegel gefunden wird, liegt in den meisten Fällen trotzdem kein Karzinom vor. Daher müssen viele Männer ohne Prostatakrebs sich unnötige Sorgen machen und meist schmerzhafte Nachuntersuchungen über sich ergehen lassen. Aber auch Männer mit Prostatakrebs haben unter den Nachteilen des Screenings zu leiden. Viele von ihnen werden operiert oder bestrahlt, was zu lebenslangen Schädigungen führen kann wie beispielsweise Inkontinenz und Impotenz. Viele Prostatakrebskarzinome wachsen so langsam, dass sie sich ohne Screening*

> *niemals bemerkbar machen würden (von 154 Männern mit Prostatakrebs sterben nur 24 an der Krankheit). Bei Autopsien an Männern, die mit über 50 eines natürlichen Todes starben, zeigt sich, dass ungefähr ein Drittel von ihnen irgendeine Form von Prostatakrebs gehabt hat. Es sterben mehr Männer mit Prostatakrebs als an Prostatakrebs.*[7]

Eine aktuelle Studie, veröffentlicht in *The Journal of the American Medical Association*, kommt für Computertomographie-Vorsorgeuntersuchungen zu ähnlichen Schlussfolgerungen. Die Wissenschaftler testeten 3246 aktuelle und ehemalige Raucher und fanden unter ihnen dreimal soviel Personen mit Lungenkrebs wie erwartet. Dennoch gab es keine korrespondierende Reduzierung bei fortgeschrittenem Lungenkrebs oder gar bei den Todesfällen. »Früherkennung und eine daraus folgende Behandlung retten keine Leben, setzten aber Patienten belastenden und möglicherweise unnötigen Behandlungen aus«, so die Autoren.[8]

Kein Wunder, dass immer mehr Experten sich gegen Krebsvorsorgeuntersuchungen aussprechen. In einem aktuellen Buch behauptet der amerikanische Arzt H. Gilbert Welch, dass Vorsorgeuntersuchungen den schnell wachsenden und tödlichen Krebs gar nicht erfassen. Krebsfreie Patienten mit falschen Untersuchungsergebnissen dagegen müssten endlose und oft gefährliche Tests über sich ergehen lassen, die zu unnötigen Behandlungen führen und weitere entbehrliche Tests nach sich ziehen.[9] Manche seiner Arbeitskollegen gehen noch weiter und hinterfragen die Praxis der chirurgischen Eingriffe. Norton M. Hadler fordert die Gesundheitseinrichtungen in den USA auf, einige der grundlegendsten Annahmen über Herz-Kreislauf-Behandlungen zu überdenken. Besonders die Bypassoperationen »hätten schon vor 15 Jahren abgeschafft werden müssen«. »Die Prozedur«, schreibt er weiter, »verlängert das Leben oder verhindert weitere Herzattacken nur bei einem geringen Prozentsatz der Patienten, nämlich bei denjenigen mit einer schweren Erkrankung.«[10] Der Mediziner L. David Hillis bestätigt diese Behauptung und hält sie auch für die Angioplastie für zutreffend. Bei dieser werden Gefäßverengungen erweitert und mit Stents offen gehalten. Er führt aus: »Die Leute glauben häufig, dass dieses Verfahren das Problem behebt, so wie ein

Klempner Leitungen mit einem neuen Rohrstück repariert. Doch in Wirklichkeit ist das Problem nicht behoben.«[11]

Auch hier ist wieder die Kontrollillusion am Werk. Unser verzweifelter Wunsch, bedrohliche Ungewissheiten zu beseitigen, ist die einzige Erklärung dafür, dass wir die medizinischen Fehler der Vergangenheit wiederholen, anstatt aus ihnen zu lernen. Sobald wir uns überholter Empfehlungen wie jährlichem Gesundheitscheck, regelmäßiger Mammographie und PSA-Wert-Messung entledigen, gibt es schon wieder neue, wie etwa die Fruchtwasseruntersuchung bei Schwangeren.

Das klingt jetzt hoffentlich nicht zu negativ. Wir verweisen auf unsere vorherige positive Erkenntnis, dass man dem eigenen Gefühl trauen sollte. Wenn man sich gut fühlt, macht es meist keinen Sinn, sich auf irgendwelche Erkrankungen testen zu lassen. Dem fügen wir jetzt einen weiteren Ratschlag hinzu: Alles, was Ihre Gesundheitsvorsorge betrifft, sollte durch empirische Beweise belegt sein. Bringen Sie in Erfahrung, welche Gefahren bestehen und was Ihnen Tests, medikamentöse Behandlung und medizinische Verfahren wirklich bringen.[12] Diese Herangehensweise, für die David Eddy und andere sich einsetzen, nennt man »evidenzbasierte Medizin«.

Unser Ratschlag richtet sich an Einzelne wie auch an Regierungen. So wie Regierungsbehörden Medikamenten eine Zulassungsgenehmigung erteilen, sollten sie auch regelmäßig nach aktuellem Erkenntnisstand Empfehlungen für medizinische Verfahren aussprechen. Auf diese Weise wäre sichergestellt, dass eine unabhängige staatliche Institution sich die verfügbaren Forschungsergebnisse angesehen hat und zu einer neutralen Bewertung gekommen ist. Da wir die Welt der medizinischen Forschung jetzt besser kennen, würden wir uns nicht lange auf diese Empfehlungen verlassen. Doch sie könnten uns bei der Einschätzung der medizinischen Erkenntnisse helfen.

Ein schicker Schnitt

Es ist nicht immer leicht, an verlässliche Informationen zu kommen, wie der klassische Fall der Kaiserschnittgeburten zeigt. Beim Kaiserschnitt werden Kinder durch einen chirurgischen Eingriff zur

Welt gebracht. Ursprünglich wurde dieses Verfahren angewendet, wenn eine »normale« Geburt mit schwerwiegenden Komplikationen für Mutter und Kind verbunden war.

Auch wenn heutzutage beim Kaiserschnitt nur noch selten eine Vollnarkose nötig ist, handelt es sich dennoch um eine ernste Unterleibsoperation, die man nicht auf die leichte Schulter nehmen sollte. Der britische National Health Service schätzt, dass bei einem Kaiserschnitt das Sterblichkeitsrisiko dreimal höher ist als bei einer Vaginalgeburt. Aber dieser Vergleich ist nicht ganz fair, da es sich bei Kaiserschnittpatientinnen meist um Frauen handelt, deren Entbindung eh mit einem höheren Risiko verbunden ist. Wie auch immer, die Sterblichkeitsraten beider Geburtsarten sind, zumindest in den Industriestaaten, ständig gesunken. Und wie gesagt ist es oft nicht einfach, Zahlen zu finden und zu interpretieren.

Nun bringt der Kaiserschnitt klare Nachteile mit sich. Für die Mutter ist die Dauer der Rekonvaleszenz wesentlich länger als bei einer »normalen« Geburt. Die Operation führt zu einer erhöhten Infektionsgefahr und hinterlässt eine unansehnliche Narbe. Durch Betäubung und Medikamente hat das Baby einen eher schwergängigen Lebensbeginn, der manchmal mit Atemproblemen verbunden ist. Das Stillen, das nachweislich viele Vorteile hat, ist nach einem Kaiserschnitt oft schwieriger, zum Teil auch deshalb, weil die Mutter in ihren Bewegungsmöglichkeiten eingeschränkt ist. Für Gesundheitsdienstleister und Krankenkassen bedeutet eine Operation immer Extrakosten. Eine kürzlich in der Zeitschrift *Obstetrics and Gynaecology* veröffentlichte Studie zeigt, dass Frauen mit mehreren Kaiserschnitten bei späteren Schwangerschaften häufiger Probleme haben.[13] Die Schlussfolgerung daraus: Frauen, die sich viele Kinder wünschen, sollten möglichst vaginal gebären. Mit 30.132 untersuchten Kaiserschnittgeburten schien diese Untersuchung statistisch gesehen umfangreich genug.

Warum also sind Kaiserschnittgeburten so beliebt – mit steigender Tendenz? Jüngste Schätzungen sprechen von über 30 Prozent Kaiserschnittgeburten in den USA 2005, eine Zunahme von 46 Prozent seit 1996.[14] Und warum ist ihre Anzahl in den Industrieländern so unterschiedlich, wie Tabelle 3 zeigt?

Haben die italienischen Ärzte einen triftigen Grund, ein Drittel aller Kinder per Kaiserschnitt auf die Welt zu bringen? Warum ist dann die Rate ihrer niederländischen Kollegen um 13 Prozent niedriger? Unwahrscheinlich, dass beide Recht haben. Die medizinischen Bedürfnisse der Frauen dieser Länder dürften nicht sehr unterschiedlich sein. Tabelle 3 zeigt eine positive Relation zwischen Kaiserschnittgeburten und Kindersterblichkeit.[15] Trotz aller Schwierigkeiten, hier verlässliche Aussagen zu treffen, ist deutlich, dass Schweden, das Land mit den wenigsten Kaiserschnittgeburten, auch die niedrigste Kindersterblichkeit hat, Italien dagegen die höchste.

Manche Antworten findet man vielleicht, wenn man die Variationen der Kaiserschnittrate innerhalb eines Landes betrachtet. Hollywoodschauspieler und andere Prominente tendieren bekann-

Tabelle 3 Geburten durch Kaiserschnitt (Jahr 2000): verschiedene Länder[16]

Rang	Land	Kaiserschnitte pro 1000 Lebend-geburten	Kindersterblichkeit pro 1000 Lebend-geburten
1	Italien	333	5,94
2	Australien	217	4,69
3	USA	211	6,50
4	Deutschland	209	4,16
5	Kanada	205	4,75
6	Irland	204	5,39
7	Neuseeland	202	5,85
8	Österreich	172	4,66
9	Frankreich	171	4,26
10	Großbritannien	170	5,16
11	Belgien	159	4,68
12	Finnland	157	3,57
13	Dänemark	145	4,56
14	Schweden	144	2,77
15	Norwegen	137	3,70
16	Niederlande	129	5,04

termaßen zu dieser Art der Geburt. Ganz allgemein ist der so genannte »freiwillige« Kaiserschnitt ein Privileg der Reichen. Eine aktuelle Studie, die drei griechische Krankenhäuser (zwei öffentliche und ein privates) verglich, kommt zu dem Ergebnis: »Die Kaiserschnittrate in den öffentlichen Krankenhäusern lag bei 41,6 Prozent (52,5 Prozent bei Griechinnen und 26 Prozent bei Immigrantinnen), im privaten Krankenhaus bei 53 Prozent (65,2 Prozent Frauen mit Privatversicherung, 23,9 Prozent Frauen, die die Kosten selbst trugen).«[17]

Hier gibt es zwei Interpretationsmöglichkeiten. Die erste und menschenfreundlichere Erklärung wäre, den Kaiserschnitt als ultimative »Kontrollillusion« zu betrachten. Anstatt der Natur ihren Lauf zu lassen, wählen Ärzte und betuchte Eltern diese Art von Geburt, weil sie so besser in den Terminkalender passt. Ironischerweise gehen diese Mütter, die alles genau bestimmen wollen, ein wesentlich höheres Risiko ein, aber das ist ihr Problem (wenn auch etwas unfair gegenüber dem Baby, das nicht mitreden kann).

Die andere mögliche Erklärung würde ein schlechtes Licht auf die Ärzteschaft werfen. Könnte es sein, dass die Entscheidung der Ärzte von ihrem Wunsch nach höherem Umsatz und Gewinn beeinflusst wird?[18] Wir wollen nicht grundlos die Moral der Ärzte anzweifeln. Doch Kollegen aus der eigenen Zunft haben das getan. David Walters, Leiter der Kardiologieabteilung der University of California in San Francisco, behauptet, dass Interessenkonflikte in diesem Bereich eine wichtige Rolle spielen. 400.000 Bypassoperationen und eine Million Angioplastie-OPs pro Jahr haben eine herzchirurgische »Industrie« entstehen lassen, die geschätzte 100 Milliarden Dollar Umsatz generiert.[19]

Kehren wir zu der positiven Forderung zurück, Patienten sollte eine evidenzbasierte Auswahl ihrer Behandlung ermöglicht werden. In jedem Land sollte es einen unabhängigen, nicht profitorientierten Prüfer der Forschungsergebnisse geben. Zusätzlich sollten wir uns von dem Glauben verabschieden, dass jede weitere medizinische Versorgung, Behandlung oder Vorsorgeuntersuchung der Gesundheit zuträglich ist und zu einem längeren Leben beiträgt. Vielleicht trifft sogar das Gegenteil zu. Wie Michael Moore in seinem gefeierten Dokumentarfilm *Sicko* von 2007 und auch viele andere Kommentatoren ausgeführt haben: Je länger man sich vom

Gesundheitswesen fernhält, desto länger hält man sich auch von seinen Gefahren fern, ob von menschlichem Versagen oder von in Krankenhäusern lauernden tödlichen Superbakterien.

Die allgemeine Gesundheitsversorgung basiert auf der Annahme, dass Entscheidungen von Ärzten per se richtig sind. Das trifft sicher auch oft zu, doch manche Entscheidungen sind äußerst fragwürdig. Deshalb müssen Patienten sicherstellen können, dass sie die für sie beste Behandlung erhalten und keine unangebrachten Eigeninteressen Einfluss nehmen. Um es noch einmal zu sagen: Wir setzen uns für eine evidenzbasierte Medizin ein. Um Misstrauen und Interessenkonflikte zu vermeiden, bedarf es einer unabhängigen, nichtprofitorientierten Organisation wie der US Food and Drug Administration oder der Cochrane Collaboration, die die empirischen Beweise überprüft. Doch am wichtigsten ist es, dass Patienten Zugang zu Informationen bekommen, die sie über die verschiedenen Gesundheitsangebote und ihre Vorteile, Risiken und Kosten aufklären. Sie sollten sich nicht durch Angst oder Ignoranz für eine bestimmte Behandlung entscheiden.

Höhere Ausgaben für die eigene Gesundheit bedeuten nicht automatisch eine bessere medizinische Versorgung, wie Elliott S. Fisher, Medizinprofessor an der Dartmouth Medical School in New Hampshire, herausgefunden hat. Er ging davon aus, dass die Gesundheit von Menschen in Gegenden mit niedrigen Gesundheitsausgaben schlechter ist als die in einer Region mit doppelt so hohen Aufwendungen. Doch seine Untersuchung ergab das Gegenteil: »Patienten, die sich kostspieligen Behandlungen unterzogen, hatten ein wesentlich erhöhtes Todesrisiko.«[20] Der Grund: Zusätzliche Arztbesuche und Untersuchungen sind oft mit unnötigen Behandlungen und Krankenhausaufenthalten verbunden, die weitere unnötige Risiken mit sich bringen. Ein klassisches Beispiel für das Paradox der Kontrolle.

Gute Nachrichten

Unsere Bedenken gegenüber der medizinischen Praxis sollten wir an dieser Stelle ein wenig relativieren. Wir stellen keineswegs in Abrede, dass die Medizin bemerkenswerte Errungenschaften und große Fortschritte vorzuweisen hat. Man denke nur an all die Wundermittel, von denen wir in der Zeitung lesen. Und niemand würde in Abrede stellen, dass es der Menschheit durch die Entwicklung von Medikamenten wie Aspirin und Chinin wesentlich besser geht. Die beiden Mittel sind schon so lange auf dem Markt, dass ihre Wirksamkeit nicht mehr angezweifelt wird. (Selbst wenn manchmal überhöhte Erwartungen geschürt werden, wie die, dass Aspirin sogar vorbeugend gegen Herzanfälle sei und wirksam gegen verschiedene Formen von Krebs.) Dann muss man die Antibiotika erwähnen, ein Medikament, das unsere Gesellschaft verändert hat. Nicht nur Infektionen werden damit erfolgreich bekämpft, auch der Terror der Tuberkulose wurde mit ihrer Hilfe besiegt. Synthetische Medikamente ermöglichen es Menschen mit schwerwiegenden Schilddrüsenproblemen, ein ganz normales Leben zu führen.

Auch die Chirurgie hat sich auf beeindruckende Weise weiterentwickelt. Was Neurochirurgen heute leisten, hätte sich noch vor einer Generation niemand vorstellen können. Und es ist tatsächlich erst 43 Jahre her, dass Christiaan Barnard 1967 das erste menschliche Herz verpflanzte. Die minimal-invasive Chirurgie hat das Leben vieler Menschen verändert. Darunter das von Leistungssportlern und -sportlerinnen, die bei bestimmten Verletzungen zuvor noch monatelang aussetzen mussten.

Gleichzeitig haben sich viele medizinische Theorien als falsch erwiesen. Noch vor 200 Jahren glaubte man zum Beispiel, dass der Aderlass alle möglichen Krankheiten heilen könne. Nur noch wenige Ärzte stellen eine Diagnose durch das Begutachten der Zunge. Vor einer Generation war das noch gängige Praxis.

An all diesen Entwicklungen haben wir nichts auszusetzen. Wir wollen auch nicht bestreiten, dass das medizinische Wissen zugenommen hat und Diagnosen viel präziser sind als jemals zuvor. Unsere Argumente richten sich gegen eine bestimmte Art, medizinische Studien zu interpretieren. Und wir missbilligen, dass viele Ärzte wie auch Patienten nicht wahrhaben wollen, dass weiterhin noch viel Ungewissheit besteht. Als Gesellschaft könnten wir viel besser von dem gewonnenen Wissen profitieren, selbst wenn es oft noch unvollständig ist. Bedenken Sie nur, was für einen Unterschied es wäre, wenn die Menschen die einfache Tatsache anerkennen würden, das medizinische Tests zwei Arten von Fehlern produzieren (falsch positive und falsch negative), die beide schwerwiegende Folgen für unser Wohlbefinden haben können.

Handeln

1923 schrieb der französische Schriftsteller Jules Romains eine Komödie, in der ein Dr. Knock eine unprofitable Landarztpraxis erwirbt. Schon bald darauf diagnostiziert er jedem Dorfbewohner eine Krankheit und verschreibt ihnen eine Kur, im Preis abgestimmt auf ihren Geldbeutel.[21] Aber ist das wirklich nur der Stoff einer Provinzkomödie? Oder vielleicht doch der einer aktuellen Tragödie auf internationalem Niveau? Ein knappes Jahrhundert später schreibt der Arzt H. G. Welch in der *New York Times*, dass medizinische Überversorgung die Menschen krank mache:

> *Die größte Gefahr für die Gesundheit der meisten Amerikaner ist nicht die Vogelgrippe noch das West-Nil-Virus oder der Rinderwahn, sondern unser Gesundheitswesen. Sie mögen jetzt denken, weil Ärzte Fehler machen (das tun wir tatsächlich). Doch man kann gar nicht das Opfer eines Behandlungsfehlers werden, wenn man sich nicht behandeln lässt. Die größte Gefahr, die vom amerikanischen Gesundheitssystem ausgeht, ist die, dass immer mehr Menschen hineingezogen werden. Nicht aufgrund einer epidemischen Krankheit, sondern einer Untersuchungsepidemie. (…) Problematisch daran ist, dass diese eine Behandlungsepidemie nach sich zieht. Nicht alle Behandlungen bringen wirklichen Nutzen, doch fast jede birgt große Gefahren. Manche davon sind bekannt, doch oft erkennt man die negativen Folgen neuer Therapien erst nach Jahren.*[22]

Es ist nicht unsere Absicht, die Ärzte eines bestimmten Landes oder gar das gesamte Gesundheitswesen zu kritisieren. Wie bereits gesagt, ist es der Medizin zu verdanken, dass Menschen länger und gesünder leben als jemals zuvor in der Geschichte. Wir möchten jedoch aufzeigen, dass es Zeit ist für einen weltweiten Sinneswandel, sowohl innerhalb des Gesundheitswesens wie auch auf Seiten der Patienten.

Unser erster Ratschlag, der auf erdrückenden empirischen Beweisen basiert, lautet: Wer sich gesund fühlt (und nicht schwanger ist), sollte sich von Ärzten fernhalten. Und der zweite: Führt kein Weg an einem Arztbesuch vorbei, sollte man sich über die Ungewissheit in der medizinischen Wissenschaft im Klaren sein. Dies führt direkt zum dritten Ratschlag: Informieren Sie sich ausführlich über Diagnosen, Tests oder Behandlungen, die Ihnen bevorstehen. Dieser Ratschlag richtet sich auch an die im Gesundheitsbereich Tätigen, nämlich alles in ihrer Macht Stehende zu tun, um Patienten optimal zu informieren, wenn sie Entscheidungen treffen. Und der letzte: Holen Sie eine zweite odere dritte Meinung ein. Und wenn die Zeit nicht drängt, warten Sie ein paar Wochen, bevor Sie sich für etwas entscheiden. Nutzen Sie die Zeit, um weitere Informationen einzuholen und besonnen und rational Ihre Entscheidung zu fällen.

Heutzutage stehen im Internet viele Informationsquellen zur Verfügung. Diese können bei bestimmten Fragen Entscheidungshilfen anbieten. Nach Angaben der Foundation for Informed Medical Decision Making entscheiden sich gut informierte Patienten öfter gegen Behandlungen und Eingriffe als solche, die kritiklos glauben, was ihnen ihr Arzt sagt. Die von der Stiftung durchgeführten Untersuchungen zeigen, dass 60 Prozent der Menschen ihre Entscheidung ändern, nachdem sie sich ausführlich informiert haben.[23]

Wir wollen hier ganz schnell anmerken, dass wir natürlich keine Internet-Selbstdiagnose empfehlen. Diese ist zu einer wahren Plage der modernen Medizin geworden. Sie ist noch schlimmer als hinzunehmen, was einem der Arzt sagt. Zeigen Sie ihm, dass Sie gut informiert sind. Beeindrucken Sie ihn mit einigen eindringlichen Fragen wie den folgenden:

- Welches sind die Vorteile und die Gefahren der von Ihnen vorgeschlagenen Behandlung?
- Gibt es Alternativen? Wenn ja, welches sind die Vor- und Nachteile?
- Welche Ergebnisse haben empirische Untersuchungen zu dieser Behandlungsmethode oder der Alternative ergeben?
- Hat das verschriebene Medikament Nebenwirkungen? Und welche sind das?

- Hat eine unabhängige Organisation die Untersuchungsergebnisse überprüft?
- Was passiert, wenn ich nichts mache? Wird es die Lebensqualität der mir noch verbleibenden Lebensjahre einschränken?
- Wenn ich die Behandlung fortsetze, werde ich dann weitere Behandlungen machen müssen?
- Übernimmt meine Versicherung die Kosten der Behandlung? Welche Kosten muss ich selbst tragen?

Sie bekommen, wenn Sie so auftreten, nicht nur Antworten, die Ihnen bei Ihrer Entscheidung helfen werden. Ihr Arzt wird Sie auch ernst nehmen! Im besten Fall kommen Sie in eine Position, in der Sie Ihre Entscheidung treffen, mit der Unterstützung Ihres Arztes, frei von aller Quacksalberei und vorschnellen Diagnosen. In seinem Buch *How Doctors Think*[24] rät J. Groopman genau zu dieser Vorgehensweise. Bereiten Sie sich vor, wenn Sie zum Arzt gehen. Folgen Sie dem Rat von Terrie Wurzbacher[25] und beantworten Sie alle wichtigen Fragen zu Ihrer Gesundheit, bevor Sie danach gefragt werden. Schreiben Sie sich vielleicht sogar die Antworten auf: Nehmen Sie Medikamente oder Nahrungsergänzungsmittel? Wurden diese verschrieben? Machen Sie eine Diät? Wie viel Alkohol trinken Sie? Treiben Sie Sport? Sind Sie gestresst oder haben Sie in letzter Zeit unter starkem Stress gelitten? Leiden Sie unter Allergien? Gibt es in Ihrer Familie die Neigung zu bestimmten Krankheiten? Wenn die Ärzte diese Informationen zur Verfügung haben, können sie sich auf Ihren aktuellen Gesundheitszustand konzentrieren und das Für und Wider der verschiedenen Behandlungsmöglichkeiten besprechen.

Kontrollieren Sie, was passiert

Wir müssen nochmals betonen, dass weder Sie noch Ihr Arzt die Ungewissheiten beseitigen können, die es im medizinischen Bereich, bei Testergebnissen, Diagnosen, Behandlungen und Prognosen immer gibt. Doch Sie als Patient können zumindest die Kontrolle über den Prozess erlangen, der zu den medizinischen Entscheidungen führt, die Sie betreffen werden. Wenn Sie diese aktive Rolle einnehmen, reduziert das unserer Ansicht nach die negativen Konsequenzen der fatalen Hoffnung (dass am Ende schon alles gut wird), der panischen Angst (vor Schmerz und Tod) und der schieren Besessenheit (nach einem langen und gesunden Leben). Wenn man einsieht, dass man seine Gesundheit nicht durch blindes Vertrauen in die Medizin verbessert, behält man die meisten medizinischen Probleme selbst im Griff.

Machen unsere Ratschläge Sie nun gesund, reich und weise? Nun, etwas weiser bestimmt und damit wohl auch gesünder. Aber auch reicher? – Um das zu erfahren, müssen Sie erst die nächsten beiden Kapitel über Geld und Investitionen lesen.

Kapitel 4

Das Geplapper des Geldes

Steigen und fallen.
John Pierpont (J. P.) Morgan (1837 – 1913) auf die Frage, wie sich die Aktienkurse bewegen werden.

Geld redet ... und redet und redet. So viel, dass wir oft nicht verstehen, was es sagt. Beliebte Partygeschichten handeln oft von Leuten, die durch Investitionen reich geworden sind oder ihr letztes Hemd verloren haben. Experten, ob Wirtschaftsjournalisten oder Fondsmanager, behaupten, sie könnten die Muster in den Bewegungen der Börsenkurse erkennen. Das Entscheidende ist, das Muster vom »Rauschen« unterscheiden zu können.

Wie soll Otto Normalverbraucher, bei all diesem Gerede, sein Erspartes anlegen? Das ist eine für das persönliche Schicksal wichtige und schwierig zu beantwortende Frage. Selbst wer nicht aktiv an der Börse mitzockt, ist meistens ein Anleger, ob er es will oder nicht. Denn auch Rentenpapiere sind ein Produkt des Finanzmarktes.

Dieses Kapitel will Ihnen, dem Anleger, zwei wichtige Einsichten vermitteln.

Erstens: Niemand kann die Entwicklung auf den Finanzmärkten über einen längeren Zeitraum konstant vorhersagen. Investoren, die glauben, dass sie oder andere die Marktentwicklungen prognostizieren können, werden als Folge dieser Fehleinschätzung viel Geld verlieren.

Zweitens: Niemand ist im Stande, kurz- und mittelfristige Vorhersagen zur Marktentwicklung zu machen. Auf lange Sicht jedoch lässt sich eine konstant nach oben gerichtete Bewegung vorhersagen.

Boom, Pleiten und Bücher

Im Jahr 1987, als Schulterpolster der letzte Schrei waren, erschien ein Buch mit dem Titel *Die große Rezession von 1990*. Darin schrieb Ravi Batra:

> *Ich bin Ökonom, ausgebildet in wissenschaftlicher Analyse und weder sensationslüstern noch pessimistisch. Dennoch weisen alle Anzeichen darauf hin, dass eine weitere große Depression im Anmarsch ist. Wenn wir nicht unverzüglich etwas unternehmen, wird es 1990 zu einer Katastrophe kommen.*[1]

Dem Autor Batra brachte diese Prognose Glück, denn sein Buch verkaufte sich gut. Doch auch wir hatten Glück, denn seine Vorhersage stellte sich als völlig falsch heraus. In den 90er Jahren kam es zum zweitgrößten Aktienboom in der amerikanischen Geschichte. Im besagten Jahrzehnt stieg der Dow-Jones-Index von 2753 auf 11.358 Punkte. Wer 1990 10.000 Dollar in alle 30 Firmen investierte, die im Dow-Jones-Index gelistet waren, besaß Ende 1999 Aktien im Wert von 41.257 Dollar. Im gleichen Zeitraum verdreifachte sich in Großbritannien der von der *Financial Times* veröffentlichte FTSE 100 Index von 2423 auf 6930 Punkte. Batras Untergangsszenario fand nicht statt.

Kein Wunder also, dass im Jahr 1999 Bücher mit einem gänzlich anderen Tenor veröffentlicht wurden. Zu ihnen gehörten: *Dow 36,000: The New Strategy for Profiting from the Current Rise in the Stock Market*, geschrieben von James K. Glassman und Kevin A. Hassett;[2] *Dow 40,000: Strategies for Profiting from the Greatest Bull Market in History* von David Elias;[3] und *Dow 100,000: Fact of Fiction* von Charles W. Kadlec.[4] Hier ein Zitat aus dem ersten Buch, dessen Behauptungen noch die moderatesten waren:

> *Ein möglicher Zeitpunkt, an dem der Dow-Jones die 36.000-Marke überschreiten könnte, ist Anfang 2005, doch vielleicht wird diese auch schon früher erreicht. Auch danach werden die Aktienkurse weiter steigen, wenn auch nicht mehr so schnell. Das bedeutet, dass Aktien zurzeit eine außergewöhnlich gute Anlage darstellen. Sie sind so sicher wie Anleihen über einen längeren Zeitraum, bieten jedoch eine wesentlich höhere Rendite.*

Zwischen 2000 und 2003 sank der Gesamtwert aller Aktien weltweit um 13 Billionen Dollar (ungefähr 2000 Dollar pro Erdbewohner). Der Wert der New York Stock Exchange und des NASDAQ fiel um 9,3 Billionen Dollar. Im Oktober 2002 sank der Dow-Jones unter die 7300-Marke und lag am 20. November 2008 um 35 Prozent unter seinem Höchststand von 11.722 Punkten, den er zehn Jahre vorher erreicht hatte. Wird der Dow-Jones jemals 36.000 Punkte erreichen, geschweige denn 100.000? Wahrscheinlich ja, bei genügend Zeit, doch (obwohl das sehr wie eine Vorhersage unsererseits klingt) bezweifeln wir, dass dies in absehbarer Zeit eintreten wird.[5]

Bereits ein Jahr, nachdem die verschiedenen Aktienmarktoptimisten ihre Bücher geschrieben hatten, fügte Yale-Ökonom Robert Shiller der Prophezeiungen-Sammlung einen weiteren Wälzer hinzu. In seinem Buch *Irrationaler Überschwang* wollte er zeigen, dass der Aktienmarkt stark überbewertet ist (damals lag der Dow-Jones bei 11.000 Punkten). Dieser zeige »alle klassischen Anzeichen einer Spekulationsblase: Eine Situation, in der temporär hohe Kurse durch den Enthusiasmus der Anleger hoch gehalten werden und nicht durch die konsistente Bewertung realer Werte«.[6] Obwohl er keinen baldigen Zusammenbruch prophezeite, hielt er die Aussichten des Aktienmarktes in den nächsten 10 bis 20 Jahren für »eher dürftig, wenn nicht gar düster«.

Viele Experten, viele Meinungen. Im Nachhinein ist es immer einfach zu sagen, wer Recht hatte. Wie die Marktkorrekturen zwischen 2000 und 2003 zeigten, war Shillers maßvoller Pessimismus die treffendste Vorhersage der hier erwähnten. Auch 2005, als das Buch in einer Neuausgabe erschien,[7] lag der bedeutende Ökonom mit seiner Einschätzung, der Aktienmarkt sei überbewertet, richtig. Doch Halt! Stopp! Sagen Sie Ihrem Börsenmakler noch nicht, dass er verkaufen soll. Auch Glassman, Hassett, Elias und Kadlec sind angesehene Aktienmarktexperten. Stellt sich heraus, dass sie letztlich richtig lagen, hätte Sie eine große Chance verpasst.

Vielleicht – es tut uns weh, das zugeben zu müssen – ist es falsch, Menschen zu vertrauen, die Ratgeber schreiben. Wenden wir uns stattdessen Experten aus der realen Welt zu, die ihr Geld (oder zumindest das Geld anderer Menschen) dort angelegt haben, wo es sich ihrer Meinung nach vermehren würde.

Was Nobelpreisträger empfehlen

Im Jahr 1994, als Schulterpolster schon wieder aus der Mode waren, gründete John Meriwether, ein ehemaliger Anleihemakler der Salomon Brothers, die Firma Long Term Capital Management Fund (LTCM). Die Voraussetzungen dafür waren optimal. Er besaß einen blendenden Ruf, viele Millionen Dollar und beste Verbindungen. Um sich versammelte er ein All-Star-Team, zu dem mit Myron Scholes und Robert Merton zwei berühmte Wirtschaftswissenschaftler gehörten, ferner der frühere stellvertretende Aufsichtsratsvorsitzende der amerikanischen Federal Reserve Board, David Mullins, sowie ein Stab von erfahrenen und respektierten Börsenmaklern.

Ihr Erfolgsrezept war einfach. Die quantitativen Modelle der Professoren, kombiniert mit dem Know-how der Praktiker würden große Renditen bei geringem Risiko bringen. In kürzester Zeit sammelte LTCM 1,25 Milliarden Dollar von ungefähr 80 Investoren, von denen jeder mindestens 10 Millionen Dollar beisteuerte. Viele dieser Investoren waren selbst Experten: Banken, Banker, universitäre Stiftungen und namhafte Vorstandsvorsitzende.

Und für eine gewisse Zeit schien das Konzept aufzugehen. Die Renditen lagen deutlich über dem Marktdurchschnitt. 1994 erwirtschaftete LTCM mit dem Geld ihrer Investoren einen Gewinn von 28 Prozent. 1995 waren es 59 Prozent und ein Jahr später 57 Prozent. Dieser Erfolg ermöglichte es dem Fonds, sich enorme Geldsummen zu leihen, um diese weiter zu investieren und damit den Profit noch weiter zu steigern. So viel zum Thema minimales Risiko. 1997 jedoch funktionierten die mathematischen Modelle von Scholes und Merton nicht mehr so gut. Die Renditen lagen auf durchschnittlichem Marktniveau, Meriwether musste 2,7 Milliarden an die Investoren zurückzahlen. Doch noch gab es keinen Grund zur Panik. Anfang 1998 belief sich das Anlagevermögen immer noch auf über 130 Milliarden Dollar, der Wert des Derivat-Portfolios auf 1,2 Billionen Dollar.

Vielleicht wäre auch alles gut gegangen. Doch ab April 1998 kam es zu einer Reihe folgenschwerer Ereignisse, darunter die Entwertung des Rubels und das Schuldenmoratorium der russischen Regierung. An einem einzigen Tag, dem 21. August 1998, verlor LTCM mehr als eine halbe Milliarde Dollar. Einen guten Monat später hatte der Fonds sein Eigenkapital verloren und stand am Rande der Verschuldung. Noch problematischer waren die geliehenen 1,3 Billionen. Der drohende Untergang der Firma stellte eine Bedrohung für das gesamte globale Finanzsystem dar. Am 28. September 1998 griff ein Konsortium aus verschiedenen Finanzorganisationen ein, das unter Leitung der New Yorker Federal Reserve Bank einen 3,6 Milliarden schweren Rettungsfonds auflegte. Ende 1998 existierte LTCM nicht mehr.

Diese Geschichte mag zeigen, dass die Akademiker und ihr Expertenstab ihre Zahlen nicht im Griff hatten. Was uns aber viel wichtiger ist, dass niemand in der Finanzwelt den Absturz von LTCM vorhergesehen hatte, selbst einige Monate vor dem Niedergang nicht. Und welche Ironie: 1997, als alles noch im Lot schien, erhielten Scholes und Merton den Wirtschaftsnobelpreis für ihre herausragende Leistung bei der Kontrolle des finanziellen Risikos.

Dem Namen keine Ehre machen

Folgende stolze Selbstdarstellung stand auf der Webseite der Amaranth Advisors:

> *Wir sind ein multistrategischer Hedgefonds. Die professionellen Anleger von Amaranth investieren Kapital in einem weit gefächerten Spektrum verschiedener Investitions- und Handelsstrategien auf eine äußerst disziplinierte und risikokontrollierte Weise. Unsere Fähigkeit, effektiv eine Vielzahl von Investitionsstrategien zu verfolgen, verbunden mit der Tiefe und strategischen Integration unserer Equity- und Kreditteams, unterstützt durch eine erstklassige Infrastruktur, sind einige der Stärken, die Amaranth herausheben und auszeichnen. (...) Wir haben uns der Entdeckung und Entwicklung neuer Wege verschrieben. Wir handeln geschickt und effektiv in einer sich ständig verändernden Investitionslandschaft, um immer am Puls der Zeit und unvergänglich zu bleiben.*

Amaranth ist eine Pflanze, deren Blüten ewig zu blühen scheinen (der Name kommt vom griechischen Wort »amarantos«, was soviel bedeutet wie »unvergänglich« oder »unzerstörbar«). Doch der

Amaranth Hedgefonds verblühte schnell und plötzlich. Er kollabierte im September 2006, nachdem er in nur einer Woche 6 Milliarden Dollar verloren hatte. Der Fonds hatte viel Geld in Erdgas-Futures investiert. 2005 war das noch ein lohnendes Geschäft, nachdem als Folge von Hurrikan Katrina die Gasförderung eingeschränkt war und die Erdgaspreise sich in weniger als fünf Monaten verdoppelt hatten. Doch gutes Wetter und volle Erdgaslager ließen den Gaspreis 2006 abstürzen. Am 29. September 2006 informierte der Gründer von Amaranth, Nicholas Maounis, die Fondsinvestoren über das Ende seiner Firma. Am 1. Oktober, zeitgleich mit der Ankündigung der Modemagazine, die Schulterpolster würden zurückkehren, berichtete die Finanzpresse, dass Amaranth einen Konkursverwalter beauftragt hatte, der den Investoren das verbliebene Kapital auszahlte. Es ging alles verdammt schnell.

Das Wörterbuch definiert den Begriff »hedge« mit »Transaktionen vornehmen, die durch eine ausgleichende Preisbewegung gegen Verlust schützen«. Amaranth tat genau das Gegenteil. Es scheint, als hätten die Experten nichts aus dem katastrophalen Niedergang von LTCM gelernt. Dabei war eine für jedermann einsichtige Schlussfolgerung, niemals mehr als ein Zehntel des Eigenkapitals in eine einzige spekulative Anlage zu investieren. Doch Amaranth schloss infam hohe Wetten auf den hoch-spekulativen Rohstoff Erdgas ab.

LTCM und Amaranth sind in der Finanzgeschichte jedoch keine Ausnahmen. Es gab hunderte weitere Fonds, die Bruchlandung erlitten, weil sie zu viel Geld verspekuliert hatten. Anfang 2007 gab es in den USA fast 8500 Hedgefonds mit einem Eigenkapital von mehr als 1,3 Billionen Dollar. Dazu kamen noch 8100 Anlagefonds mit einem Kapital von 10 Billionen Dollar. Sollte sich die Geschichte wiederholen, wird es viele von ihnen schon in wenigen Jahren nicht mehr geben. Sie können am Markt nicht bestehen oder müssen fusionieren.

Hier ein paar Zahlen, die Fondsmanager in ihren geschickt verpackten Umsatzvorhersagen unerwähnt lassen. 2001 existierten in den USA 1921 Aktienmischfonds. Fünf Jahre später waren 543 von ihnen verschwunden. Zwischen 1970 und 2006 gingen 223 US-Aktienfonds unter, viele von ihnen waren mit angesehenen Firmen verbunden. Der S&P/InterCapital Dynamics-Fonds verlor 95,7 Prozent seines Wertes. Auch die Steadman Technology & Growth, Citi-

Funds Emerging Asian Markets Equity und Morgan Stanley Gold B Fonds schmierten ab. Dazu kommt, dass viele Firmen riesige Geldsummen durch verschiedene Investitionen und Handelsgeschäfte verloren. Die Barings Bank brach zusammen, als Anfang 1995 einer ihrer Händler, Nick Leeson, die unglaubliche Summe von fast einer Milliarde Dollar in nur zwei Monaten verspekulierte. 2008 wurde diese Bestmarke von einem anderen Anfänger noch überboten. Jérôme Kerviel von der Société Générale verspekulierte angeblich 4,9 Milliarden Euro seines Arbeitgebers. Die Geschäftsbankengruppe Allied Irish Bank verlor 691 Millionen Dollar durch eigenmächtige Geschäfte ihrer Tochtergesellschaft in Baltimore. Auch die japanische Sumitomo Bank verlor Millionen von Dollar durch Spekulationen, ebenso die deutsche Metallgesellschaft, die Showa Shell (eine Tochter des gleichnamigen Mineralölkonzerns) und Kidder, Peabody & Co. (eine zu General Electric gehörende Investmentbank). Die Liste ist hier noch lange nicht zu Ende. Dies sind nur die Namen, die es in die Zeitungen geschafft haben, die Spitze eines Multimilliarden schweren Eisbergs.

Die Lieblinge der Wall Street

Doch welche Schlüsse kann man als Investor aus all dem ziehen? Dass dieses Geschäft zu riskant ist? Oder sollte man nur in ausgesuchte Firmenaktien investieren? Doch in welche? Fragen wir die Experten. Die *Fortune* wählte über sechs Jahre lang eine ganz bestimmte Firma zu »Amerikas innovativstem Unternehmen«. Auch das *McKinsey Quartlerly* ist ein Fan dieses Unternehmens und führt es als Beispiel an, wie innovative Firmen ihre konventionellen Konkurrenten überflügeln können. Viele Wirtschaftsschulen haben Fallstudien zu seiner Erfolgsgeschichte erstellt. Der Guru des internationalen Managements Gary Hamel ging so weit zu sagen, dass besagte Firma »die Fähigkeit zur fortwährenden Innovation institutionalisiert hat«.[8] Ihr Gewinn belief sich letztes Jahr auf 1 Milliarde Dollar, der Wert ihrer Aktien stieg kürzlich auf 186 Milliarden Dollar. Und bevor wir es vergessen: Die Einnahmen überschritten letztes Jahr die 100 Milliarden, was sie zum siebtgrößten US-amerikanischen Unternehmen macht.

Doch irgendetwas stimmt nicht an dieser Geschichte. Wir haben eine kleine Zeitreise unternommen und sind ins Jahr 2001 zurückgekehrt, in dem wir uns nun befinden. Das Unternehmen, von dem alle so schwärmen, ist die Firma Enron. Kaufen Sie jetzt Anteile zu einem Preis von 81,39 Dollar. In 10 Monaten, wenn Enron Bankrott geht, werden sie völlig wertlos sein. Dann wird sich nämlich herausstellen, dass die Innovationen eines der weltgrößten Energieunternehmen in der »Abteilung für kreative Buchhaltung« ausgeheckt wurden. Enron frisierte die Zahlen zu Umsatz und Gewinn. Gleichzeitig wurden hohe Geldsummen von den Aktionären abgeschöpft und auf die Konten leitender Manager und ihrer Freunde umgeleitet. Wie LTCM ist auch Enron bekannt für ausgefeilte Tricks im Risikomanagement. Doch auch die konnten die Insolvenz nicht mehr abwenden. Oder die Vorstandsvorsitzenden vor dem Gefängnis bewahren. Die Falluntersuchungen der Wissenschaftler an den Wirtschaftsschulen verschwanden bald auf mysteriöse Weise aus den Verzeichnissen. Und auch die Journalisten mussten die Geschichte Enrons neu schreiben.

Doch Anfang 2001 gab es niemanden, der dies vorhersah. Genauso wenig wie jemand den Bankrott von WorldCom prophezeien konnte, durch den sieben Monate später Enrons Rekord im Wertevernichten noch übertrumpft wird. Die Geschichten dieser beiden Konzerne ähneln sich auf erstaunliche Weise. Enron entstand 1985 durch die Fusion zweier traditioneller Gasversorger. WorldCom begann 1983 als kleine Firma, die vom Untergang von AT&T und der Liberalisierung des amerikanischen Telekommunikationsmarktes profitierte. Dank weiterer Firmenübernahmen wurde WorldCom zur zweitgrößten Telefongesellschaft der USA. Bernie Ebbers, ihr charismatischer und visionärer Geschäftsführer, war ein Liebling der Wall Street. Mitte des Jahres 1999 erreichte die WorldCom-Aktie mit 64 Dollar ihren Höchststand. Der Wert des Unternehmens lag bei 180 Milliarden Dollar. Als die Firma am 21. Juli 2002 bankrott ist, belaufen sich ihre Schulden auf 40 Milliarden Dollar.

WorldComs gewaltige Verluste haben viele Gründe. Der Internetboom Ende der späten 90er Jahre ließ die Nachfrage nach Telefondienstleistungen ansteigen und löste ein Wettrennen beim Verlegen neuer Glasfaserkabel aus. Die durch Überkapazitäten entstandenen

Probleme wurden durch die platzende Dotcom-Blase weiter verschärft. Die Preise fielen auf ein Siebtel bis ein Achtel innerhalb weniger Jahre. WorldComs Einnahmen wie auch der Wert der Aktie begannen zu sinken. Ebbers und sein Finanzchef waren hilflos angesichts des Abwärtsstrudels und entschlossen sich, die Bilanzen zu fälschen. Als sich die Wirtschaftsprüfer der KPMG im Frühling 2002 die Buchhaltung vornahmen, entdeckten sie einen Bilanzbetrug in Höhe von 3,8 Milliarden Dollar. Es war die gleiche Geschichte wie bei Enron, nur mit noch größerem Ausmaß.

Es geht uns nicht nur um die größten Bankrotts der Geschichte. Auch nicht darum, dass tausende Investoren Milliarden verloren und 1500 Kreditgeber ihr Geld nicht zurückbekamen. Oder dass fast 100.000 Angestellte ihren Arbeitsplatz, ihre Ersparnisse und ihre in die Firma investierten Pensionen verloren. Wir wollen auch zeigen, dass absolut niemand diese unschuldigen Opfer vor der nahenden Katastrophe hätte warnen können. Auch bei anderen, ähnlich dunklen Wolken am Finanzhimmel versagten die Vorhersager. 2002 gab es tausende anderer Firmenpleiten: Vier große Fälle (Conseco, Global Crossing, Adelphia und K-Mart) mit einem Kapital von fast 130 Milliarden Dollar. Dazu 259 weitere Aktiengesellschaften und 37.000 Firmen allein in den USA. Und auch in Europa ereigneten sich solche unerwarteten Geschäftstragödien: Parmalat, Marconi, Swissair und Royal Ahold, um nur ein paar zu nennen.

Ein paar Erfolgsgeschichten

Doch genug der Horrorgeschichten. Tabelle 4 zeigt eine kurze Liste der erfolgreichsten Unternehmen der USA zum Zeitpunkt, als dieses Buch geschrieben wurde, zusammen mit ihrem Börsenwert (das heißt dem Wert aller an der Börse verfügbaren Aktien) im Januar 2008.

Der Gesamtwert dieser acht Unternehmen lag Anfang 2008 bei 1,356 Billionen Dollar. Das ist mehr als das Bruttosozialprodukt der sechs ärmsten Länder der Welt mit einer Einwohnerzahl von über einer Milliarde Menschen. Dieses Vermögen wurde erst in letzter Zeit angehäuft, zumindest historisch gesehen. Hätten Sie im

Tabelle 4 Marktwert der acht erfolgreichsten Unternehmen (Januar 2008)

	Marktwert: Januar 2008 (in Milliarden Dollar)
General Electric	349
Microsoft	311
Wal-Mart	193
Berkshire Hathaway	196
Google	190
Dell	46
eBay	38
Yahoo	33
Gesamt	1356

Januar 1977 für 10.000 Dollar Wal-Mart Aktien gekauft, wären diese 30 Jahre später 35 Millionen Dollar wert gewesen. 10.000 Dollar, Anfang der 90er in Dell-Aktien investiert, hätten Ihnen am Ende des Jahrzehnts 10 Millionen Dollar gebracht. Auch Microsoft-Anteile stiegen in diesen zehn Jahren um das 600-Fache.

Was an diesen Zahlen besonders froh stimmt, ist die Tatsache, dass die von diesen und anderen erfolgreichen Unternehmen erwirtschafteten Werte die Verluste der spektakulären Bankrottfälle mehr als ausgleichen. Doch auch die Erfolgsgeschichten hat meist niemand vorhergesehen. Im Nachhinein lassen sich Erfolge leicht erklären. Doch als IBM ein bedeutender Anteil Microsoft-Aktien für nur wenige hunderttausend Dollar angeboten wurde, lehnten die Verantwortlichen ab.

Natürlich gibt es Investoren, die in den letzten Jahrzehnten extrem erfolgreich waren. Die Karrieren von Waren Buffett und George Soros sind selbst außerhalb der Finanzwelt Legende. Besitzen diese Männer hellseherische Fähigkeiten? Oder hatten sie einfach nur ein paar Mal hintereinander Glück? Und wie ist es mit den aktuellen Stars der Finanzwelt? Peter Lynch, John Neff, Bill Miller und Anthony Bolton haben ihren Klienten reichlich Wohlstand gebracht. Werden sie dies auch fortsetzen können? Erstmal scheint es vernünftig zu glauben, dass Erfolge von gestern auch für die Zukunft gute Renditen verheißen. Doch genau das war der Fehler, den Georgios machte.

Nicht alles, was glänzt …

Ende 1973 fragte Georgios, ein erfolgreicher griechischer Selfmade-Industrieller, einen der Autoren dieses Buches, wie sich der Goldpreis im nächsten Jahrzehnt entwickeln würde. Von der Antwort mache er abhängig, wie viele Goldbarren er kaufen werde. Georgios war im Stahlgeschäft reich geworden, eine boomende Branche in der Wachstumsphase der Nachkriegszeit, angefeuert durch die schnelle Industrialisierung des Landes. Durch sein Geschäft wusste Georgios, dass die Preise für Metalle und andere Rohstoffe stiegen. Und er war überzeugt, dass der Goldpreis schneller steigen würde als die Inflation.

Das war kein abwegiger Gedanke. Die Inflation in Griechenland galoppierte. Die Zinssätze der staatseigenen Banken glichen das kaum aus. Harte Devisenkontrollen verhinderten, dass die Griechen ihr Geld in andere Währungen umtauschten. Um sich vor steigenden Preisen zu schützen, konnte man bei der Zentralbank Gold kaufen. Viele taten das auch, denn es gab keinen Aktienmarkt oder andere Alternativen, um das verdiente Geld anzulegen. Georgios war also einer von vielen. Er hatte in der Vergangenheit öfter Gold gekauft und wieder verkauft. Auch jetzt besaß er bereits eine stattliche Menge.

Georgios war zudem der Überzeugung, dass sich der Goldhandel durch das Ende des Bretton-Woods-Systems eineinhalb Jahre zuvor liberalisieren würde und es infolgedessen zu substanziellen Preissteigerungen kommen werde.

Im Bretton-Woods-Abkommen von 1946 war der Goldpreis auf 35 Dollar pro Unze festgelegt worden. Es wurde am 15. August 1971 aufgehoben. Bis zu diesem Zeitpunkt wurde Gold von den Regierungen zur Deckung der eigenen Währung genutzt. Durch die Aussicht auf einen freien Goldhandel stieg der Goldpreis ab Januar 1971, wie man in Abbildung 2 erkennen kann.

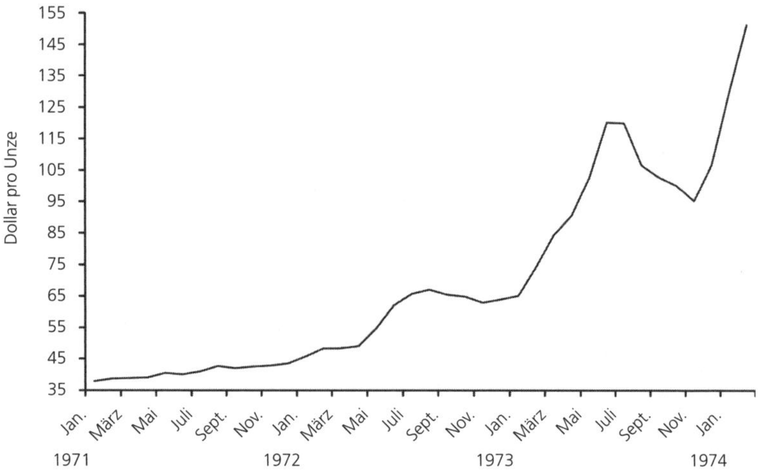

Abbildung 2 Monatlicher Goldpreis, Januar 1971 bis Februar 1974

Im März 1974 zeigte der Autor Georgios diese Abbildung, dazu eine andere mit der Entwicklung des Goldpreises seit 1800 (inflationsbereinigt). Der war seit 173 Jahren relativ konstant geblieben, eine Tatsache, die Georgios für wenig relevant hielt, da der Preis ja festgelegt gewesen war. Der Autor stimmte ihm zu. Doch, da Statistiker nicht in Hellseherei ausgebildet werden, wollte er hier keine Voraussagen treffen. Dafür gab es einfach nicht genügend relevante Daten. Fortan schickte er Georgios jeden Monat ein Telegramm mit dem aktuellen Goldpreis. (Wie sonderbar das mittlerweile erscheint. Damals gab es weder Faxgeräte noch Overnight-Kuriere, geschweige denn E-Mail.) Georgios konnte so die Grafik immer auf den neuesten Stand bringen. Der Autor schickte ihm auch jeden Artikel, der in den Handels- und Finanzzeitschriften zum Thema Gold geschrieben wurde und von denen die meisten einen steigenden Preis voraussagten. Georgios war überzeugt, dass der Goldpreis am Ende des Jahrzehnts bei 1000 Dollar pro Unze liegen würde. Jede neue Information, die er erhielt, verfestigte diese Überzeugung. Er kaufte weiter Goldbarren, selbst wenn der Preis historische Rekordwerte erreichte. Georgios wollte nichts hören von Blasen, die platzen könnten. Sein Mantra war: »Niemand hat je durch Gold Geld verloren.«

Doch Sie ahnen es bereits. Es kam, wie es kommen musste. Im September 1980 erreichte der Goldpreis bei ungefähr 675 Dollar seinen Höhepunkt, dann begann er so schnell zu fallen, wie er gestiegen war.[9] Und von einer kurzen Erholung Ende der 80er abgesehen fiel er bis 1999 weiter. Dazu kam für Georgios noch, dass das Gold im Banksafe saftige Gebühren kostete. Im Gegensatz zu vielen anderen Investitionen bringen glitzernde Goldstücke, die in einem Safe liegen, keine Dividende. Letztlich beugte er sich dem Unvermeidbaren und verkaufte im Jahr 2000 sein Gold. Insgesamt hatte er über die Jahre 9,1 Millionen Dollar investiert. Hätte er 1980 verkauft, hätte ihm das mehr als 18 Millionen eingebracht. Selbst 1982 hätte sein Gewinn noch 6,5 Millionen betragen. Letztlich verlor er fast eine Million Dollar. Auch der Rückblick aus heutiger Sicht bietet wenig Trost. Denn wir wissen, dass er genau den falschen Moment zum Verkauf wählte. Abbildung 3 zeigt, wie sich der Goldpreis bis 2007 weiter entwickelt hat.

Wie man sieht, ist er seit 2000 wieder gestiegen. Viele Experten sprechen bereits wieder von einem neuen El Dorado.

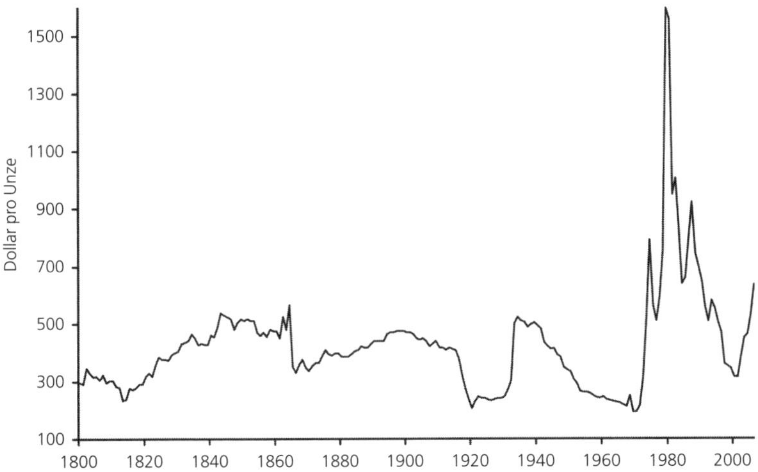

Abbildung 3 Realer Goldpreis (entsprechend des Dollarwertes von 2006)

Am 8. Dezember 2006 verkündete Paul van Eeden, eine führende Autorität auf dem Goldmarkt: »Ich sage mit großer Zuversicht, dass der Goldpreis in den nächsten zwei bis fünf Jahren auf über 1000 Dollar pro Unze steigen wird.« Natürlich muss der Autor dabei an seinen alten Freund Georgios denken, der dies vor 30 Jahren auch behauptet hatte. Wird es diesmal wahr werden? Der Autor hält an seiner Ausgangsthese fest: Wir wissen es nicht. Und auch sonst niemand.[10]

Auf lange Sicht

Welche Alternativen zum Gold hätte es für Georgios gegeben? Aus der historischen Langzeitperspektive ist die Antwort offensichtlich. Doch bevor wir sie verraten, entlarven wir die Lüge des »Investitionsumfeldes«.

Weltweit, so die Schätzungen, haben Institutionen und Einzelpersonen 63 Billionen Dollar auf verschiedene Weise investiert. Der Löwenanteil von 60 Billionen ist in Wertpapieren (auch Aktien oder Anteile genannt) und festverzinslichen Wertpapieren (hauptsächlich Anleihen) angelegt. Die verbleibenden zirka 3 Billionen (5 Prozent der Gesamtsumme) verteilen sich auf Hedgefonds, Privatkapital, Grundbesitz, Handelswaren, Risikokapital, Gold oder auch Wein und Oldtimer. Risiken und Renditen dieser verschiedenen Investitionen unterscheiden sich oft gewaltig. Am einen Ende der Skala befinden sich Festgeldanlagen von Banken, mit denen fast kein Risiko verbunden ist. Doch entsprechend gering sind auch die Renditen.

Am anderen Ende der Skala locken riesige Gewinne aus Risikokapitalbeteiligungen, aber auch das Risiko, sein Geld zu verlieren, ist dementsprechend hoch. In den USA lagen die Renditen für Risikokapitalbeteiligungen in den beiden besten Jahren bei 37 Prozent (1998) und 225 Prozent (1999), in den beiden schlechtesten bei −41 Prozent (2001) und −29 Prozent (2002). Risikokapitalbeteiligungen und andere eher ausgefallene Investitionsarten sind nichts für gewöhnliche Investoren, geschweige denn für Georgios. Sie können Vermögen in kürzester Zeit vernichten. Deshalb konzentrieren wir uns zuerst auf Aktien, festverzinsliche Papiere und Gold.

(Auf die anderen Anlagemöglichkeiten kommen wir im nächsten Kapitel zu sprechen.) Zu diesen Investitionsformen stehen auch die meisten historischen Informationen zur Verfügung. Zudem machen sie 95 Prozent der globalen Investitionen aus.

Auf Grundlage der angesehenen Arbeit von J. J. Siegel, *Stocks for the Long Run*,[11] und einiger neuerer Zahlen machen wir eine kleine Zeitreise in das Jahr 1802. Die Unabhängigkeitskriege liegen 20 Jahre zurück, das Leben in den USA hat wieder einigermaßen geregelte Formen angenommen. Präsident Jefferson wird Napoleon nächstes Jahr Louisiana abkaufen. Wir investieren je 10.000 in die besagten Anlageoptionen: Gold, kurzfristige Staatsanleihen, langfristige Staatsanleihen und Aktien. Unsere Investitionen in Anleihen und Aktien streuen wir über den ganzen Markt. Wir haben unseren Makler angewiesen, die Dividenden wieder anzulegen.

Nach getaner Arbeit bringt uns die Zeitmaschine zurück in das Jahr 2006. Und nachdem die Zahlen inflationsbereinigt wurden, sehen wir, wie sich unsere vier verschiedenen Anlagen entwickelt haben:

Die Unterschiede sind gewaltig. Und dass die Aktien der Gewinner sind, ist überdeutlich. Doch, wie es der Ökonom John Maynard Keynes einmal so schön sagte: »Auf lange Sicht sind wir alle tot.« Wahrscheinlich ist es doch angebrachter, Langzeitergebnisse zu untersuchen, die innerhalb einer Lebensspanne liegen. Stellen wir uns also vor, der Fahrer unserer Zeitmaschine nutze sein historisches Wissen über die Finanzmärkte, um in verschiedene historische Investmentprodukte zu investieren. Die jährlichen Renditen für die historischen Zeitabschnitte in Bezug auf die vier Investitionsarten stammen aus Siegels Buch (und sind inflationsbereinigt). In Tabelle 6 sehen wir diese Zahlen zusammengefasst.

Tabelle 5 Wachstum einer Investition von $ 10.000 zwischen 1802 und 2006

$ 8.390.179.500	Aktien (die Zahl stimmt, es sind fast $ 8,4 Milliarden)
$ 10.888.350	langfristige Staatsanleihen
$ 3.651.360	kurzfristige Staatsanleihen
$ 27.800	Gold

Tabelle 6 Jährliche Zinseinnahmen der Tardis Bank

		Investitionsarten			
		kurzfristige Staatsanleihen	langfristige Staatsanleihen	Aktien	Gold
Gesamtzeit	1802–2006*	2,9	3,5	6,9	0,3
	1871–2006*	1,8	2,8	6,8	0,3
Epochen	1802–1870	5,1	4,8	7,0	0,2
	1871–1925	3,2	3,7	6,6	– 0,8
	1926–2001	0,7	2,2	6,9	0,4
	1926–2006*	0,9	2,2	6,7	1,0
Nachkriegszeit	1946–2001	0,6	1,3	7,1	– 0,3
	1946–1965	– 0,8	– 0,2	10,0	– 2,7
	1966–1981	– 0,2	– 4,2	– 0,4	8,8
	1982–1999	2,9	8,4	– 3,6	– 4,9
	1982–2001	2,8	8,5	10,5	– 4,9
	2002–2006*	3,6	2,4	5,9	10,3

* Durch die Autoren auf den neusten Stand gebracht.

Um die jährlichen Renditen zu erhalten, wurde das Geld am Anfang des Zeitrahmens investiert und war dort bis zum Ende der Zeitspanne fest angelegt. Zudem wurden alle Dividenden und Zinsen reinvestiert. Aus der historischen Perspektive wissen wir, dass der Wert der Aktien, der Wert der Anleihen und der Wert des Goldes in diesen Zeiträumen starken Schwankungen unterlagen. Manchmal sind die Preise für eine gewisse Zeit konstant gefallen (was Georgios zu seinem Nachtteil auf dem Goldmarkt zwischen 1978 und 1999 erleben musste).

Die offensichtlichste Erkenntnis aus unserer Zeitreise ist, dass man in diesen Zeiträumen kaum Argumente für Investitionen in Anleihen oder Gold findet. Für manchen mag es ein gewisser Schock sein, dass der Unterschied zwischen den Renditen auf dem Aktienmarkt und bei langfristigen Staatsanleihen zwischen 1802 und 2006 so gering ist. Natürlich sind 6,9 Prozent mehr als 3,5 Prozent, doch es ist nicht einmal das Doppelte. Erinnern wir uns daran, dass wir lediglich 10.000 Dollar investiert haben. Kann daraus wirklich eine Summe von 8 Milliarden Dollar werden? Die Antwort ist ja, denn Zins und Zinseszins machen über einen so langen Zeitraum diese Gewinnspanne möglich. Eine interessante Erkenntnis für alle Möchtegerninvestoren.

Zwischen 1966 und 1981 waren Investitionen auf dem Aktienmarkt kein lohnendes Geschäft, ganz im Gegensatz die Jahre 1982 bis 1999. Bemerkenswert ist auch, wie beständig die Renditen für das Aktienkonto über einen längeren Zeitraum ausfallen. Tatsächlich liegen sie bei fast 6,9 Prozent (die Rate zwischen 1802 und 2006) in allen Zeiträumen, mit Ausnahme der Nachkriegszeit. Wir gehen davon aus, dass sich das auch in der Zukunft so fortsetzen wird. Bei den Staatsanleihen sieht es dagegen ganz anders aus. Die fehlende Kontinuierlichkeit legt nahe, dass Langzeitvorhersagen hier nicht möglich sind.

Was sich bei Tabelle 6 nicht erkennen oder hochrechnen lässt, ist die Tatsache, dass die Variabilität der Renditen auf dem Aktienmarkt über die Zeit so beständig ist. Wir fassen zusammen: Kurzfristige Investitionen am Aktienmarkt sind riskant, doch je länger die Zeitspanne, desto einträglicher und weniger riskant ist diese Anlageform.

In den 70er Jahren trug Georgios noch Schlaghosen und hatte diese ganzen Informationen nicht. Auch muss man fairerweise noch hinzufügen, dass er nicht so viele Investitionsmöglichkeiten wie sein Cousin George besaß, dessen Revers noch größer ist als Georgios'. Aktienmärkte gibt es nicht nur in den USA. Schauen wir uns einmal an, wie es andernorts gelaufen ist.

Die Tardis Bank wird international

Die Zahlen in Tabelle 7 stammen aus dem ebenfalls angesehenen Buch *Triumph of the Optimists*,[12] geschrieben von drei Professoren der London Business School. Die Daten wie die statistischen Kniffe sind andere als die von Siegel. Hier liegt die reale durchschnittliche Rendite am amerikanischen Aktienmarkt bei 6,3 Prozent. Doch die Erkenntnis ist die gleiche: Langfristig angelegtes Kapital bringt gute Renditen. Das gilt nicht für jedes Land im gleichen Maße, doch auch die durchschnittliche Rendite in allen 16 Ländern liegt bei 5,4 Prozent. Kein schlechtes Ergebnis, wenn man bereit ist, gut 100 Jahre auf die Auszahlung zu warten.

Tabelle 7 Prozentuale jährliche Rendite am Aktienmarkt nach Ländern (1900–2001)

Land	jährliche Rendite am Aktienmarkt (in %)
Australien	7,4
Schweden	7,3
Südafrika	6,7
USA	6,3
Kanada	5,9
Großbritannien	5,2
Niederlande	5,0
Dänemark	4,6
Irland	4,3
Japan	4,1
Schweiz	4,1
Spanien	3,2
Frankreich	3,1
Deutschland	2,8
Italien	2,1
Belgien	1,8
Welt*	5,4

* Der Weltindex setzt sich zusammen aus den aufgelisteten 16 Ländern, bemessen nach dem Anfangsjahr der Marktkapitalisierung oder dem BIP.

Anders dargestellt: Wenn wir wieder unsere Zeitmaschine anschmeißen, 100 Jahre zurückreisen und in jedem dieser Länder 10.000 Dollar investieren, kommt im Jahr 2001 Folgendes dabei heraus:

- $ 60.610 in Belgien
- $ 578.790 in Japan
- $ 4.784.760 in den USA
- $ 13.534.190 in Australien
- $ 2.027.220 wenn wir das Geld zu gleichen Teilen in allen 16 Ländern investiert hätten.

Die unterschiedlichen Renditen sind gewaltig, wenn sie über ein gutes Jahrhundert immer wieder reinvestiert wurden.

Nur in Amerika

Wie Wohlstand generiert wird, zeigt sich besonders deutlich, wenn wir uns wieder den USA zuwenden. Zeitreisen und Investitionen über sehr lange Zeiträume helfen als Gedankenspiele zu interessanten Erkenntnissen, haben aber mit der Wirklichkeit wenig zu tun. Denn für die meisten Investoren bedeutet »langfristig« maximal zwei bis drei Jahrzehnte und kein ganzes Jahrhundert. Und Aktienanlagen sind nie über alle gehandelten Aktienwerte gestreut, sondern bestehen aus kleineren Portfolios. Sehen wir uns also einmal die Entwicklung des Dow-Jones-Indexes (der auf 30 führenden Unternehmen basiert) seit Januar 1920 an.

Abbildung 4 zeigt knapp zusammengefasst, wie sich die USA seitdem entwickelt haben. Es ist die Geschichte einer lebendigen

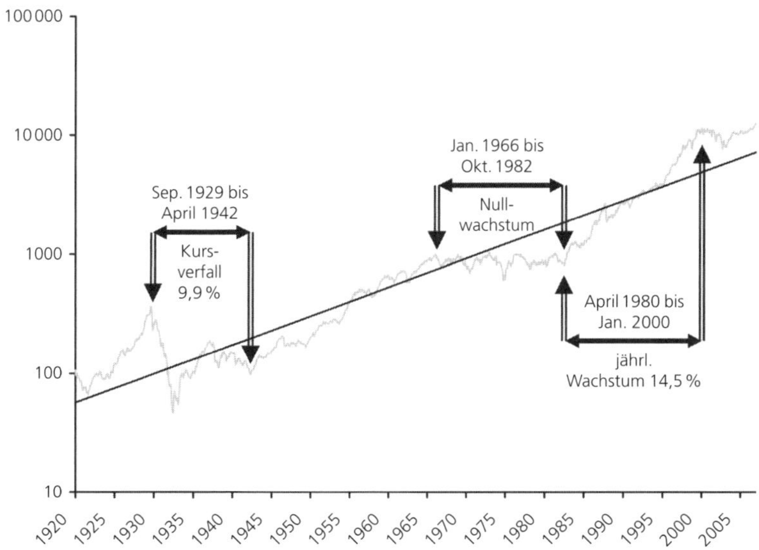

Abbildung 4 Entwicklung des Dow-Jones-Indexes von 1920 bis 2007

Ökonomie mit stetigem Wachstum von 1920 bis 2007. Beiderseits der großen historischen Gesamtentwicklung, die die gerade Linie als Trend beschreibt, erkennt man auch Phasen schwerer Verzweiflung und großer Hoffnung. Beachten Sie, dass die Einheiten des Dow-Jones-Indexes an der vertikalen Linie exponentiell ansteigen. Der Anstieg der geraden Linie ist in Wirklichkeit viel steiler.

Drei zeitliche Abschnitte haben wir besonders hervorgehoben.

Die erste Periode zeigt zwischen September 1929 und April 1942 einen starken Kurseinbruch der 30 Wertpapiere, eine darauf folgende Erholungsphase und wieder einen gravierenden Kursverfall. Man sieht sehr deutlich die fieberhaften Aktienverkäufe nach dem Wall-Street-Crash und der darauf folgenden Weltwirtschaftskrise. Diese wirtschaftlich schwierige Phase setzt sich in den 30er Jahren fort. Die Lage verbessert sich erst Ende 1941 nach Eintreten der USA in den Zweiten Weltkrieg. Im Oktober 1954, nach 25 Jahren, hat der Dow-Jones die hohen Werte vom September 1929 wieder erreicht.

Der zweite ausgewählte Zeitabschnitt von insgesamt 16 Jahren und neun Monaten geht vom Januar 1966 bis zum Oktober 1982. In dieser Periode bewegt sich der Dow-Jones mal nach oben und mal nach unten, um am Ende wieder beim gleichen Wert anzukommen. Ökonomisch betrachtet war das eine relativ ungewöhnliche Phase mit hoher Inflation und Nullwachstum (einer so genannten Stagflation), geringen Unternehmensgewinnen und wenig Produktivitätssteigerung. Auch sonst waren diese Jahre von vielen Höhen und Tiefen gekennzeichnet, vom Wettrennen um die Vormacht im Weltraum, von der Ölkrise und dem Krieg im Fernen Osten (Vietnam).

Die dritte Periode zeigt ein außerordentliches Wachstum der Dow-Jones-Werte. Sie beginnt Anfang der 80er Jahre und endet mit dem Platzen der Dotcom-Blase zu Beginn des neuen Jahrtausends, also fast zwei Jahrzehnte später. Ein rasanter technischer Fortschritt und starkes ökonomisches Wachstum prägen diese Jahre. Betrachtet man alle drei Zeitabschnitte zusammen, könnte man meinen, ein Drehbuchautor habe sie sich als Hintergrund für eine dramatische Familiensaga ausgedacht. Im ersten Teil dominieren grimmige Gesichter und Suppenküchen, gefolgt von einer Episode mittelständischer Stabilität, mit Ereignissen, die Angst machen, aber so weit entfernt sind, dass sie nur über die neuen Fernseher in die Wohnzimmer gelangen. In der Schlussepisode steht eine Generation im Zentrum, die meint, Mittagessen ist was für Weicheier, und der schließlich an einem schicksalhaften Freitag der Kopf gewaschen wird.

Doch unabhängig von den persönlichen Dramen, die hinter diesen Zahlen stecken, haben wir diese Zeitabschnitte nicht wegen ihrer Verfilmbarkeit ausgewählt. Sie zeigen drei verschiedene Phasen: Niedergang, Nullwachstum und starkes Wachstum. Wir wollen hier auch deutlich machen, dass »kurzfristig« in manchen Fällen länger als zwei Jahrzehnte meint. Ein Beispiel: Ein Investor, der zu Beginn des Jahres 1966 Dow-Jones-Aktien gekauft hat, musste bis Ende 1982 warten, um Gewinne zu machen (die Inflation noch nicht eingerechnet). Diejenigen, die ihr Geld im September 1929 in Aktien anlegten, hatten noch weniger Glück. In den folgenden Jahren reduzierte sich der Wert ihrer Anlage jährlich um 9,9 Prozent. Sie müssten über 25 Jahre warten, um ihr investiertes Geld zurückzubekommen. Und nicht einmal das stimmt, denn die Lebenshaltungskosten waren inzwischen gestiegen, so dass sie tatsächlich Geld verloren hätten. Wäre man dagegen einer der Glücklichen gewesen, die im April 1980 Aktien gekauft und sie kurz vor Ende des Millenniums wieder abgestoßen haben, hätte sich das investierte Geld jährlich um 14,5 Prozent vermehrt.

Um diese lange und verwickelte Geschichte abzukürzen: Renditen in kurzen Zeiträumen fallen oft deutlich anders aus als im langfristigen Durchschnitt. Am Aktienmarkt kommt es oft zu großen Verlusten oder großen Gewinnen. Es gab bestimmte Monate oder auch Tage, in denen Milliarden verdient oder verloren wurden. Wenn Sie zum Beispiel im Dezember 1972 10.000 Dollar auf dem amerikanischen Aktienmarkt investiert hätten, wären 25 Monate später nur noch 5900 Dollar davon übrig gewesen. Hätten Sie Ihr Geld aber im Dezember 1994 investiert und ebenfalls etwas über zwei Jahre gewartet, wären Sie jetzt der stolze Besitzer von 17.600 Dollar. (Beachten Sie, dass diese Zahlen nicht mit unseren vorherigen Beispielen vergleichbar sind, da wir hier die Dividenden nicht reinvestiert haben. Dann wäre der Unterschied zwischen Gewinnen und Verlusten noch deutlicher ausgefallen.)

Das richtige Timing ist für kurzfristigen Erfolg sicher entscheidend. Doch wie wir am Anfang des Kapitels gesehen haben, kann niemand vorhersagen, was kurzfristig auf dem Markt passieren wird. Und keiner weiß, wann es zu längeren Phasen des Abschwungs, der Stagnation oder des Aufschwungs kommt. Die Unsicherheit für den Investor ist riesig. Und für bestimmte Aktien sind die Unsicherheiten noch größer.

Höhenflüge und Abstürze

Die im Dow-Jones gelisteten 30 Unternehmen gehören zu den größten und gestandenen Blue Chips mit etablierten Wettbewerbsvorteilen und erfahrenen Managern. Wenn wir also solch starke Kursbewegungen beim Dow-Jones beobachten, was passiert dann mit den Aktienwerten von High-Tech-Firmen, die im NASDAQ gelistet sind? Es dürfte kaum überraschen, dass sie noch viel größeren Schwankungen unterliegen. Abbildung 5 zeigt die Wertentwicklung einer 10.000-Dollar-Investition in Dow-Jones-Aktien im Vergleich zu einer entsprechenden Investition in Firmen, die zwischen Juni 1997 und März 2003 im NASDAQ gelistet waren.[13] Um den

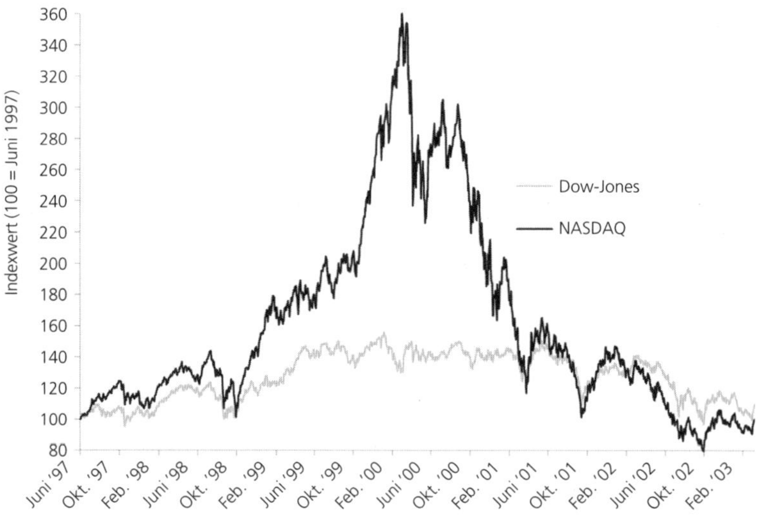

Abbildung 5 Dow-Jones und NASDAQ, Juni 1997 bis März 2003

Vergleich zu vereinfachen, haben wir beide Indizes zu Beginn der Zeitspanne am 10. Juni 1997 mit 100 Punkten starten lassen.

Hätten wir das Geld am 10. Juni 1997 in NASDAQ-Aktien investiert und am 10. März 2000 wieder verkauft, hätten wir gute Gewinne gemacht. Hätten wir dagegen am 10. März gekauft und genau drei Jahre später wieder verkauft, wäre dies ein ruinöses Geschäft gewesen. Die entsprechenden Verluste und Gewinne beim Dow-Jones sind dagegen wesentlich geringer. Nun sind die Kursbewegungen in der gewählten Zeitspanne sehr extrem ausgefallen. Doch ändert dies nichts an der auch sonst gültigen Erkenntnis: Starke Kursbewegungen am NASDAQ beinhalten für den Investor große Chancen, aber auch große Risiken. Kursschwankungen sind ein zweischneidiges Schwert.

Der NASDAQ setzt sich aus 3200 verschiedenen Aktienwerten zusammen. Andere bekannte Indizes verfolgen die Entwicklungen einer unterschiedlichen Anzahl von Unternehmen. Der Dow-Jones-Index ist eher ungewöhnlich, da er nur 30 Unternehmen gelistet hat. Doch wie vorher schon erwähnt sind dies sehr große und etablierte Unternehmen mit einer nachweislichen Erfolgsgeschichte. Die Namen anderer Indizes wie S&P 500, Russell 2000 und FTSE 100 sprechen für sich. Investieren Sie in einen Fonds, der einem dieser bekannten Indizes folgt, vermehrt oder verringert sich der Wert Ihrer Aktien parallel zu dem Index, über dessen Entwicklung die Finanzzeitungen täglich Auskunft geben. Auch wenn Sie wahllos einige Aktien eines bestimmten Index kaufen, stehen die Chancen gut, dass Ihre Geldanlage sich ähnlich wie der gesamte Index entwickelt.

Doch was passiert, wenn man sein Geld in Wertpapiere einer einzigen Firma investiert? Die Antwort ist einfach. Die Renditen werden dann vom Marktdurchschnitt deutlich abweichen. Abbildung 6 vergleicht eine 10.000-Dollar-Investition in den NASDAQ mit der Wertentwicklung der Amazon-Aktie zwischen dem 10. Juni 1997 und dem 10. März 2003. Diesmal erscheint die NASDAQ-Kurve sehr flach, weil die Werte auf der vertikalen Achse größer gewählt sind als bei der vorherigen Abbildung. Wir haben Amazon ausgewählt, weil es ein so extremes Beispiel ist. Es zeigt sehr gut die Volatilität eines einzelnen Wertes verglichen mit den Kursbewegungen eines Verbundes tausender verschiedener Aktien.

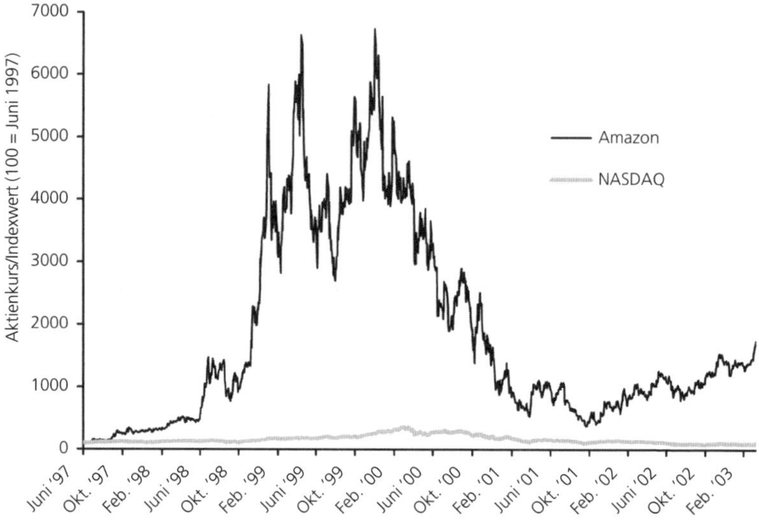

Abbildung 6 NASDAQ und Amazon, Juni 1997 bis März 2003

Dieses Mal haben wir am 10. Juni 1997 für 10.000 Dollar Amazon-Aktien gekauft. Am 23. April 1999 sind diese fast 660.550 Dollar wert. Am 9. Oktober haben wir von diesem Zuwachs wieder 270.000 verloren (ein Verlust von fast 60 Prozent in weniger als einem halben Jahr). Doch die Talfahrt dauert nicht lange. Zwei Wochen vor Weihnachten 1999 steigt der Kurs unserer Investition auf bisher unerreichte 670.500 Dollar. Doch die Party ist schnell wieder vorbei. Am 28. September 2001 ist unsere Anlage wieder auf 30.800 Dollar geschrumpft. Aber wenn wir die Nerven behalten, steigt der Wert unserer Aktien bis 10. März 2003 wieder auf 270.000 Dollar.

Natürlich ist es eine Schande, dass wir nicht kurz vor den Milleniums-Feierlichkeiten verkauft haben. Doch wir schöpfen Mut aus der Tatsache, dass unsere Rendite so hoch ist wie die eines Sparkontos mit 64 Prozent Zinsen bei einer Laufzeit von sechs Jahren! Eine lohnende Anlage, wenn auch eine emotionale Achterbahnfahrt.

Auf den Hügeln hört man den Klang des Geldes

Der einflussreiche kanadisch-amerikanische Ökonom John Kenneth Galbraith sagte einmal: »Am Aktienmarkt gibt es zwei Arten von Investoren. Die, die nicht wissen, wie sich der Markt entwickeln wird, und die, die nicht wissen, dass sie nicht wissen, wie sich der Markt entwickeln wird.« Eine kluge Beobachtung, zumindest was diejenigen betrifft, die glauben, sie könnten am Aktienmarkt eine schnelle Mark machen. Es gibt keinen Beleg dafür, dass irgendjemand wiederholt Wendepunkte und kurzfristige Trends vorhersagen konnte. Überraschungen, ob gute oder schlechte, kommen, wie wir am Anfang des Kapitels gesehen haben, ziemlich häufig vor. Langfristige Trends am Aktienmarkt dagegen sind vorhersagbar. Doch mit »langfristig« ist hier wirklich langfristig gemeint. Die Gefahr ist groß, dass der ganze Wirbel um ein Wertpapier wie die Amazon-Aktie den Blick auf die Gesamtentwicklung des NASDAQ oder des Dow-Jones verstellt.

Wir gehen nicht davon aus, dass Sie auf uns hören werden. Sie hören wahrscheinlich eher das Klingeln des Geldes im Hintergrund. Wir wissen aus Erfahrung, dass viele Investoren verzweifelt versuchen, die Entwicklungen auf dem Markt irgendwie vorherzusehen. Das ist sicher eine spannende intellektuelle Herausforderung. Investieren Sie das Geld anderer Leute, kann man dieses Bemühen gut nachvollziehen. Doch wenn es um Ihr eigenes Schicksal geht, möchten wir Ihnen raten, etwas pragmatischer vorzugehen. Dazu gehört, wie wir im nächsten Kapitel zeigen wollen, sich aller Kontrollillusionen zu entledigen, sich nicht der Gier hinzugeben und sich realistische Investitionsziele zu setzen. Filtern Sie das Hintergrundgeschwätz heraus. Vielleicht hören Sie schon bald die schöne Musik der vielen tausend Möglichkeiten, wie Sie Ihr Geld anlegen. Zu dieser Musik zu tanzen heißt, zu akzeptieren, dass Sie mit dem Glück des Zufalls tanzen.

Kapitel 5

Wie Sie Ihren Geldbaum bewässern

Ich sage immer, investieren sollte öde und nicht aufregend sein. So wie Farbe beim Trocknen oder dem Gras beim Wachsen zuzusehen. Wenn Sie Nervenkitzel suchen, nehmen Sie 800 Dollar und fahren nach Las Vegas.
Paul Samuelson, Nobelpreisträger

In diesem Kapitel wollen wir zeigen, wie Sie Ihr Geld am besten anlegen. Dazu untersuchen wir die Vor- und Nachteile verschiedener Investitionsarten. Wir liefern Ihnen Entscheidungshilfen und zeigen, wie Sie Ihre Gefühle, die ständig das Urteilsvermögen in Bezug auf finanzielle Fragen vernebeln, in den Griff bekommen. Wie Sie sehen werden, ist es für ein erfolgreiches Investieren wichtig, keiner Kontrollillusion zu erliegen. Das war auch die erste Lektion aus dem vorherigen Kapitel: Niemand kann kurz- oder mittelfristige Renditen vorhersagen. Die Zweite lautet: Richten Sie Ihre Investitionen dementsprechend aus. Doch wir gehen noch einen Schritt weiter. Dazu möchten wir Ihnen ein modernes Märchen erzählen.

Alles, bis auf die goldene Gans

Es war einmal vor langer Zeit ... und zwar im Jahr 1998. Ein Mitglied einer aus Europa ausgewanderten Adelsfamilie lebte in New York. Auch wenn er seine Bestimmung, König zu werden, nicht erfüllen konnte, war er zumindest reich geworden. Vor 30 Jahren hatte er eine erfolgreiche Handelsfirma gegründet. Der blaublütige Geschäftsmann heiratete in eine angesehene New Yorker Familie ein und zeugte fünf hübsche Töchter. Dennoch quälte ihn eine Sorge, die verhinderte, dass er glücklich bis ans Ende seiner Tage leben konnte. Es war das alte Lied der Nachfolgeregelung. Er war nun schon 58 Jahre alt und sehnte sich danach, sich aus dem Geschäft zurückzuziehen. Alle fünf Töchter waren in das Familiengeschäft eingetreten und arbeiteten erfolgreich in verschiedenen Abteilungen. Doch ein erfolgreiches Unternehmen kann nur einen Chef haben.

In wessen Hand sollte er also die Geschäfte legen? Lange grübelte er über diese Frage nach. Ohne zu einer Antwort zu kommen, entschloss er sich, seinen Töchtern eine Aufgabe zu stellen. Er gab jeder Prinzessin 10.000 Dollar mit der Vorgabe, nach sieben Jahren zurückzukehren. Dann würde er diejenige zu seiner Nachfolgerin ernennen, die ihr Geld am erfolgreichsten investiert hatte.

Die Prinzessinnen machen sich nicht auf die Suche nach der goldenen Gans. Sie hatten angesehene Wirtschaftsschulen besucht und wussten (im Gegensatz zu Georgios aus dem vorherigen Kapitel), dass Gold keine gute Anlageoption ist. Des Königs Lieblingstochter Michelle, die er mit Vorliebe »ma belle« nennt, zögerte nicht lange und investierte ihre 10.000 Dollar in eine Risikokapitalbeteiligung. Michelle hatte einige kostspielige Vorlieben, unter anderem für schnelle Autos, und ein Händchen für die falschen Männer. Diese Neigungen waren bei ihrer rassigen älteren Schwester »Sexy« Sadie leider noch stärker ausgeprägt. Im zarten Alter von 25 Jahren hatte sie bereits zweimal den Führerschein verloren und war zweimal geschieden worden. Sadie entschied sich, ohne auch nur einen Moment zu zögern, für Private Equity (eine außerbörsliche Form der Kapitalbeteiligung).

»Lovely« Rita, die jüngste der Prinzessinnen, war eine lebhafte, 22-jährige Akademikerin. Wie ihre älteren Schwestern hatte sie gerne Spaß, doch konnte sie dabei Maß halten. Ihr Freund, ein Footballspieler, wollte sie unbedingt heiraten. Doch Rita mochte sich noch nicht festlegen. Sie betrachtete das Bündel Dollarnoten eine Weile, und entschied sich dann, es am Aktienmarkt zu investieren.

Die beiden ältesten Prinzessinnen waren für den Vater insgeheim eine Enttäuschung gewesen. Die Erstgeborene, eine etwas streng aussehende Frau von 29 Jahren, hatte in der Familie den wenig liebevollen Spitznamen »Long Tall Sally«. Ironischerweise investierte sie ihr Geld, nach reiflicher Überlegung, in kurzfristige Staatsanleihen. Sallys Mann, ein überraschend gut aussehender Finanzberater, war den Gerüchten nach an dieser Entscheidung nicht unbeteiligt gewesen. Ihre zwei Jahre jüngere Schwester Dear Prudence war ein freundliches und unscheinbares Wesen. Sie gilt als etwas langweilig, kam aber mit allen Familienmitgliedern gut zurecht. Sie hatte erst kürzlich den ebenfalls gut aussehenden Bruder des Finanzberaters geheiratet. Sie zog alle Anlagemöglichkeiten in Betracht, die sie, um die Wahrheit zu sagen, eher ängstigten. So entschloss sie sich, ihre 10.000 Dollar auf der Bank als dreimonatiges Festgeld anzulegen.

An dieser Stelle scheint es sinnvoller, das Märchen anstatt mit Worten in Zahlen fortzusetzen. Tabelle 8 zeigt detailliert die Entwicklung der Anlagen der fünf Prinzessinnen über den Zeitraum von sieben Jahren.

Nach sieben Jahren, an einem Januarmorgen im Jahr 2006, versammelten sich der Vater und die Prinzessinnen. Michelle wirkte selbstsicher, wenn auch etwas mitgenommen, als sie ein großes Geldbündel mit 26.414 Dollar hervorholte. Doch sie war nie mehr die Alte geworden, seit der Wert ihrer Anlage im Jahr 2002 auf 5297 Dollar geschrumpft war und sie die Betty Ford Klinik aufsuchen musste. Sadie grinste zufrieden, wie man es von jemandem, der aus seinem Starkapital 17.149 Dollar gemacht hatte, erwarten konnte. Doch für ihr Lächeln waren vielleicht auch die Tranquilizer verantwortlich. Eine Sucht, die im Jahr 2000 begonnen hatte, als Sadie in nur einem Jahr 37 Prozent ihrer Investition verlor. Rita sah ebenfalls recht zufrieden aus, doch schien sie vorzeitig gealtert. An ihrer Seite war immer noch der Footballspieler. Doch nach 2000 hatte sie schwere Zeiten durchgemacht. Sie hatte zu trinken angefangen, weil so der Verfall ihrer Anlagen leichter zu ertragen war. 2002 verließ ihr Freund sie, als ihre Anlage unter den Ausgangswert auf 9881 Dollar zusammenschrumpfte. Mittlerweile war sie trocken und ihre Anleihe auf 14.965 Dollar gestiegen. Doch das »Lovely« in ihrem Kosenamen war jetzt nur noch selten zu hören.

Sally und Pru sahen glücklich aus, doch hatten sie keine großen Erwartungen (davon abgesehen, dass beide hoch schwanger waren und ihr drittes bzw. viertes Kind erwarteten). Ihre Investitionen konnten kaum die Inflationsrate ausgleichen, obwohl sie in keinem der sieben Jahre jemals Geld verloren hatten. Insgeheim aber woll-

Tabelle 8 Die Investitionen der Prinzessinnen

	Risikokapital (Michelle)		Private Equity (Sadie)		Aktien (Rita)		kurzfristige Staatsanleihen (Sally)		3-monatiges Termingeld (Prudence)	
Jahr	Investition $	Rendite %	Investition $	Rendite %	Investition $	Rendite %	Investition $	Rendite %	Investition $	Rendite %
1998	10.000		10.000		10.000		10.000		10.000	
1999	23.509	135	21.286	113	16.604	66	10.610	6,1	10.546	5,5
2000	71.694	205	13.511	– 37	14.840	– 11	11.101	4,6	11.039	4,7
2001	6202	– 91	9856	– 27	10.630	– 28	11.201	0,9	11.230	1,7
2002	5297	– 15	7891	– 20	9881	– 7	11.402	1,8	11.359	1,1
2003	14.300	170	11.496	46	11.669	18	11.652	2,2	11.536	1,6
2004	20.547	44	12.958	13	13.290	14	12.094	3,8	11.941	3,5
2005	26.414	29	17.149	32	14.965	13	12.677	4,8	12.557	5,2

ten die beiden sowieso nie die Leitung des Familienbetriebs übernehmen.

Der König, der die Entwicklungen der letzten Jahre genau verfolgt hatte, war mit keiner seiner Töchter zufrieden. Den beiden älteren Schwestern warf er mangelnde Ambitionen und das schlechte Ergebnis vor. Da er selbst auch immer eher risikoscheu gewesen war, ging er auch mit seinen drei jüngeren Töchtern hart ins Gericht. Er gratulierte ihnen zu dem guten Ergebnis, doch konnte er die Erinnerungen an die schlechten Jahre nicht vertreiben. Würden sie auch mit dem Familienbetrieb so gewagte Geschäfte machen, wenn er nicht mehr am Ruder war? »Das Schlimmste von allem: Warum hat nicht eine von euch daran gedacht, die Investitionen zu streuen?«, fragte er verzweifelt. Den fünf Prinzessinnen ließ er das Geld. Doch für die Leitung seiner Firma verpflichtete er eine aufstrebende Geschäftsführerin. Es war die Müllerstochter, die über viele Jahre Erfahrungen im Management und im Investmentbereich gesammelt hatte. Sie sollte fortan das Familienunternehmen leiten.

Und die Moral von der Geschicht'? Legen Sie niemals alle Ihre Eier in denselben Korb. Und hüten Sie sich davor, sich emotional zu sehr in die Entwicklung Ihrer Investitionen zu verwickeln.

Spekulieren ist nicht aussichtslos

Auch wenn es sich nur um ein Märchen handelt, waren die Zahlen der Realität entnommen. Obwohl sie nur die Entwicklung über sieben Jahre zeigen, können wir einige Erkenntnisse daraus gewinnen. Erstens: Die Rendite fällt bei bestimmten Anlagen je nach Kursentwicklung sehr unterschiedlich aus. Wie Tabelle 8 zeigt, können aus 5297 Dollar in drei Jahren durch Risikokapitalbeteiligungen 26.414 Dollar werden. Das klingt tatsächlich wie ein Märchen.

Zweitens: Die jährlichen Schwankungen der Renditen für Risikokapital, Private Equity und Aktien sind immens. Bei der Risikokapitalanlage fiel sie von 205 Prozent im Jahr 2000 auf –91 Prozent im Jahr 2001. Im Gegensatz dazu steht unsere dritte Erkenntnis: Bei anderen Anlageformen ist die Rendite kaum Schwankungen unterworfen. Bei kurzfristigen Staatsanleihen und dreimonatigem Termingeld waren sie in den Jahren zwischen 1998 und 2005 relativ konstant. Die Rendite war immer positiv, aber enttäuschende 6,1 Prozent waren schon das höchste der Gefühle. Investiert man sein Erspartes in dreimonatiges Festgeld, wird es keine märchenhaften Überraschungen geben.

Investoren, selbst Profis, assoziieren mit starken Renditeschwankungen großes Risiko. Eine unserer Meinung nach falsche Grundannahme. Die Kehrseite der Risiken sind Gelegenheiten. Das zu begreifen ist entscheidend, um den finanziellen Aspekt des eigenen Schicksals bestmöglich managen zu können.

Alternativen nutzen

Sehen wir uns diese Investitionsmöglichkeiten mit hohem Risiko und großen Chancen etwas genauer an. Vergessen Sie nicht, dass diese nur zirka 5 Prozent der weltweiten Investitionen ausmachen. Deshalb bezeichnet man sie auch als »alternative Anlagen«.

Über die Hedgefonds haben wir im vorigen Kapitel schon einmal kurz gesprochen. Sie sind der am schnellsten wachsende Teil des Marktes für alternative Anlagen, auch dank der publicityträchtigen Erfolgsgeschichte einiger dieser Fonds. Ende 2006 wurden weltweit 1,2 Billionen Dollar in Hedgefonds investiert. Empirische Untersuchungen haben aber gezeigt, dass die durchschnittlichen Renditen der Hedgefonds nicht höher sind als die des Aktienindex S&P 500 (Standard & Poor's Index von 500 Aktienwerten). Anleger sollten zudem nicht vergessen, dass Hedgefonds je nach Land nur eingeschränkt reguliert werden und die Veröffentlichung eines Geschäftsberichtes oft freiwillig ist. Ein kürzlich im *Financial Analysts Journal* erschienener Artikel behauptet, dies führe zu einer verzerrten Wahrnehmung der Hedgefonds.[1] Viele Hedgefonds scheitern, berichtet wird aber zumeist nur über die erfolgreichen. Die Autoren des Artikels warnen deshalb: »Anleger von Hedgefonds gehen ein gewaltiges Risiko ein, an einen erfolglosen oder komplett gescheiterten Hedefonds zu geraten.«

Werfen wir zweitens einen Blick auf Private Equity, eine ebenso kontroverse Anlageoption wie die Hedgefonds. Ende 2006 betrug das hier investierte Geld fast eine Billion Dollar. Der Zugang zu

Private-Equity-Gesellschaften steht einzelnen Anlegern meist nicht zur Verfügung, weshalb wir auch nur kurz auf sie eingehen. *The Journal of Finance* berichtete vor kurzem, dass deren durchschnittliche Renditen »ungefähr denen des S&P 500 entsprechen«.[2] Der Artikel beschreibt die unterschiedlichen Ergebnisse verschiedener Fonds und die zyklische Natur dieses Bereiches, kam aber zu dem Schluss, dass wiederholt erfolgreiche Fonds am besten abschneiden.

Und drittens: Grundeigentum ist weiterhin eine der bevorzugten Investitionsarten nichtprofessioneller Anleger. Transaktionen auf dem Immobilienmarkt erreichten 2006 weltweit das Rekordniveau von 600 Milliarden Dollar. Doch ist dieses Geld sicher angelegt? Nach Angaben des Bauministeriums der Vereinigten Staaten ist der amerikanische Immobilienverkaufspreis zwischen 1999 und 2004 um mehr als 56 Prozent gestiegen. Der S&P 500 ist in dem gleichen Zeitraum um fast 6 Prozent gefallen. Doch betrachtet man die letzten 65 Jahre, zeigt sich genau das Gegenteil. Die Immobilienpreise stiegen zwar, jedoch nur um ein Viertel so stark wie die Aktienwerte des S&P 500. Und diese Zahlen berücksichtigen noch nicht die Auswirkungen der US-Hypothekenkrise von 2007, nämlich einen enormen Wertverfall des Grundeigentums, der in manchen Gegenden bis zu 30 Prozent in nur einem Jahr betrug.

Viertens: Werfen wir noch einen Blick auf das Risikokapital, das seit den späten 90er Jahren sehr in Mode ist. 1999 schnellten die Renditen für Investitionen in Start-up-Unternehmen in einem frühen Finanzierungsstadium auf über 300 Prozent. 2000 existierten weltweit zirka 1600 Risikokapitalunternehmen mit einem verfügbaren Kapital von 120 Milliarden Dollar. Nach dem Platzen der Dotcom-Blase fielen die Renditen für mehrere Jahre auf unter –40 Prozent.[3]

Aber im Ganzen gesehen ist die durchschnittliche Rendite bei einer Risikokapitalbeteiligung die höchste von allen vier angesprochenen Anlageoptionen. Doch auch die Schwankungen sind hier am stärksten. Nicht nur ein Potenzial für überdurchschnittliche Renditen ist vorhanden, sondern auch das Risiko großer Verluste. Die Kehrseite des Risikos ist die Chance auf große Gewinne.

Nicht ganz so alternative Investitionen

Welche Schlüsse können Sie als Anleger daraus ziehen? Wie schon erwähnt ist zwischen superreich und total pleite alles möglich. Doch das hilft uns nicht wirklich weiter. Die Herausforderung besteht darin, ein gesundes Gleichgewicht zwischen Renditen und Risiken herzustellen. Sind Sie ein Zocker, dessen Investitionen nicht der Altersversorgung dienen sollen, dann ist eine Risikokapitelbeteiligung vielleicht eine gute Wahl. Doch wenn Sie es sich nicht leisten können, Geld zu verlieren, sollten Sie besser weniger »alternative« Anlageformen wählen.

Staatsanleihen bieten ein Spektrum von niedrigen bis mittleren Renditen bei geringem Risiko. Bei Aktien liegen Risiko und Renditen zwischen Obligationen und alternativen Anlagen. Aktien und Anleihen können, falls nötig, schnell liquidiert werden und sind zudem ausreichend reguliert, um vor Betrug geschützt zu sein. Zudem ist für beide Anlageformen ein breites Angebot verfügbar, so dass man den Grad des Risikos und der Gewinnmöglichkeiten selbst auswählen kann. Dafür braucht der normale Anleger jedoch einen Experten. Die Personen der folgenden Geschichte sind wieder rein fiktiv, die Zahlen dagegen der Realität entnommen.

Norma ist Bibliothekarin, geschieden und Mutter von zwei erwachsenen Kindern. Auch sie lebt in New York, bewegt sich aber in anderen Kreisen als der ausgewanderte Königssohn und seine Prinzessinnentöchter. 1980, als Norma durch den Verkauf des Hauses ihres verstorbenen Vaters 50.000 Dollar bekam, hatte sie zu Sparen angefangen. Als vernünftiger Mensch vertraute sie ihr Geld einem Experten an, denn von Aktien und Investitionen hatte sie einfach zu wenig Ahnung. Ihr ging es in erster Linie darum, ihre spätere Rente aufzubessern. Der Anlagefonds, den sie schließlich wählte, schien eine gute Wahl zu sein. Ihr Anlagekapital wuchs jährlich um 7 Prozent, und als sie 2005 pensioniert wurde, war es auf 271.372 Dollar angewachsen, abzüglich einiger Abgaben, die sie noch zahlen musste. Bei Vertragsabschluss waren für einige Fonds eine 4-prozentige Gebühr zu entrichten, jährlich fielen weitere 2 Prozent Bearbeitungsgebühren an. Doch das ist ein geringer Preis für die erhaltene Expertenleistung.

Oder etwa nicht? In dem besagten Zeitraum stieg der S&P 500

durchschnittlich um 13 Prozent pro Jahr. Hätte Norma ihre 50.000 Dollar in ein Portfolio mit allen im S&P 500 gelisteten Aktien angelegt, besäße sie jetzt 1.061.527 Dollar. (Diese Zahl kommt durch die Berechnung des Zinseszinseffekts bei 13 Prozent über 25 Jahre zustande.) Natürlich ist es für einen kleinen Anleger nicht praktikabel, auf diese Weise sein Geld in Aktien anzulegen. Doch auf dem Markt sind viele Index-Fonds verfügbar, die dem S&P-500-Index so gut wie möglich folgen. Hier werden höchstens 0,5 Prozent an jährlichen Arbeitsgebühren berechnet und keine Vorabgebühren verlangt.

Tatsächlich hatte Normas jüngere Schwester, ebenfalls eine Universitätsbibliothekarin, ihre Erbschaft von 50.000 Dollar in einen solchen Index-Fonds investiert. Dazu hatte ihr ein europäischer Wirtschaftprofessor geraten, der gerade auf Besuch in den USA war. Auch sie wurde 2005 pensioniert, fünf Jahre früher als geplant. Ihre Anlage war auf knapp eine Million Dollar angewachsen. Eigentlich mochte sie ihren Beruf, aber welche Millionärin will schon Bücher für Studenten raussuchen?

Jean erzählte Norma nicht, wie viel Geld sie durch die Index-Fonds-Anlage verdient hatte. Es war ihr peinlich, besonders weil Norma so begeistert von dem enormen Erfolg ihres Gemischtfonds schwärmte. Jean hatte nicht vergessen, dass der europäische Professor etwas von »Kontrollillusion« erzählt hatte. Bei ihrer Schwester hatte diese Illusion einigen Schaden angerichtet. Nicht nur hatte sie Norma dazu gebracht, einem ihr unbekannten Experten mit siebensteiligem Einkommen und zusätzlichen Boni-Zahlungen zu vertrauen. Außerdem musste sie sich jetzt auch noch selbst belügen.

Die Kraft des Glücks

Kehren wir in die reale Welt zurück und beschäftigen uns etwas genauer mit der Expertenfrage. Bill Miller, Manager des Legg Mason Fund, hat den S&P-500-Index von 1991 bis 2006, also mittlerweile 15 Jahre in Folge übertroffen. Ein spektakuläres Ergebnis, das ihn zu einer Art Superstar unter den Fondsmanagern und zum Liebling der Wirtschaftspresse macht. Ehre wem Ehre gebührt. Doch wäre es denkbar, dass sein Erfolg auf reinem Glück basiert?

Um das zu überprüfen, wollen wir ein paar einfache Rechnungen aufstellen.

In den USA gibt es geschätzt 8192 Fonds. Die Chancen, besser zu sein als der S&P 500, liegen bei genau 50 Prozent, ähnlich wie beim Wurf einer Münze, vorausgesetzt jeder Fonds agiert unabhängig von den anderen. Im ersten Jahr übertreffen zirka 4096 Fonds den S&P 500. Etwa 2048 schaffen es auch im zweiten Jahr, 1024 im dritten, 512 im vierten und so weiter. Nach 13 Jahren ist noch genau ein Fonds übrig. Falls Bill Miller nun der einzige »Überlebende« ist, erscheint sein Ergebnis von 15 Jahren schon weniger beeindruckend.

Dass nur ein Fonds von 8192 den S&P-Index 13 Jahre in Folge übertroffen hat, ist nur ein Durchschnittswert. Die tatsächliche Zahl kann darüber oder darunter liegen. Wenn wir die Ergebnisse von Bill Millers Fonds etwas genauer betrachten, sehen wir, dass sein Ergebnis 1994 mit dem des S&P 500 fast identisch ist. Deshalb kann man mit Fug und Recht behaupten, die Siegesserie ist nur 11 Jahre lang und nicht 15. Ein Ergebnis, für das ebenso reines Glück verantwortlich sein kann. Sorry, Bill!

Das Gleiche gilt für viele andere Fonds, die mehrere Jahre hintereinander ein besseres Ergebnis erzielten als der Marktdurchschnitt. Die meisten von ihnen fielen schon bald auf einen Durchschnittswert zurück oder landeten noch darunter. Von Fonds, die 15 Jahre hintereinander unter dem Durchschnitt liegen, hört man dagegen kaum etwas. Aber wer würde schon mit einem solchen Ergebnis Werbung machen?

Professor Burton G. Malkiel von der Princeton University, Autor des Klassikers *A Random Walk Down Wall Street*, ist einer von mehreren Analysten, die behaupten, den Markt zu übertreffen basiert auf Glück und nicht auf Können. In einer Untersuchung verglich er die Ergebnisse der 20 erfolgreichsten Aktienfonds der 70er Jahre mit ihren Ergebnissen in den 80er Jahren.[4] In den 70er Jahren übertraf ihre durchschnittliche Rendite die des Durchschnitts aller Aktienfonds um 10,4 bis 19 Prozent. Im nächsten Jahrzehnt fielen sie wieder zurück und lagen um 11,1 bis 11,7 Prozent unter dem Durchschnitt. In einer zweiten Studie machte Malkiel die gleiche Studie für die 1980er und 1990er Jahre. Die 20 besten Fonds der 80er Jahre, deren Ergebnis den Durchschnitt aller

Aktienfonds um 14,1 bis 18 Prozent übertraf, lag in den folgenden 10 Jahren um 13,7 bis 14,9 Prozent unter dem Durchschnitt.

John C. Bogle, Gründer und ehemaliger Aufsichtsratvorsitzender der Vanguard Group, streitet vehement gegen Fondsmanager. Er führte eine ähnliche, nur kurzfristigere Studie für den Zeitraum zwischen 1996 und 1999 sowie zwischen 1999 und 2002 durch. Erst sah er sich die 10 besten der insgesamt 851 US-Aktienfonds an (mit einem Eigenkapital über 100 Millionen Dollar). Zwischen 1996 und 1999 galten sie als Musterknaben des Erfolgs und zahlten hohe Boni. Doch in den folgenden drei Jahren landete der ehemalige Spitzenreiter nur auf Platz 841. Der beste Platz eines Fonds aus dem ehemaligen Top 10 war Position 790 bei einer Gesamtzahl von 851 Fonds in den Jahren 1999 bis 2002. Eine Schlussfolgerung drängt sich auf: Die Erfolge von gestern sind keine Garantie für zukünftige Bestleistungen. Es sieht tatsächlich so aus, dass die meisten der Stars unter den Fondsmanagern einfach nur Glück hatten.

Professor Eugene F. Fama von der University of Chicago drückt es so aus: »Ich vergleiche Aktienmakler gerne mit Astrologen, aber ich will nichts Schlechtes über Astrologen sagen.«

Die Experten schlagen zurück

Dennoch gibt es viele, die die Fähigkeiten der Aktienhändler verteidigen. Sie behaupten, es gäbe Fondsmanager, deren Ergebnisse die des Marktes über so lange Zeit übertroffen haben, dass es sich hier unmöglich um reines Glück handeln kann. Einer ihrer Helden ist der legendäre Peter Lynch, der frühere Manager des Fidelity Magellan Fund, der zwischen 1977 und 1990 die gewaltige Rendite von 2703 Prozent erwirtschaftete. (Der S&P 500 kam in diesem Zeitraum auf 574 Prozent.) Ein anderes Erfolgsbeispiel, das oft angeführt wird, ist der berühmte Schroders Fonds, der seit seiner Gründung 1993 jährlich 16,26 Prozent an Gewinn gemacht hat, während der S&P-500-Index nur bei 12,3 Prozent lag. Und noch einige weitere Beispiele erfolgreicher Fonds werden angeführt.

Doch es gibt nur wenige wissenschaftliche Studien, die diese Einschätzung vorbehaltlos bestätigen. Und man muss lange nach solchen Erfolgsbeispielen suchen. Vor kurzem wurde im *Journal of*

Finance behauptet, es gebe klare Belege für eine konstante, überlegene Performance mancher Fondsarten, für andere aber nicht.[5] Eine andere Veröffentlichung der Cass Business School in London untersuchte die bisherigen Studien zu Erfolgen der Investmentfonds in den USA und Großbritannien in den letzten 20 Jahren. Das Fazit: »Nur sehr gewiefte Anleger sollten aktiv einer Investmentstrategie folgen, die versucht, die Gewinner herauszugreifen. Und dies auch nur mit viel Vorsicht.«[6] Stattdessen wird den meisten Investoren geraten, sich besser an kostengünstigen Index-Fonds, die sich am Marktdurchschnitt orientieren, zu beteiligen.

Selbst wenn es also Leute mit dem außergewöhnlichen Talent gibt, die richtigen Aktien auszuwählen, ist dies für den Kleinaktionär von der Straße wenig hilfreich. Nach Abzug der Fonds- und Transaktionsgebühren ist das Ergebnis von aktiv gemanagten Fonds nicht konstant besser als das des Marktdurchschnitts.

So viel zum Thema »stock picking«. Und was ist mit den Experten, die von sich behaupten, ein perfektes Timing zu besitzen? 2003 testete Mark Hulberts respektierter *Hulbert Financial Digest* die Ratschläge angesehener Finanz-Newsletter. Dafür stellte er aus den Empfehlungen ein hypothetisches Portfolio zusammen. Alle folgenden Käufe und Verkäufe wurden entsprechend den »heißen Tipps« durchgeführt. Das Ergebnis war ein Verlust von 32 Prozent. Zum Glück war alles nur hypothetisch. Im Vergleich dazu hatte der Wilshire 5000 Index, der alle von Hulberts Aktienwerten beinhaltete, um 13 Prozent zugelegt.

Die wissenschaftliche Literatur bestätigt Hulberts Ergebnisse. Die Wirtschaftsforscher der Londoner Cass Business School warnen vor »stock picking« und schreiben: »Es gibt wenig Belege für ein erfolgreiches Markttiming.« In der bisher umfangreichsten Untersuchung von Wissenschaftlern des US National Bureau of Economic Research wurden insgesamt 15.000 Market-timing-Empfehlungen von 237 Finanzblättern untersucht. Die Schlussfolgerung lautete: »Es gibt keinen Belege dafür, dass Newsletter den Markt timen können. Übereinstimmend mit Studien zu Investmentfonds gewinnen ›Gewinner‹ selten ein zweites Mal und ›Verlierer‹ verlieren oft noch einmal.«[7]

Professor Michael Jensen von der Harvard Business School verglich als Erster die Ergebnisse eines aktiv gemanagten Fonds und die des Marktdurchschnitts über die Jahre 1945 bis 1964. Er schreibt:

> *Die Ergebnisse der Investmentfonds zeigen nicht nur, dass es den 115 Fonds im Durchschnitt nicht gelang, die Entwicklung der Wertpapiere so vorherzusagen, dass sie eine Buy-and-hold-Strategie übertroffen hätten. Zudem gab es kaum Belege dafür, dass ein einzelner Fonds deutlich bessere Ergebnisse erzielte als eine reine Zufallsauswahl. Es ist wichtig festzuhalten, dass diese Schlussfolgerungen auch dann zutreffen, wenn wir die Fondsrenditen brutto ohne Abzug der Bearbeitungsgebühren berechnen (also nur Maklercourtage, aber ohne Gebühren für Buchhaltung, Recherche und andere Aufwendungen).*[8]

Knapp 40 Jahre später wiederholte Burton Malkiel in der überarbeiteten Neuauflage seines Buches *A Random Walk Down Wall Street* seine frühere Behauptung: Ein Affe, der mit verbundenen Augen Dartpfeile auf eine Ausgabe des *Wall Street Journals* wirft, wird ein ebenso gutes Portfolio erstellen wie eine Expertengruppe! Ob diese polemische These so stimmt oder nicht, sei dahingestellt. Doch seine empirischen Ergebnisse sind durchschlagend. »Dreißig Jahre lang hat sich diese These wacker gehalten«, behauptet er. »Mehr als zwei Drittel aller professionellen Aktienmakler haben schlechtere Ergebnisse erzielt als der nicht geleitete S&P-500-Aktienindex.«

Das Gleiche gilt für Anleihefonds. Professionell betreute Anleihefonds schneiden zwischen 1 bis 1,7 Prozent schlechter ab als verschiedene Indizes. Bei den prinzipiell niedrigeren Renditen auf dem Anleihemarkt entspricht das dem 3 Prozent niedrigeren Ergebnis der Aktienfonds. Zu Anleihefonds gibt es weniger wissenschaftliche Erhebungen, doch eine 1993 in *The Journal of Business* veröffentlichte Studie fasst zusammen: »Insgesamt wie auch bei Unterkategorien der Anleihefonds haben wir herausgefunden, dass diese schlechter abschneiden als relevante Indexe vor Abzug der Gebühren. Unsere Ergebnisse sind aussagekräftig für eine breite Spanne von Modellen.«[9]

Und was ist mit Fonds, die nicht aktiv gemanagt werden? So genannte Index-Fonds, die dem Marktdurchschnitt folgen, indem sie entweder alle ausgewählten Aktienwerte beinhalten oder einen repräsentativen Teil davon? Durch einen solchen Fonds ist unsere Bibliothekarin Jean reich geworden.

Tabelle 9 zeigt die Ergebnisse einer Anlage von 50.000 Dollar im Jahr 1980, die für 25 Jahre nicht angerührt wurde. Man kann sich die jährlichen Renditen als ein Äquivalent zu den Sparbuchzinsen über 25 Jahre vorstellen.

Die erste kostspielige Lektion ist, dass ein niedriger prozentualer Unterschied in der jährlichen Rendite sich potenziert, wenn die Rendite über 25 Jahre immer wieder reinvestiert wird. Doch selbst Statistiker dürfte das Ergebnis verblüffen. Wieso ist der Ertrag von Normas und Jeans Anlagen so unterschiedlich?

Die Antwort ist nicht die, dass Experten weniger wissen, als sie behaupten, sondern die, dass sie sich ihre kompetente Beratung fürstlich bezahlen lassen! John C. Bogle, auf dessen Untersuchung wir uns schon vorher bezogen haben, ist schon lange ein lautstarker

Tabelle 9 Kumulierte Renditen von $ 50.000 bei einem Investitionszeitraum von 25 Jahren (unter Verwendung der tatsächlichen Renditen zwischen 1980–2005)

	jährl. Durchschnitts-rendite	$ 50.000 investiert für 25 Jahre	Rendite in % der S&P 500
Marktdurchschnitt (S&P 500)	13,0%	1.061.527	100.0
Indexfonds (angelehnt an S&P 500)	12,8%	1.015.541	95,7
Durchschnitt Investmentfonds (abzügl. 3%)	10,0%	541.735	51,0
Durchschnitt Investor (abzügl. weitere 3%)	7,0%	271.372	25,6
Survivorship bias* (abzügl. 0,75%)	6,25%	227.611	21,4

* Eine mittlere Schätzung der Auswirkungen von bankrotten, zusammengelegten oder fusionierten Fonds auf die durchschnittlichen Renditen der verbliebenen Investmentfonds.

interner Kritiker der Investmentbranche. Einer seiner Hauptkritikpunkte ist, dass die Kosten für den Anleger sehr hoch sind: 2 bis 3 Prozent des Kapitals, und das vor Abzug der verschiedenen Gebühren.

Ein anderer Kritikpunkt, den Bogle anführt, ist die große Anzahl von Investmentfonds, die scheitern oder fusionieren müssen, nämlich über 60 Prozent zwischen 1970 und 2005. Doch die Renditen dieser Fonds werden bei der Ermittlung des Durchschnittswertes nicht mit einberechnet. Neben dem Risiko des Anlegers, sein Geld zu verlieren, ist die 10-prozentige jährliche Rendite um 0,5 bis 1 Prozent zu hoch eingeschätzt. Die Zahlen mögen wenig greifbar sein, doch eines wird dennoch deutlich: Die Rendite eines durchschnittlichen Anlegers ist wesentlich geringer als die eines durchschnittlichen Investmentfonds.

Eine Bilanz

Bevor wir nun unsere Ratschläge formulieren, wollen wir die gewonnenen Einsichten noch einmal zusammenfassen:

- Sehr langfristig betrachtet sind die durchschnittlichen jährlichen Renditen aller Aktien und aller Anleihen relativ konstant und positiv. Bei Aktien fallen sie höher aus als bei Anleihen.
- Kurz- bis mittelfristig können die durchschnittlichen jährlichen Renditen deutlich und mit geringer Vorhersehbarkeit schwanken. Deshalb sind Ertragsprognosen für Aktien und Anleihen in kurz- bis mittelfristigen Zeiträumen unmöglich. Mittelfristige Zeiträume können länger sein als der gesamte Investitionszeitraum vieler Menschen.
- Die Renditen eines einzigen Aktienwertes schwanken stärker als die Renditen einer breiten Palette aus Aktien der gleichen Kategorie. Diese wiederum schwanken stärker als der Marktindex oder die durchschnittliche Rendite aller gehandelten Aktienwerte. Das Gleiche gilt für Anleihen.

- Zwischen Risiko und Renditen besteht eine Wechselbeziehung, die aber nicht gleichmäßig ist. So sind die Renditen bei Aktien variabler als bei Anleihen, was größere Verluste oder Gewinne ermöglicht. Eine Investition in Aktien ist riskanter als eine in Anleihen, aber auch die Renditen sind höher. Diese positive Korrelation zwischen Risiko und Rendite ist nicht perfekt in dem Sinne, dass eine riskante Anlage im Durchschnitt auch höhere Rendite bringt. Entsprechend sind alternative Investitionsarten wie Private Equity, Risikokapitalbeteiligung, Immobilienbesitz oder Hedgefonds riskanter als Aktien. Diese Anlagen können zu fantastischen Gewinnen wie zu extremen Verlusten führen.
- Experten oder elaborierte Modelle erzielen keine besseren Ergebnisse als die durchschnittlichen Renditen des Marktes, auf dem sie aktiv sind. Die Anzahl der Experten oder Investitionsmodelle, die die durchschnittliche Rendite auf einem bestimmten Markt in einem bestimmten Zeitraum übertreffen, ist nicht größer, als sie statistisch gesehen durch Zufall auftreten sollte. Selbst beim Erfolg der »Superstars« fehlt bisher der Nachweis, dass mehr als nur Glück dahinter steckt. Anders ausgedrückt: Die Renditen eines aktiv geleiteten Fonds sind gewöhnlich schlechter als die eines Indexfonds, zumindest im Durchschnitt.
- Erfolge von Märkten, Experten und Modellen in der Vergangenheit haben keinen Einfluss auf zukünftige Erfolge. Erfolgen aus der Vergangenheit nachzueifern, um in der Zukunft gute Renditen einzufahren, funktioniert nicht.

Die vier Säulen der Investitionsweisheit

Was also soll man, in Anbetracht all dieser Erkenntnisse, mit seinem Geld machen? Das hängt natürlich davon ab, warum man investiert und was man erreichen will. Wir bieten Ihnen vier Regeln, mit deren Hilfe Sie selbst eine Antwort auf diese Frage finden. Diese

Regeln ergeben sich fast zwangsläufig aus den eben aufgeführten Einsichten.

1. **Seien Sie durchschnittlich.** Wählen Sie keine einzelnen Aktienwerte oder Anleihen aus, um den Markt übertrumpfen zu wollen. Investieren Sie in so viele verschiedene Werte wie möglich, um dadurch dem Marktdurchschnitt möglichst nahe zu kommen. Können Sie selbst keine Aktien kaufen, suchen Sie sich einen Indexfonds oder einen Exchange-Traded-Fund, die dem Marktdurchschnitt folgen.
2. **Seien Sie geduldig.** Lassen Sie sich nicht in Versuchung führen, zum »richtigen« Zeitpunkt zu verkaufen. Es besteht die Gefahr, dass Ihnen etwas entgeht. Alle Belege sprechen dafür, einer Buy-and-Hold-Strategie zu folgen. Je mehr Sie handeln, desto geringer sind die erzielten Renditen. Transaktionskosten und Maklergebühren verringern die Renditen.
3. **Seien Sie risikobewusst.** Das ist nicht das Gleiche wie risikoscheu zu sein. Für die meisten Leser bietet der durchschnittliche Aktienmarkt genug Risiken und Chancen, vor allem, wenn Sie ein bis zwei Jahrzehnte Zeit haben.
4. **Seien Sie ausgeglichen.** Gleichen Sie Ihr Portfolio aus, um Ihre Ziele weiter zu verfolgen. (Aber höchstens ein Mal pro Jahr.) Haben Sie Ihr Geld in einen Fonds investiert, der dem Marktdurchschnitt entspricht, geschieht dies automatisch.

Die dritte und die vierte Regel sind weniger leicht zu befolgen. Entscheidend dafür ist eine gute Anlagenaufteilung. Stellen Sie sich das Portfolio so zusammen, dass es dem Markt so gut wie möglich nachgebildet ist. Das minimiert das für Sie akzeptable Risiko. Doch welche Mischung aus Aktien und Anleihen sollten Sie wählen? Für diejenigen, die nicht selbst investieren und lieber Standardprodukte wie einen Rentenplan bevorzugen, macht es trotzdem Sinn, nach der Zusammensetzung des Fonds zu fragen, in den Sie investieren wollen.

Wie wir gesehen haben, schwanken Anleihen, besonders die kurzfristigen, nicht annähernd so stark im Kurs wie Aktien. Das gibt Ihnen die Möglichkeit, zu verkaufen, wenn Sie unerwartet Geld brauchen. Ist dies bei einer Aktienanlage der Fall, kann es passieren, dass Sie bei einem niedrigen Kurs verkaufen müssen. Langfristig jedoch sind die durchschnittlichen Renditen von Anleihen um über die Hälfte niedriger als die von Aktien. Auch die Chancen auf überdurchschnittliche Gewinne sind gering. Eine Faustregel der Anlagenaufteilung lautet, dass der Prozentsatz an Aktien in Ihrem Portfolio so hoch sein sollte wie Ihr Alter. Das hat nichts mit Altersdiskriminierung zu tun, sondern damit, dass ein junger Mensch länger auf hohe Renditen warten kann. Wird man älter, spielt Sicherheit eine größere Rolle. Natürlich möchte jeder ein bisschen Spannung und Nervenkitzel. Also könnten Sie 10 bis 15 Prozent Ihres Portfolios mit riskanteren Papieren bestücken. 10 Prozent Risikokapitalanteil bringt vielleicht ein gewisses Las-Vegas-Flair.

Als Beispiel dient uns hier ein ausgeglichenes Portfolio für Marilyn, die 40-jährige Tochter der Bibliothekarin Norma, die ein bisschen besser informiert ist als ihre Mutter. Es besteht zu 60 Prozent aus Aktien und zu 40 Prozent aus Anleihen.

- 15 Prozent S&P 500 (relativ sicher, große US-Unternehmen)
- 10 Prozent wertorientierte Anlagen (spekulativ)
- 10 Prozent kleinere Aktienunternehmen (manch kleines Unternehmen kann bald zu den Gewinnern gehören)
- 15 Prozent International Large Cap Stocks (für den Fall, dass sich die US-Wirtschaft nicht gut entwickelt)
- 10 Prozent Aktien aus Schwellenländern (für 10 Prozent Nervenkitzel)
- 20 Prozent kurzfristige Anleihen (für den Notfall)
- 20 Prozent langfristige Anleihen (um sich geborgen und sicher zu fühlen)

Jüngere Investoren, so wie Marilyns 30-jähriger Bruder, wollen vielleicht den Anleiheanteil auf 30 Prozent reduzieren und die 10 Prozent zusätzlich in kleinere Aktienunternehmen investieren.

Normas Schwiegersohn (der Mann von Marilyn) ist wesentlich konservativer als seine Frau, auch wenn sie beide gleich alt sind. Er investiert 50 Prozent in Anleihen und will von dem Gerede um die »aufstrebenden Märkte« (emerging markets) nichts wissen. Um es kurz zu machen: Ihre persönliche Zusammenstellung sollte mit Ihren Investitionszielen, Ihrem Wissen, dem verfügbaren Kapital und der eigenen Risikobereitschaft korrespondieren und von dem Wunsch geleitet sein, überdurchschnittliche Renditen erzielen zu wollen.

Haben Sie eine Entscheidung getroffen, lehnen Sie sich zurück und entspannen Sie sich. Wollen Sie jetzt unbedingt verfolgen, wie sich Ihre Anlagen entwickeln, empfehlen wir die »Odysseus-Strategie«. Als sich sein Boot der Insel mit den verführerischen, aber gefährlichen Sirenen nähert, die ihre Lieder singen, um vorbeifahrende Seeleute zu betören, befiehlt er seiner Mannschaft, ihn am Mast festzubinden und seine Ohren mit Wachs zu verstopfen. Eine Art, Gleiches zu tun, wäre es, den Computer so zu programmieren, dass er die Investitionen nach einfachen und von Ihnen festgelegten Regeln verwaltet. Doch natürlich sind Sie kein griechischer Held noch ein stumpfer Computer, sondern ein menschliches Wesen in einer informationsgefüllten Welt. Das hat einige psychologische Nachteile. So werden wir dieses Kapitel mit einer Liste von Dingen beenden, die man vermeiden sollte – wie die Lieder der Sirenen.

Acht Lieder – nicht geeignet für die Investorenparty

Warren Buffett, ebenso berühmt für seine geistreichen Bemerkungen wie für seine Investitionserfolge, sagte einmal: »Die Hauptfeinde eines Finanzinvestors sind Ausgaben und Emotionen.« Über die Kosten für Fondsmanager haben wir bereits gesprochen. Gefühle sind schwerer zu messen, doch oft viel gefährlicher. Wie in anderen Lebensbereichen auch können beim Anlegen die guten Absichten schnell in einem Bermudadreieck aus Gier, Angst und Hoffnung untergehen. Wie alle Verlockungen nehmen sie verschiedene Gestalten an, so dass man sie oft nur schwer erkennen kann. Hier sind die Wichtigsten:

1. **Der Herde folgen.** Wie die Statistiken zeigen, kauft der durchschnittliche Investor meist dann, wenn die Kurse hoch sind. Dazu kommt, dass Durchschnittsanleger oft von aggressiveren Aktienwerten wie denen des NASDAQ angezogen werden, die aber starken Kursschwankungen unterliegen. Fällt ihre Anlage mehr als der Markt, werden sie panisch und verkaufen. Diese Panik ergreift manchmal die ganze Herde, die häufig von Gier, Hoffnung und Furcht getrieben wird. Natürlich ist es eine verständliche Verhaltensweise, hinter den erfolgreichsten Fonds her zu sein. Doch wie wir bereits gesehen haben: Die Stars von heute sind oft die Verlierer von morgen.
2. **Der Herde *nicht* folgen.** Wenn es falsch ist, den anderen hinterherzulaufen, liegt die Versuchung nahe, genau das Gegenteil zu tun und entgegen der Marktentwicklung zu agieren. Doch da wir davon ausgehen, nicht wissen zu können, wie sich der Markt entwickelt, scheint dieser Schluss etwas voreilig. Zudem entwickelt sich der Markt langfristig gesehen nach oben, was bedeutet, dass jemand, der gegen den Trend investiert, sich nach unten bewegt.
3. **Den Zeitungen glauben.** Rückblickend betrachtet zeigt sich, dass die Medien vom Wall Street Crash bis zum Dotcom-Boom an vielen Kauf- und Verkaufsräuschen beteiligt waren. Journalisten interessieren sich vor allem für spannende Geschichten und wenig für langweilige Wahrheiten. Das führt nicht nur zu einem verzerrten Bild der Wirklichkeit, sondern auch zu vielen Informationslöchern. Den Aktienkursen hinterherzurennen ist wie Achterbahn fahren. Wenn Ihnen das Spaß macht, werden Sie Fan einer professionellen Sportmannschaft. Doch beherzigen Sie unseren Rat: Lesen Sie nicht den Wirtschaftsteil, und wenn, dann nur ab und zu. Es wird Sie glücklicher machen, und wahrscheinlich auch reicher.
4. **Unbewusste Analogien.** Nehmen wir an, Sie erfahren, dass die Firma Amazon sich gut entwickelt, und denken deshalb über andere Online-Anbieter nach. Manchmal

gibt es gute Gründe für eine solche Spekulation. Doch besorgen Sie sich erst viel mehr Informationen, bevor Sie in ein bestimmtes Unternehmen investieren. So zu denken ist besonders riskant für diejenigen, die unbedingt Aktien einzelner Unternehmen kaufen wollen.

5. **Kurzzeitgedächtnis.** Wir erinnern uns vor allem an Dinge, die kürzlich passiert sind. Das ist ganz natürlich. Regnet es am Morgen, ist es eine gute Idee, nachmittags einen Regenschirm mitzunehmen. Doch bei langfristigen Geschäften ist kurzfristiges Denken wenig hilfreich. Auf einer schicken Londoner Dinnerparty im Jahr 2007 redeten alle darüber, dass sich der Wert ihrer Häuser seit dem Kauf verdreifacht hat. Vergessen war das Elend des negativen Eigenkapitals und der verpfändeten Häuser im letzten britischen Immobiliencrash vor knapp zwei Jahrzehnten. 2008 begannen die Preise wieder zu fallen und all die schlechten Erinnerungen kamen zurück.
6. **Angst vor Verlusten.** Manchen Menschen macht die Einbuße von Geld schwer zu schaffen. Tatsächlich ist die Furcht vor einem möglichen Verlust größer als die positive Erwartung eines möglichen Gewinnes. Dieses emotionale Ungleichgewicht bringt viele Anleger in eine Schieflage. Sie verkaufen gut laufende Aktien, hängen aber zu lang an schlecht laufenden, und verkaufen nur, wenn der Kurswert wieder beim Einkaufpreis angelangt ist (falls er das schafft).
7. **Wunschdenken.** Auch das ist eine Art menschlichen Irrens. Jeder leidenschaftliche Fan einer hoffnungslosen Sportmannschaft wird die Notwendigkeit von Optimismus einsehen. Wie heißt es in der nicht totzukriegenden englischen Fußballhymne: »Dreißig schmerzvolle Jahre haben mich nie vom Träumen abgehalten.« Es stimmt: In vielen Situationen kann unangebrachte Hoffnung kurzfristig hilfreich sein und ein Gefühl von Sicherheit vermitteln. Doch das Investieren gehört nicht dazu, nicht zuletzt durch die verstärkende Wirkung der Gier. Beim Investieren ist Realismus angesagt.

8. **Muster erkennen.** Hiermit ist vor allem gemeint, Wirkungszusammenhänge zu erkennen, wo keine sind. Plötzlich gewinnt Ihre Fußballmannschaft, und auch die Amazon-Aktie steigt. Nächste Woche passiert das Gleiche noch mal. Und dann noch mal. Besteht da nicht ein Zusammenhang? Welcher sollte das sein? Doch manche Leute entdecken Verbindungen, wo immer sie auch hinsehen. Und dementsprechend investieren sie.

Wenn Sie also wie Odysseus den Gesang der Sirenen hören wollen, lassen Sie sich am Mast gut festbinden. Die meisten Menschen können sonst der Verführung nicht widerstehen. Geht es um die Geldanlage, macht es sich bezahlt, nicht auf die verlockenden Gesänge zu hören, egal wie melodisch sie klingen.

Nicht der Kontrollillusion verfallen und der Farbe beim Trocknen zusehen

Wir haben Ihnen gezeigt, wie Sie Ihre Geldanlage nach vier Regeln ausrichten, wie Sie Ihr Kapital klug aufteilen, und wir haben begründet, warum Sie Ihre Ohren vor geheimnisvollem Gesang verschließen sollten. Beim Investieren mit dem Zufallsglück zu tanzen heißt, die unvermeidliche Ungewissheit zu akzeptieren, eine geeignete Strategie zu entwickeln und dann nicht mehr von ihr abzuweichen. Investitionen sind ein perfektes Beispiel für das Paradox der Kontrolle. Durch eine Beteiligung an einem Indexfonds oder bei einem durch Zufall erstellten Portfolio geben Sie die Kontrolle über die erworbenen Aktien ab. Doch dies führt zu höheren Renditen, was bedeutet, dass die Kontrolle über Ihr finanzielles Schicksal zunimmt. Ihr Investitionsverhalten ist von der Einsicht geprägt, dass weder Sie noch irgendjemand anderes die Marktentwicklung vorhersagen kann, zumindest nicht kurz- und mittelfristig.

Wir möchten noch schnell hinzufügen, dass Sie mit diesem Vorgehen nicht steinreich werden. Aber Ihr Geldbaum wird gleichmäßig wachsen. Und vielleicht können Sie sich früher zur Ruhe setzen, ebenso wie unsere fiktive Bibliothekarin. Erwarten Sie nichts Aufregendes. Wie gesagt: Wer zocken will, sollte nach Las Vegas fahren.

Kapitel 6

Von den Gurus lernen

Wer aus der Geschichte nichts lernt,
ist dazu verdammt, sie zu wiederholen.
Winston Churchill

Geschichte ist Quatsch.
Henry Ford

Im Mai 2007 brach die schwierige Beziehung schließlich auseinander. Die endgültige Trennung war für alle Beobachter keine Überraschung mehr. Noch vor neun Jahre schien es eine Traumhochzeit zu sein. Einhellig die Meinung, sie seien ein perfektes Paar: Bester europäischer Stammbaum und ein Name, der den amerikanischen Traum symbolisierte. Niemand hatte ein Jahrzehnt voller Missverständnisse, Misstrauen und Trübsal vorhergesehen, geschweige denn die schmerzvolle Trennung. Und wieder einmal waren falsche Gewissheit, starke Gefühle und die Unmöglichkeit der Vorhersage verantwortlich.

Trennungen sind teuer

Die Beziehung, von der wir sprechen, ist die berühmt-berüchtigte Fusion des amerikanischen Autokonzern Chrysler mit Daimler Benz. Der Mann, der die Fusion initiiert und umgesetzt hatte, war Jürgen Schrempp, Vorstandsvorsitzender der Daimler-Benz AG. Manche Kommentatoren sprachen von einer Übernahme. Auf jeden Fall handelte es sich um ein Ereignis mit historischer Dimension. Tausende Menschen waren involviert. Nicht nur die leitenden Angestellten und die Arbeiter beider Konzerne, sondern auch eine Armee von Beratern und Bankern. Und nicht zu vergessen die Investmentgesellschaft Cerberus, die später Chrysler »retten« sollte.

Alles begann 1998. Ein Preis von 36 Milliarden Dollar für Chrysler schien ein Schnäppchen zu sein. Durch die Fusion erhielt Daimler-Benz Zugriff auf den amerikanischen Luxuswagenmarkt. Chrysler sollte im Gegenzug von der deutschen Autolegende im technischen Bereich profitieren und einen Fuß in den europäischen Markt bekommen. Wenn es Volkswagen gelang, aus Skoda, eher bekannt für minderwertige Autos, eine respektierte Marke zu machen, dann versprach die Transformation von Chrysler enorme Gewinne. Optimistische Einschätzungen gingen davon aus, dass der Börsenwert des neuen Autogiganten in fünf Jahren auf über 100 Milliarden steigen würde. Selbst vorsichtige Prognosen gingen von mindestens 40 Milliarden aus.

Aktienmärkte und Wirtschaftspresse teilten diese optimistische Sichtweise. Am Tag, als die Fusion verkündet wurde, stieg die Chrysler-Aktie um 17,6 Prozent, die Daimler-Benz-Aktie um 6,4 Prozent. Analysten schwärmten von »Synergien« und »Skaleneffekten«.

Doch die Schwierigkeiten deuteten sich bereits sechs Monate später im Mai 1999 an, als die Presse Anzeichen kultureller Missverständnisse beobachtete. Im Jahr 2000 verzeichnete Chrysler unerwartet hohe Verluste. 2001 kam es noch schlimmer. Schrempp feuerte den amerikanischen Präsidenten der DaimlerChrysler Cooperation, James P. Holden, und ersetzte ihn durch seinen eigenen Mann aus Deutschland, Dieter Zetsche. Der entließ 26.000 Mitarbeiter und ersetzte weitere leitende Angestellte durch deutsche Manager. Die Stimmung verschlechterte sich, Jahre der Restrukturierung drohten. Im Jahr 2006 betrug Chryslers jährlicher Verlust 1,2 Milliarden Dollar zuzüglich der Restrukturierungskosten von einer Milliarde Dollar.

Auch in Deutschland lief es nicht rund. Mercedes fiel im Qualitätsranking. Eine peinliche Rückrufaktion lädierte das Ansehen. Die Verluste, vor allem durch die Smart-Marke, beliefen sich auf insgesamt 3,6 Milliarden Dollar.

2005 musste Schrempp zurücktreten, Zetsche übernahm die Leitung des Konzerns. Die Aktie stieg um 8,7 Prozent. Doch der

Schaden war nicht mehr abzuwenden. Im Mai 2007 verkaufte Daimler 80 Prozent seiner Chrysler-Aktien an den Finanzinvestor Cerberus für einen Peis, der unterm Strich bedeutete, dass Daimler noch 650 Millionen Dollar draufzahlte. Und das für ein Aktienpaket, das 36 Milliarden Dollar gekostet hatte! Doch es kam noch schlimmer: Im November 2007 verkündete man, dass weitere 12.100 Angestellte im folgenden Jahr ihren Arbeitsplatz verlieren würden, zusätzlich zu den 13.000 Entlassungen, die für einen Zeitraum von drei Jahren geplant waren. So viel zu dem Geschäft, das vor nicht allzu langer Zeit als »die Fusion des Jahrhunderts« gefeiert wurde.

Wie war es möglich, dass weltweit so viele Experten vollkommen daneben gelegen hatten und dass all diese schlauen Menschen, die Topmanager und ihre Banker, mit ihren sieben- bis achtstelligen Jahreseinkommen, so katastrophale Entscheidungen trafen, dass der Ruf zweier weltberühmter Automarken nachhaltig beschädig wurde? Hatten Schrempp und seine Leute jemals etwas von Ungewissheit gehört? Wussten sie, dass bestenfalls zwei von drei Fusionen ihre wirtschaftlichen Ziele erreichen? Und sie sind ja keineswegs die Einzigen gewesen. Hunderte Journalisten, Investoren, Wirtschaftsprofessoren und andere Experten hatten diese desaströsen Entwicklungen nicht vorhergesehen. Wie sollen dann normale Sterbliche ihre Berufskarriere und ihr Leben richtig managen?

Kaufen Sie dieses Buch

An Leuten, die behaupten, sie wüssten wie's geht, herrscht sicherlich kein Mangel. Gurus sind überall. Ob Management, alternative Behandlungsmethoden, Bildung, Heiraten oder Kindererziehung, immer gibt es jemanden mit einer neuen Theorie, begleitet von einem aufwendig vermarkteten Buch und dem Versprechen, alle Probleme lösen zu können. Und wie die Anleger aus dem vorherigen Kapitel sind auch Manager, Patienten, Lehrkräfte, Ehefrauen und Eltern von Wünschen, Ängsten und Hoffnungen getrieben und ein dankbares Publikum für Prediger einfacher Lösungen. Doch welchen Gurus kann man trauen?

Als Professoren für Ökonomie haben wir am meisten Erfahrungen mit Management-Gurus. Deshalb werden wir uns in diesem und im folgenden Kapitel eingehend mit ihnen beschäftigen. Doch unsere Erkenntnisse lassen sich auch auf andere Bereiche übertragen. Zudem haben wir den Eindruck gewonnen, dass Management-Gurus besonders einflussreich sind. Viele arbeiten für führende Universitäten, große Medienkonzerne oder für Unternehmensberater und werden dementsprechend respektiert. Selbst wenn Sie persönlich keine Bücher oder Magazine über Wirtschaft kaufen, üben die aktuellsten Managementtheorien trotzdem einen großen Einfluss auf Ihr Leben aus; ihre Lehren beeinflussen die gesamte Arbeitswelt und prägen Produkte und Dienstleistungen, von denen wir alle abhängen.

Ihnen wird der pragmatische und kritische Charakter unserer Argumente nicht entgangen sein. Erwarten Sie nicht, dass wir mit Managementtheorien anders umgehen. Haben Sie noch etwas Geduld, die positiven Botschaften kommen. Wie alles im Leben ist auch der Geschäftserfolg stark vom Zufall abhängig. Das sollten wir nicht vergessen. Wer dies tut, wird Opfer der Kontrollillusion. Einer Illusion, die Jürgen Schrempp glauben ließ, dass mit der »Fusion des Jahrhunderts« nichts schiefgehen kann.

Auf- und Abstieg des Reengineering

Beginnen wir mit einer der radikalsten Managementtheorien überhaupt. 1993 war das Buch *Reengineering the Corporation: A Manifesto for Business Revolution* Stapelware an jedem Flughafenkiosk. Die Autoren Michael Hammer und James Champy behaupteten, die Zeit sei gekommen, Prinzipien, die die Geschäftswelt für mehr als 200 Jahre geprägt hatten, über Bord zu werfen und neue zu installieren. »Die einzige Alternative, die den amerikanischen Unternehmen ansonsten bleibt«, so warnten sie auf Seite eins, »wäre es, die Pforten zu schließen und den Geschäftsbetrieb einzustellen.« Kein besonders zurückhaltendes Statement. Die neue Theorie trug den Namen »Reengineering«. Auch der Klappentext lieferte schmissige Thesen:

Reengineering will Ihr Geschäft nicht durch schrittweise Verbesserungen erfolgreicher machen; hier 10 Prozent effektiver und dort 20 Prozent kostengünstiger. Das Ziel von Reengineering ist ein Quantensprung in der Performance: Eine 100-prozentige oder zehnfache Steigerung, die durch komplett neue Arbeitsprozesse und -strukturen ermöglicht wird.[1]

Reengineering wurde ein weltweiter Erfolg. Die international anerkannte Consultingfirma Bain & Company führte 2005 eine Umfrage zu den beliebtesten Mangagement-Tools durch. Reengineering, das von 61 Prozent der befragten Firmen angewendet wurde, kam dabei unter die Top Ten.

Heute ist das Reengineering fast völlig in Vergessenheit geraten. Konferenzen oder Seminare zu dem Thema gibt es nicht mehr. Soweit wir wissen, wurde das letzte Buch zum Reengineering 2003 veröffentlicht. Die Wirtschaftsjournalisten haben sich längst anderen Theorien zugewandt. Die einstmals populäre Webseite www.reengineering.com gibt es nicht mehr, ebenso wie die darauf spezialisierten Consultingfirmen, die die Heilslehre in die Welt trugen. Reengineering hat längst seine Anziehungskraft verloren und ist mittlerweile nicht mehr als eine Episode der Managementgeschichte.

Sie ist nicht die einzige Business-Theorie, deren Karriere so verlief. Erfahrene Manager erinnern sich bestimmt noch an Management by Objectives, T-Groups, Theory Z, Managerial Grid, Systems Approach, Experience Curves, PIMS, BCG Growth Matrix, Competitive Strategies, S-Curves, Product Life Cycles, Total Quality Management (TQM) und One-Minute-Management. In allen Fällen wich die Anfangseuphorie einem Gefühl von Überdruss und Enttäuschung, die Theorien versanken in der Bedeutungslosigkeit.

Vielleicht hatte jede dieser Theorien auch nichts Besseres verdient, als vergessen zu werden. Doch dieses Phänomen, dieses wiederkehrende Muster von Aufstieg und Niedergang, sollte sich jeder Manager genau merken, wenn er nach einer schnellen Lösung und Wunderheilung sucht. Unter Akademikern hört man zumindest ab und zu Stimmen, die den Gurus widersprechen. Zu diesen gehören die Professoren Eric Abrahamson und Gregory Fairchild von der Columbia Business School in New York. 1999 sprachen sie folgende Warnung aus:

> *Unsere Ergebnisse legen nahe, dass Managementmoden, die vorgeben, rational und fortschrittlich zu sein, tatsächlich irrational und somit rückschrittlich sind, vom Standpunkt tausender Organisationen, Millionen von Managern und Angestellten aus gesehen, die diese Techniken national und international einsetzen. Solche weit reichenden, stetigen Veränderungen, wenn sie technisch ineffizient sind, produzieren nachhaltigen Verschleiß, Burn-out und Zynismus bezüglich des Potenzials aller Arten von Weiterentwicklung im Management.*[2]

Doch so weit muss es nicht kommen. Viele neue Theorien sind nur alter Wein in neuen Schläuchen, neu verpackt mit schicken Namen und glänzenden Buchumschlägen. Die Reengineering-Theorie, so könnte man argumentieren, basiert im Prinzip auf Henry Fords Fließband. Man mache aus einem technischen Prozess eine Metapher, würze sie mit einer Prise Furcht und ein bisschen Marketing-Wissen und fertig ist der Bestseller! Die Kehrseite davon bekamen die Angestellten zu spüren, deren Jobs weg-»reengineert« wurden, oder die Anleger, die fette Beratergagen an die Reengineering-Experten zahlten.

Wiederauferstanden ist das Reengineering als »Prozessmanagement« (von seinen Anhängern BPM genannt). Diesmal läuft es besser, da die neue Theorie die Idee des »Prozesses« praktisch umsetzt und ein paar dysfunktionale Elemente entfernt hat. Der Begriff »Reengineering« dagegen lebt als nützlicher Begriff im Herstellungsprozess wie in der Softwarewelt weiter. Dieses glückliche Ende weist auf die zentrale Herausforderung für Manager hin: Wie erkennt und nutzt man die positiven Aspekte von Managementtheorien? Und wie vermeidet man es, Opfer einer Managementmode inklusive ihrer negativen Folgen zu werden?

Die Rattenfänger des Managements

Eine naheliegende Vorgehensweise ist es, erfolgreiche Unternehmen ausfindig zu machen und ihr Erfolgsrezept zu untersuchen. Das taten auch Tom Peters und Robert H. Waterman jr. in ihrem Buch *In Search of Excellence: Lessons from America's Best-Known*

Companies (1982).[3] Es wurde ein riesiger Erfolg und verkaufte sich millionenfach dank seiner schlichten, aber stimmigen Logik. Die Autoren hatten 32 herausragende US-amerikanische Unternehmen ausgewählt. Acht Faktoren hatten diese gemeinsam, die die Manager anderer Firmen jetzt übernehmen sollten.

Doch wie ist es für die untersuchten erfolgreichen Unternehmen seitdem gelaufen? Fünf von ihnen sind im letzten Vierteljahrhundert bankrott gegangen oder waren insolvent. Sechs fusionierten oder sind übernommen worden. Mehr als eins von dreien der herausragenden Unternehmen von 1982 existiert Ende 2007 nicht mehr. Und die verbleibenden 21?

Sehen wir uns die Entwicklung ihrer Aktien über die letzten zehn Jahre bis Ende 2007 an. 12 von ihnen lagen über dem S&P 500, ein Unternehmen war gleich auf (d. h. innerhalb einer Spanne von +/– 5 Prozent gegenüber dem S&P 500) und acht lagen darunter. Selbst wenn wir die sechs Firmen herausnehmen, die fusionierten oder übernommen wurden, waren 13 Firmen schlechter als der Durchschnitt und 12 besser. Das ist das Muster des Zufalls. Nur zwei der ursprünglich 32 Unternehmen schafften es in die Top Ten der zehn angesehensten Unternehmen der USA (eine Bestenliste der Zeitschrift *Fortune*, dazu später mehr). Hervorragende Leistungen im Jahr 1982 konnten anscheinend nicht bis ins Jahr 2008 fortgesetzt werden.

Als ob man der Enttäuschung zuvorkommen wollte, erschien 1994 das Buch: *Built to Last: Successful Habits of Visionary Companies*, ebenfalls ein Bestseller.[4] Die Autoren, Jim Collins und Jerry Porras, benutzten einen ähnlichen Ansatz, doch dehnten sie ihre Untersuchung auf einen Zeitraum von sechs Jahren aus. Sie versuchten nicht nur herauszufinden, was bestimmte Unternehmen erfolgreich gemacht hatte, sondern wollten zudem feststellen, wie ihnen dieses über einen längeren Zeitraum gelang. Die Hälfte der in ihrem Buch aufgeführten Unternehmen wurde auch in *In Search Of Excellence* besprochen, obwohl die extrahierten Erfolgsfaktoren in beiden Büchern recht unterschiedlich waren.

Die 18 Unternehmen, die *Built to Last* untersuchte, sind auch heute noch im Geschäft. Manche von ihnen hatten eine Pechsträhne, während Sony, Ford und Motorola mit ernsthaften finanziellen Problemen zu kämpfen hatten. (Das zeigte sich auch am fallenden Aktienkurs, der zwischen 1995 und 2008 um bis zu 84 Prozent nachgab). Die Aktienrendite bis Ende 2007 lag bei neun der 18 Unternehmen über dem S&P 500, bei acht darunter und bei einem gleich hoch (innerhalb +/– 5 Prozent). Okay, sie existieren noch. Doch im Gesamtbild sind die finanziellen Ergebnisse dieser Firmen nur noch durchschnittlich. Was hat die sechsjährige Analyse gebracht? Oder hätte man genauso gut 18 Unternehmen auswählen können, die zur Zeit der Entstehung des Buches gerade eine Glückssträhne hatten?

Auf der Suche nach haltbaren Exzellenztheorien

Warum also gelingt es Management-Gurus nicht, ihre Versprechen einzuhalten? Und warum folgen Manager trotzdem immer wieder ihren Theorien, obwohl diese kaum Erfolge vorzuweisen haben?

Die Antwort auf die zweite Frage ist offensichtlicher als die auf die erste. Es hat, wie bereits erwähnt, mit Gier zu tun, mit Angst und Hoffnungen. Man lässt sich leicht von einer Theorie verführen, die anstrengungslosen Erfolg verspricht. Und noch weitere psychologische Gründe spielen hier eine Rolle. Management-Gurus sind gewöhnlich schlechte Historiker, Manager haben oft ein großes Ego. Sie möchten glauben, ihre Situation sei so einzigartig, dass sie aus den Erfahrungen und Fehlern ihrer Vorgänger nichts lernen können. Manchmal führt diese Haltung auch zum Erfolg. Ein Innovator wie Henry Ford hat das gute Recht, Geschichte als Quatsch abzutun. Doch für die meisten von uns kann das zu schwerwiegenden Fehlern führen.

Nun zu den Gurus. Gehen wir einmal davon aus, dass sie gute Absichten haben und nicht die Schwächen der Manager ausnutzen wollen. Aber gute Absichten sind kein Ersatz für eine stringente Methodik. Um diesen Einwand genauer zu begründen, müssen wir erläutern, wie man aus einer Datenmenge stichhaltige wissenschaftliche Erkenntnisse zieht.

Stellen wir uns beispielshalber vor, Sie arbeiten an einer Universität in der Abteilung Ausstattung. Die Studentenzimmer müssen überholt und neue Betten gekauft werden. Ihr Auftrag ist es, die durchschnittliche Größe eines männlichen Studenten zu ermitteln.

Doch aus Zeit- und Geldgründen können Sie nur 50 der 6000 eingeschriebenen männlichen Studenten vermessen. Sie nehmen der Einfachheit halber die ersten 50 Studenten, die Ihnen über den Weg laufen. Doch schon nach den ersten Messungen erfahren Sie, dass alle, die in der Schlange warten, gerade von einem interuniversitären Basketballturnier kommen. Ihnen wird klar, dass die 50 Studenten zufällig ausgewählt werden müssen, denn nur so können Sie eine wissenschaftlich sinnvolle Antwort auf die Frage der Durchschnittsgröße der 6000 Studenten erhalten. Nur die zufällige Auswahl garantiert, dass die Stichprobe aus 50 Studenten repräsentativ für die größere Gruppe ist.

Wenden wir diese methodische Erkenntnis auf *In Search of Excellence* und *Built to Last* an, erscheint die vermeintlich stringente Logik gar nicht mehr so unerschütterlich. Die eher kleinen Stichproben von 32 bzw. 18 ausgewählten Unternehmen waren alles andere als zufällig. Ohne Zweifel zeichneten sich alle ausgesuchten Unternehmen durch eine erfolgreiche Geschäftspolitik aus. Doch wie können wir sicher sein, dass diese Geschäftsabläufe nicht auch bei weniger erfolgreichen, erfolgslosen und bankrotten Firmen zu finden sind? Anders ausgedrückt: »Erfolg« war in dieser Unternehmensauswahl überrepräsentiert und Mittelmaß und Versagen waren unterrepräsentiert. (Die Überrepräsentation der erfolgreichen Unternehmen zeigt sich daran, dass sechs der zehn erfolgreichsten US-Firmen, die *Fortune* 1983 ermittelte hatte,[5] in dem Buch *In Search of Excellence* und fünf aus *Fortunes* Top Ten des Jahres1993 in *Built to Last* vertreten sind.)

Tom Peters, Jim Collins und ihre Koautoren sind hier nicht allein. Die meisten Management-Gurus machen den gleichen Fehler. Trotzdem ist es verblüffend, wie viele intelligente Menschen in diese bekannte Falle laufen. Schon in den 30er Jahren des letzten Jahrhunderts hielt der österreichische Wissenschaftsphilosoph Karl Popper[6] diesen Fehler Sigmund Freud vor, dessen psychoanalytische Theorien breite Anerkennung gefunden hatten. Popper führte aus, ein richtiger Wissenschaftler stelle eine Behauptung auf, die er dann zu verifizieren versucht. Nur wenn die Hypothese nicht widerlegt werden kann, gilt sie als bewiesen. (Aus diesem Grund verwenden Wissenschaftler bei medizinischen Versuchen Kontrollgruppen.) »Pseudowissenschaftler«, wie Popper sie nannte, untersuchen nur Ereignisse, die ihre Ideen bestätigen. Solche Theorien sind also nichts weiter als ungeprüfte Behauptungen. Was nicht bedeutet, dass die Behauptungen per se falsch sein müssen. Doch lässt sich dies erst entscheiden, wenn sie verifiziert worden sind.

Ein weiteres Problem ist, auf welche Weise die Erkenntnisse aus den Erfolgsbeispielen auf die gesamte Bevölkerung übertragen werden. Nehmen wir an, die Gurus haben ein brillantes Management bei 18 US-Unternehmen in den 90er Jahren ausgemacht. Kann diese Art des Managements auch von anderen US-Firmen angewendet werden? Und auch in Indien oder in China im Jahr 2010? Oder in den USA im Jahr 2015? Nicht unbedingt. Wir wissen, dass viele wichtige Faktoren von Zeit, Standort, Geschichte und Geografie abhängig sind. Man kann auch nicht das Stichprobenergebnis der Durchschnittsgröße von 50 Studenten auf die ganze Bevölkerung übertragen. Und schon gar nicht für Körpergrößen in 15 Jahren.

Natürlich hat der Erfolg herausragender Unternehmen mit bestimmten Faktoren zu tun. Und es ist sinnvoll, diese Faktoren herauszufinden und zu nutzen. Doch es ist irrig, davon auszugehen, dass sie in verschiedenen Zeiten, Kulturen und Umgebungen die gleiche Wirkung haben. Immer wieder hat sich gezeigt, wie solche Extrapolationen in der Unternehmenswelt nicht funktioniert haben. Viele der berühmten japanischen Unternehmen der 80er Jahre, die uns die Gurus als Vorbilder verkaufen wollten, kämpften schon ein knappes Jahrzehnt später selbst mit ernsten Problemen. Sony, der japanische Superstar, (einer der visionären Konzerne in *Built to Last*) war bis zum Ende des 20. Jahrhunderts erfolgreich. Doch schon zu Beginn des neuen Jahrtausends fielen die Aktienkurse um 84 Prozent. Der Aufsichtsrat benannte als Ultima Ratio einen Ausländer zum Geschäftsführer, der die dringend nötige Wende einleiten sollte. Erfolgsrezepte der Vergangenheit sind weder ein Garant für zukünftige Erfolge noch für neue Märkte oder neue Technologien. Das ist eine empirische Tatsache. Selbst Wal-Mart, das Paradebeispiel des amerikanischen Einzelhandels, musste sich gescheitert aus Deutschland zurückziehen. Und was hätten die einst so unerschütterlichen Schreibmaschinenhersteller gegen den unaufhaltsamen Vormarsch der digitalen Textverarbeitungssysteme tun sollen?

Keinem Unternehmen ist es gelungen, über einen längeren Zeitraum *herausragend* und *visionär* zu bleiben. Die sich ständig ändernde Geschäftsumgebung verlangt fortwährend Anpassungen, manchmal sogar radikale Veränderungen, die mit Rezepten aus der Vergangenheit nicht zu erreichen sind. Hatte Henry Ford also Recht? Nur in einem Punkt: Zu einfache historische (oder geografische) Erklärungsmodelle helfen nicht weiter. Vielleicht sollten sich Management-Gurus und ihre Adepten mit mehr als nur mit der Geschäftswelt beschäftigen. Mit Hilfe historischer, geografischer, wissenschaftlicher und statistischer Methoden würden ihnen vielleicht fundiertere Untersuchungen gelingen. Diese müssten folgende Kriterien erfüllen:

- **Stichproben müssen Erfolg und Misserfolg messen.** Eine gewisse Anzahl von zufällig ausgewählten Unternehmen, ähnlich denen, die wegen ihrer guten Ergebnisse ausgewählt wurden, sollte über einen längeren Zeitraum relativ schlechte Ergebnisse vorweisen. (Um fair zu sein, muss erwähnt werden, dass *Built to Last* dies im gewissen Rahmen versucht hat.)
- **Weitreichende, repräsentative Stichproben über einen langen Zeitraum.** Die Anzahl der untersuchten Firmen muss groß genug sein. Ebenso der Untersuchungszeitraum. Nur so kann bewiesen werden, dass die Unternehmenserfolge mit bestimmten Faktoren zusammenhängen und nicht durch Glück zustande gekommen sind.
- **Ein seriöser Versuch, die eigene Theorie zu widerlegen.** Die Wissenschaftler sollten sorgfältig nach Firmen suchen, die diesen »Best Practices« entsprechen und dennoch keinen Erfolg hatten.
- **Ein umfassender Realitätsabgleich.** Die Wissenschaftler müssen genau überprüfen, ob die gefundenen Erfolgsfaktoren auch in einer anderen Umgebung ähnliche Ergebnisse erzielen. Entsprechend der Ergebnisse müssen die Theorien angepasst oder verändert werden.

Tatsächlich sind diese Bedingungen kaum zu erfüllen. Dennoch sollten Wissenschaftler, die Managementpraktiken untersuchen, dies anstreben. Oder vielleicht besser doch nicht? Sollte tatsächlich einmal jemand das Rezept des Geschäftserfolges herausfinden, würde es sofort jeder anwenden. Dann wäre die Geschäftswelt doch deprimierend durchschnittlich!

Die Zukunft: Eine historische Annäherung

Wir sind der Überzeugung, dass es wichtig ist, so viel wie möglich aus der Vergangenheit zu lernen. Doch sollte man nicht zu viel davon auf die Zukunft übertragen. Wollen wir herausfinden, wieso Unternehmen über längere Zeit erfolgreich sind, ist es sinnvoll, sich die Firmenergebnisse zu verschiedenen Zeitpunkten ihrer Geschichte anzusehen. Konstanter Erfolg muss mit Geschäftspraktiken zu tun haben, die über einen längeren Zeitraum funktionieren. Unbeständigkeit dagegen lässt auf das Gegenteil schließen. Hilfreich für uns ist, dass die Zeitschrift *Fortune* seit 1983 jährlich eine Liste der namhaftesten Firmen veröffentlicht. Das Ranking basiert auf einer Befragung von Managern und Beratern, deren Aussagen von der angesehenen Unternehmensberatungsfirma Hay Group gesammelt und ausgewertet werden. Nach festgelegten Kriterien erhält jedes Unternehmen Punkte, aus denen dann das Gesamtergebnis ermittelt wird. Wie viele der Stars der 80er Jahre findet man auf der aktuellen *Fortune*-Bestenliste wieder? Sehr wenige, und in manchen Geschäftsfeldern sogar keinen einzigen. Ehemals große Namen wie AT&T, General Motors, Ford, Sears Roebuck, Eastman Kodak und Xerox haben über die Zeit schwere Rückschläge erlitten.

Vergangenes zu erklären und Zukünftiges vorherzusagen sind zwei fundamental verschiedene Dinge. Es ist *Fortune* hoch anzurechnen, dass die Zeitschrift keine guruartigen Rezepte für künftige Erfolge anbietet. Sie betreibt keinen großen Rechercheaufwand, sondern fragt ihre Informanten nach herausragenden Leistungen in Unternehmen, die sie gut kennen. Stellt man das subjektive Kriterium der »Bewunderung« den objektiven Faktoren wie der Entwicklung der Aktienkurse gegenüber, findet man eine deutliche Korrelation. Die zehn anerkanntesten Unternehmen 2005 generieren durchschnittliche Renditen von 23,1 Prozent zwischen 2003 und 2004 (bei einem S&P 500 von 10,88 Prozent). Geht man etwas weiter zurück, sieht es nicht anders aus. Zwischen 1999 und 2004 generierten die Top Ten eine durchschnittliche Rendite von 6,1 Prozent, während der S&P 500 bei – 2,3 Prozent lag.

Auch hier sind keine hellseherischen Fähigkeiten am Werk, nur solides Wissen über Vergangenheit und Gegenwart. Andererseits würde man erwarten, dass die geschätzten Unternehmen auch in naher Zukunft gute Ergebnisse erzielen. Selbst wenn sie nicht mehr die »Best Practices« vorweisen können, sollte noch genug Schwung durch kompetitive Vorteile vorhanden sein. Und tatsächlich trifft das für die Top Ten von 2005 zu. Neun von ihnen tauchten auch in *Fortunes* Top Ten der angesehensten Konzerne von 2006 auf. Und selbst Wal-Mart, das nicht mehr unter die ersten Zehn kam, rutschte nun vom vierten auf den zwölften Platz ab. Gleiches geschah in 2007 und 2008. Aus den Top Ten von 2006 waren 2008 immer noch acht Unternehmen vertreten (Dell und Microsoft waren rausgeflogen), Microsoft lag jetzt auf Platz 16.

Doch keiner konnte wissen, dass Dell, die angesehenste Firma von 2005 und Achte von 2006, in 2007 und 2008 aus allen Bestenlisten verschwinden würde (nicht mal für eine Top-Twenty-Platzierung reichte es). 2006 gab es ernste betriebliche und strategische Probleme. Mitte des Jahres fiel der Aktienwert unter 20 Dollar (von 42 Dollar Ende 2004). Und als wären die Probleme im Kundenservice und die umfangreiche Rückrufaktion von Notebook-Akkus nicht schlimm genug, kam es auch noch zu einer bundesstaatlichen Untersuchung der finanziellen und buchhalterischen Praktiken. Zur Zeit der Entstehung dieses Buches Mitte 2008 lässt sich nicht vorhersehen, ob Dell sich erholen und die Anerkennung der *Fortunes*-Befragten zurückerlangen konnte. Doch während Sie dieses Buch lesen, wird man mehr darüber wissen, ob die Börse die Dell-Aktie zu Recht in zwei Jahren um 50 Prozent abrutschen ließ. Was wir damit sagen wollen ist, dass Ihr aktueller Wissensstand und unsere Unfähigkeit zur Vorhersage zwei verschiedene Paar Schuhe sind.

Während wir an dem Buch schreiben, haben die Teilnehmer der *Fortune*-Umfrage gerade Google und seine Dominanz im Internet entdeckt. Das Unternehmen landete zum ersten Mal im Jahr 2007 auf Platz 8 der namhaftesten Unternehmen der USA, in 2008 stieg es auf Platz 4. Das erinnert an den kometenhaften Aufstieg von

Dell zwischen 1995 und 2000, als die Aktien von weniger als einem Dollar auf 50 Dollar zulegten. Googles Kommentar auf der eigenen Webseite: »Wir sind glücklich.« Machen ihre Strategen alles richtig? Oder war das Unternehmen nur zur richtigen Zeit am richtigen Ort? Das wird allein die Zukunft zeigen, aber kein Guru.

Qualität, nicht Quantität?

Chan Kims und Renée Mauborgnes Buch *Blue Ocean Strategy: How to Create Uncontested Market Space and Make the Competition Irrelevant* lieferte unter dem Schlagwort »innovative Strategien«[7] eine weitere Anleitung zum Erfolg. Auch wenn *Blue Ocean Strategy* ebenso viele Fragen aufwirft wie *In Search of Excellence* und *Built to Last*, bringt es uns doch einige wichtige Erkenntnisse. Die Autoren identifizieren »exzellente« und »visionäre« Unternehmen, deren Geschäftserfolge durch innovative Strategien zustande gekommen sind. Es wäre zwecklos, gegen diese historische Logik zu argumentieren.

Doch auch beim Thema Innovation warnen wir davor, aus vergangenen Erfolgen Rezepte für die Zukunft abzuleiten. Es ist dieser deterministische Zusammenhang zwischen Erkenntnissen aus Vergangenem und daraus abgeleiteten Handlungsanweisungen, mit dem wir nicht einverstanden sind. Es ist eine Kontrollillusion, wenn man glaubt, dass Faktoren, die eine Firmenpolitik zu einer anderen Zeit, an einem anderen Ort und in einer anderen Situation ausgezeichnet haben, immer und überall herausragende Ergebnisse garantieren.

Dazu kommt noch, dass Unternehmen oft Innovationen vor der eigenen Nase übersehen. Man nehme das Beispiel Xerox. In den 70er Jahren dominierte die Firma den Markt für Büro-Kopiergeräte. Aufmerksam beobachtete man den Aufstieg der Computer und die mögliche Gefahr für den Fotokopierer-Markt. Die Xerox-Chefs im kalifornischen Palo Alto gaben eine Studie in Auftrag, die die Möglichkeit eines »papierlosen Büros« untersuchen sollte. Die beauftragten Wissenschaftler waren äußerst innovativ und entwickelten eine Art PC mit einem einfachen Interface, einer Maus, Netzwerkmöglichkeiten und sogar einer Art E-Mail. Doch die

Seniormanager an der Ostküste verstanden nicht, welche Innovationen man an der Westküste entwickelt hatte. Nur ein junger Mann außerhalb der Firma erkannte das Potenzial der Xerox-Erfindungen. Sein Name war Steve Jobs.

Wenn Xerox die eigenen Ideen umgesetzt hätte, so behauptet zumindest Steve Jobs, hätte die Firma in den 90er Jahren die Computerbranche dominiert. Jobs' Firma Apple war in den ersten Jahren nicht sonderlich erfolgreich. Ob es Xerox besser ergangen wäre? Ein hohes Niveau an Kreativität und Innovationskraft ist prinzipiell selten. Besäße jeder das Talent eines Van Gogh, Picasso oder Monet, würde das Kreativitätsniveau auf ein neues Niveau steigen, welches nur wenige außergewöhnliche Künstler erreichen könnten. Ein Kunstinvestor muss die größten zeitgenössischen Maler ausfindig machen, deren Bilder die Zeit überdauern. Als Seniormanager sollte man vorhersehen können, welche innovativen Strategien die Zukunft bestimmen werden, und hoffen, dass man sie als Einziger besitzt.

Im Gegensatz zu dem Bild, das die Managementbestseller zeichnen, ist die Geschäftswelt äußerst komplex. Sie wird von vielen Zufällen beeinflusst und von neuen Technologien angetrieben, die man nicht vorhersagen kann. Was kann die *Encyclopedia Britannica* tun, um gegen Wikipedia zu bestehen? Wie hätten IBM und DEC auf die massenhafte Nachfrage nach PCs reagieren sollen? Was hätte Compaq gegen Dells neues Geschäftsmodell des Direktverkaufs tun können, bot die Konkurrenz doch niedrige Preise bei gleicher oder besserer Qualität? Für diese Herausforderungen gab es keine Vorläufer. Man mag in der Geschichte Anregungen finden, mit Sicherheit aber keine Patentlösungen.

Manchmal ist der einzige Weg, komplett mit der Vergangenheit zu brechen. Ein Wechsel im Management kann hilfreich sein. IBM galt lange als die bestgeleitete Firma der USA. Doch zwischen 1991 und 1993 verlor der Konzern 12 Milliarden Dollar und entging nur knapp dem Bankrott. Erst durch die Verpflichtung eines Außenstehenden, der mit den ehemals erfolgreichen Geschäftspraktiken brach, wurde das Unternehmen wieder profitabel. Das Buch *Blue Ocean Strategy* zeigt sehr anschaulich, dass die Konkurrenz nicht schläft. Sie kopiert nicht nur erfolgreiche Produkte, sondern auch erfolgreiche Geschäftsmodelle. Deshalb müssen »visionäre« Unternehmen immer neue Visionen und innovative Strategien entwickeln.

Wenn es Lehren aus der Geschichte gibt, sind es diese: Geschichte wiederholt sich nie auf dieselbe Art. Und: Erfolgreiche Innovationen können nicht vorhergesagt werden.

Ist Erfolg vergänglich?

Immer wieder lässt sich beobachten, dass Firmen, die in der Vergangenheit Herausragendes geleistet haben, in der Gegenwart hinter den Erwartungen weit zurück bleiben. Elf Jahre hintereinander, zwischen 1986 und 1996, war Rubbermaid in der *Fortune*-Liste der angesehensten amerikanischen Unternehmen vertreten, 1994 und 1995 sogar auf Platz eins. Das hielt den weniger bekannten Konkurrenten Newell, der wie Rubbermaid Haushaltsgegenstände aus Plastik produzierte, nicht davon ab, den Konkurrenten ein paar Jahre später aufzukaufen. Ähnliches geschah mit General Motors, Musterknabe in Bezug auf Management und Marktführerschaft. Doch Ende des 20. Jahrhunderts war GM fast bankrott und büßte seine Position als größter Autobauer an Toyota ein. Eine Firma, die vor drei Jahrzehnten noch niemand kannte.

Aber wie wir ja selbst behaupten, ein paar historische Beispiele beweisen gar nichts, und noch weniger taugen sie zur Prognose zukünftiger Entwicklungen. Sehen wir uns das Auf und Ab im *Fortune*-Ranking der namhaftesten amerikanischen Firmen zwischen 1983 bis 2008 einmal etwas genauer an. In diesem Zeitraum haben die sachkundigen Analysten des Magazins über 1000 Unternehmen unter die Lupe genommen. Nur 49 Firmen schafften es in der 26-jährigen Geschichte der Bestenliste in die Top Ten. 95 Prozent potenzielle Unternehmen waren kein einziges Mal in die Liste vertreten, nur eine Elite von 17 Firmen gelang es mindestens fünf Mal.

Die Besten der Besten

Wie Tabelle 10 zeigt, sind die dominierenden Unternehmen in diesem Zeitraum Johnson and Johnson (J&J), Merck und Proctor & Gamble (P&G). Diese drei Großkonzerne sind in den 26 Jahren zwischen 1983 und 2008 beeindruckende 15 Mal vertreten. Interessant auch, dass alle drei Unternehmen in *Built to Last* und *In Search of Excellence* als Beispiele dienen.

J&J und P&G sind bis ins Jahr 2008 in der Bestenliste vertreten, Merck jedoch seit 1999 nicht mehr. Die Gewinne des Pharmakonzerns sanken in den späten 90er Jahren deutlich, auch die Aktie verlor bis 2005 rund 73 Prozent an Wert. Alles begann damit, dass Merck die Markteinführung einiger gewinnversprechender Präparate wieder zurückzog. Andere Medikamente mussten sicherheitshalber vom Markt genommen werden, dazu kamen Prozesse wegen Patentrechtsverletzungen sowie Untersuchungen zu einer mutmaßlichen Unterdrückung von Beweismitteln über die Wirksamkeit und Sicherheit von Medikamenten. Die Suche nach den Schuldigen verschärfte die Managementprobleme noch zusätzlich. Der einst so gepriesene Merck-Konzern verlor seinen Glanz und wurde zu einem Pharmakonzern unter vielen. Sein rasanter Abstieg verdeutlicht wieder einmal, dass Erfolge der Vergangenheit keine Wechsel auf die Zukunft sind.

Tabelle 10 zeigt, dass fünf Firmen (Rubbermaid, Berkshire Hathaway, Southwest Airlines, Intel und FedEx) zwischen ihrem ersten und letzten Erscheinen in der Bestenliste kontinuierlich vertreten waren. Andere (wie GE, Wal-Mart und Coca-Cola) zeigen ein ähnliches Muster, doch fallen sie zeitweilig heraus, um dann wieder aufzutauchen. Die übrigen Unternehmen haben ebenfalls eine Tendenz zur Clusterbildung in bestimmten Jahren, von einigen Ausnahmen abgesehen. Eine mögliche Schlussfolgerung: Verblasst die Bewunderung, ist es schwer, sie wieder zu erlangen.

Seltsamerweise zeigt Tabelle 10 auch eine Veränderung zwischen altem und neuem Jahrhundert. Merck, Coca-Cola, Rubbermaid und Hewlett-Packard werden regelmäßig gelistet, bis sie im Jahr 2000 herausfallen und nicht wieder auftauchen. Dagegen erscheinen Berkshire Hathaway, Dell, GE, Microsoft, Southwest, Wal-Mart, Johnson & Johnson und Procter & Gamble nach Jahren der Abwesenheit um das Jahr 2000 erneut auf der Bildfläche. Könnte es also sein, dass die anerkanntesten Unternehmen am Ende des letzten Jahrhunderts sich schlicht und einfach nur dem Durchschnitt angenähert haben? Selbst der mächtige Microsoft-Konzern durchlief eine Phase der Mittelmäßigkeit. Nach 13 Jahren in den Top Ten verschwand er 2007 aus der Bestenliste. Die ehemaligen

Tabelle 10 *Fortune*-Liste der angesehensten Firmen, 1983–2008

Platz	Unternehmen	erstes Jahr auf der Liste	letztes Jahr auf der Liste	Anzahl der Nennungen auf der Liste	Anzahl der Jahre zwischen erster und letzter Nichtnennung auf der Liste
1	Johnson & Johnson	1983	2008	15	11
1	Merck	1983	1999	15	2
1	Procter & Gamble	1986	2008	15	8
4	General Electric	1983	2008	14	12
5	Coca-Cola	1984	1999	13	3
5	Microsoft	1994	2006	13	0
5	Wal-Mart Stores	1988	2005	13	5
8	Berkshire Hathaway	1997	2008	12	0
9	Rubbermaid	1986	1996	11	0
10	3M	1985	1995	10	1
10	Southwest Airlines	1998	2007	10	0
12	Intel	1995	2002	8	0
13	Boeing	1984	1993	7	3
13	Dell	1999	2006	7	1
13	FedEx	2002	2008	7	0
16	Hewlett-Packard	1983	1998	6	10
17	IBM	1983	2004	6	16

McKinsey-Berater Richard Foster und Sarah Kaplan[8] haben eine Studie über ehemalige Star-Unternehmen anfertigen lassen. Sie gewannen den Eindruck, dass es schwer ist, über ein ganzes Jahrzehnt eine herausragende Performance zu erbringen: »Sobald ein

Unternehmen in der populären Managementliteratur als exzellent oder superkonstant gelobt wurde, begann es auch schon wieder abzugleiten.« Sollte dies zutreffen, sind die Tage von Microsoft gezählt.

Oder könnte es vielleicht sogar sein, dass Microsoft nur zur richtigen Zeit am richtigen Ort war? Der richtige Ort wäre in diesem Fall die IT-Branche, die richtige Zeit Mitte der 90er bis Mitte der 2000er Jahre, die Blütezeit der Computertechnologie. Das würde zum Aufstieg von Dell und Microsoft passen, ebenso wie zu dem der früheren Marktführer Hewlett-Packard und IBM. Im Fall von Berkshire Hathaway, GE, Southwest oder Wal-Mart wäre dann eine andere Art Glück am Werk, nämlich einen neuen Markt entdeckt oder ein Team aus talentierten Managern zusammengestellt zu haben.

Nur aus Neugier haben wir unsere Auflistung der »angesehensten der angesehensten Unternehmen« mit den Unternehmen verglichen, die in *Built to Last* und *In Search of Excellence* behandelt werden. Wir erinnern uns, dass diese Bücher auf langfristig angelegten, systematischen Untersuchungen basieren, während die *Fortune*-Bestenliste durch subjektive Expertenmeinungen entsteht. Trotz der sehr unterschiedlichen Methoden zeigt sich, dass acht Unternehmen (3M, Boeing, Hewlett-Packard, IBM, Johnson & Johnson, Merck, Procter & Gamble und Wal-Mart) in den Büchern wie auch dem *Fortune*-Ranking erscheinen. Dazu gehören die drei führenden Firmen (J&J, Merck und P&G). Ist das nur Zufall oder dem Effekt des »over-sampling« geschuldet, vor dem wir bereits gewarnt haben?

Zwischen den Unternehmen der *Fortune*-Liste und denen, die in *Built to Last* behandelt werden, ist die Schnittmenge sehr groß. Dagegen weist *In Search of Excellence* weniger Überschneidungen mit der *Fortune*-Liste auf, da dieses Buch vor dem ersten Ranking der Zeitschrift erschienen ist und einen noch weiter zurückliegenden Zeitraum erfasst. Nichtsdestotrotz sind 9 der 23 Unternehmen, die *In Search of Excellence* behandelt werden, in der *Fortune*-Liste vertreten.

Die Einschätzungen der *Fortune*-Befragten sind etwas treffsicherer als die akribische Suche der Wissenschaftler nach Unternehmen, die über einen längeren Zeitraum Erfolg hatten. Nur bei einer

Firma aus den Top 17, Rubbermaid, ging es bergab, während drei der 18 Besten aus *Built to Last* und mindestens 11 der 32 aus *In Search for Excellence* in Schwierigkeiten gerieten oder mittlerweile ganz verschwunden sind.

Vielleicht liegt es daran, dass die *Fortune*-Befragung ein simples Erfolgsrezept ermitteln will. Die Befragten verwenden bei der Auswahl der Unternehmen eine Anzahl verschiedener Auswahlkriterien und das eigene subjektive Gefühl. Für die Bestenliste von 2008 haben die befragten Geschäftsführer, Direktoren und Wertpapieranalysten acht Kriterien zur Einstufung der Unternehmen angelegt (Managementqualität, Produkt- und Servicequalität, Innovation, langfristiger Anlagewert, finanzielle Solidität, Personalmanagement, soziale Verantwortung und Einsatz des Unternehmenskapitals). Das Gesamtergebnis wird nicht durch Einzelaspekte wie dem Aktienkurs verzerrt. So lagen zum Beispiel die Aktien von Microsoft, Wal-Mart, GE und Dell unter dem S&P 500, dennoch behielten die Firmen ihren Status als »angesehene« Firma. Yahoo und eBay dagegen erscheinen nicht in den Top Ten, trotz ihrer starken Aktienkurse und der Annerkennung für innovative Leistungen.

Das populäre Wirtschaftsmagazin kommt zu besseren Ergebnissen als die Akademiker, weil in ihre Bestenliste wesentlich mehr Ansichten einfließen. Falsche Einschätzungen fallen durch. Bei der Ermittlung eines Durchschnittswertes wird ein »Muster« aus einem »lärmenden« Hintergrund gelöst. Gurus neigen dazu, allein, zu zweit oder in kleinen Gruppen zu arbeiten. Ihre eher individuellen Vorhersagen, verstärkt durch den Zwang, Erfolgsfaktoren herauszufiltern, sind den Ungewissheiten der Zukunft ausgeliefert. Im Kapitel 9 beschäftigen wir uns mit der Durchschnittsbestimmung und kommen dabei auf die Frage zurück, wie man ein Muster erkennt. Wir erläutern, wann und warum man der »Weisheit der Menge« vertrauen kann, um unsichere Kategorien wie Absatz und Anerkennung abzuschätzen. Vorerst halten wir erst einmal fest, dass in der Art, wie *Fortune* eine große Anzahl verschiedener und unabhängiger Meinungen zu einem Gesamtbild zusammenfügt, so etwas wie Weisheit steckt.

Mittelmäßigkeit und Scheitern

Unternehmen sind wie Lebewesen. Sie kommen auf die Welt, zahnen, werden erwachsen und siechen irgendwann dahin. Falls sie nicht bankrott gehen, können sie sich durch eine Fusion oder eine Betriebsübernahme fortpflanzen. Arie De Geus, ein pensionierter Shell-Geschäftsführer,[9] hat in einer Studie nachgewiesen, dass die Lebenserwartung von Firmen in Europa und Japan unter 13 Jahren liegt. In den späten 70er und frühen 80er Jahren waren es noch 20 Jahre. Selbst wenn Unternehmen zu multinationalen Konzernen heranwachsen, werden sie nur 40 bis 50 Jahre alt. Foster und Kaplan schätzen, dass im Jahr 2020 die durchschnittliche Präsenz einer Firma im S&P 500 nur noch 10 Jahre betragen wird. Anfang der 20er Jahren, als der Index zum ersten Mal erstellt wurde, waren es noch 65 Jahre.

Aber auch hier gibt es Ausnahmen. Manche Unternehmen, die über 150 Jahre alt werden, ähneln Riesenschildkröten. Doch sie bewegen sich auch wie Riesenschildkröten. Alles deutet darauf hin, dass die finanziellen Erfolge langlebiger Unternehmen unter dem Marktdurchschnitt liegen. Wie Foster und Kaplan es ausdrücken: »Eine Firma, die konstant Gewinne über dem Marktdurchschnitt erzielt, hat es nie gegeben. Das ist ein Mythos.«[10] Zu überleben ist mitnichten gleichbedeutend mit guten Geschäftsbilanzen über die gesamte Lebensspanne.

Der flüchtige Charakter des Erfolges und die natürliche Tendenz zur Mittelmäßigkeit, wenn nicht gar zum Scheitern, zeichnet alle von Menschen ersonnenen Systeme aus, egal ob es sich um Staaten, Industrien, ökonomische Strukturen oder Supermächte handelt. Seit Beginn der menschlichen Zivilisation sind Großreiche entstanden und wieder verschwunden. Persien, Griechenland und Rom beherrschten wechselweise die Welt der Antike. Seitdem hat es viele neue Großreiche gegeben. Heute wird die Welt von einer einzigen Supermacht dominiert. Aber auch hier ist die kommende Veränderung schon sichtbar. Viele sagen, das 21. Jahrhundert wird den Chinesen gehören.

Seit der industriellen Revolution haben einzelne ökonomische Bereiche die Vorherrschaft errungen, um dann wieder an Bedeutung zu verlieren, während andere in den Vordergrund traten und mächtige Profite abwarfen. Flusswege und Eisenbahnen dominierten das 18. und das 19. Jahrhundert, wurden von Öl und Stahl abgelöst, gefolgt von der Autoindustrie im 20. Jahrhundert. In den letzten 100 Jahren spielten elektrische Geräte, Telekommunikation, Banking, Pharmaindustrie, Unterhaltungselektronik und Finanzdienstleistungen eine große Rolle. Jetzt, am Anfang des 21. Jahrhunderts, werden sie alle von den neuen Stars der Informationsindustrie auf die hinteren Plätze verwiesen (von einem kleinen Aufflackern am Ende des Millenniums abgesehen). Im Moment sind Suchmaschinen und soziale Netzwerke die heißesten Themen. Aber wer weiß schon, wie es morgen aussieht?

Am Ende des Regenbogens

Die Geheimnisse erfolgreicher Unternehmen herauszufinden ist der heilige Gral der Management-Gurus wie auch der Berater und ihrer Kunden. Es ähnelt der Suche nach dem Gold am Ende des Regenbogens. Wir werden nie dort hingelangen.

Aber Leute wie Jim Collins hält nichts davon ab, es immer wieder zu versuchen. Er ist einer der Autoren des Buches *Built to Last*, das unter anderem geschrieben wurde, um die methodischen Fehler von *In Search of Execellence* zu korrigieren. Doch auch *Built to Last* ist nicht ohne Fehler. Einer von Collins Kollegen aus der berühmten Unternehmensberatung McKinsey soll einmal zu ihm gesagt haben: »Weißt du, Jim, wir mögen dein Buch sehr in unserer Firma. Du und deine Mitautoren, ihr habt sehr gut recherchiert und ein gutes Buch geschrieben. Leider ist es völlig nutzlos.«

Collins jedenfalls ließ sich nicht abhalten und startete ein weiteres groß angelegtes Rechercheprojekt. Fünf Jahre später, im Jahr 2001, kam sein nächster Bestseller auf den Markt: *Good to Great: Why Some Companies Make the Leap ... and Others Don't.*[11] Collins' Behauptungen sind alles andere als bescheiden. Er behauptet, er hätte »die zeitlosen Gesetze des Erfolges« entdeckt und könne uns zeigen, »wie man ein gutes Unternehmen verändert, damit es stetig herausragende Ergebnisse erzielt«. Man muss nicht einmal besonders gut sein. »Fast jedes Unternehmen,« führt er aus, »kann seine Strukturen und seine Leistungen substanziell verbessern, selbst auf herausragendes Niveau, wenn es sich konsequent nach den Prinzipien verhält, die wir entdeckt haben.«

Wie aber ist es den Unternehmen ergangen, die Collins' Einschätzung nach den Sprung von gut zu herausragend gemacht haben? Tatsächlich taucht keines von ihnen im Jahr 2001, dem Erscheinungsjahr des Buches, in der *Fortune*-Bestenliste auf. Eine der Firmen, Gillette, existiert nicht mehr und ist nur noch als Marke von Procter & Gamble auf dem Markt. Von den verbleibenden zehn lagen sieben in den letzten fünf Jahren unter dem S&P 500 (bis Ende 2007), eines lag auf gleichem Niveau (+/– 5 Prozent). Die »Prinzipien« erscheinen bereits jetzt wenig »zeitlos«. Um fair zu bleiben, müssen wir die Möglichkeit in Betracht ziehen, dass sich alle diese Unternehmen von Collins' Prinzipien verabschiedet haben. Wenn dem so ist, sollte der Titel des nächsten Buches vielleicht »Von Schlecht zu Mies« heißen.

Unterdessen hat auch der McKinsey-Partner Bruce Robertson zusammen mit zwei weiteren Wissenschaftlern nach dem Ende des Regenbogens gesucht. Das »Evergreen-Projekt« ist eine fünfjährige Studie zu über 200 etablierten Managementpraktiken, die von über 160 Unternehmen in einem Zeitraum von zehn Jahren (1986–1996) angewendet wurden. Veröffentlicht wurden die Ergebnisse der Studie 2003 in dem Buch *What Really Works: The 4+2 Formula for Sustained Business Success.*[12] Darin kommen die Autoren zu dem Schluss, dass Unternehmen mit einer langfristig erfolgreichen Geschäftsbilanz in vier fundamentalen Bereichen besonders gut sind, plus in zwei weiteren von vier anderen Bereichen. Und dieses sind die vier unerlässlichen Geschäftspraktiken:

- Entwicklung und Erhaltung einer klar definierten, zielgerichteten **Strategie**.
- Entwicklung und Erhaltung einer einwandfreien operativen **Umsetzung**.
- Entwicklung und Erhaltung einer leistungsorientierten **Unternehmenskultur**.
- Aufbau und Erhalt einer schnellen, flexiblen und schlanken **Struktur**.

Und hier die vier Praktiken, aus denen zumindest zwei gut beherrscht werden sollten:

- **Talente** binden und weitere einstellen.
- Entwicklung einer **Führungsphilosophie**, die sich durch Engagement für das Geschäft und seine Angestellten auszeichnet.
- Veränderung der Branche durch **Innovationen**.
- Wachstum durch **Fusionen** und **Allianzen**.

Gegen all diese Punkte kann man schwerlich etwas einwenden. Bloß die Autoren sagen nicht, *wie* man eine klar definierte, zielgerichtete Strategie entwickelt und erhält, *wie* eine einwandfreie operative Umsetzung gelingt, *wie* man eine leistungsorientierte Unternehmenskultur entwickelt und erhält, *wie* man zu Innovationen kommt, die die eigene Branche verändern usw. Gerade das ist ja das Schwierige daran.

Nächstes Jahr, nächster Guru

Ein 2006 erschienener Managementratgeber mit einem ähnlichen Forschungsansatz ist Alfred Marcus' *Big Winners and Big Losers: The 4 Secrets of Long-Term Business Success and Failure.*[13] Folgendes Erfolgsrezept wird angeboten: Starten Sie von einer Ausgangsposition, die in Ihrer Branche vorteilhaft ist (»sweet spot«) und sorgen Sie für ein anpassungsfähiges, diszipliniertes und zielgerichtetes Management. Ein Rezept für ein sicheres Scheitern wäre demnach: Starten Sie von einer Ausgangsposition, die in Ihrer Branche unvorteilhaft ist (»sour spot«) und sorgen Sie für ein unflexibles, unbeholfenes und desorientiertes Management. Wer will dem widersprechen? Doch *wie* setzt man diese Ratschläge in einer spezifischen Situation wirklich um?

Zumindest das Rezept, wie man ein Business-Guru wird, ist mittlerweile relativ klar. Untersuchen Sie über längere Zeit erfolgreiche Unternehmen (und am besten noch ein paar gescheiterte dazu). Kritisieren Sie ein paar ältere Untersuchungen. Lüften Sie ein paar »Geheimnisse«, die allen Unternehmen gemeinsam sind. Schließen

Sie die Lücken, indem Sie die großen Leistungen einiger Unternehmen aufführen, die Ihre Argumente besonders deutlich stützen. Das ist nicht besonders schwierig, nur etwas zeitaufwendig.

Die in *What Really Works* und *Big Winners and Big Losers* ausgewählten Unternehmen haben über längere Zeit keinen Erfolg gehabt. Campell Soup, im ersten Buch noch Beispiel für ein erfolgreiches Unternehmen, ist im zweiten bereits ein Beispiel für ein gescheitertes. Dabei liegen nur drei Jahre zwischen der Veröffentlichung beider Bücher. Hinzu kommt, dass die Aktienkurse der als beispielhaft dargestellten Unternehmen die Erwartungen bereits unterschreiten. Aber egal. Nächstes Jahr präsentiert der nächste Guru eine neue Sammlung erfolgreicher Firmen, die dann früher oder später scheitern werden.

Aus der Vergangenheit lernen

Zugegeben, wir waren nicht sehr nett zu den Gurus. Dabei liefern sie reichlich Stoff zum Nachdenken und viele Anregungen zum Verständnis von Erfolg und Scheitern. Sie sammeln historische Fakten und weisen auf für Manager zentrale Themen hin. Doch Untersuchungen über historische Geschäftspraktiken sind als Handlungsanweisung für die Zukunft nicht geeignet. Wer das glaubt, gibt sich einer Kontrollillusion hin. Die begrenzte Lebensdauer jeder von Menschen geschaffenen Struktur (ob kleine Firma oder Weltreich, ob Managementtheorie oder gar das kapitalistische System) zeigt, dass sich Geschichte auf einer höheren Ebene wiederholt. Die Konsequenzen aus dieser Dualität (was und was wir nicht aus der Geschichte lernen können) sind das Thema des nächsten Kapitels. *Fortune*-Umfragen und die in Bestsellern beschriebenen Unternehmenskarrieren zeigen: Es gibt keinen dauerhaften Erfolg. Die von den Gurus als exzellent, visionär und herausragend identifizierten Firmen fallen auf Mittelmaß zurück. Je nach Standpunkt kann man dies als deprimierend oder als beruhigend empfinden.

Kapitel 7

Kreative Zerstörung

Der Fluss,
an dem du gerade eben gestanden hast,
ist verschwunden –
das Wasser macht erst diesem Platz
und jetzt jenem.
Heraklit

Genug der Gurus! Öffnen wir unsere Perspektive. In diesem Kapitel wollen wir zeigen, dass Gesellschaften und Ökonomien, ähnlich wie Organismen, Muster von Entstehung, Wachstum, Niedergang, Zerstörung und Neuerschaffung aufweisen. Dieser Kreislauf schöpferischer Zerstörung lässt sich auf verschiedenen Ebenen ausfindig machen: In einzelnen Unternehmen und in ganzen Branchen, in einzelnen Geschäftsbereichen wie in kompletten Staatsökonomien.

Doch wir leben in kurzfristigen Zeitspannen und machen Geschäfte in noch kürzeren Zeiträumen. In denen sind wir – wie am Beispiel der Aktienmärkte gesehen – vielen zufälligen Schwankungen ausgesetzt. Genaue Muster sind hier kaum erkennbar. Entgegen den Behauptungen von Management-Gurus wiederholt sich Geschichte nicht auf der Ebene einzelner Firmen oder Geschäftssparten. Wie Heraklit schon weise feststellte, kann man nicht zweimal im selben Fluss baden. Selbst wenn das Wasser die gleiche Temperatur und Tiefe hat, auch wenn die Muster und Strömungen gleich erscheinen, selbst wenn sich kein Stein im Flussbett bewegt hat, das Wasser ist dennoch nicht mehr dasselbe. Es fließt und verändert sich stetig. Langfristige Entwicklungen dagegen sind anders. Hier treibt die schöpferische Zerstörung die gesellschaftlichen und ökonomischen Prozesse an. Wie die Flüsse folgen sie stetig ihrem Weg ohne große Abweichungen.

Jenseits antiker griechischer Weisheit und dem gewaltigen Panorama der Geschichte ist man bei der Leitung eines Unternehmens im 21. Jahrhundert (wie beim Managen der eigenen Gesundheit und der privaten Finanzen) unzähligen Ungewissheiten ausgesetzt. Aber es gibt hier auch bedeutende Unterschiede. Der menschliche Körper ist ein äußerst komplexer Organismus, hingegen ist das, was wir für sein Wohlbefinden tun können, relativ überschaubar. Bei der Führung einer Firma hat man wesentlich mehr Handlungsoptionen, mehr auch als beim Geldinvestieren. Anleger haben normalerweise die Möglichkeit, ihre Fondsinvestition zurückzuziehen, sobald diese sich nicht gut entwickelt. Ein Luxus, den sich nur wenige Geschäftsführer leisten können. (Sie ziehen sich öfter selbst zurück, wenn es hart auf hart kommt.) Manager sind im Hier und Jetzt des Geschäftslebens gefangen und müssen die Konsequenzen aus den Entscheidungen tragen, ob sie nun richtig waren oder falsch.

Die schöpferische Zerstörung des Kupfers

Um aus der Geschichte zu lernen, weiten wir unseren engen Blick und wenden uns der Entwicklung eines ganzen Industriezweiges zu. Im Jahr 1932 lag der Kupferpreis bei 1,97 Dollar (nach dem Dollarwert von 2007). 1974 hatte er sich fast vervierfacht. Die Nachfrage nach Kupfer war durch die weltweite Verlegung von Telefonkabeln stetig angestiegen. Auch die Kontrolle des Kupfermarktes durch das Industriekartell trug zu dem hohen Preis bei.

Ökonomen behaupten, dass hohe Profite neue Kapazitäten erzeugen; eine steigende Nachfrage erhöhe die Produktion, wodurch neue Anlagen entstehen. Jedoch Kartellbosse freuen sich vor allem über steigende Profite. Warum sollten sie diese senken wollen? Sie versuchen stattdessen, den ökonomischen Mechanismen zu trotzen und den Status quo zu erhalten. Und genau das tat das Kupferkartell. Es begrenzte die Zahl der Minen und der Fabriken. Durch die eingeschränkte Produktion sollten die Gewinne maximiert und der Kupferpreis weiter in die Höhe getrieben werden.

Doch die hohen Profite lockten auch Konkurrenten außerhalb der Kupferbranche an. Bereits in den 50er Jahren untersuchten

Wissenschaftler die Einsatzmöglichkeiten von Glasfasern. Aber erst in den 70er Jahren fanden die Wissenschaftler Robert Maurer, Donald Keck und Peter Schultz Wege zur Nutzung von Quarzglas (ein Material mit extrem hoher Reinheit, hohem Schmelzpunkt und niedriger Brechzahl). Das neue Material ermöglichte einen 65.000-mal höheren Datendurchsatz bei besserer Übertragungsqualität.

Glasfaser revolutionierten die gesamte Telekommunikationsindustrie und läuteten das Informationszeitalter ein. Seit den 80er Jahren sind weltweit über 35 Millionen Kilometer Telekommunikationsverbindungen verlegt worden, fast alle unter Verwendung von Quarzglas. Die technischen Verbesserungen sind mittlerweile so weit fortgeschritten, dass eine nur haardicke Glasfaser zehntausende Anrufe und mehr als 10 Milliarden Bits pro Sekunde übertragen kann. Das entspricht 20.000 Büchern wie dem, das Sie gerade in der Hand halten.

Armes Kupfer. In weniger als einem Jahrzehnt machte die technisch überlegene Lichtleitertechnik Kupferleitungen nahezu überflüssig. Die Nachfrage nach dem Metall brach ein, die meisten Kupferunternehmen gingen Pleite, die Beschäftigungszahlen in der Kupferindustrie sanken in manchen Ländern um 70 Prozent. Anaconda, einst das viertgrößte Unternehmen der Welt, wurde 1977 an ARCO verkauft. Die Preise sanken weiter, so dass ARCO 1983 die gesamte Kupferförderung einstellte. C. Jay Parkinson, der ehemalige Präsident von Anaconda, hatte 1968 noch behauptet: »Dieses Unternehmen wird in 100 Jahren, selbst in 500 Jahren noch stark sein.« Man kann ihm natürlich keinen Vorwurf machen. Als er dies sagte, kontrollierte das Kupferkartell den Markt. Die Preise, und nicht zu vergessen die Profite, waren seit 35 Jahren gestiegen. Parkinson unterschätzte die Macht des Marktes, Preise abstürzen zu lassen (dazu später mehr), um sich gewissermaßen an Unternehmen zu rächen, die ihn vor kurzem noch kontrolliert hatten. Es dürfte kaum ein Trost sein, dass zumindest Klempner noch Kupfer verwenden.

Doch wie war es zu dem dramatischen Niedergang einer ganzen Industrie gekommen? Maurer, Keck und Schultz kamen aus einer ganz anderen Branche. Sie arbeiteten für Corning Glass, ein Unternehmen ohne Verbindung zur Telekommunikationsbranche, geschweige denn zum Kupfergeschäft. Corning Glass stellte vor allem Alltagsgegenstände aus Glas her. Der Angriff auf die Kupferindustrie kam von außen und riss diese ohne Vorwarnung in den Abgrund. Corning Glass kümmerte es nicht, dass die Kupferindustrie zerstört wurde. Im Gegenteil: Je schneller die Zerstörung vorankam, desto größer waren die eigenen Umsätze und Gewinne.

Parkinson und seine Branchenkollegen hätten jedoch wissen müssen, dass so etwas früher oder später passieren würde. Sie aber kümmerten sich nur um kurzfristige Profite, hohe Gehälter und saftige Boni, die noch schneller stiegen als die Renditen. Jeder Student der Wirtschaftswissenschaften hätte ihnen sagen können, dass die Konkurrenz für eine Industriebranche, angelockt durch hohe Profite, oft von außen kommt. Branchenfremde schert es nicht, wenn ein Überangebot zu Preisverfall führt. Genauso wenig kümmert es sie, wenn eine ganze Industrie zusammenbricht. Uns sollte das genauso wenig kümmern, nur die Erkenntnis aus der Kupfergeschichte nehmen wir mit. Für die Angestellten und Anteilseigner war diese Entwicklung sicherlich bitter, doch für die Gesellschaft als Ganzes war sie von immensem Vorteil. Wären es beim Kupfer geblieben, gäbe es kein Internet, keine E-Mails, keine kostenlosen Telefonate über Skype und kein Google. Ein Industriezweig ist zusammengebrochen, neue sind an seine Stelle getreten, schufen neue Arbeitsplätze und Gewinne für neue Aktionäre. Menschen können jetzt über Ozeane und Zeitzonen hinweg fast kostenlos miteinander kommunizieren. Technologisch gesehen hat sich die Welt durch den Niedergang der Kupferleitungen verbessert.

Die Geschichte dieses Metalls, das seinen Glanz verlor, führt uns zu dem bereits erwähnten Konzept der »schöpferischen Zerstörung«. Wie viele gute Ideen ist diese alles andere als neu. Der Begriff entstammt dem Klassiker *Kapitalismus, Sozialismus und Demokratie* (1942) von Joseph Schumpeter. Darin beschreibt der Wirtschaftswissenschaftler die kreative Zerstörung als »Prozess einer industriellen Mutation, der unaufhörlich die Wirtschaftsstruktur von innen heraus revolutioniert, unaufhörlich die alte Struktur zerstört und unaufhörlich eine neue schafft«.[1] Schumpeter war davon überzeugt, dass es die Unternehmer sind, die die ökonomische Entwicklung antreiben, indem sie innovative Ideen in die

Praxis umsetzen. Sie führen neue Produkte oder Dienstleistungen auf dem Markt ein und verringern Produktionskosten durch gesteigerte Effizienz, überwinden dadurch veraltete Marktdominanzen und machen alte Produkte und Dienstleistungen überflüssig. Das Gegenteil von schöpferischer Zerstörung ist nach Schumpeters Ansicht Mangel an Fortschritt und Stillstand, in der Wirtschaft wie in der Gesellschaft als Ganzes. Die Geschichte des Kupfers ist ein perfektes Beispiel dafür.

Tod, Steuern und Prognosen

Wie schon Benjamin Franklin feststellte: »In dieser Welt ist nichts gewiss, außer Tod und Steuern.« Ähnliches gilt auch für Unternehmen. Wie wir im vorherigen Kapitel gesehen haben, ist ihre Lebensspanne eher kurz. Selbst große multinationale Konzerne werden selten älter als 50 Jahre. Umso geringer sind die Chancen für kleine, lokale Firmen oder gar Start-up-Unternehmen. Geschäftsführer können versuchen, die Firma so lange wie möglich am Leben zu halten, doch meistens leidet darunter der Geschäftserfolg. Das ist nicht nur eine empirische Tatsache, sondern eine logische Notwendigkeit: Je weniger Risiko sie eingehen, umso geringer fallen auch die Gewinne aus. Genau das haben wir in Kapitel 4 und 5 gezeigt: Höhere Gewinne gehen einher mit größeren Investitionsrisiken. Das gilt auch für die Geschäftswelt.

Und wie der Niedergang des Kupfers gezeigt hat, ist es auch auf der Ebene ganzer Industrien und ökonomischer Sektoren nicht anders. Zu ihrer jeweiligen Zeit boomten die Eisenbahnen, die Stahl- und die Motorenproduktion, um dann das Zeitliche zu segnen oder zumindest auf mittelmäßiges Niveau abzusinken. Mittlerweile hat der gesamte Produktionssektor an Bedeutung verloren, während Informations- und Kommunikationstechnologie auf dem Vormarsch sind. Haben wir diese Entwicklung vorausgesehen? Anfangs sicher nicht. Als es dann zu einer rauschhaften Überreaktion kam, war das Timing schlecht. Es entstand eine Blase, die am Ende des Jahrhunderts platzte. Jetzt, ein halbes Jahrzehnt später, steht es wieder gut um den Informationssektor. Doch wissen wir, wie lange das anhalten wird? Ganz sicher nicht. Prognosen lassen sich für ganze Branchen genauso wenig erstellen wie für einzelne Unternehmen.

Zurzeit lieben alle Google. Ob Internetnutzer, Anleger, Journalisten oder Wirtschaftsprofessoren, wir alle schwelgen in diesem Erfolg und profitieren von ihm. Mit einem Marktwert von 220 Milliarden Dollar Ende 2007 ist die Bedeutung der Internetsuche jedem ersichtlich. Doch Kenner der Geschichte von Google wissen, dass es nicht immer so war. Ende der 90er Jahre gab es im Silicon Valley niemanden, der dieses Unternehmen mit seiner einzigartigen Suchtechnologie haben wollte. Der Kaufpreis, den ihre Gründer verlangten, lag bei nur 1,6 Millionen Dollar. Die Betreiber des Internetportals Excite, ehemaliger Konkurrent von Yahoo, machte mit 750.000 Dollar das höchste Gebot. Yahoo dagegen, wie auch das mittlerweile verblichene Infoseek und viele andere Risikokapitalgeber hatten nicht einmal mitgeboten. Das Modewort jener Tage war »Portal«, nicht »Suchmaschine«. Larry Page, einer der beiden Google-Gründer, erinnert sich: »Wir hätten es sogar lizenziert, wenn man uns das Geld gegeben hätte ... doch sie waren an Suchmaschinen nicht interessiert.« Trocken fügt er hinzu: »Aber Horoskope hatten sie.«[2]

Auch Page und sein Partner sahen das Google-Phänomen nicht voraus, wie ihr Verkaufsversuch zeigt. Niemand hatte die leiseste Ahnung von dem praktischen und finanziellen Wert der Suchmaschinentechnologie. Zum Glück für deren Gründer. Wäre Google Ende der 90er für 1,6 Millionen Dollar verkauft worden, hätte es 2004 keinen Börsengang und 2007 keine Aktien im Wert von 220 Milliarden Dollar gegeben. Google ist kein Einzelfall. Eines der besten Bücher über kommerzielle Erfolgsgeschichten ist der Bestseller *Break-Throughs* (1986) von Nayak und Ketteringham. Darin kommen die Autoren zu der Einsicht, dass alle Durchbrüche im Geschäftsbereich eines gemeinsam haben: den Überraschungseffekt. Niemand sieht das Ereignis voraus, geschweige denn die immensen kommerziellen Folgen. Wenn wir also große Durchbrüche nicht erkennen können, bevor sie passieren, wie sollen wir dann kleinere Geschäftserfolge vorhersagen?

Apple ist ein anderes erstklassiges und in der Wirtschaftspresse besonders beliebtes Beispiel. Seine innovativen Produkte haben das Musikgeschäft revolutioniert und seinen Anteilseignern riesige

Gewinne beschert. (Der Aktienwert stiegt von 3,3 Dollar im Jahr 1997 auf knapp 150 Dollar zehn Jahre später.) Historisch gesehen hätte es ohne Apple kein Windows gegeben, viele kreative Branchen sähen heute anders aus. 2003 lag die Apple-Aktie bei nur 7 Dollar. Gerüchte behaupten, dass Apple-Chef Steve Jobs Aktien verkaufte, die ihm vier Jahre später (zu einem Preis von 93 Dollar) 2,6 Milliarden Dollar gebracht hätten.[4] Wohl einer der visionärsten Geschäftsleute, konnte auch Jobs die Zukunft seines noch in den Kinderschuhen steckenden iPods und dessen schöpferisch-destruktives Potenzial nicht vorhersehen.

Apple und Google schaffen und zerstören auch jetzt, während wir dieses Buch schreiben. Das Schlagwort »Death by Google« beschreibt, wie kleine Modifikationen in der Suchfunktion des Browsers die Reihenfolge der aufgelisteten Einträge beeinflussen. Dadurch steigen oder sinken die Umsätze mancher Unternehmen, einige treibt es sogar in den Bankrott. Googles Macht entsteht durch die unzähligen User, die täglich mit Googles kostenloser Suchfunktion das Internet durchforsten. Ein Geschäftsmodell, das solche oder andere Leistungen kostenlos anbietet, ist ein anderer Aspekt der schöpferischen Zerstörung mit weitreichenden Folgen. Es stellt traditionelle Geschäftsparadigmen auf den Kopf und lässt die Warnlampe bei denjenigen aufleuchten, deren Einkünfte dadurch gefährdet sind. Apple hat ähnliche Reaktionen ausgelöst, auch unter Verbündeten bei Revolutionierung der Musikdistribution, von der alten Garde der Plattenfirmen ganz zu schweigen. Der iPod besaß Mitte 2007 in den USA einen Marktanteil von 82 Prozent. Aktuelle Produkte wie das iPhone und iTV bescheren den Geschäftsführern in der Telekommunikations- und der TV-Branche schlaflose Nächte.

Jobs, Page und die Kollegen aus dem gehobenen Management von Google und Apple dagegen träumen süß. Doch in manch dunkler und stürmischer Nacht mag aus dem kollektiven Unterbewusstsein die Erinnerung an Ken Olsen auftauchen. 1986 war er Gründer und Vorstandsvorsitzender der Digital Equipment Cooperation. Er zierte die Titelseite von *Fortune* und wurde als »Amerikas erfolgreichster Manager« gefeiert. Und das aus gutem Grund. Ihm war es gelungen, das IBM-Monopol mit kleineren, preiswerteren und benutzfreundlicheren Computern zu brechen.

Die Umsätze waren jährlich um fast 40 Prozent und der Gewinn um über 20 Prozent gestiegen. Doch seine Firma war nur Teil einer viel größeren Geschichte.

Zehn Jahre zuvor hatte ein kleines Unternehmen die Idee des »Personal Computers« entwickelt. Die Garagen-Partnerschaft zwischen Steve Wozniak und Steve Jobs (ja, genau der) fand für ihre Personal Computer Apple I und Apple II eine kleine, aber enthusiastische Anhängerschaft. Als die Verkäufe anzogen, wollte auch IBM ein Stück vom Kuchen und brachte 1981 ein eigenes Produkt auf den Markt. Im Oktober 1986, als das Gesicht von Ken Olsen auf der *Fortune*-Titelseite prangte, sprangen immer mehr Kunden und neue Firmen wie Compaq auf den PC-Zug. IBM und Apple konkurrierten miteinander. Jetzt brachte Digital Equipment ein preiswertes, einfach zu bedienendes Produkt auf den Markt, das viele Wettbewerbsvorteile besaß.

Wie auch immer, 1987 glaubte Olsen nicht an die Zukunft des PC. Ihm werden die unrühmlichen Worte zugeschrieben: »Es gibt keinen Grund, warum ein Einzelner zuhause einen Computer haben sollte.« Ob er das wirklich gesagt hat oder nicht, sei dahingestellt. Er drückte diese Haltung auch dadurch aus, dass er sich nicht rechtzeitig auf dem PC-Markt engagierte. In den drei Jahren vor 1995 verlor Digital fast 2 Milliarden Dollar und kam nur schleppend und durch drastische Sparmaßnahmen und Entlassungen 1998 wieder ins Geschäft. Letztlich blieb Digital nichts anders übrig, als mit Compaq zu fusionieren, oder besser gesagt, sich »selbst zu verkaufen«.

Während dieser Zeit nahm der weltweite Heißhunger auf PCs weiter zu. Im April 2002 überstiegen die Verkaufszahlen die Milliarden-Marke. Vorhersagen (was immer sie auch wert sein mögen) sprachen von einer weiteren Milliarde bis 2008. »Amerikas erfolgreichster Geschäftsmann« hatte klar den Trend zu kleineren, billigeren und benutzerfreundlicheren Computern erkannt. Doch schloss er nicht die logische Konsequenz mit ein, dass es in nur wenigen Jahren möglich sein würde, auch Handys mit leistungsstarken Computern auszustatten. Die Journalisten, die Olsen einst als Business-Superstar feierten, suchten sich schnell neue Helden. Der Schwede Percy Barnevik, Geschäftsführer von ABB, wurde als der »europäische Jack Welch« gelobt. Aber schon 2001 wurde er über Nacht zum Medienschurken. Viele andere sind ihm seitdem gefolgt und wieder verschwunden: Lee Iacocca von Chrysler, Bob Nardelli von Home Depot und Carly Fiorina von Hewlett-Packard.

Und der Tag wird kommen, an dem auch die Google- und Apple-Manager Albträume plagen. Ihre Vormachtstellung wird durch neue Strategien oder technologische Innovationen kreativ zerstört werden (oder sie werden zumindest auf Mittelmaß zurückgestoßen). Eine neue Generation innovativer Helden wird die Titelseiten der Zeitschriften schmücken. Weiter geht unsere Vorhersage aber nicht. Wann und wie dies geschehen wird, bleibt ungewiss. Diese Wahrheit ist schwer zu akzeptieren, nicht nur für Google und Apple, sondern für alle, die in einer unvorhersehbaren Geschäftswelt agieren. Doch sollte man sich davon nicht runterziehen lassen. Die dunklen Wolken der Ungewissheit sind nicht nur bedrohlich. In ihnen leuchten auch die Silberstreife vieler Chancen. Um diese zu ergreifen, muss man die Geschichte verstehen und akzeptieren, dass neue Wege einzuschlagen auch bedeutet, alte zu verlassen. Kupferleitungen können neben Fiberglasleitungen nicht weiter existieren, denn diese sind preiswerter und um ein vielfaches schneller als ihre Vorgänger.

Welche Zukunft erwartet die Firma, die Sie leiten oder in der Sie angestellt sind? Sind Sie einer schöpferischen Zerstörung auf Gedeih und Verderb ausgeliefert? Oder gibt es etwas, was Sie tun können, um die Situation zu retten? Wie schon in den vorherigen Kapiteln dargestellt, sind wir überzeugt, dass die Überwindung der Kontrollillusion von fundamentaler Bedeutung ist. Hätten die Bosse der Kupferindustrie andere Anstrengungen unternommen, als nur den Markt über Kartelle zu kontrollieren, sie hätten ihr Schicksal länger selbst gestalten können. Stattdessen waren die durch Gier aufgeblähten Profite für die unerwartete Konkurrenz eine reiche Beute.

Aber auch wir sind keine Gurus. Um erfolgreich ein Unternehmen zu führen, ist mehr nötig, als sich nur von Kontrollillusionen zu verabschieden. Management ist nicht das Gleiche wie Geld investieren. Dafür können wir spezifische Ratschläge und eine grundsätzliche Erfolgsstrategie anbieten. Die Geschäftswelt dagegen zeichnet sich durch eine hohe Komplexität aus. Sie erhöht die Ungewissheit, die bereits durch die kreative Zerstörung besteht. Feedback dagegen ist Mangelware und zudem schwer einzuschätzen.

Vergangene Geschäftsleistungen zu bewerten und Ereignisse auf eine Ursache, sprich auf Entscheidungen, Handlungen oder Personen zurückzuführen ist schwierig bis unmöglich. Läuft es gut, gratulieren sich Geschäftsführer gerne selbst. Läuft es dagegen schlecht, sind meist andere schuld oder es war Pech. Geschäftsführer umgeben sich auch gerne mit Menschen, die ihnen nach dem Mund reden. So ist die menschliche Natur. Doch dies verstärkt die Ungewissheit zusätzlich und macht Feedback noch unzuverlässiger. Schlimmer noch, es macht sie blind für Anzeichen einer kreativen Zerstörung. Wie Schumpeter schon vor Jahrzehnten sagte, ist die kreative Zerstörung eine der wenigen Gewissheiten des Geschäftslebens. Sie ist nicht nur unabwendbar, sondern für die Gesellschaft von großem Nutzen!

Wir möchten zwei Strategien vorstellen, die auf der Unausweichlichkeit der kreativen Zerstörung basieren. Die erste hat mit dem Verstehen der Faktoren zu tun, die kreative Zerstörung hervorrufen. Wie kann man verhindern, durch sie vernichtet zu werden, oder sie zumindest möglichst lange aufhalten? Die zweite Strategie ist radikaler. Wie bändigt man die Kraft der kreativen Zerstörung, anstatt sich ihr zu ergeben? Keine dieser Strategien verspricht Gewissheit oder gar ein Patentrezept gegen Geschäftsprobleme jeglicher Art. Doch besser als die dritte Strategie, sich zurückzulehnen und darauf zu warten, verschlungen zu werden, sind sie allemal.

Strategie 1: Wenn sich Geschichte wiederholt

Im Kapitel 5 haben wir uns an der Börse versucht. Dort fanden wir heraus, dass die Entwicklung kurz- und mittelfristiger Anlagen unvorhersehbar ist. Langfristig gesehen dagegen gehen die Kurse nach oben. Es zeigt sich, dass es ähnliche langfristige Tendenzen in der Wirtschaft gibt, die für alle Manager von Bedeutung sind. Zum zweiten Mal in diesem Buch wagen wir Prognosen zur langfristigen Entwicklung.

1. Die Preise werden effektiv sinken

Tatsächlich sinken die Preise seit 1800 infolge der industriellen Revolution. Ökonomen sind sich recht sicher, dass die realen (also

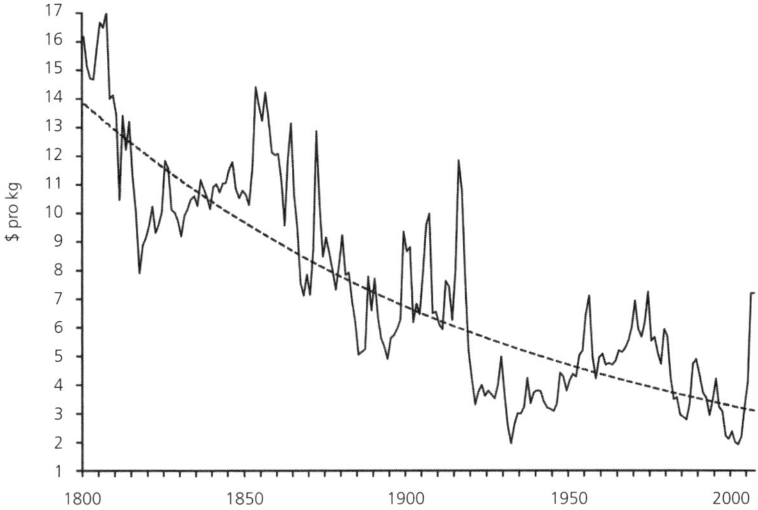

Abbildung 7 Realpreis Kupfer (konstanter Dollar 2007)

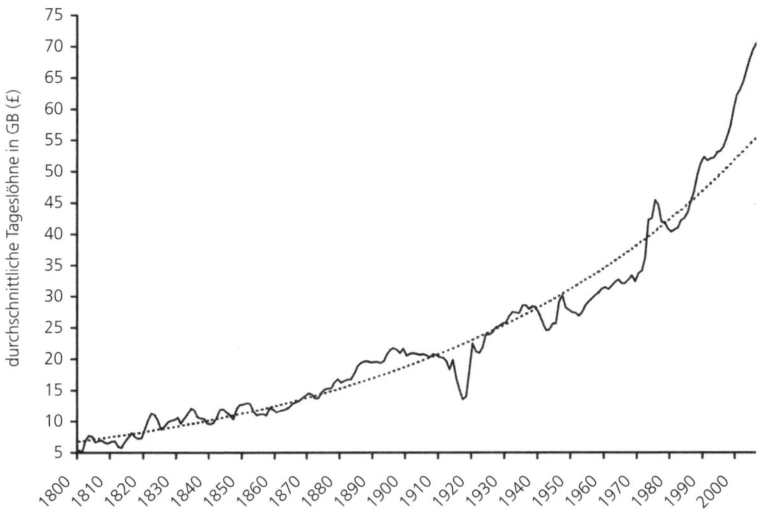

Abbildung 8 Reallöhne (konstantes Pfund 2006)

inflationsbereinigten) Preise aller Standardprodukte und dienstleistungen langfristig exponential weiter fallen werden. Zwei bedeutende Ausnahmen sind Öl und Gold. Doch selbst bei diesen besonderen Rohstoffen ist der Realpreis nicht gestiegen, sondern langfristig gleich geblieben.

Kurz- und mittelfristig aber kommt es zu starken Preisschwankungen, die große Gewinne oder Verluste für Produzenten wie Konsumenten bedeuten können. Wie gesehen vervierfachte sich der Realpreis von Kupfer zwischen 1932 und 1974, fiel zwischen 1974 und 2002 um 73 Prozent und erreichte im Jahr 2006 wieder das Niveau von 1974. Doch selbst bei so einem extremen Fall ist der generelle Trend konstant, wie Abbildung 7 zeigt.

2. Die Reallöhne werden steigen

Die Löhne steigen dagegen seit 1800 (siehe Abbildung 8), trotz starker kurzfristiger Schwankungen, exponential an. Es ist die umgekehrte Entwicklung wie bei den Preisen.

3. Die Schlussfolgerungen aus 1. und 2.

Betrachtet man diese beiden langfristigen Trends zusammen, bedeuten sie gute Nachrichten für diejenigen, die Geld verdienen und Produkte kaufen. Bei sinkenden Preisen und steigenden Löhnen nimmt die Kaufkraft mit doppelt exponentialer Rate zu! All die wunderbaren standardisierten Güter und Dienstleistungen warten nur darauf, von uns gekauft zu werden. Das Ergebnis ist Überfluss, zumindest in den Industriestaaten.

Kehrt man aber nach dem Wochenend-Kaufrausch an seinen Arbeitsplatz zurück, sieht alles ganz anders aus. Fallende Preise und steigende Löhne sind für die Manager ein zweischneidiges Problem. Ihr Ziel ist es, die Profitabilität des Unternehmens zu erhöhen. Die kurzfristig einfachste Lösung wäre es, die Preise anzuheben und die Personalkosten zu senken. Doch auf dem Markt passiert, wie wir gerade festgestellt haben, das genaue Gegenteil. Langfristig gehören diejenigen Unternehmen zu den Gewinnern, die Marktanteile gewinnen, indem sie die Preise senken und die besten Angestellten durch steigende Löhne anlocken.

Hätte man das Geschäftsführern in den 60er Jahren erzählt, wäre man ausgelacht worden. Wie gesagt interessieren sich die meisten Geschäftsleute nicht sonderlich für Geschichte. Aufsichtsräte, Anteilseigner und Finanzanalysten sind normalerweise zu sehr mit Quartalsergebnissen beschäftigt, als dass sie Zeit für Vergangenes oder mittelfristige Zukunftsperspektiven hätten. Warum sollte man sich mit einer langfristigen Bedrohung durch Erfindungen der Glasindustrie auseinandersetzen?

Doch wie soll es gelingen, die Preise noch weiter zu drücken und dabei gleichzeitig genug Geld zu erwirtschaften, um kompetente Angestellte zu verpflichten und zu binden? Außerdem wollen die Anteilseigner bei Laune gehalten werden. Der einzige Weg ist der einer steigenden Produktivität, zumeist ermöglicht durch Rationalisierung, organisatorische Verbesserungen und technologische Innovationen. Bedenken Sie nur, was für einen Unterschied es macht, das Fundament eines Hauses mit einem Bagger anstatt einem Spaten zu legen. Oder, ein aktuelleres Beispiel, Flüge über das Internet zu buchen, statt in einer Schlange zu stehen und viel Papier zu verbrauchen. Das klingt jetzt weniger glamourös als die Erfindung einer neuen Technologie, wie zum Beispiel die Neuerfindung des MP3-Players als iPod oder die Erfindung eines neuen Materials zur Übertragung digitaler Daten. Doch im Überlebenskampf eines Unternehmens kann eine solche Neuerung ähnlich effektiv sein. Eine elegante Strategie hält Konkurrenz von außen davon ab, Ihre Firma zu übernehmen und Sie aus dem Geschäft zu drängen. Das ist zwar keine kreative Zerstörung. Doch es hilft, nicht durch sie vernichtet zu werden und ermöglicht viele weitere profitable Jahre.

Exkurs: Die Illusion des Erfolges

Bevor wir zu unserer zweiten und mutigeren Strategie kommen, kehren wir für einen Moment in die Welt der Kindheit zurück. Was wollten Sie als Siebenjähriger werden? Unwahrscheinlich, dass es Ihr Traum war, »Geschäftsführer« zu werden. Selten sieht man Kinder mit Schlips und Kragen, die Aufsichtsratssitzung spielen. Stattdessen spielen sie in einem David-Beckham-Trikot Fußball oder imitieren Popstars. Anders als die Kinder von früher, die noch Krankenschwester oder Lokführer werden wollten, träumt die Jugend von heute davon, berühmt zu sein. Europa, Asien und jetzt auch die USA sind von kleinen Jungs bevölkert, die nicht nur ein Beckham-Shirt tragen, sondern im tiefsten Inneren davon überzeugt sind, einmal selbst so wie Beckham zu werden.

Wie sollen Eltern damit umgehen? Sollen sie die Kinder von dem Traum, ein berühmter Filmstar zu sein, abbringen, damit sie davon träumen, Lokomotivführer, Krankenschwester oder Geschäftsführer zu werden? Sollen wir ihnen sagen, dass es neben Beckham, Ronaldinho und Zidane Tausende professioneller Fußballspieler gibt, die es nie in die erste Liga, geschweige denn in die Nationalmannschaft schaffen? Sollen wir von der riesigen Masse an Kindern erzählen, die alle glauben, dass sie eines Tages berühmt sein werden?

Wir können es natürlich versuchen, aber nützen wird es nichts. Hier wirkt eine andere Art der Illusion: die Illusion des Erfolges. Diese Illusion wird vor allem von den Medien erzeugt. Fernsehen, Tageszeitungen und Hochglanzmagazine berichten nur selten über »gescheiterte« oder »durchschnittliche« Schauspieler, Sänger, Tänzer oder Fußballspieler. Sie taugen nicht für Schlagzeilen, genauso wenig wie tausende sicher gelandeter Flugzeuge.

Das alles gilt auch für Unternehmer, die davon träumen, aus ihrer jungen Firma Apple oder Google zu machen. Wussten Sie, dass sich weniger als eins von zehn neuen Produkten am Markt durchsetzt? Wussten Sie, dass die meisten Start-up-Firmen, die überleben, nur mittelmäßige Ergebnisse erzielen? Wenn unter Risikokapitalmanagern von »lebenden Toten« gesprochen wird, meinen sie damit Unternehmer, die sich jahrelang knapp über Wasser halten, sich ihr Geld von Familie und Freunden leihen müssen, keine Gehälter zahlen und nie Gewinne machen.

Die Versuchung liegt nahe, wieder den Medien die Schuld zu geben. Die Wirtschaftsblätter schreiben über Bill Gates und Michael Dell, aber nicht über Martin Mittelmaß und Frank G. Scheitert. Aber es liegt auch an uns. Wir wollen nichts lesen über gewöhnliche Geschäftsleute, die durchschnittliche Gewinne erzielen oder deren Start-up gescheitert ist. Die einzigen Berichte des Scheiterns, die uns interessieren, sind spektakuläre Fälle wie LTCM, Enron, WorldCom oder Lehman Brothers. Wir bekommen die Berichterstattung, die wir verdienen. Wenn wir beim Begriff »Start-up« automatisch Erfolg assoziieren, sind wir letztlich selber schuld. Mittelmaß und Scheitern sind ein bisschen wie Hunde, die nicht bellen. Sie erregen keine Aufmerksamkeit. Erst wenn wir, wie Sherlock Holmes, bereit sind, unter die Oberfläche zu schauen, entdecken wir sie.

Die Illusion des Erfolges hat aber auch ihre guten Seiten. Wie die Kontrollillusion verführt sie viele Menschen zu falschen Entscheidungen, doch für manche zahlt sie sich aus. Nehmen wir Tiger Woods. Sein Vater hat ihm im zarten Alter von 18 Monaten das Golfspielen gezeigt und ihn schon als Kind ermutigt, intensiv zu üben. Wenn Earle Woods zu viel darüber nachgedacht hätte, wie gering die Chancen seines Sohnes sind, Golfprofi zu werden, wäre Golf heute weniger spannend.

Genauso braucht die Welt verrückte Geschäftsleute, die sich für unbesiegbar halten. Ohne sie gäbe es keine neuen Produkte oder innovative Dienstleistungen, keine Autos, keine Telefone und kein Internet. Wenn jeder Angst hätte zu versagen, gäbe es keinen Fortschritt. Dieser Prozess ähnelt in gewisser Hinsicht der Evolution. Bestimmte Mutationen bilden die Basis einer neuen Spezies, während andere Tierarten aussterben. Manche Geschäftsideen stellen sich als erfolgreich heraus und treiben den Fortschritt an, während andere in der Sackgasse des Bankrotts enden. Das ist Pech für die Einzelnen, die scheitern, doch von großem Vorteil für die Gesellschaft. Tatsächlich ist es genau das, was für die kreative Zerstörung notwendig ist. Es mag unangenehm erscheinen, doch es ist die Wahrheit: Die moderne Gesellschaft profitiert vom Scheitern vieler und wird angetrieben vom Erfolg einiger weniger.

Strategie 2: Die schöpferische Zerstörung befördern

Unser Exkurs sollte deutlich machen, dass man durch eine ausgeglichene Haltung zu Erfolg und Scheitern die schöpferische Zerstörung bändigen kann. Das Wirtschaftssystem der USA ist, anders als die meisten europäischen, unternehmerisch ausgerichtet und nimmt das Scheitern nicht nur in Kauf, sondern akzeptiert es. Länder ohne Mut zum Risiko verlieren die Kraft zur Innovation und Veränderung. Wer innovativ sein will, muss experimentieren und auch Fehler machen können. Paradoxerweise gilt: Keine Innovation ohne Scheitern!

Als Einzelner ist es wichtig, die eigenen Chancen und die bestehenden Risiken richtig einzuschätzen. Extremsportler sind hier ein gutes Beispiel. Viele denken, dass Menschen, die Felswände erklimmen, mit Fallschirmen von Brücken springen oder allein um die Welt segeln, so sehr den Kick des Abenteuers suchen, dass sie bereitwillig ihr Leben riskieren. Dem gegenüber steht die große Masse, die, um kein Risiko einzugehen, gewöhnliche Sportarten betreibt. Doch manchmal trügt der Schein. Oft kommt es beim Basketball, Football, Fußball, Rugby, Squash, Fahrradfahren und selbst beim Cheerleadern (aufgrund der Pyramide und der unwiderstehlichen Versuchung, Menschen in die Luft zu werfen) zu Unfällen. Die Gründe dafür sind nicht schwer zu erkennen. Bei Extremsportarten ist die Gefahr offensichtlich. Das Risiko einzuschätzen und Vorkehrungen gegen Verletzungen zu treffen ist Teil dieser Sportarten. Sporttreibende auf städtischen oder schulischen Sportplätzen dagegen fühlen sich sicher und vergessen die einfachsten Sicherheitsvorkehrungen.

Der Erfolgsuchende sollte sich von den Extremsportlern inspirieren lassen und sich klarmachen, dass ein großer Teil des Vergnügens auf dem Weg und nicht im Ziel zu finden ist. Er sollte die Möglichkeit des Scheiterns mit einkalkulieren und ein Sicherheitsnetz spannen. Ein Plan B oder eine Ausstiegsstrategie ist unerlässlich. Das bringt noch nicht den angestrebten Erfolg, verhindert aber möglicherweise den Totalabsturz. Bei einer Extremsportart kann ein Missgeschick tödlich sein, in der Geschäftswelt bedeutet es oft den finanziellen Ruin.

Aber es geht nicht nur um den Umgang mit Sieg oder Niederlage. In jeder Wettbewerbssituation, so auch in der Geschäftswelt, sind die meisten Ergebnisse mit fast mathematischer Gewissheit durchschnittlich. Nur wenige Auserwählte können Tennis-Champion oder Primaballerina werden. Mittelfeld und Mittelmaß ist die wahrscheinlichste Alternative zu Erfolg oder Niederlage. Auch dieser Aussicht muss man sich tapfer stellen.

Für die Erfolgshungrigen bietet die Welt des Investments einige aufschlussreiche Lektionen. Wie bereits gesehen gibt es große Gewinne nicht ohne entsprechendes Risiko. Das gilt auch für alle anderen Bereiche des Lebens inklusive der Geschäftswelt. Jeder, der nach oben will, sollte die Rolle des Glücks anerkennen und gleichzeitig alles für den eigenen Erfolg tun.

Überall auf der Welt wird an Business-Schulen viel Zeit und intellektuelle Energie auf das Thema Geschäftsführung verwendet, ob traditionelle Unternehmensgründung oder so genannte »corporate entrepreneurship« (das Innovationen innerhalb einer großen Organisation fördern soll). Ein richtiger Weg, wenn das Thema Scheitern ebenso intensiv behandelt wird wie das Thema Erfolg. Unternehmer, von denen die Entwicklung unserer Gesellschaft abhängt, müssen als Erstes die Risiken und Chancen ihres Unternehmens einschätzen lernen. Business-Schulen sollten die gesamte Gesellschaft dahingehend erziehen, dass der Wunsch nach Erfolg genährt und ein mögliches Scheitern noch stärker akzeptiert wird.

Aber, wie wir bereits mehrfach deutlich gemacht haben, glauben wir nicht, dass die Dozenten der Business-Schulen oder sonst jemand einfache Erfolgsrezepte zu bieten haben. Es bleibt ein logischer Trugschluss, an eine Geschäftsmethode mit Erfolgsgarantie zu glauben. Erzielen alle Firmen ein durchschnittliches Ergebnis, wird ein Unternehmer kommen, der dieses Niveau übertrifft.

Spannungen und Trade-offs

Unternehmensexperten haben Richtlinien für Manager (und Regierungen) entwickelt, um angemessen mit Erfolg, Mittelmäßigkeit, Scheitern, Glück und Fähigkeiten umzugehen und schöpferische Zerstörung zu fördern. Wir möchten diese Leitlinien in Form von Spannungsfeldern darstellen, in denen es keine einfachen Lösungen gibt. Jeder muss selbst entscheiden, wo er sich zwischen den widerstreitenden Kräften positioniert. Wohl wissend, dass an einem Ende des Spektrums die mögliche Zerstörung durch die Kreativität eines Konkurrenten droht, während man am anderen selbst als kreativer Zerstörer alles aufs Spiel setzt.

Effizienz kontra Innovation

Unternehmen müssen effektiv und effizient arbeiten, um die Kosten niedrig zu halten und wettbewerbsfähig zu bleiben. Allgemein gilt, dass Effektivität und Effizienz durch Kontrollsysteme gesichert werden, die Verschwendung minimieren und Budgetabweichungen vermeiden. Doch zu strenge operationale Kontrolle kann Innovationen unterdrücken. Sie übt konstanten Stress aus und lässt nur wenig Spielraum für kreative Gedanken. Das ist ein erneutes Beispiel für das Paradox der Kontrolle. Man gewinnt zusätzliche Handlungsoptionen, wenn man weniger kontrolliert.

Unternehmen wie Google und auch alteingesessene wie 3M versuchen die unternehmerische Leidenschaft am Leben zu erhalten, indem sie ihren Angestellten 10 bis 20 Prozent der betrieblichen Arbeitszeit überlassen, um an Projekten zu arbeiten, die sie interessieren. Gleichzeitig wird sichergestellt, dass die verbleibenden 80 bis 90 Prozent möglichst effektiv und effizient für zentrale Firmenaktivitäten eingesetzt werden. Als die Internetblase am Anfang dieses Jahrhunderts platzte, überlebten einige Firmen im Silicon Valley, weil sie diese Strategie verfolgt hatten. Ihre Angesellten nutzten die frei verfügbare Zeit dafür, alternative Produkte und Dienstleistungen zu entwickeln.

Doch selbst dieser geringe Prozentsatz an frei gestaltbarer Zeit bedeutet Extrakosten, welche die meisten normalen Großfirmen nicht aufbringen wollen. Innovationsfreundliche Bedingungen zu schaffen und zu erhalten ist eine der größten unternehmerischen Herausforderungen. Grundvorrausetzung ist die Einsicht, dass Kreativität sich nicht mit engen Zeitplänen verträgt und dass kreative Menschen unter zu strenger Kontrolle nur schlecht arbeiten können. Das richtige Gleichgewicht zwischen Effizienz und Förderung von Kreativität ist entscheidend.

Überleben kontra Risiko

Es ist nur allzu verständlich, dass Manager das Risiko nicht mögen. Sie wollen ihre Jobs behalten und auf der rutschigen Karriereleiter noch oben kommen. Auch Unternehmen neigen zu konservativem Verhalten und Risikovermeidung. Doch überdurchschnittliche Gewinne erreicht man nur mit erhöhtem Risiko. Einiges spricht dafür, dass eine Geschäftspolitik, die nur aufs Überleben bedacht ist, den Aktienbesitzern keine langfristigen und guten Geschäftserfolge verspricht, sondern eher das Gegenteil. Richard Foster und Sarah Kaplan, deren Arbeiten wir schon in vorherigen Kapiteln erwähnten, haben Studien durchgeführt, die zeigen, dass man ab und zu ein Risiko eingehen muss.[5]

Nur auf Nummer sicher zu gehen ist für ein Unternehmen möglicherweise das größte Risiko. Denken wir nur an die Stagnation der kommunistischen Länder in den Jahren vor dem Mauerfall. Die

Herausforderung liegt darin, genug Ressourcen für Experimente und Wagnisse zur Verfügung zu stellen, ohne alles von einer neuen, verrückten Idee abhängig zu machen. Natürlich können Wagnisse zu ernsten Problemen und sogar zum Bankrott führen. Doch überhaupt kein Risiko einzugehen ist der sicherste Weg, von den Kräften der schöpferischen Zerstörung zermalmt zu werden.

Langfristig kontra kurzfristig

Es ist keine wirklich neue Erkenntnis, dass Unternehmen, die lange am Markt bestehen, viel Geld in Forschung und Entwicklung, in Markenentwicklung und in Fortbildung investieren. Das sind die Motoren der schöpferischen Zerstörung. Kurzfristige Gewinne werden für langfristige Wettbewerbsvorteile geopfert. Die Aktienmärkte dagegen schauen oft nicht weiter als bis zu den nächsten Quartalszahlen. Doch Unternehmen, die nur die Milchkuh melken, können nicht lange bestehen, was schlecht für die Anteilseigner ist. Auch in diesem Spannungsfeld muss die richtige Position gefunden werden.

Managen kontra Mitarbeitermotivation

Es war einmal vor langer Zeit, da lagen die Wettbewerbsvorteile einer Firma in ihren Sachanlagen, den Fabriken, den Maschinen und dem Grundeigentum. Eine neue Produktionsstätte aufzubauen war mit großem Kapitalaufwand verbunden, der neue Konkurrenten davor abschreckte, auf dem Markt mitzumischen. In manchen Bereichen gilt das auch heute noch, doch mittlerweile bestehen in den meisten Produktionsbereichen Überkapazitäten. Wettbewerbsvorteile ergeben sich eher durch neue Produkte oder Serviceleistungen, durch cleveres Marketing und innovative Strategien. Diese wiederum hängen von Menschen und nicht von Sachanlagen ab.

Man vergleiche nur Google und GM. Google hat 16.000 Mitarbeiter (Stand 2007) und kein nennenswertes Anlagevermögen, GM dagegen fast 300.000 Angestellte und zahlreiche Produktionsstätten. Doch der Aktienmarkt schätzt Google Ende 2007 als 11-mal wertvoller ein als GM. Die Anleger stört Googles fehlender Grundbesitz nicht, ganz im Gegenteil. Das Unternehmen ist dadurch beweglicher und eher imstande, die talentierte Belegschaft bei kreativer Laune zu halten. Diese Art von Besitz lässt sich nicht in Zahlen ausdrücken, doch er garantiert Google in der Welt der Informationstechnologie den Vorsprung vor der Konkurrenz.

Im Gegensatz zu Maschinen und Fertigungsstraßen aber sind talentierte Menschen schwierig zu leiten. Ihre Ansprüche sind so hoch, dass manche Unternehmen sie nicht bezahlen und schon gar nicht dauerhaft bei produktiver Laune halten können. Dies ist vielleicht die schwierigste Herausforderung von allen.

Der Risikokapital-Ansatz

Untersucht man die Arbeitsweise der Risikokapitalgesellschaften, kommt man zu einigen erhellenden Erkenntnissen. Im Gegensatz zu der verbreiteten Ansicht hängt ihr Erfolg nicht von verlässlichen Zukunftsprognosen ab. Risikokapitalgesellschaften wissen, dass die Zukunft ungewiss ist. Natürlich untersuchen sie, ob ein Unternehmen gut geführt wird und ihm solide Prämissen zugrunde liegen. Doch auch sie können nicht weissagen, welches neue Produkt oder welche neue Dienstleistung den Konsumenten begeistern wird. Stattdessen nimmt ein guter Risikokapitalfonds eine »Es kommt wie es kommt«-Haltung ein und investiert in mehrere Projekte gleichzeitig. Einige davon werden mit Sicherheit scheitern, doch manche der erfolgreichen Projekte werden so erfolgreich, dass sie die Verluste ausgleichen. Wem das wenig plausibel erscheint, sollte einmal darüber nachdenken, wie viele Firmen im Bereich MP3 und Musik-Distributionstechnologie Innovatives geschaffen haben, bis Apple den Markt übernommen hat.

Risikokapitalgesellschaften verfolgen auch eine klare Exit-Strategie. Nach drei bis sechs Jahren ziehen sie sich für gewöhnlich aus einem Geschäft zurück. Dem liegt die Einschätzung zugrunde, dass Unternehmen in ihrer Existenz zwei Phasen durchlaufen. Zur ersten gehört die Entwicklung und Markteinführung eines erfolgreichen Produkts. In der zweiten wird das Produkt oder die Dienstleistung so effektiv und effizient wie möglich gemanagt.

Risikokapitalgesellschaften trennen diese beiden Phasen. Sie konzentrieren sich auf die erste, um dort ihr Wissen und ihre Beziehungen einzubringen, die zweite überlassen sie dagegen anderen. Vielleicht liefern sie etablierten Unternehmen damit ein

Modell, wie man sich in den oben beschriebenen Spannungsfeldern verhält.

Unternehmen befinden sich in einer Zwickmühle. Auf der einen Seite wollen sie rational sein und für ihre Aktionäre kurzfristig möglichst hohe Gewinne erzielen. Auf der anderen Seite müssen sie innovativ sein, um Konkurrenten gegenüber wettbewerbsfähig zu bleiben, die 18 Stunden am Tag, sieben Tage die Woche, ohne Bezahlung, aber mit unbegrenzter Motivation in irgendwelchen Garagen rumbasteln. Die einzige Lösung scheint zu sein, sich wie Risikokapitalunternehmen in unabhängigen Einheiten zu organisieren. Der eine Teil der Firma kümmert sich um die Auswertung etablierter Produkte oder Dienstleistungen und erwirtschaftet kurzfristige Gewinne. Der andere erhält kreativen Freiraum, ermöglicht durch das Geld, das Fachwissen und die Verbindungen des Mutterunternehmens.

Das ist keine simple Lösung der Art, wie sie Gurus anbieten. Die richtige Verteilung der Ressourcen unter den Betriebseinheiten ist nicht leicht. Selbst wenn wir dafür eine magische Formel hätten: Für Innovation und Erfolg kann es so eine Formel nicht geben, da diese die hinterhältige Neigung haben, sich allen Regeln zu entziehen. Viele Unternehmen übernehmen bereits das Organisationsprinzip der Risikokapitalgesellschaften. Die *Business Week* berichtete kürzlich, dass Google weltweit in Hightech-Start-up-Unternehmen investiert. Dadurch ist Google bei neuen Produkten ganz vorne mit dabei und muss nicht erst viel Geld an Risikokapitalgesellschaften zahlen, die ihnen zuvorgekommen sind.[6] Solche Arten des Investierens sind nötig, wenn Unternehmen die Vorteile der schöpferischen Zerstörung nutzen und ihre Gefahren vermeiden wollen.

Auch die Gesellschaft sollte sich daran beteiligen. So könnten Regierungen Corporate Entrepreneurs und klassische Garagenbastler durch Steuervergünstigungen unterstützen. Dies würde die Einstellung zu Erfolg und Scheitern verändern. Es ist schon schwer, eine firmeninterne Kultur der Kreativität zu schaffen, von äußeren Bedingungen, die Innovationen fördern, ganz zu schweigen. Doch es gibt keine erfolgreiche Innovation ohne Ausprobieren, was ein mögliches Scheitern automatisch mit einschließt.[7] Scheitern ist ein notwendiger Teil unseres ökonomischen Systems, ob uns das gefällt oder nicht. Deshalb sollten wir auch unsere Einstellung dazu ändern.

Auf dem Weg zu einer perfekten Welt der Konkurrenz

Die Kräfte der kreativen Zerstörung wirken mittlerweile global. Manager haben die Bedeutung der Innovation für die Unternehmen erkannt und suchen dementsprechend nach globalen Lösungen. Manche bauen Einrichtungen für Forschung und Entwicklung in Indien oder anderen Niedriglohnländern mit hohem Bildungsstandard, oft unterstützt durch finanzielle Anreize der nationalen Regierungen. Eine andere Lösung ist es, die innovativen Aufgaben an Universitäten oder spezialisierte Firmen zu vergeben, die sich nicht unbedingt in der Nähe der Firmenzentrale befinden müssen. Heutzutage gibt es sogar Innovationsmakler, die Entwickler mit möglichen Geldgebern zusammenbringen, manchmal große Unternehmen, die die Bedeutung der schöpferischen Zerstörung erkannt haben. Alles in allem steigt die Innovationsrate und damit auch die Geschwindigkeit der schöpferischen Zerstörung.

Auch das Internet trägt dazu bei. Die globale Vernetzung ermöglicht nicht nur den Zugang zu innovativen Produkten, Dienstleistungen und Geschäftsmodellen, sie versorgt auch Entwickler mit notwendigen Tools. Informationen, selbst Produkte und Dienstleistungen, werden auf globalem Level vertrieben. Dies beseitigt Ineffizienzen wie auch althergebrachte Wettbewerbsvorteile, die auf Standortvorteilen und lokalem Wissen beruhen. Heute braucht man nur wenige Minuten, um die Preise von Anbietern weltweit zu vergleichen und das beste Preis-Leistungs-Verhältnis zu ermitteln. Das Internet hat die Märkte und den Wettbewerb verändert und umgeht den Umweg über die oft gescholtenen Zwischenhändler.

Die Vorherrschaft der altmodischen westlichen und japanischen multinationalen Konzerne, wie wir sie aus der Kupferbranche kennen, geht zu Ende. Das Ende des Kommunismus und der technologische Fortschritt haben es Unternehmen aus Osteuropa, China, Indien, Malaysia und Taiwan ermöglicht, global zu agieren. Bis in diesen Ländern westliche oder japanische Löhne gezahlt werden, muss der Rest der Welt sich mit Innovation behelfen. Es macht keinen Sinn, dass eine Barbiepuppe oder ein Paar Laufschuhe, die in der Herstellung in Vietnam nur wenige Dollar kosten, in Europa, Japan oder den USA für das Dreißigfache verkauft werden. Die Preise müssen sinken, während die Löhne in den neuen Ökonomien steigen werden, alles dank der schöpferischen Zerstörung.

Auch dieses Kapitel illustriert aufs Neue das Paradox der Kontrolle. Stellen Sie sich einmal vor, Sie seien ein wohltätiger Diktator und wollen sicherstellen, dass die Wirtschaft Ihres Landes gut funktioniert. Mit den besten Absichten installieren Sie Planungs- und Kontrollsysteme, damit die Menschen das bekommen, was sie sich wünschen. Doch so, wie man in den gescheiterten Planwirtschaften sehen konnte, funktioniert das nicht. Ihren Planern wird es nicht gelingen, die Bedürfnisse der Konsumenten vorherzusagen, ebenso wenig technologische Innovationen oder äußere Ereignisse, die die Nachfrage und die Herstellungskosten verändern können. Sie fahren besser damit, wenn Sie die Kontrolle aufgeben und die Kräfte des Marktes walten lassen. Auch hier wirkt das Paradox der Kontrolle. Deshalb erzielen »freie Märkte« bessere Ergebnisse als alle anderen ökonomischen Systeme und produzieren mehr Wohlstand, auch wenn sie alles andere als perfekt sind.

In den letzten beiden Kapiteln haben wir gesehen, dass Managementtheorien so vergänglich sind wie Unternehmen. Es gibt keine einfachen Erfolgsrezepte, geschweige denn solche für einen dauerhaften Erfolg. Auf der anderen Seite lassen sich in der Weltwirtschaft anhaltende Trends beobachten: exponential sinkende Preise und exponential steigende Löhne. Die daraus erwachsenen langfristigen Herausforderungen stehen im scharfen Gegensatz zu den kurzfristigen Zielen der leitenden Angestellten. Die einzige Lösung besteht darin, die Kräfte der schöpferischen Zerstörung zu akzeptieren und so weit wie möglich zu nutzen. Diese Kräfte treiben das System des freien Marktes an, beseitigen das Überholte und führen Neues dafür ein.

Doch wie alle guten Ratschläge, die in Büchern stehen, ist dies leichter gesagt als getan. In der Geschäftswelt tätig zu sein bedeutet, seinen Fuß in Heraklits Fluss zu tauchen. Es ist eine höchst komplexe Tätigkeit, bei der man von vielen temporären Ereignissen hin- und hergeworfen wird. Tatsächlich können die Unwägbarkeiten, denen wir in der ersten Hälfte des Buches begegnet sind, den Geschäftserfolg jedes Unternehmens schnell zunichte machen: terroristische Anschläge, Tsunamis, Epidemien, Probleme im Gesundheitssystem, unseriöse Geschäftemacher oder ein Crash auf dem

Aktienmarkt. Von neuen Kräften wie dem aktuelle Fokus auf den Umweltschutz und die Arbeitnehmerrechte ganz zu schweigen. Im zweiten Teil des Buches geben wir keine weiteren Ratschläge zu Gesundheit, Investitionen und Business, sondern wollen nach Erklärungen suchen. Wie können Wissenschaft, Statistik und Psychologie uns helfen, die Ungewissheit besser zu verstehen? Die Rückschlüsse daraus überlassen wir Ihnen.

Kapitel 8

Würfelt Gott?

Gott würfelt nicht.
Albert Einstein

Nicht nur, dass Gott würfelt.
Er wirft die Würfel manchmal auch dahin,
wo wir sie nicht sehen können.
Stephen Hawking

Die bisherigen Kapitel verfolgten den Zweck, die Kontrollillusion in drei spezifischen Bereichen zu beseitigen: Gesundheit, Geldanlagen und Geschäftsführung. Trotz feiner Unterschiede in jedem Bereich zeigte sich: Wenn wir akzeptieren, dass manche Dinge jenseits unserer Kontrolle liegen, erhalten wir dadurch paradoxerweise mehr Kontrolle über unser Leben.

Wie lässt sich das erklären? Die Antwort ist eine Mischung aus Psychologie und Statistik. In den folgenden sechs Kapiteln suchen wir grundlegende Erklärungen für das Phänomen der Kontrollillusion. Damit lässt sich die Ungewissheit besser verstehen und die Entscheidungskompetenz in allen Lebensbereichen verbessern. Doch zuerst eine Geschichte, die alle besprochenen Aspekte zusammenbringt.

Der glücklose Zwilling

Die Diagnose war niederschmetternd. Jules hatte Bauchspeicheldrüsenkrebs, der sich bereits bis in die Lymphknoten und benachbarte Organe ausgebreitet hatte. Die Ärzte gaben sich zuversichtlich, die tödliche Krankheit durch eine Chemotherapie eindämmen zu können, doch Jules war weniger optimistisch. Im Internet hatte er gelesen, wie schnell sich Bauchspeicheldrüsenkrebs in Lunge und Leber ausbreitet. Ihm blieb noch ein Jahr, wenn überhaupt. Sein eineiiger Zwillingsbruder Jim, der eben noch bei ihm gewesen war, hatte versucht, ihm Mut zu machen. Den Nachmittag über hatten beide stundenlang in Erinnerungen an ihre behütete Kindheit in einem Mittelklasse-Viertel von Palo Alto in der Nähe der Stanford-Universität geschwelgt. Bis zum Alter von 11 waren die Zwillinge unzertrennlich gewesen. In der High School gehörten sie zu den Besten der Klasse, im American-Football-Team ihrer Schule waren sie die Stars. Ihre Mutter, die vor vier Jahren gestorben war, war immer sehr stolz auf sie gewesen.

Doch dann kam es zu diesem folgenschweren Unfall. Im letzten Spiel der Saison gegen die Santa Barbara High School hatte Jules sich schwer am Kopf verletzt. Er musste einen Monat im Krankenhaus behandelt werden und drei weitere Monate im Bett bleiben, bevor ihm die Ärzte erlaubten, sein normales Leben wieder aufzunehmen.

Doch das wurde nie wieder so, wie es gewesen war. Jules litt unter ständigen Kopfschmerzen. In der Schule konnte er sich nicht richtig konzentrieren oder zwanzig Minuten am Stück lesen, ohne dass ihm schwindlig wurde und er sich erschöpft fühlte. An Sport, vor allem an Football, war überhaupt nicht mehr zu denken. Trotz unzähliger Untersuchungen und Behandlungen war Jules den Anforderungen in der Schule nicht mehr gewachsen. Nach einem Jahr Pause gelang es ihm, die High School zu beenden und am San Jose City College einen Abschluss zu machen. Ohne große Lust, weiter zu studieren, nahm er einen Job im Außendienst einer Hightech-Firma an, wo er einigermaßen zurechtkam.

Bei seinem Bruder dagegen lief alles wie geschmiert. Jim schloss die High School als Klassenbester ab und studierte danach in Stanfords renommiertem Fachbereich für Computerwissenschaften. Auch hier war Jim der Beste. Während der Studienzeit gründete er mit einigen Freunden eine Firma, die spezielle Grafikdesign-Chips herstellte. Auf dem Höhepunkt des Dotcom-Booms 1999 verkauften sie die Firma. Jims Anteil von 26 Prozent brachte ihm mehr als 150 Millionen Dollar.

Dann platzte die Dotcom-Blase. 2001 verlor Jules seinen Verkäuferjob bei der Hightech-Firma. Jims Vermögen dagegen wuchs ironischerweise weiter an. Einige Jahre hatte er hin und her überlegt, was er mit seinem Geld anfangen sollte. Dann machte er mit Risikokapitalbeteiligungen zwei extrem gute Geschäfte (die gar nichts mit Hightech zu tun hatten). Mit seiner hübschen Frau und den zwei Kindern wohnte er in einem schönen Haus mit Swimmingpool, Tennisplatz und Pferdeställen.

Zuerst noch lehnte Jules die finanzielle Hilfe seines Bruders ab, doch als sein Haus gepfändet wurde und ihn seine Frau verließ, blieb ihm nichts anders übrig, als seinen Stolz zu überwinden. Jim bezahlte die Miete für die Einzimmerwohnung wie auch alle Schulden seines Zwillingsbruders. Und jetzt auch noch Krebs ... Und die Kopfschmerzen waren auch nie wirklich weggegangen. Kein Wunder, dass ihn der Neid auf seinen perfekten Bruder zerfraß. Der hatte ihm gerade angeboten, eine Behandlung durch die besten Ärzte im Krankenhaus der Stanford University plus Einzelzimmer zu bezahlen. Als es langsam Abend wurde, saß Jules in der Dämmerung und dachte, wie so oft, über den schicksalhaften Sportunfall nach. Das harte Tackling und das plötzliche Dunkel, als sein Kopf gegen die Schulter des Gegners prallte. Warum hatte er das gemacht? Und wo waren in dem Moment seine drei Mitspieler – einer davon sein Bruder –, die genauso gut dieses Tackling hätten machen können? Es war extremes Pech, dem dann ein Unglück nach dem anderen folgte (und das nun höchstwahrscheinlich in seinem frühen Tod gipfeln würde).

Jim dagegen hatte alles erreicht: Wohlstand, Gesundheit und eine wunderbare Familie. Er war immer zur richtigen Zeit am richtigen Ort gewesen. Zuerst ganz wortwörtlich beim Footballspiel, und dann auch so viele andere Male in seinen Leben. Eine außergewöhnliche Kette von Glücksfällen.

Hätte Jules Jims Gedanken lesen können, sein Neid hätte sich wahrscheinlich noch verdoppelt. Nach außen hin war Jim stets sehr bescheiden aufgetreten. Doch insgeheim beglückwünschte er sich selbst dafür, immer genau das Richtige getan zu haben. Er hatte zum richtigen Zeitpunkt seine Firma verkauft und klug investiert. Schwimmen, Tennis und Reiten hielten ihn gesund und fit. Man ist selbst seines Glückes Schmied, oder etwa nicht? Sein Bruder hat wirklich Pech gehabt. Aber im Nachhinein muss man sagen, dass ihm auch das gewisse Etwas gefehlt hatte.

Welcher der beiden Brüder hat nun Recht? Wir wissen, und auch Jules weiß, dass das Glück im Leben eine bedeutende Rolle spielt. Die Kopfverletzung war sicher Pech, die Krebserkrankung ein noch größeres. Genauso wie es Glück war, dass Jims Firma dem Dotcom-Crash entging und er zum Multimillionär wurde. Ist das Leben ein Strom zufälliger Ereignisse? Oder haben wir doch eine gewisse Kontrolle über das, was uns widerfährt? Manche Tragödien sind offensichtlich nichts als Pech: über Weinachten 2004 in Thailand Ferien zu machen, als das Land von einem Tsunami heimgesucht wurde, am 11. September 2001 in den Twin Towers zu arbeiten, von einem Hai gebissen oder vom Blitz getroffen zu werden. Solche Ereignisse kann man nur vermeiden, wenn man nie verreist, nie schwimmen geht, nicht arbeitet oder nie das Haus verlässt. Ebenso sind manche folgenschwere Ereignisse reines Glück: zum Beispiel eine Million Euro in Monte Carlo zu gewinnen oder den Blick des zukünftigen Lebenspartners auf einer überfüllten Party zu erhaschen.

Seien wir also ehrlicher mit uns selbst, als Jules und Jim es waren. Dann erkennen wir, dass Glück und eigene Aktivitäten zusammenwirken und auf diese Weise bestimmen, wie sich unser Leben entwickelt. Hätte Jules nicht ständig den Konkurrenzkampf mit seinem Bruder gesucht, um zu zeigen, dass er der Beste in der Mannschaft ist, dann hätte er das fatale Tackling vielleicht vermieden. Es war nicht nur reines Pech. Und hätte Jim nicht direkt an der Stanford University gewohnt, wäre er dort vielleicht gar nicht genommen worden. Dann hätte er dort auch nicht die drei guten Freunde getroffen, deren komplementäre Fähigkeiten und Persönlichkeiten die Firma erfolgreich gemacht hatten. Und hätte Jim nach dem Verkauf der Firma nicht so lange hin und her überlegt, hätte er sein Geld vielleicht in andere Hightech-Unternehmen investiert und alles verloren (genau das war nämlich seinen ehemaligen Geschäftspartnern passiert).

Die Schlussfolgerung ist, dass Jules, Jim und die beiden weniger vermögenden Geschäftspartner zwei Dinge gemeinsam haben. Erstens: Zu verschiedenen Zeiten freuten oder litten sie unter guten oder schlechten Ereignissen (Verkauf des Unternehmens, Unfall). Zweitens: Während manche Ereignisse von den eigenen Handlungen abhängen (Jims Erfolg an der Uni durch harte Arbeit), sind andere völlig vom Glück oder Pech abhängig (wie der Moment des Dotcom-Crashs). Doch die meisten Ereignisse werden durch eine Mischung aus eigenem Handeln und Glück bestimmt, deren genaue Anteile nur schwer zu quantifizieren sind.

Aber über eines lässt sich nicht streiten. Jim, Jules und ihre Freunde haben sehr unterschiedliche persönliche Schicksale. Mit diesem Begriff meinen wir die Summe aller guten und schlechten Ereignisse, die einem im Laufe der Zeit in Bezug auf Geld, Gesundheit, Erfolg, Liebe und Glück widerfahren. Wir hoffen sehr, dass Ihr persönliches Schicksal mehr dem des glücklichen Jim ähnelt und nicht so tragisch ist wie das des unglücklichen Jules. Das eigene Schicksal zu gestalten ist nicht einfach. Die meisten, denen dies gelingt, haben die Rolle des Zufalls im Leben verstanden, und dies nicht nur auf eine oberflächliche Weise. Ein tieferes Verständnis der Natur des Zufalles wie der Gesetzte der Wahrscheinlichkeit gehört dazu.

Auch die kumulativen Effekte des Zufalls zu verstehen ist hilfreich. Und auch wenn sich der unglückliche Zwilling darin täuscht, dass seine Handlungen nur wenig Einfluss auf seinen Lebensweg hatten, so hat er auch Recht damit, dass Glück und Pech langfristig gesehen bestimmend für ihre unterschiedlichen Schicksale waren. So als hätten beide ein Brettspiel gespielt, bei dem eine göttliche Kraft immer wieder Sechsen für Jim und Einsen für Jules geworfen hat.

Der verhängnisvolle Schmetterling

Im letzten Jahrhundert entwickelten Physiker und Mathematiker die »Chaostheorie«. Die zentrale Idee dahinter wird oft als »Schmetterlingseffekt« bezeichnet. Die Chaostheorie belegt die außergewöhnliche Kraft des kumulativen Zufalls und zeigt, dass eine extreme Katastrophe oft mit einem unbedeutenden und harmlosen Ereignis in bis dahin stabilen Verhältnissen beginnt. Stellen wir uns einen Schmetterling vor, der im Sommer 2005 auf den Bahamas durch einen Wald flog. Sein Flügelschlag erzeugte einen kleinen Luftwirbel, der durch ein anderes zufälliges Ereignis, wie etwa das leichte Flattern eines Palmenblattes in der Brise, verstärkt wurde und durch weitere ähnliche Ereignisse an Stärke zunahm. Jedes von ihnen erhöhte den kumulativen Effekt, bis aus der angesammelten Kraft und Geschwindigkeit der tropische Hurrikan Katrina entstand, der New Orleans und Teile der amerikanischen Golfküste verwüstete.

Auch von Menschen gemachte Katastrophen folgen diesem Prinzip. Als Erzherzog Franz Ferdinand 1914 trotz Warnungen vor einem Attentat einer Einladung nach Bosnien-Herzegowina nachkam, war ihm sicher nicht in den Sinn gekommen, dass er mit dieser Entscheidung dazu beitrug, den Ersten Weltkrieg auszulösen. Dadurch, dass er sein eigenes Leben aufs Spiel setzte, beförderte er unabsichtlich historische Prozesse, die im Ersten Weltkrieg 37 Millionen Menschen das Leben kosteten und zum Zweiten Weltkrieg führten.

Ein weiteres typisches Beispiel ist der Jom-Kippur-Krieg von 1973. Auch er kann als ein zufälliges Ereignis gesehen werden, das hätte vermieden werden oder zu einem anderen Zeitpunkt hätte stattfinden können. Dieser Krieg löste eine Energiekrise aus, die den Ölpreis in die Höhe trieb. Der hohe Ölpreis bremste weltweit das Wirtschaftswachstum und führte zu steigender Inflation. Diese war für immer höhere Zinsen verantwortlich, welche die Kredite verteuerten, wodurch Investitionen und Konsum zurückgingen. Das Ergebnis war eine weltweite Rezession, von der sich die Weltwirtschaft erst nach acht Jahren wieder erholt hatte.

Manchmal wirken Mensch und Natur zusammen. Die Glut einer Zigarette fällt bei einem Waldspaziergang auf einen besonders trockenen Zweig. Er beginnt zu glimmen. Der Sommerwind nährt die Flammen, und schon kommt es zu einem Waldbrand, der nicht nur unzählige Bäume zerstört, sondern auch die nahe gelegenen Vororte einer Stadt bedroht. Menschliches Handeln oder Nichthandeln kann die Situation noch weiter verschlimmern, beispielsweise ein ausgebliebener Notruf von jemandem, der ein komisches orangefarbenes Glimmen am Horizont gesehen hat, oder falsche Entscheidungen der Feuerwehrleute.

Einzelne Ereignisse führen auf diese Weise zu einer zerstörerischen Kettenreaktion.

Gib mir eine Chance

Dank der Wissenschaft können wir einige physikalische Phänomene mit hoher Präzision vorhersagen. Mit Hilfe des Gravitationsgesetzes kann man die Flugbahn eines fallenden Objektes berechnen. Selbst bevor der berühmte Apfel auf Newtons Kopf fiel, besaßen die Menschen ein intuitives Gefühl für diese Naturkraft, die uns am Boden hält. Doch bei komplexen Ereignissen wie Erdbeben sind wir immer noch nicht im Stande, Zeit und Ort vorherzusagen. Zumindest können Ingenieure Brücken und Hochhäuser bauen, die selbst starken Erdbeben standhalten. Stürzt dennoch eine Brücke ein, liegt das eher an der mangelhaften Anwendung wissenschaftlicher Erkenntnisse. Jedes Mal, wenn wir in ein Flugzeug steigen, mit einem Fahrstuhl oder über eine Brücke fahren, vertrauen wir den Vorhersagekonzepten der Ingenieure unser Leben an.

Aber wie wir wissen, gibt es banale Ereignisse, die für uns nicht vorhersagbar sind. Das einleuchtendste Beispiel ist der Wurf einer Münze. Es fällt nicht schwer, sich das Modell einer »idealen« Münze vorzustellen, bei der gleich oft Kopf bzw. Zahl erscheinen. Diese Annahme können wir quantifizieren, indem wir dem Eintreffen von Kopf eine Wahrscheinlichkeit von 0,5 bzw. 50 Prozent zuordnen. Auch der nächste Gedankenschritt ist für die meisten von uns noch nachvollziehbar. Werfen wir zwei Münzen, liegt die Wahrscheinlichkeit, dass zweimal Kopf kommt, bei 0,25 bzw. 25 Prozent, denn es gibt vier verschiedene Möglichkeiten, die alle gleich wahrscheinlich sind: (a) Kopf bei Münze A und Münze B, (b) Zahl bei Münze A und Münze B, (c) Kopf bei Münze A und Zahl bei Münze B, (d) Zahl bei Münze A und Kopf bei Münze B. Trotz dieser schlauen Kalkulation können wir nicht vorhersagen, ob die abermals geworfene Münze Kopf oder Zahl zeigen wird. Es ist ein rein zufälliges Ereignis, anders als die Kräfte, die bei einem Erdbeben auf eine Brücke oder ein Haus einwirken. Was wir durch die Wahrscheinlichkeitstheorie vorhersagen können, ist das Ergebnis beim Wurf einer großen Anzahl von Münzen. Was wir nicht vorhersagen können, ist das Resultat eines einzelnen Münzwurfs, obwohl die darin liegende Ungewissheit berechnet werden kann wie auch das daraus folgende Risiko, bei einem Glücksspiel zu gewinnen oder zu verlieren.

Interessanterweise ist die geistige Fähigkeit des Menschen, Wahrscheinlichkeit zu verstehen, relativ neu. Die ersten Schritte, regelmäßige Muster in zufälligen Ereignissen zu erkennen, wurden im Mittelalter gemacht. Im 17. Jahrhundert waren es die beiden französischen Mathematiker Pascal und Fermat, die erste Wahrscheinlichkeitsgesetze formulierten. (Sie wollten das Glücksspiel besser verstehen!) Wie frühere Zivilisationen mit der Wahrscheinlichkeit umgingen, beschreibt Peter L. Bernstein in seinem Buch *Wider die Götter: Die Geschichte der modernen Risikogesellschaft*:

> *Die Wahrscheinlichkeitstheorie hätte für die alten Griechen ein maßgeschneidertes Thema sein müssen, bedenkt man ihre Spielleidenschaft, ihre mathematischen Fähigkeiten, ihre Meisterschaft in Logik und ihre Besessenheit für Beweise. Und doch haben sich die Griechen, obwohl die zivilisierteste aller antiken Kulturen, nie in diese faszinierende Welt getraut. (…) Die Zivilisation, wie wir sie kennen, hätte sich viel schneller entwickelt, wenn die Griechen vorweggenommen hätten, was ihre intellektuellen Nachkommen, die Menschen der Renaissance, erst Jahrtausende später entdeckt haben.*[1]

Die Entwicklung der Wahrscheinlichkeitstheorie ist ein bedeutender intellektueller Schritt, der erst in jüngerer Zeit gemacht wurde. Tatsächlich widerspricht sie zutiefst unserer Intuition, besonders dann, wenn es über die einfache Kalkulation von Glücksspielen hinausgeht. Man denke an das berühmte Geburtstagsrätsel: Wie groß ist die Wahrscheinlichkeit, dass in einem Raum mit 23 zufällig ausgewählten Personen zwei von ihnen am gleichen Tag Geburtstag haben? Die Wahrscheinlichkeit ist wesentlich höher, als man vermuten würde, nämlich 0,5 bzw. 50 Prozent. Und bei 60 Leuten in einem Raum? Hier ist die Wahrscheinlichkeit fast 1 bzw. 100 Prozent. Die meisten Menschen würden jedoch auf weniger als 25 Prozent tippen. (Auf unserer Internetseite *www.dancewithchance.com* finden Sie eine Erklärung, warum diese Wahrscheinlichkeit so hoch ist.) Die Wahrscheinlichkeitstheorie birgt unangenehme logische Fallen und Überraschungen, die den Verstand erschrecken. Doch wollen wir rationale Entscheidungen treffen, kommen wir kaum ohne sie aus. Wir erinnern an die Fruchtwasseruntersuchungen aus Kapitel 4. Die Zahlen in Abbildung 1 sind Ergebnisse der Wahrscheinlichkeitstheorie, die uns helfen, entsprechend der eigenen Risikobereitschaft eine rationale Entscheidung zu treffen, also in Bezug auf die Möglichkeiten, ein Baby mit dem Downsyndrom, eine Fehlgeburt oder nur ein falsches Testergebnis zu bekommen.

Einige Glücksspielirrtümer

Um eine der Schwierigkeiten zu beschreiben, die bei der Anwendung der Wahrscheinlichkeitstheorie auf kumulative Zufallsereignisse auftreten, hier folgende lehrreiche Geschichte.

Chang war sich sicher, mit seinem Spielsystem das neue Super-Casino in Singapur besiegen zu können. Sein Plan schien einleuchtend. In einer Illustrierten hatte er einen Artikel gelesen, der plausibel erklärte, warum die Wahrscheinlichkeit, dass beim Roulette eine Farbe mehrmals hintereinander kommt, sehr gering ist. Changs daraus resultierende Strategie war simpel. Nachdem die Kugel vier Mal hintereinander auf Rot bzw. Schwarz gelandet war, würde er 50 Singapur-Dollar auf die jeweils andere Farbe setzen. Wenn er verlor, würde er 100 Dollar setzen, um den vorherigen Verlust auszugleichen. Die Wahrscheinlichkeit, dass eine Farbe sechs Mal hintereinander erscheint, ist noch viel geringer als fünf Mal. Und sollte tatsächlich das Allerschlimmste eintreten, würde er seinen Einsatz noch einmal auf 200 Dollar verdoppeln, denn sieben Mal hintereinander war extrem unwahrscheinlich. Möglich war es schon, doch in diesem Fall hätte er einfach weitergemacht und jedes Mal den Einsatz erhöht. Ganz einfach.

Am Anfang lief alles gut. Changs Zuversicht stieg. Doch gerade, als er sich unbesiegbar zu fühlen begann, kam zehn Mal hintereinander Schwarz. Jetzt setzte er 3200 Dollar. An die Stelle der Euphorie war mittlerweile Panik getreten. Doch die Logik war ja auf seiner Seite. Mit feuchten Händen setzte er die Chips wieder auf Rot. Er wartete darauf, dass die Kugel in einem Nummernfach liegen blieb. Es kam … Schwarz. Zum elften Mal hintereinander. Dennoch blieb er seinem unfehlbaren System treu und lieh sich von seinen Freunden 4200 Dollar. Sein nächster Einsatz betrug 6400 Dollar. Er verlor. Insgesamt 12.750 Dollar in dieser Nacht. Er konnte sich nicht mal mehr eine Tüte Chips leisten, um sie in der U-Bahn auf dem Weg nach Hause zu essen.

Diese Geschichte hat sich, traurigerweise, bereits mehrere Male genau so ereignet. Ihr liegt ein verbreitetes Missverständnis zugrunde, dem Psychologen den Namen »Spielerfehlschluss« gegeben haben. Der Fehler ist so simpel wie Changs falsche Logik. Natürlich ist die Wahrscheinlichkeit, dass Schwarz beim Roulette fünf Mal hintereinander kommt, sehr gering und für zwölf Mal noch wesentlich geringer. Doch es ist ebenso richtig: Das Rouletterad hat kein Gedächtnis. Es kann sich an die letzte Zahl nicht erinnern, geschweige denn an die zehn davor. Anders ausgedrückt: In jedem Spiel sind die Chancen auf Schwarz gleich groß, egal welches das vorherige Ergebnis war. Mathematisch betrachtet ist die Wahrscheinlichkeit, dass Schwarz das zwölfte Mal kommt, nachdem es bereits elf Mal hintereinander erschienen ist, genau so hoch wie beim ersten Spiel (und deshalb auch bei allen folgenden Spielen). Statistisch gesehen sind alle zukünftigen Ergebnisse unabhängig von den vorherigen.

Zumindest haben Glücksspieler, die einen solchen Spielerfehlschluss machen, verstanden, dass sie es mit Zufall und Wahrscheinlichkeitstheorie zu tun haben. Sie haben diese nur falsch angewendet, wofür sie deshalb Lehrgeld zahlen müssen. Wer sich mit der Illusion der Kontrolle an einen Roulettetisch setzt, muss schon ziemlich dumm sein. Oder würden Sie es auch so machen?

Tatsächlich stellt die Wahrscheinlichkeitstheorie selbst für mathematisch gebildete Menschen eine große Herausforderung dar. Nehmen wir zum Beispiel Dimitris, ein Freund eines der Autoren. Sein kleines Unternehmen läuft gut, doch Dimitris ist spielsüchtig. Am liebsten spielt er Roulette. Vier- bis fünfmal die Woche geht er für eineinhalb Stunden in ein Athener Kasino. Dimitris besitzt ein Kaffeehaus in einem angesagten Viertel. Von 11:00 Uhr morgens bis nachts um 3:00 ist sein Laden voll, und so verdient er gut. Dimitris glaubt, dass er nur oft genug spielen müsse, um endlich einmal viel zu gewinnen und so die über die Jahre angesammelten Verluste wettzumachen. In einer ganz schlimmen Phase hatte Dimitris die Geschäftsgewinne eines halben Jahres verspielt, dazu alle Ersparnisse und weiteres geliehenes Geld. Er schloss mit seiner

Frau, die sehr unter der Spielsucht ihres Mannes litt, einen Kompromiss. 3000 Euro pro Woche dürfe er für Glücksspiel ausgeben, aber keinen Cent mehr. Seit fünf Jahren hielt sich Dimitris mit großer Selbstdisziplin an diese Abmachung (von kleinen Ausreißern abgesehen, als er so von seinem Glück überzeugt war, dass er sich von Freunden noch mehr Geld borgte). Geholfen hat auch, dass sein Sohn die Leitung des Ladens übernahm und Dimitris somit keinen direkten Zugang mehr zur Kasse hatte.

Dimitris geht ins Kasino, um Spaß zu haben. Den größten Kick bekommt er, wenn er nur auf Farbe setzt anstatt auf Zahlen, oder auf Kombinationen aus Zahlen und Farbe. Da er selten mehr als 25 Euro setzt, reicht das wöchentliche Spielgeld normalerweise vier Tage. Ganz selten verliert er alles in einer Nacht. In diesem Fall hat er zumindest mehr Zeit für seine Familie. Doch manchmal gewinnt er und geht mit dem Vierfachen nach Hause. Die großen Verluste der Vorjahre gleicht das aber nicht aus. Nach wie vor hofft Dimitris, die Bank zu sprengen. So könnte er seiner Familie beweisen, dass seine Glücksspielleidenschaft nicht nur eine idiotische Sucht ist. Dieser Moment des glücklichen Zufalls muss doch eines Tages kommen. Es ist nur eine Frage der Zeit.

Es gibt viele Menschen mit einer ähnlichen Spielleidenschaft wie Dimitris. Gewinnen sie langfristig oder gleichen sich die Verluste zumindest aus? Die Antwort ist: Mit ziemlicher Sicherheit nicht. Denn Roulettespieler wie Dimitris haben gegenüber dem Kasino einen winzigen Nachteil. Dimitris' Gewinnchancen liegen bei 0,4865 (nicht bei 0,5 wie beim Münzwurf), die des Kasinos dagegen bei 0,5135. Die Erklärung für diejenigen, die nie selbst Roulette gespielt haben: Es gibt 18 schwarze Fächer, 18 rote und ein neutrales. Damit liegt die Wahrscheinlichkeit, dass die Kugel auf Rot (bzw. Schwarz) landet, bei 18 : 37 (0,4865 in Dezimalzahlen). Und die Wahrscheinlichkeit, dass sie nicht Rot (bzw. Schwarz) trifft, liegt beim gleichen Wurf bei 19 : 37 (0,5135).

Dieser minimale Unterschied in der Wahrscheinlichkeit von 0,027 bringt dem Kasino einen bedeutenden Vorteil bei einer großen Anzahl von Spielen. Andersherum sind Dimitris' Chancen, die Bank bei einer großen Anzahl von Spielen zu sprengen, verschwindend gering. Unglücklicherweise ist für unseren Freund aus Athen die Wahrscheinlichkeit von 0,4865 jedoch groß genug, um relativ oft zu gewinnen, im Durchschnitt fast jedes zweite Mal. Das nährt seinen falschen Optimismus, die Bank irgendwann zu knacken. Wieder einmal finden wir dieses mächtige Gebräu aus Psychologie und Statistik.

Und die Moral von der Geschichte? Vielleicht sollte Dimitris statt des Kaffeehauses lieber ein Kasino betreiben. Für die finanzielle Seite seines Schicksals wäre das von erheblichem Vorteil.

Losglück

Das Leben ist im Gegensatz zum Roulette kein Glücksspiel. Unser persönliches Schicksal ist das Resultat aus zufälligen Ereignissen und eigenen Handlungen. Doch, wie die Geschichte von Jules und Jim gezeigt hat, sind diese beiden Elemente nur schwer zu quantifizieren. Und da wir uns vor allem mit den Resultaten und weniger mit den Ursachen beschäftigen, bemühen wir uns selten, den glücklichen Zufall vom handlungsbedingten Ergebnis zu unterscheiden. Nehmen wir die Geschichte eines Spaniers, der den Hauptpreis in der Lotterie gewann. Wie er das gemacht habe, fragten ihn die Journalisten. Der Gewinner antwortete allen Ernstes, er hätte bewusst ein Los mit der Endziffer 48 ausgewählt. »Aber warum?«, fragten die Reporter weiter. Seine Erklärung lautete: »Ich hatte siebenmal von der Zahl Sieben geträumt. Und sieben mal sieben ergibt 48.« Seine begrenzten Rechenkünste haben diesen Mann sehr reich gemacht.

Ein Weg, um mehr über den Einfluss von Zufall und Handeln auf ein Ergebnis zu verstehen, ist das Erstellen einer »Baseline«, einer Grundlinie für das Glück, das ausschließlich durch Zufallsprozesse zustande gekommen ist. Wenn wir herausfinden, welches »Gesicht« der Zufall hat, können wir auch besser einschätzen, was wir vorhersagen können und was nicht.

Stellen wir uns dafür folgendes Spiel vor. Sie setzen bei einem Münzwurf 500 Dollar. Die Chance zu gewinnen oder zu verlieren liegt bei 50 Prozent. So weit, so einfach. Jetzt nehmen wir an, dass Sie nicht nur ein Mal, sondern 100 Mal spielen und jedes Mal 500 Dollar setzen. Gewinne und Verluste stellt eine Grafik dar, die anzeigt, wie der Zufall aussieht. Diesen Prozess wiederholen wir einige Male, bis sechs Grafiken entstanden sind. Die Abbildun-

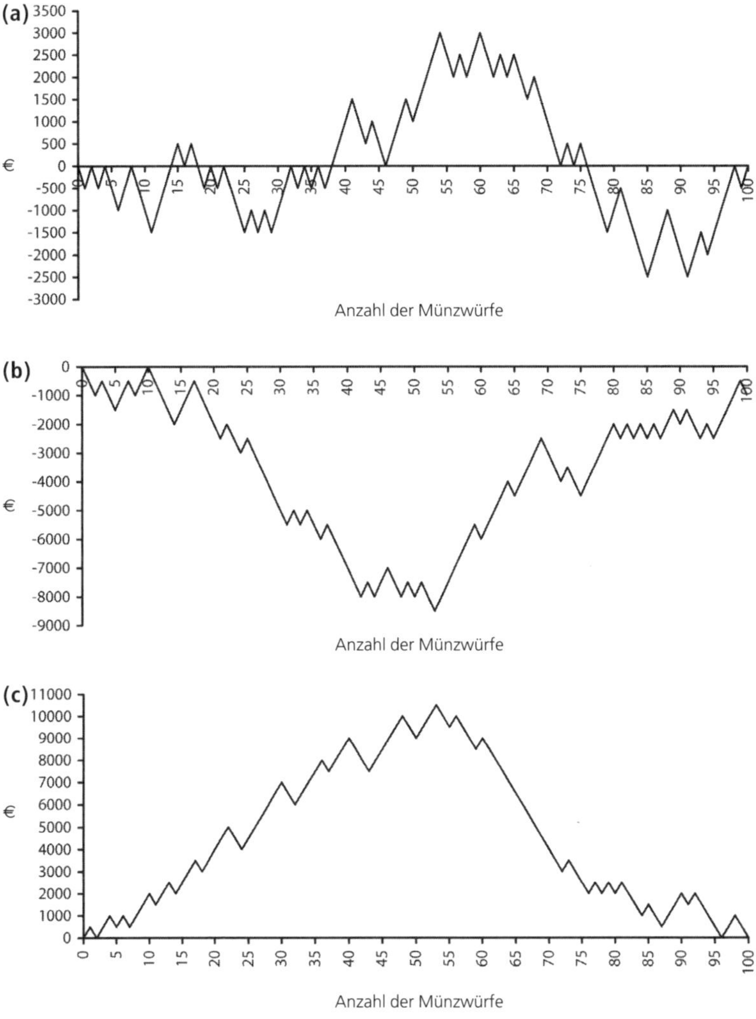

Abbildungen 9a, 9b, 9c Kumulative Gewinne/Verluste beim Münzwurf (100 Würfe mit einem Einsatz von je 500 Euro)

gen 9a bis 9f zeigen einige typische und auch untypische Ergebnismuster.

Wie man sieht, hat der Zufall viele verschiedene Gesichter. Jede der Grafiken zeigt die kumulativen Effekte (Gewinne und Verluste), wenn man die Münze 100 Mal wirft und jedes Mal 500 Dollar setzt. Jeder Punkt in einer Grafik zeigt die Summe der Gewinne und Verluste zu diesem Zeitpunkt an.

Abbildung 9a sieht so aus, wie es die meisten wohl erwarten. Das Endergebnis ist identisch mit dem Ausgangswert. Während des Verlaufs liegen wir mal auf der Verlustseite und mal auf der Gewinnseite. In diesem speziellen Fall ist das zufällige Glück bei den ersten 50 Würfen durchschnittlich etwas größer als bei den letzten 50. Doch wie wir wissen, ist dies nur reines Glück.

Abbildung 9b, 9c und 9d sind mit Abbildung 9a insofern identisch, als das Endergebnis bei null oder zumindest nahe bei null liegt, so als wäre man wieder am Anfang angekommen. Doch die Muster, die die 100 Würfe zeichnen, sind recht unterschiedlich. In Abbildung 9b fängt es sehr schlecht an, wird immer schlechter, bis es dann gegen Ende zu einer Erholung kommt. Abbildung 9c zeigt das genaue Gegenteil. Hätte der Glücksspieler bloß nach 53 Würfen aufgehört! Auch Abbildung 9d zeigt gute Anfangsergebnisse, dann viele Verluste, bevor sich das Ergebnis erholt, um am Ende bei null zu landen. Im Unterschied zu Abbildung 9a zeigen die Abbildungen 9b, 9c und 9d Wachstum und Verfall, beziehungsweise Kurven, die beides beinhalten. Wenn man es nicht besser wüsste, könnte man denken, diese Sequenzen seien nicht zufällig entstanden, sondern folgen einem klaren Muster.

Jetzt zu den Abbildungen 9e und 9f. Abbildung 9e zeigt ein eher unvorteilhaftes Ergebnis. Es fällt und sinkt immer weiter. Abbildung 9f dagegen zeigt ein angenehmeres Bild. Die Gewinne nehmen stetig zu. Schwer zu glauben, dass diese Grafik durch einen reinen Zufallsprozess erzeugt wurde. Selbst ein spielsüchtiger Kasinobesucher wie Dimitris würde sagen, sie sei zu schön, um wahr zu sein.

Zusammenfassend können wir aus diesen Abbildungen wie aus unseren Reaktionen auf sie einiges lernen.

- Erstens: Durch Zufall entstandene Ergebniskurven erscheinen uns manchmal als nicht zufällig.
- Zweitens: Menschen kommen schnell zu der Überzeugung, Muster in ihrer Umgebung zu erkennen. Das hat wahrscheinlich evolutionäre Gründe (vgl. Kapitel 1).

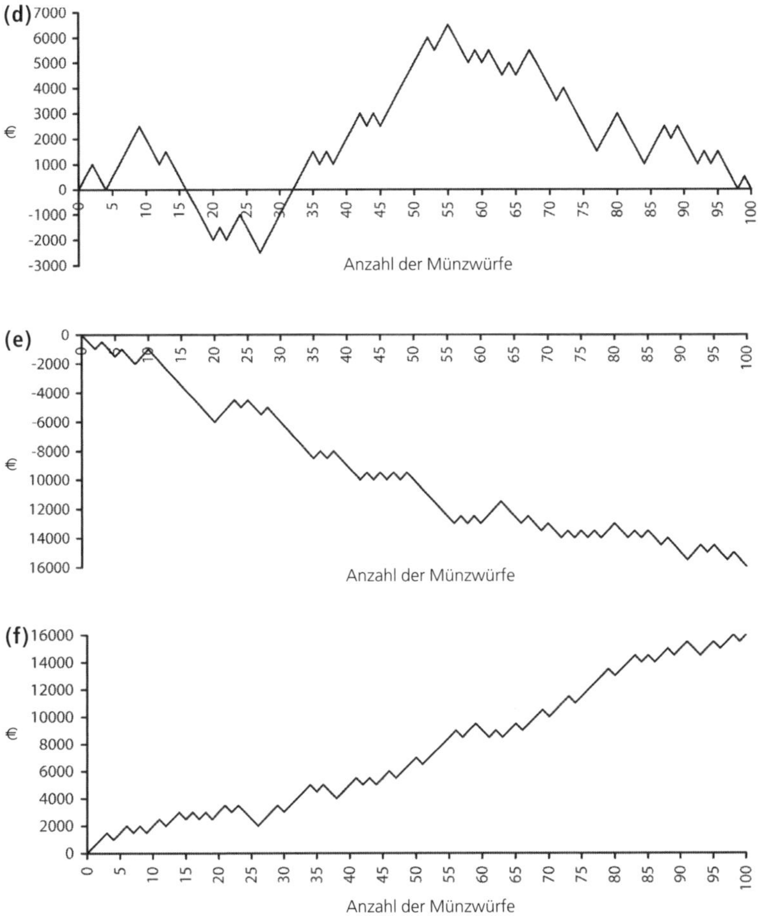

Abbildungen 9d, 9e, 9f Kumulative Gewinne/Verluste beim Münzwurf (100 Würfe mit einem Einsatz von je 500 Euro)

Regelmäßigkeiten in der Natur zu erkennen hat unserer Spezies einigen Nutzen gebracht, nicht zuletzt die Wissenschaft.

- Drittens: Wir können nicht immer mit Sicherheit sagen, ob diese Muster tatsächlich existieren. In der Entwicklung des Menschen war es wahrscheinlich vorteilhafter, Regelmäßigkeiten zu sehen, wo keine sind, als umgekehrt. Das mag in der evolutionären Entwicklung zu einem gewissen Aberglauben geführt haben, doch die Nachteile des alltäglichen Aberglaubens sind verhältnismäßig gering.

- Viertens: Wie wir bei medizinischen Tests gesehen haben (vgl. Kapitel 3), gibt es zwei Arten von Fehlern. Der eine ist, ein Muster zu erkennen, wo keines ist. Der andere, ein Muster nicht zu erkennen und zu glauben, der Zufall sei verantwortlich. Ist der Einsatz hoch, dann ist es wahrscheinlich kostspieliger, vermeintliche Muster zu sehen, wo keine sind.

Abbildung 10 soll diesen letzten Aspekt verdeutlichen. Nachdem wir die sechs Beispielabbildungen gesehen haben, wäre es naheliegend zu glauben, dass auch die folgende Grafik die kumulativen Gewinne eines Glücksspiels darstellt. Doch in Wirklichkeit sehen wir hier einen Aktienmarktindex, und zwar den des S&P 500 vom 3. Januar 2007 bis zum 2. Januar 2008. Und tatsächlich sieht diese Grafik viel zufälliger aus als einige der vorherigen! Das sollte uns aber nicht überraschen, wenn man sich an die in Kapitel 4 und 5 besprochene Unfähigkeit zur Vorhersage der Entwicklungen am Aktienmarkt erinnert.

Es gibt einen einfachen Test, mit dem man herausfinden kann, ob Grafiken wie die oben gezeigten durch Zufall entstanden sind oder nicht. Der so genannte »Entfaltungstest« funktioniert folgendermaßen:

Verdecken Sie die Abbildung vollständig mit einem Blatt Papier. Schieben Sie dann das Blatt etwas nach rechts, so dass Sie den ersten Punkt der Grafik sehen können. Jetzt schieben Sie das Papier etwas weiter nach rechts, um einige weitere Punkte zu betrachten. Nun versuchen Sie vorherzusagen, welches der nächste Punkt in der Abbildung sein wird. Sehen Sie nach, ob Ihre Vorhersage stimmt. Wiederholen Sie das mehrere Male. Nachdem Sie einige Vorhersagen gemacht haben, bekommen Sie ein Gefühl dafür, ob es sich um ein erkennbares Muster handelt oder nicht. Doch seien Sie ehrlich. Wenn Sie dies mit allen Abbildungen in diesem Kapitel machen, selbst mit den Abbildungen 9e und 9f, werden Sie bemerken, dass Sie Veränderungen nicht immer vorhersagen können. Es wirkt so,

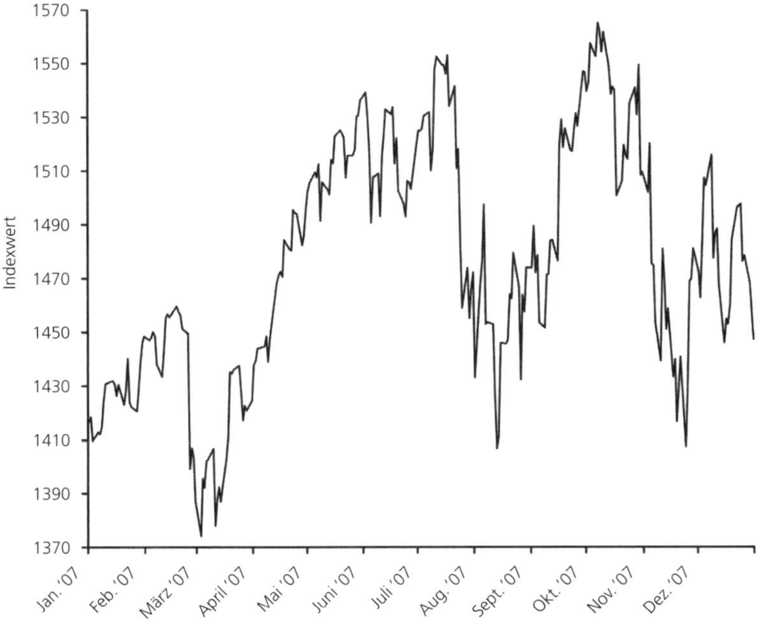

Abbildung 10 S&P 500, Januar 2007 bis Januar 2008

als hätte die Linie ihren »eigenen Kopf«. Man weiß nie, wann sie die Richtung ändert. Statistiker nennen das »Zufallsbewegungen«.

Bewegungen am Aktienmarkt, Wechselkurse, Future-Preise und die Entwicklungen vieler anderer ökonomischer Werte folgen Mustern, die ebenso gut durch Zufall bestimmt sein könnten. Deshalb ähnelt kurzfristiges Investieren auf dem Aktienmarkt dem Münzwurf. Doch langfristig gleicht es eher dem Roulette, nur dass wir als Anleger einen kleinen Gewinnvorteil haben, wenn wir Gefühle vermeiden und rational investieren. Dank des kumulativen Effekts des Zufalls und des Fortschritts steigen die Gewinne. Noch nicht überzeugt? Da sind Sie nicht allein. Doch die statistischen Beweise sind stichhaltig. Langfristig verbessert sich Ihr finanzielles Schicksal substanziell, wenn Sie die Aktien, die Sie kaufen, nach dem Zufallsprinzip auswählen. Im Durchschnitt ist es natürlich noch besser, wenn Sie Ihr Portfolio nach dem Gesamtmarktindex ausrichten (siehe dazu Kapitel 4 und 5.).

Money, Money, Money

Jordi ist ein 45-jähriger Zahnarzt mit einer gutgehenden Praxis in Barcelona. Als junger Mann war er vom Roulette besessen, doch jetzt, etabliert und relativ vermögend, interessiert er sich mehr für den Aktienmarkt. In letzter Zeit hat er mehrere aktuelle Bücher über Finanzfragen und Statistik gelesen und sich dadurch einiges an fachmännischem Wissen angeeignet. Er selbst formuliert es so: »Ich weiß jetzt, warum Roulette Zeit- und Geldverschwendung war. Dieser minimale Vorteil des Kasinos macht bei vielen Einsätzen einen großen Unterschied.« Doch Jordi ist immer noch verwirrt:

> *Ich weiß, dass beim Roulette der Zufall alles bestimmt. Doch für das tägliche Auf und Ab der Aktienkurse wird es gute Gründe geben. Die Wirtschaftszeitungen sprechen von veränderten Zinssätzen, Übernahmeangeboten, Verbrauchervertrauen und Ähnlichem. Ich vermute, dass beim Roulettespiel auch physikalische Kräfte eine Rolle spielen, doch ich verstehe, dass kein Mensch je im Stande sein wird, diese präzise zu messen. Bei Aktienpreisen und Wechselkursen ist das etwas anderes. Sie reagieren auf bestimmte ökonomische Faktoren. Das kann man doch nicht Zufall nennen.*

Jordis Fragen sind berechtigt. Einige Dinge ist er bereit einzusehen: Die Unvorhersehbarkeit der Märkte, die Möglichkeit, dass der in seiner favorisierten Wirtschaftszeitung gefeierte Investorenstar nur Glück hatte und dass Abbildung 10 wie eine Zufallsbewegung aussieht, wenn auch mit einer leicht ansteigenden Tendenz. Doch als wissenschaftlich denkender Mensch kann Jordi es nicht akzeptieren, dass Unvorhersehbarkeit das Gleiche sein soll wie Zufall. Genauso wenig mag er einräumen, dass etwas heute Unvorhersehbares auch morgen noch unvorhersehbar sein muss. Wenn die Menschen im Stande sind, die Rätsel der Quantenmechanik und der Genetik zu lösen, den Burdsch Chalif in Dubai und das Viadukt von Millau in Frankreich zu bauen, dann müssten doch auch die ökonomischen Kräfte, deren Wirken der S&P 500 anzeigt, zu erfassen sein. »Das ist kein weiteres Beispiel für die Kontrollillusion«, beharrt der Zahnarzt. »Ich weiß, dass ich von Statistik nicht genug verstehe. Aber es wird doch irgendjemanden geben, der Bescheid weiß.«

Einer bedeutenden Theorie nach werden wir nie im Stande sein, das Rätsel der vom Menschen erschaffenen Märkte zu ergründen. Entwickelt wurde die Effizienzmarkthypothese in den späten 60er Jahren von Professor Eugene Fama von der University of Chicago's Graduate School of Business. Danach hat jede neue Information, die einen Aktienwert oder den Aktienmarkt als Ganzes beeinflusst, eine unmittelbare Wirkung. Die Aktienkurse geben diese Information wieder, sobald sie auftaucht. Wenn Sie also die aktuelle Tageszeitung lesen oder Nachrichten im Fernsehen sehen, ist es schon zu spät. Deshalb haben Leute mit Insiderinformationen einen so großen Vorteil. Und deshalb ist Insiderhandel auch verboten.

Natürlich vereinfacht diese Darstellung die Problematik. Die Debatte um Famas Theorie ist immer noch nicht beendet. Einige wenige kategorische Varianten bezüglich der Effizienzmarkthypothese sind entwickelt worden und geben denjenigen ein bisschen Spielraum, die glauben, den Markt durchschauen zu können. Doch alle empirischen Daten zeigen, dass praktisch gesehen Einsätze an der Börse das Gleiche wie Glücksspiel sind. Und selbst wenn es einen Aktienmarkt-Einstein geben würde, so wie Jordi ihn sich vorstellt, warum sollte er uns das Geheimnis verraten? Es wäre für dieses Superhirn doch viel besser, in einem tropischen Paradies am Pool zu sitzen, ein bisschen in diesem Buch zu blättern und an seinem Gin Tonic zu nippen, während sein Vermögen wächst.

Dennoch bringt Jordi einige wichtige Fragen zur Sprache. Die Aktienwerte reagieren auf ökonomische Faktoren so wie das Rouletterad und die Münze auf physikalische Kräfte. Doch aufgrund der vielen Variablen und ihrem theoretisch unmittelbaren Einfluss ist das Endergebnis letztlich das Gleiche wie bei einem Glücksspiel. Dazu kommt, dass mit der Globalisierung der Finanzmärkte immer mehr Variable Einfluss nehmen. Je weiter sich das Internet verbreitet, desto schneller verbreiten sich auch die Informationen dieser verschiedenen Variablen. Und desto weniger vorhersagbar wird der nächste Wendepunkt auf dem Aktienmarkt. Natürlich sind die Erklärungen der Experten zu den aktuellen Marktentwicklungen interessant. Doch auch diese Kommentatoren können nicht vorhersehen, was morgen passieren wird. (Wir kommen auf die Frage der rückblickenden Einsicht im nächsten Kapitel zu sprechen.) Sorry, Jordi, aber es gibt nur einen sicheren Weg, am Aktienmarkt Geld zu verdienen: Kauf die Zeitung von morgen schon heute oder sieh dir die Abendnachrichten schon morgens an, am besten dann, wenn die Börse ihre Tore öffnet.

Doch trotz aller Gegenbeweise gibt es ein kollektives Festhalten an dem Glauben, die Ereignisse am Aktienmarkt seien vorhersehbar. Eine ganze Industrie von Fondsmanagern, Investmentberatern und Markt-Gurus ist dadurch entstanden. Doch keiner dieser hochbezahlten Experten sah den »Schwarzen Montag« von 1987 voraus oder die Technologieblase am Ende des 20. Jahrhunderts, die Immobilien- und Kreditkrise 2007/2008 oder alle anderen Desaster, die Chaos auf den Finanzmärkten auslösten. Wieder einmal stoßen wir auf die notorische, nervtötende Kontrollillusion.

Kontrollillusion kontra Fatalismus

Bitte verstehen Sie uns nicht falsch. Wir wissen, dass die Kontrollillusion auch ihre guten Seiten hat. Unsere prähistorischen Urahnen bauten Häuser, züchteten Tiere und kultivierten das Land, um die Wirkung unvorhersehbarer Umwelteinflüsse wie Hitze und Kälte zu reduzieren. Und weil die Kontrollillusion für die evolutionäre Entwicklung so wichtig war, leuchtet es ein, warum wir erst so spät auf die Wahrscheinlichkeitstheorie gekommen sind und warum die Effizienzmarkthypothese einen so großen Erkenntnissprung bedeutet.

Die Psychologie kann hier etwas Trost spenden. Es ist ganz natürlich, dass wir uns durch zufällige Ereignisse außerhalb unserer Kontrolle bedroht fühlen. Doch im modernen Leben hängt sehr viel vom Zufall ab. Wir möchten hier noch einmal wiederholen: Die Ungewissheit lässt sich nicht eliminieren. Und man sollte vorsichtig mit ihr umgehen. Der berühmte Philosoph und Mathematiker Bertrand Russell hat es so formuliert: »Zu zeigen, wie man mit der Ungewissheit leben kann, ohne durch Zögern gelähmt zu sein, ist vielleicht die zentrale Aufgabe der Philosophie.« Keine Sorge, wir begeben uns jetzt nicht in die esoterischen Gefilde der Philosophie. Es sollte ausreichen, dass wir in diesem Kapitel die Psycholo-

Tabelle 11 Glaube an die eigenen Fähigkeiten und Zufall kontra Realität

	Das Ergebnis hängt von **unseren eigenen Fähigkeiten** ab	Das Ergebnis hängt vom **Zufall** ab
Wir **glauben**, das Ergebnis hängt von **unseren eigenen Fähigkeiten** ab	**OK**	**Kontrollillusion**
Wir **glauben**, das Ergebnis hängt vom **Zufall** ab	**Fatalismus**	**OK**

gie, die Mathematik, die Physik und die Ökonomie zu Rate gezogen haben. Um weiterzukommen, betrachten wir einmal das Gegenteil der Kontrollillusion. Die Psychologen nennen es »Fatalismus«.

Tabelle 11 ist eine Gegenüberstellung von Annahmen und Realität. Beginnen Sie links oben, dort wo »OK« steht. Wenn Sie glauben, ein Ergebnis hängt von Ihren Fähigkeiten ab, und das ist tatsächlich der Fall, dann ist alles bestens.

In dieser Situation verbessert man durch den aktiven Einsatz der eigenen Fähigkeiten die Erfolgschancen. Ein gutes Beispiel dafür ist die Schule. Ist man gut in einem Fach und bereit, fleißig zu lernen, dann bekommt man auch die Note, die man sich verdient hat.

Demgegenüber steht (in der Tabelle rechts unten) eine Situation, die man richtigerweise als zufallsbestimmt einschätzt. So ist man nicht überrascht, wenn die Dinge nicht so kommen wie erwünscht. Klassische Beispiele dafür sind Roulette und Lotterie. Ist eine Situation wie in der Tabelle oben rechts, dann läuft etwas falsch. Man glaubt, dass Ereignisse, die vom Zufall bestimmt sind, von einem selbst (oder jemand anderem) beeinflusst werden können. Hier steckt wieder unsere alte Bekannte, die Kontrollillusion, dahinter. Erinnern Sie sich an die in Kapitel 1 beschriebene Verhaltensänderung der Reisenden nach dem 11. September? Viele Menschen glaubten, sie hätten mehr Kontrolle über ihr Leben, wenn sie mit dem eigenen Auto fahren anstatt mit dem Flugzeug zu fliegen. Doch dieses Gefühl der Kontrolle war eine Illusion, ausgelöst durch eine falsche Einschätzung des Risikos. In anderen Situationen sind andere Beweggründe verantwortlich. Beim Glücksspiel ist es meistens die Gier.

Die Geschichte der beiden Zwillinge am Anfang dieses Kapitels verdeutlicht einen weiteren wichtigen Aspekt der Kontrollillusion. Wir neigen dazu, Erfolge uns selbst zuzuschreiben, Niederlagen dagegen dem Pech. Jim hatte wiederholt Glück, ist aber davon überzeugt, er selbst hätte sein Schicksal durch seine eigenen Fähigkeiten bestimmt. Ist das problematisch? Im Grunde ist es eine Frage der Interpretation vergangener Ereignisse, bei der jeder in einem guten Licht erscheinen möchte. Nur ist Jims Stolz genau die Art von Selbsteinschätzung, auf die sich die Redewendung »Hochmut kommt vor dem Fall« bezieht. Schon bald wird Jim seine Möglichkeiten überschätzen und eine böse Überraschung erleben (mehr dazu in Kapitel 12).

So sehr wir auch immer wieder vor der Kontrollillusion warnen, wollen wir auf keinen Fall dem entgegengesetzten psychologischen Zustand, dem Fatalismus, das Wort reden. Wir finden ihn in der Tabelle 11 unten links. Fatalismus bedeutet, man selbst glaubt, keinen Einfluss auf die Dinge zu haben, die einem widerfahren. Fatalismus tritt auf, wenn man die eigenen Möglichkeiten unterschätzt oder Versagensängste hat. Jules, der Pechvogel der Zwillinge, fühlt sich hilflos, als er einsieht, dass er mit seinem Bruder nicht mehr konkurrieren kann, weder im Klassenzimmer noch auf dem Footballplatz. Seine Kopfschmerzen könnten durchaus psychologische Gründe haben, liefern sie ihm doch eine Entschuldigung dafür, sich nicht mehr mit seinem Bruder messen zu müssen. Vielleicht glaubte er auch unbewusst, dass zu harte Anstrengung in der Schule zu einer ähnlichen Katastrophe führen könnte wie das Tackling in dem Football-Match. Menschen, die ihre eigenen Möglichkeiten unterschätzen und die Kraft des Zufalls überbewerten, haben wenig Chancen auf Erfolg. Sie geben schon vorher auf.

Der Psychologe Richard Wiseman[2] hat untersucht, was Menschen wie Jules und Jim unterscheidet. Er fand heraus, dass die Glücklichen, so wie Jim, aufgeschlossener sind und größere Kontaktnetzwerke aufbauen. Auch sie können zufallsbestimmte Ereignisse nicht beeinflussen, doch den Glücklichen bieten sich viel mehr Gelegenheiten als den Unglücklichen. Nehmen wir Jim als Beispiel. An der Stanford University boten sich ihm mehr Chancen, fähige

Geschäftspartner zu finden als seinem Bruder Jules in San Jose. »Man ist selbst seines Glückes Schmied«, wie Jim es treffend ausgedrückt hat, wenn man sich mehreren Gelegenheiten aussetzt. Das Gleiche gilt für ein Start-up-Unternehmen in San Francisco, einer Gegend, in der es vor Risikokapitalgesellschaften nur so wimmelt. Versetzen Sie ein Unternehmen mit der gleichen Geschäftsidee nach Griechenland, wo kaum Risikokapital verfügbar ist, wird es wahrscheinlich scheitern.

Das Spiel der Konsequenzen spielen

Leider ist die Wirklichkeit nicht so einfach, wie Tabelle 11 sie darstellt. Weder Haltung noch Handlungsresultate lassen sich in kleine Kästchen einordnen. Jeder verhält sich mal fatalistisch oder agiert unter dem Einfluss der Kontrollillusion. Weil solches Fehlverhalten wahrscheinlich ist, sollten wir zwei wichtige Faktoren berücksichtigen. Zum einen die Bedeutung des Ergebnisses, zum anderen die Gefühle, die uns antreiben.

Nehmen wir einmal an, das Resultat einer Handlung ist nicht wirklich wichtig. Zum Beispiel beim Golfspielen oder beim Ausprobieren eines neuen Rezeptes. Bei beiden Aktivitäten spielen Zufall und Fähigkeiten eine Rolle. Aber was macht es schon, wenn man die nötigen Fähigkeiten unterschätzt? Das Schlimmste, was einem passieren kann, ist, gnadenlos zu verlieren oder den Pizzaservice anrufen zu müssen. Der Erfolg dagegen ermutigt einen, die eigenen Fähigkeiten weiterzuentwickeln. Vielleicht kochen Sie ja so gut, dass es nicht nur Ihren Freunden schmeckt, sondern Ihnen eine Karriere als Chefkoch bevorsteht. Deshalb empfehlen wir bei unbedeutenden, sich wiederholenden Handlungen eine kleine Dosis Kontrollillusion. Selbst an einem miesen Golftag ist sie wahrscheinlich besser als Fatalismus.

Doch freuen Sie sich nicht zu früh! Stellen Sie sich jetzt bitte eine reale Situation vor, bei der Ihre Entscheidung potenziell tragische Konsequenzen haben kann. Zum Beispiel die, ob Sie den langsamen Fahrer vor Ihnen überholen oder wann Sie mit Ihrem neuen Internetunternehmen loslegen. In beiden Situationen kann eine Überschätzung der eigenen Fähigkeiten fatale Folgen haben, Vorsicht dagegen zahlt sich eher aus. Bei Lebensgefahr oder Bankrottrisiko sollten Sie es also besser mit etwas Fatalismus versuchen und sich nicht der Kontrollillusion hingeben.

Und schließlich möchten wir noch etwas empfehlen, was man vor allem bei logischen Entscheidungen eher selten macht. Analysieren Sie Ihre Gefühle. Wie gesagt tritt die Kontrollillusion oft in Verbindung mit Gier auf, Fatalismus dagegen mit Angst. Übereilte Investitionen auf dem Aktienmarkt und die Verweigerung kompetitiver Situationen sind nur zwei Beispiele. Man kann die Lähmung aufgrund von Unentschlossenheit durch einen bewussten Umgang mit den eigenen Emotionen überwinden. Weder Angst noch Gier sind gute Wegweiser für eine richtige Einschätzung des Verhältnisses von eigenen Fähigkeiten und Zufall. Setzt man seine Gefühle aktiv ein, trifft man auch bessere Entscheidungen. Doch wir greifen vor. Zum spannenden Thema Emotionen kehren wir in Kapitel 12 zurück. Dort wollen wir über Entscheidungsfindung sprechen und darüber, wie sehr einige Entscheidungen unser Leben maßgeblich beeinflussen.

Für den Moment halten wir fest, dass unser persönliches Schicksal durch Fähigkeiten wie durch Zufälle geprägt wird. Es ist wichtig, beide Elemente zu verstehen, selbst wenn wir sie nicht präzise messen können. In den nächsten vier Kapiteln besprechen wir weitere Theorien und Praktiken, die helfen sollen, die Kontrollillusion zu überwinden und richtige Entscheidungen zu treffen. Zuerst beschäftigen wir uns aber mit unseren Fähigkeiten zur Vorhersage. Es besteht ein großes Ungleichgewicht zwischen der Leichtigkeit, mit der wir Vergangenes erklären, und den Schwierigkeiten, die Zukunft vorherzusagen.

Kapitel 9

Vergangenheit oder Zukunft

Ich interessiere mich für die Zukunft,
denn dort werde ich den Rest meines Lebens verbringen.
Charles F. Kettering, Erfinder

Die bedeutende kanadische Psychologin Janet Bavelas bat einmal eine Gruppe von Studenten, sich vorzustellen, einer ihrer Professoren würde für ein Forschungssemester nach Europa gehen. Was würde der Professor ihrer Meinung nach dieses Jahr im Ausland machen? Eine zweite Gruppe von Studenten sollte sich vorstellen, dass derselbe Professor gerade von seinem Forschungssemester aus Europa zurückgekehrt sei. Auch sie sollten aufschreiben, was der Professor ihrer Meinung nach in diesem Jahr gemacht hatte.[1]

Sie nehmen wahrscheinlich an, die Ergebnisse seien sehr ähnlich ausgefallen, denn den beiden Studentengruppen wurde ja eine fast identische Aufgabe gestellt. Doch tatsächlich fielen die Angaben zu der vorgestellten vergangenen Reise detailreicher aus, während die Geschichten über die zukünftige Reise eher skizzenhaft und vage blieben. Dieses Experiment legt nahe, dass es leichter ist, sich vorzustellen, was jemand getan hat als das, was er tun wird.

Janet Bavelas' Versuch berührt ein zentrales Thema dieses Kapitels, nämlich das Missverhältnis zwischen der Fähigkeit, die Vergangenheit zu erklären, und der Unfähigkeit, die Zukunft vorherzusagen. Ist ein Ereignis erst einmal geschehen, und sei es noch so außergewöhnlich, fällt es uns leicht, plausible Erklärungen dafür zu finden. Die Tragödie vom 11. September oder die Bombenanschläge in Madrid oder London sind uns so vertraut, dass wir meinen verstanden zu haben, wie es dazu kommen konnte. Doch selbst noch einen Tag vor diesen schrecklichen Ereignissen hatte niemand die leiseste Ahnung von dem, was passieren würde. Hätte jemand all die Gründe vorgebracht, mit denen wir im Nachhinein die Tragödien erklären, wir hätten sie als verrückt zurückgewiesen. An jeder Ecke steht ein Spinner und verkündet, der Weltuntergang ist nahe. In der Psychologie nennt man diese Besserwisserhaltung bezüglich vergangener Ereignisse den »Rückschaufehler«. In der Finanzpresse wimmelt es vor Nachher-Bescheidwissern, die immer dann da sind, wenn es darum geht, die letzten Kursbewegungen einer Firmenaktie zu erklären. Fragt man sie aber, was nächste Woche passieren wird, dann sind sie nur wenig selbstgewiss. Jeder kann vergangene Ereignisse in ein rational erscheinendes Erklärungsmuster pressen. Aber niemand kann die Zukunft im Voraus erklären oder gar vorhersagen.

Noch ein zweites Thema soll in diesem Kapitel angesprochen werden. Seit er neun Jahre alt war, zerbrach sich einer der Autoren den Kopf darüber, warum seine Musiklehrerin Miss Johnstone darauf bestanden hatte, dass er am Chor teilnimmt. Sie wusste doch, was für ein miserabler Sänger er war.

Fall und Wiederaufstieg eines Statistikers

Dem Mysterium um Miss Johnstones Chor wenden wir uns später zu. Zuerst untersuchen wir die Vergangenheit-Zukunft-Asymmetrie anhand eines weiteren schmerzhaften persönlichen Beispiels, das im Vorwort bereits erwähnt wurde.

Seit den 70er Jahren als Statistikexperte an einer Wirtschaftsschule angestellt, war es einem der Autoren (der zufälligerweise auch ein schlechter Sänger ist) nicht entgangen, dass sich Geschäftsführer viel mit Vorhersagen beschäftigen. Vor allem interessierten sie sich für Geschäfts- und Wirtschaftsdaten: Verkaufszahlen, Gewinne, Exporte, Wechselkurse, Immobilienpreise und Zahlen zur Industrieproduktion. Es ärgerte den Professor, dass diese Männer der Praxis Vorhersagen trafen, ohne die neuesten und theoretisch elaborierten Methoden zu verwenden, die Statistiker wie er entwickelt hatten. Sie bevorzugten simplere Techniken, die zumindest besser dafür geeignet waren, den Vorgesetzten die Vorhersagen zu erklären. Der verärgerte Autor beschloss, ihnen eine Lektion zu erteilen. Er begann ein Forschungsprojekt, das die Überlegenheit seiner neuesten statistischen Methoden demonstrieren sollte. Wenn er schon nicht die Geschäftsleute von der Verwendung seiner Methoden überzeugen konnte, wollte er ihnen zumindest zeigen, was es kostete, dem Chef gefallen zu wollen.

Jeder anständige Statistiker weiß um den Wert eines guten Beispiels. Also sammelten der Professor und sein Forschungsassistent viele Wirtschafts- und Geschäftsdaten aus einem breiten Spektrum an Quellen. Sie trugen 111 Zeitreihenanalysen zusammen, die sie analysierten und für Vorhersagen verwendeten. Eine beeindruckende Leistung, wenn man bedenkt, dass damalige Computer so viel Rechenleistung besaßen wie heutige Taschenrechner. Mit den gesammelten Daten wollten sie den Vorgang der Vorhersage so gut wie möglich simulieren. Dafür teilten sie jede Datenreihe in zwei Teile, in frühere und spätere Daten. Die Forscher taten also so, als ob die späteren Daten noch nicht existieren würden. Auf die früheren Daten wendeten sie einfache wie auch elaborierte statistische Techniken an. Die frühen Daten stellten die »Vergangenheit« dar, anhand derer die verschiedenen Methoden die »Zukunft« vorhersagen sollten. Danach verglichen die Statistiker die »Vorhersage« mit dem, was tatsächlich eingetreten war.

Es hätte nicht schlimmer kommen können: Die simplen, chefgefälligen Techniken waren erfolgreicher als die ausgefeilten Methoden der Statistiker. Eigentlich schnitt keine der Methoden besonders gut ab. Doch es gab keinen Zweifel, dass sich die Statistiker mit dem Experiment selbst den Boden unter den Füßen weggezogen hatten.

Ganz weit vorne lag die schlichte Methode der »exponentiellen Glättung«. Tatsächlich war sie in 61,8 Prozent der Fälle akkurater als die Box-Jenkins-Methode. Diese galt als das Beste, was die Statistik in den 70er Jahren an Vorhersagemethoden zu bieten hatte. Fachzeitschriften hatten nachgewiesen, dass die Box-Jenkins-Methode besser war als große ökonometrische Modelle, bei denen Vorhersagen auf hunderten von Erhebungen und enormen Datenmengen basierten. Und jetzt erwies sich auch die einfache Methode der exponentiellen Glättung als treffsicherer als das groß angelegte ökonometrische Modell, dessen Entwicklung hunderttausende Dollar gekostet hatte!

Der Professor und sein Assistent gerieten durch die Ergebnisse zuerst so aus der Fassung, dass sie annahmen, sie hätten einen Fehler gemacht. Aufwendig überprüften sie ihre eigenen Untersuchungen, konnten aber keine Fehler finden. Nachdem sich der erste Schockzustand gelegt hatte, besserte sich ihre Laune. Für einen Akademiker, der herausfindet, dass er sich geirrt hat, gibt es kaum einen besseren Ausgleich als die Chance zu zeigen, dass andere wichtige Autoritäten sich ebenfalls geirrt haben. Also reichte der Professor seine erstaunlichen Untersuchungsergebnisse bei einer angesehenen Fachzeitschrift ein und wartete auf den Beifall, der da sicher kommen würde. Aber auch das stellte sich als ein Vorhersagefehler heraus. Sein Artikel wurde abgelehnt. Die Begründung lautete, dass die Ergebnisse nicht mit der statistischen Theorie übereinstimmten! Doch glücklicherweise war eine andere Zeitschrift bereit, den Artikel zu veröffentlichen. Man bestand aber darauf, Kommentare der damals führenden Statistiker hinzuzufügen. Die Experten zeigten sich wenig beeindruckt. Einer kritisierte, die schlechten Ergebnisse der elaborierten Methoden seien nur zustande gekommen, weil die Autoren unfähig waren, sie richtig anzuwenden.[2]

Davon unbeeindruckt machten sich der tapfere Statistiker und sein Assistent daran, den Kritikern zu beweisen, dass sie Unrecht hatten. Dieses Mal sammelten sie noch mehr Datensätze (1001 insgesamt, nun aber mit Hilfe leistungsfähiger Computer) aus den Bereichen Handel, Wirtschaft und Finanzen und machten mit ihnen erneut Vorhersagetests. Wieder wurden die Zahlen in zwei Teile geteilt: Mit der ersten Datenhälfte wurden Vorhersagemodelle entwickelt und Vorhersagen erstellt, mit der zweiten die verschiedenen Methoden auf ihre Treffgenauigkeit überprüft. Zusätzlich hatte man sich noch etwas Cleveres einfallen lassen. Anstatt die ganze Arbeit alleine zu machen, baten die Autoren renommierte Kollegen, Akademiker und Fachleute aus der Praxis, selbst die Vorhersagen anhand der 1001 Datensätze zu erstellen.

Diesmal gab es keine bösen Überraschungen mehr. Die Ergebnisse entsprachen denen der vorherigen Untersuchung. Die einfachen Methoden waren mindestens so gut wie komplexere und statisch elaboriertere Modelle. Nur gab es jetzt keine Experten mehr, die dieses Ergebnis anzweifelten, da die meisten weltweit führenden Autoritäten an dieser Studie selbst mitgearbeitet hatten.

Das war im Jahr 1982. Seitdem hat der Autor zwei weitere Vorhersage-»Wettbewerbe« organisiert, um auf dem neuesten Stand zu bleiben und um neue Kritiken cleverer Akademiker auszuräumen. Das letzte Ergebnis, im Jahr 2000 veröffentlicht,[3] nutzte 3003 Wirtschaftsdatensätze, eine erweiterte Spanne statistischer Methoden und eine vergrößerte Expertengruppe. Die grundlegende Erkenntnis, zusätzlich unterstützt von vielen anderen wissenschaftlichen Untersuchungen in den letzten Jahrzehnten, blieb unerschüttert. Beim Vorhersagen gilt das KISS-Prinzip: Keep It Simple, Statistiker.

Die Treffsicherheit des menschlichen Urteils

Trotz der Freude über die geglückte Verteidigung war der Statistiker etwas desillusioniert. Wenn statistische Vorhersagemodelle so schlecht vorhersagen, sollte man dann nicht doch besser der menschlichen Intuition vertrauen? Er sprach darüber mit einem (ebenfalls unmusikalischen) kognitiven Psychologen. Es war der Beginn einer wunderbaren Zusammenarbeit. Doch der heutige Koautor konnte zuerst nichts sonderlich Aufbauendes beitragen. Empirische Untersuchungen in seinem Fachbereich zeigten, dass das menschliche Urteilsvermögen noch schlechter im Vorhersagen war als statistische Methoden.

Er bezog sich dabei auf empirische Studien von Paul Meehl und anderen. Meehl hatte seine Untersuchungen auf die eigene Zunft angewendet. Besonders interessierten ihn die Diagnosemethoden und Entscheidungsprozesse in der klinischen Psychologie. Traditionellerweise diagnostizieren Psychologen Patienten auf Grundlage weniger unmittelbar verfügbarer Daten sowie ihrem subjektiven Urteil. Meehls Fragestellung war, ob es nicht besser wäre, sich die Zeit zu nehmen, um quantitative Daten über die Patienten zu sammeln, um damit zu statistisch fundierten Rückschlüssen zu kommen. Er nahm sich zwanzig Studien vor und fand heraus, dass eine »statistische« Diagnosemethode einer traditionell »klinischen« Vorgehensweise überlegen war.

Ein schmales Buch, das Meehl 1954 zu seinen Untersuchungen veröffentlichte,[4] wurde mit ähnlicher Empörung aufgenommen wie der Artikel des Statistikers über die statistischen Vorhersagemethoden. Klinische Psychologen weltweit fühlten sich beruflich herabgesetzt und wiesen die Ergebnisse des Kollegen zurück. Scheinbar interessierte niemanden die Möglichkeit, genauer, effizienter und kostengünstiger klinische Diagnosen zu erstellen. Auch wenn viele anschließende Studien Meehls Erkenntnisse stützten,[5] seine Vorschläge sind in seinem Fachbereich bis heute nicht angenommen worden.

Als Prophet im eigenen Land galt Meehl wenig, doch andere Fachgebiete bestätigten seine Beobachtungen. So verlässt man sich heutzutage bei der Kreditvergabe nicht länger auf die »klinische« Vorgehensweise, nämlich durch ein Gespräch mit dem Kunden dessen Kreditwürdigkeit zu ermitteln. Stattdessen macht man ausgiebigen Gebrauch von computerbasiertem Kreditscoring. Zur Ermittlung des Kreditrisikos nutzt man einfache statistische Modelle mit ein paar ausgewählten Variablen. Die Anwerber von Hochschulabsolventen, die jedes Jahr viele junge Talente einstellen, arbeiten zur Einschätzung der Bewerber zunehmend mit Computern, bevor sie diese zu kostenintensiven (und unzuverlässigen) Bewerbungsgesprächen bitten.

Die Macht der Durchschnittsbestimmung

Nach dieser kurzen Exkursion in die Psychologie war der Statistiker wieder da, wo er angefangen hatte. Und – typisch für Statistiker – er suchte Trost, indem er weitere Kalkulationen auf der Basis seiner Ausgangsdaten anstellte. Dabei fand er heraus, dass sich die verlässlichste Vorhersage aus dem Durchschnittsergebnis verschiedener Prognosemethoden ergab. Das Ergebnis war sogar besser als das der besten statistischen Methoden inklusive der einfachen exponentiellen Glättung. Diese erstaunliche Qualität der Durchschnittsbestimmung wurde über die Jahre in allen Prognose-»Wettbewerben« immer wieder bestätigt, und in vielen anderen Forschungsbereichen ebenso.[6]

Wenn man die Genauigkeit einer Vorhersage durch die Durchschnittsbestimmung verschiedener Modelle verbessert, geht dann das Gleiche mit den Vorhersagen von Menschen? Die Antwort lautet »Ja«. Eine Erkenntnis, die im letzten Jahrhundert verschiedene Male wiederentdeckt wurde, dokumentierte auch James Surowiecki in seinem exzellenten Buch *Die Weisheit der Vielen*.[7] Surowiecki erzählt darin unter anderem die Geschichte von Francis Galton, einem berühmten spätviktorianischen Sozialwissenschaftler, der Anfang des 20. Jahrhunderts ein Volksfest in der englischen Stadt Plymouth besuchte. Dort beobachtete er einen Wettbewerb, bei dem das Gewicht eines geschlachteten und gehäuteten Ochsen erraten werden sollte. Die Person, die dem tatsächlichen Gewicht am nächsten kam, gewann. Der elitäre Galton interessierte sich wenig für die Meinung gewöhnlicher Leute. Eigentlich wollte er nur herausfinden, wie weit ihre Unfähigkeit ging.

Er besorgte sich alle lesbaren Schätzungen, 787 insgesamt. Manche von ihnen lagen völlig daneben. Doch der Durchschnitt aller Annahmen ergab 1197 Pfund. Das Gewicht des geschlachteten Ochsen betrug 1198 Pfund. Der Durchschnitt aller Schätzungen, der guten wie der schlechten, war nahezu perfekt, er kam dem tatsächlichen Gewicht sogar näher als der Gewinner. Galton war über seine Entdeckung verblüfft. Ein paar hundert ignorante Bauerntrampel hatten im Mittel extrem genau geschätzt. Wie ein dreiviertel Jahrhundert später den Statistiker, überkam Galton eine Ahnung von der unglaublichen Macht der Durchschnittsbestimmung.

In *Die Weisheit der Vielen* bringt Surowiecki viele weitere Beispiele dafür, dass der Durchschnittswert der Schätzungen von Menschengruppen überraschend akkurate Ergebnisse liefert. Der Alltag bietet viele weitere Beispiele. Die Internetseite *www.intrade.com*, auf der man wetten kann, wer die nächste Wahl gewinnt, ist treffsicherer beim Bestimmen des nächsten Wahlsiegers als anerkannte Politikexperten mit großem Ego. Dieses Phänomen widerspricht den Statistiktheorien, die die Existenz eines so genannten »optimalen« Modells propagierten, welches, wenn einmal gefunden und richtig angewendet, genauere Vorhersagen liefert als jedes andere Modell. Es spricht auch gegen den menschlichen Wunsch, Experten zu vertrauen. Wie sich herausstellt, ist ein Expertenurteil nicht nur weniger zuverlässig als eine einfache Zahlenverarbeitung im Computer, sondern auch viel unzuverlässiger als der Vorhersagendurchschnitt einer Gruppe von Otto Normalverbrauchern.

Ablenkung durch Rauschen

Warum ist es so leicht, die Vergangenheit zu erklären, dagegen aber so schwer, die Zukunft vorherzusagen? Warum sind Prognosen simpler statistischer Methoden mindestens genauso zutreffend wie die von komplexen, elaborierten Methoden? Warum geben Menschen unzutreffendere Einschätzungen ab als mechanische Methoden, die auf Datensätzen basieren? Warum bringt die Durchschnittsermittlung bessere Vorhersageergebnisse als alles andere, selbst als das »optimale« Modell und die besten Experten?

Um diese Fragen zu beantworten, müssen wir noch einmal zu den Grundlagen zurückkehren. Vorhersagen zu treffen, ob durch Menschen oder Modelle, bedeutet, Muster zu erkennen oder Relationen zwischen relevanten Variablen zu identifizieren, um dann davon ausgehend zu extrapolieren. Menschen identifizieren Muster intuitiv, und das mit wechselhaftem Erfolg. Leicht fällt es bei der Flugbahn eines Balles, der Position anderer Autos im Straßenverkehr oder dem Ende eines gesprochenen Satzes. Die meisten Schüler in Miss Johnstones Schulchor waren gut darin, die letzte Note eines Liedes vorherzusagen. Psychologen sind schon länger von der menschlichen Fähigkeit, Muster in Musik zu erkennen, fasziniert und nehmen sie als Modell für andere Bereiche. Herbert Simon, Sozialwissenschaftler und Wirtschaftsnobelpreisträger, hat viel über dieses Thema geschrieben.

> *Muster, zeitliche wie räumliche, treten neben der Musik in vielen anderen Lebensbereichen auf. Menschen haben einen starken Hang, ob angeboren oder erlernt, Muster in den zeitlichen Abläufen ihrer Umwelt zu entdecken. Diese erkannten Muster nutzen sie für Vorhersagen. Die Fähigkeit und das Bedürfnis, zeitliche Muster zu erkennen, hat große Bedeutung für das Überleben des Menschen, wie zum Beispiel beim Vorhersagen der Jahreszeiten oder des Wetters. Der Drang, Muster zu finden, berührt auch Erscheinungen, bei denen zweifelhaft ist, ob hier überhaupt Muster existieren (z. B. bei den Kursbewegungen auf dem Aktienmarkt).*[8]

Modelle machen formal und systematisch das, was Menschen intuitiv tun. Sie analysieren die Vergangenheit und finden grundlegende

Muster oder Beziehungen zwischen Variablen. Doch zwei Faktoren erschweren die Aufgabe des Vorhersagens. Zum einen ist die Zukunft selten eine gradlinige Fortsetzung der Vergangenheit. Das liegt daran, dass Umwelt, Wirtschaft, Markt und Wettbewerbsbedingungen sich auf nicht vorhersehbare Weise ändern. Zum anderen kann ein Muster selten in seiner reinen Form beobachtet werden. Es ist mit »Rauschen« durchmischt, mit zufälligen Bewegungen, die keinen erkennbaren Grund haben.

Nehmen wir das etwas deprimierende Beispiel der Klimaveränderung. Trotz des generellen Trends stetiger Erwärmung brachte der Sommer 2007 untypisch kaltes und nasses Wetter in Nordeuropa und eine extreme Hitzewelle in Osteuropa. Je nach dem, wo man lebt, ist man geneigt zu folgern, die Erderwärmung ist nur ein Gerücht bzw. sie nimmt extrem zu. Die Wahrheit aber ist, dass es immer Jahre mit außergewöhnlichen Wetterbedingungen gegeben hat. Jeder erfahrene Manager weiß Geschichten zu erzählen von unerklärlich guten oder schlechten Monaten, die überhaupt nicht zum allgemeinen Trend passen. In vielen Situationen nehmen wir Muster und Rauschen zusammen wahr. Deshalb muss beim Identifizieren eines grundlegenden Musters zuerst das Rauschen herausgefiltert werden. Es ist wie bei einem intimen Gespräch in einem lauten Restaurant. Oder dem Ausblenden des Lärms streitender Kinder, wenn man gerade seine Lieblings-CD hört. Natürlich kann in der Zukunft etwas Unerwartetes passieren, das das Muster in Frage stellt, doch wenn wir seine Form nicht zuerst korrekt bestimmen, ist es gänzlich hoffnungslos, eine Prognose auf Grundlage vergangener Ereignisse zu erstellen.

An dieser Stelle kommt der dritte Autor dieses Buches ins Spiel. (Er singt gerne, aber nur unter der Dusche.) Manche Menschen sammeln Briefmarken oder Antiquitäten, er jedoch sammelt Größenmaße männlicher MBA-Studenten im INSEAD, der internationalen Business School mit Standorten in Frankreich und Singapur. Zu seiner Verteidigung muss gesagt werden, dass er diese Sammlung in seinen Unterrichtsstunden zum Thema Entscheidungstheorie nutzt, um die Wahrnehmung von Mustern und Rauschen zu verdeutlichen. Abbildung 11 zeigt in zufälliger Reihenfolge die Körpergröße von 353 Männern, die sich für ein MBA-Studium eingeschrieben haben. Jeder Punkt markiert die Größe eines Studenten.

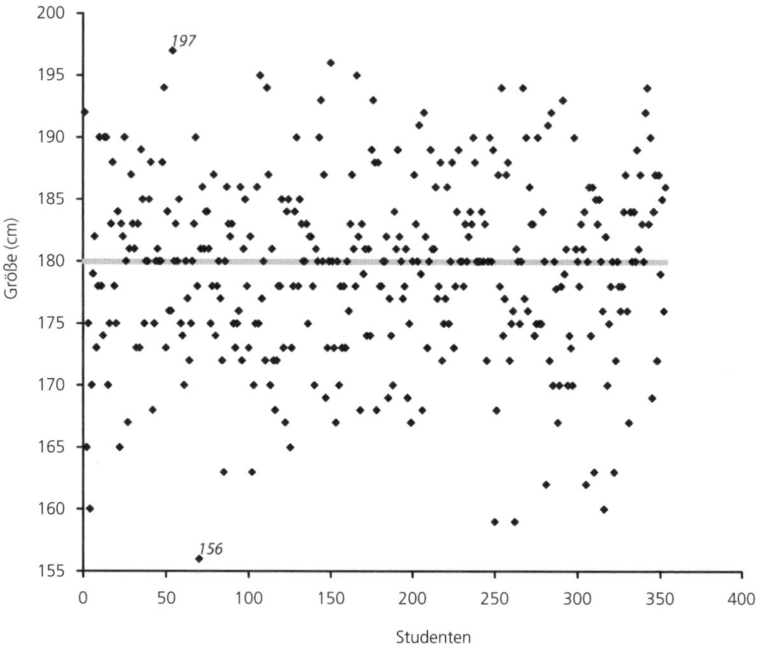

Abbildung 11 Größe von 353 männlichen MBA-Studenten

Wie man sieht, variieren die Größen deutlich, der kleinste Student ist 156 cm, der größte 197 cm. Hätten wir zusätzliche Informationen, wie zum Beispiel die Größe der Eltern, könnten wir einige der Abweichungen vom Durchschnitt, dargestellt durch die Linie in der Mitte der Abbildung 11, erklären. Doch solche zusätzlichen Informationen haben wir nicht. Müsste man die Größe eines einzelnen Studenten aus diesem Erstsemesterjahrgang schätzen, hätte man die größten Chancen, wenn man den Durchschnitt wählt, also 180 cm. Nicht nur, dass die meisten Größen nahe an dieser Linie liegen. Es liegen auch mehr direkt auf ihr (insgesamt 49) als auf jeder anderen möglichen Linie. Eine andere Betrachtungsweise sieht die Durchschnittslinie als Muster und die Abweichungen als Rauschen.

Der Professor für Entscheidungstheorie hat die Größe seiner MBA-Studenten an der INSEAD nun schon eine ganze Weile gesammelt. Dadurch weiß er, dass sich der Durchschnitt von Jahr zu

Jahr kaum verändert. Er liegt immer sehr nahe an 180 cm, weshalb wir ihn als guten Näherungswert des allgemeinen Durchschnitts annehmen können.

Stellen wir uns vor, Sie müssten die Größe eines Mannes in einem der kommenden Jahrgänge vorhersagen. Sie wissen über ihn nichts, was Ihnen helfen könnte, wie zum Beispiel seine Nationalität oder seine Lieblingssportart. Die beste Wahl wäre dann eindeutig 180 cm. Sie wissen, dass Sie mit dieser Prognose wahrscheinlich falsch liegen. Sieht man sich die Menge an Rauschen in der Vergangenheit an, hat man eine Ahnung, wie sehr man danebenliegen kann. Doch wenn Sie diese Prognose für jeden der neuen Studenten des nächsten Semesters machen, wird die durchschnittliche Fehlerquote kleiner sein als bei jeder anderen gleich bleibenden Prognose.

Wir wollen die Sache jetzt etwas komplizierter machen. Abbildung 12 zeigt die monatlichen Verkaufszahlen eines fiktiven Unternehmens des letzten Jahres (wie in den Cartoons nennen wir es ACME). Sehen Sie sich bitte die Grafik an und prognostizieren Sie die Verkaufszahlen für das nächste Quartal.

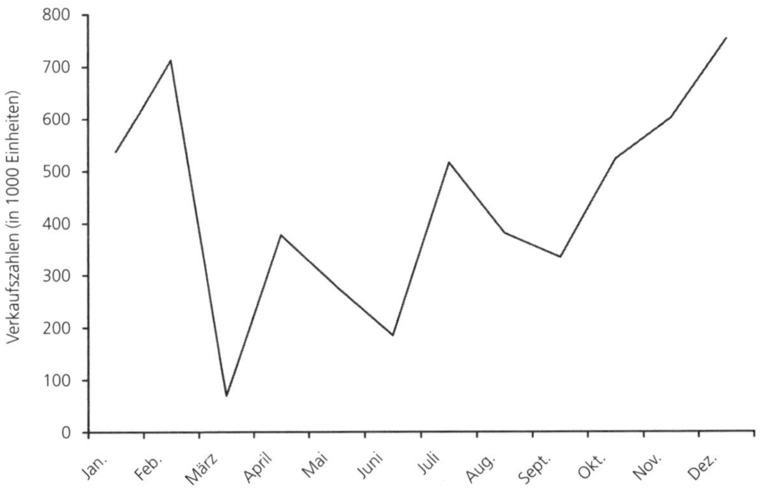

Abbildung 12 ACME-Verkaufszahlen

Wie sieht Ihre Einschätzung aus? Zunächst einmal ist diese Abbildung ganz anders als die vorherige. Zweitens haben wir so wenige Informationen, dass es schwer, wenn nicht unmöglich ist, das Muster vom Rauschen zu unterscheiden. Vielleicht verkauft die Firma Skikleidung, was die steigenden Verkaufszahlen zwischen März und Dezember erklären würde. Vielleicht hat sie auch im September ein neues Gerät auf den Markt gebracht und eine so gute Presseresonanz bekommen, dass sich ACME jetzt zum neuen Apple entwickelt. Eine andere Möglichkeit wäre, dass ACME auf einem Nischenmarkt aktiv ist, wo die Verkaufszahlen eher zufällig schwanken und Muster nur schwer zu erkennen sind. Drittens wissen wir nichts über die Gesamtentwicklung des Marktes, auf dem ACME aktiv ist. Vielleicht hat ein Mitbewerber zu der Absatzentwicklung beigetragen oder ein äußeres Ereignis, auf das man keinerlei Einfluss hat, wie der Engpass bei einem Zulieferer. Zusammengenommen ist eine Vorhersage der ACME-Verkaufszahlen für die nächsten Monate nicht annähernd so leicht wie die der Größe der MBA-Studenten am INSEAD.

Problematisch ist, dass wir Menschen, wie Herbert Simon es im obigen Zitat beschreibt, darauf »programmiert« sind, Muster zu sehen. Und obwohl das eine höchst funktionale Fähigkeit ist, wird sie dysfunktional, wenn wir Muster dort ausmachen, wo keine sind. Psychologen nennen das die »illusorische Korrelation«, die von menschlichen Schwächen wie dem Wunschdenken noch zusätzlich verstärkt wird. Produktmanager zum Beispiel wollen, dass die Verkaufszahlen steigen, und neigen deshalb dazu, vermeintliche Wachstumstendenzen auszumachen. Und die zweite Art von Fehler sollte auch nicht vergessen werden, nämlich existierende Muster nicht zu erkennen. Das ist ein genauso ernstes Problem wie das erste.

Um dies zu veranschaulichen, betrachten wir zwei rein statistische Muster, die man in den ACME-Verkaufszahlen ausmachen könnte. Das erste Muster ist das kontinuierlich zunehmender Verkäufe ab Monat März. Das zweite Muster ein geringes Verkaufsniveau über längere Zeit. Abbildung 13 zeigt diese beiden Muster, zusammen mit den entsprechenden Vorhersagen für das nächste Quartal.

Die Unterschiede zwischen den beiden Prognosen sind riesig. Nach dem Muster der exponentiellen Zunahme ergeben sich für den folgenden März Verkaufzahlen von 1.296.303 Einheiten. Nimmt man das Muster der durchschnittlichen Entwicklung, kommt man auf 439.250 Einheiten. Dieser gewaltige Unterschied zeigt die Herausforderung, vor der Prognostiker wie Produktmanager und Geschäftsleitung stehen. Glücklicherweise liegen im Normalfall mehr Informationen vor als in diesem, wo man besser noch keine Einschätzungen abgeben sollte.

Das Identifizieren und Hochrechnen von Beziehungen zwischen zwei Variablen funktioniert ähnlich wie das Identifizieren von Mustern in einem Datensatz. Wollen wir die Beziehung zwischen der Nachfrage nach einem Produkt und seinem Preis ermitteln, müssen wir wissen, wie sich die Nachfrage bei unterschiedlichen Preisniveaus verändert. Doch unsere Beobachtung enthält Rauschen, welches zuerst isoliert werden muss, bevor ein kausaler Zusammenhang hergestellt werden kann. Nehmen wir an, wir hätten den Preis reduziert, woraufhin die Verkaufszahlen über mehrere Monate gestiegen sind. Doch woher wissen wir, dass dies mit der Preisreduzierung zusammenhängt? Die steigenden Abverkäufe könnten auch durch die saisonale Fluktuation verursacht worden

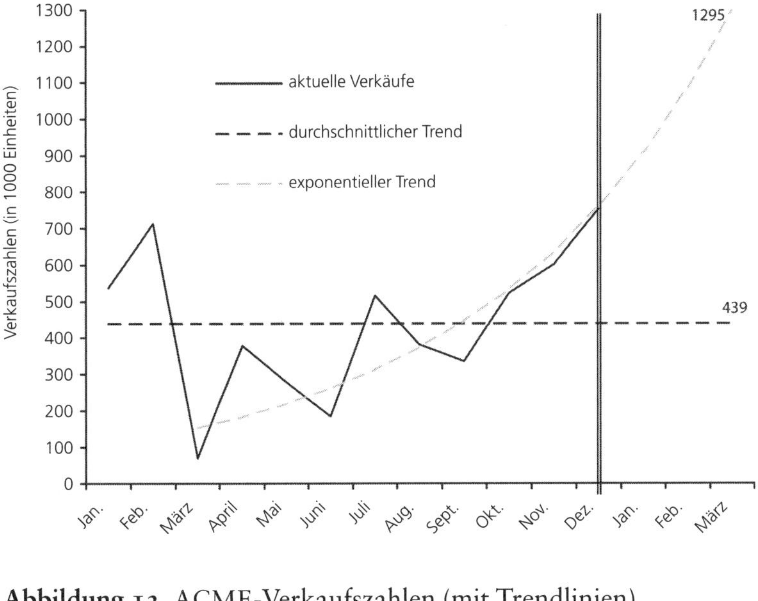

Abbildung 13 ACME-Verkaufszahlen (mit Trendlinien)

sein, oder schlimmer noch, durch zufällige Faktoren, die wir nicht erkennen können, im Endeffekt also durch Rauschen. Die Herausforderung besteht darin, das Rauschen herauszufiltern und die tatsächliche Relation zu identifizieren, ohne einem falschen Optimismus zu erliegen.

Wie beim Vorhersagen von Mustern zeigt sich auch beim Identifizieren und Einschätzen von Relationen zwischen Variablen, dass einfache Methoden mindestens so zuverlässig sind wie komplexe Modelle. Umfangreiche empirische Untersuchungen haben gezeigt, dass elaborierte statistische Methoden (ähnlich wie Menschen) Muster oder Beziehungen selbst dort entdecken, wo gar keine vorhanden sind.

Kehren wir zur ACME-Verkaufserwartung für die nächsten drei Monate und zu Abbildung 13 zurück, wo die komplexere Vorhersage ein phänomenales Wachstum prophezeit. Die Mittelwertlinie rechnet keine Muster hoch und ist in der Vorhersage zurückhaltend und konservativ. Diese Rechnung ist etwas zu simpel. Eine leicht elaboriertere Methode ist die »einfache exponentieller Glättung« (die Methode, die in dem vom Autor organisierten Vorhersage-

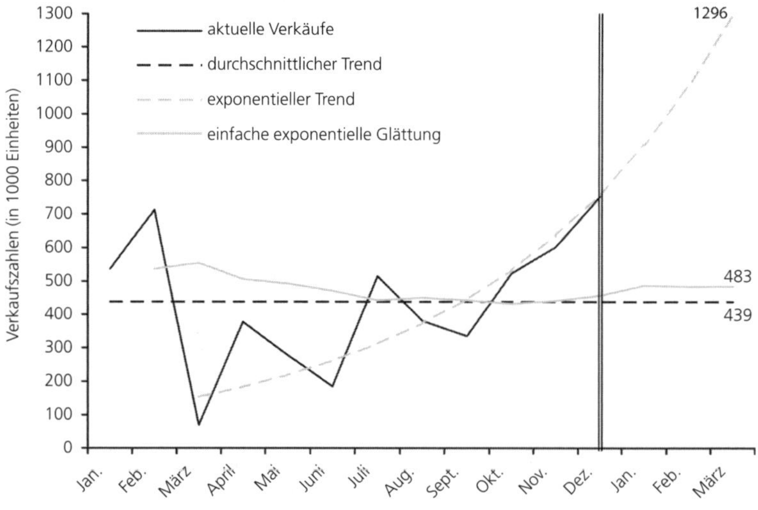

Abbildung 14 ACME-Verkaufszahlen (mit einfacher exponentieller Glättung)

Wettbewerb so gute Ergebnisse erzielte). Abbildung 14 zeigt ihre Prognose für die Verkaufszahlen des nächsten Quartals (neben den beiden anderen Vorhersagen).

Die einfache exponentielle Glättung erkennt nicht nur, dass die Verkäufe über den gesamten Zeitraum stark schwanken, sondern auch, dass ein Teil dieser Schwankungen durch Rauschen verursacht wurde und deshalb ignoriert werden muss. Das von ihr erkannte Muster liegt nahe am Mittelwert und birgt damit kaum die Gefahr eines großen Fehlers für den Fall, dass der Anstieg der Verkaufszahlen in der letzten Zeit zufällig war. Andererseits geht die einfache exponentielle Glättung von einem langsamen Anstieg der Verkaufszahlen für die nächsten Monate aus. War der Anstieg der Verkaufszahlen in den letzten drei Monaten keine Laune des Marktes, sondern systematisch begründet, ist die Firma darauf vorbereitet und hätte ausreichend Lagerbestand aufgebaut. Für alle Beteiligten kann diese Einschätzung als Erfolg verbucht werden. Produktmanager und Vertrieb stärken ihr Selbstwertgefühl, und auch die Geschäftsleitung kann verhalten optimistisch sein. Ist der Anstieg größer als erwartet, ist es für alle eine schöne Überraschung.

Sollten die Verkaufszahlen dagegen sinken, gibt es zumindest im Lager keine großen Überkapazitäten.

Der Nutzen nachträglicher Einsicht

Søren Kierkegaard sagte einmal sehr weise: »Das Leben kann nur rückblickend verstanden werden; es muss aber vorausschauend gelebt werden.« Ob es einem gefällt oder nicht, dies bringt einen wichtigen Aspekt des menschlichen Daseins auf den Punkt. Was wir in der Zukunft erreichen, hängt von Entscheidungen ab, die wir in der Gegenwart treffen. Die einzige Grundlage, auf der wir diese Entscheidungen treffen können, sind die Ereignisse der Vergangenheit. Das wirft zwei entscheidende Fragen auf, die wir uns einmal getrennt ansehen sollten. Erstens: Ist unser Verständnis der Vergangenheit korrekt? Und zweitens: Welche Gewissheit haben wir, dass die Zukunft so wird wie die Vergangenheit? Wir möchten diese Fragen anhand zweier Beispiele untersuchen. Das erste ist eine fiktive Geschichte aus der Geschäftswelt, das zweite Beispiel eine Geschichte aus der realen Welt der Meteorologie.

Die Megabucks-Einzelhandelsgesellschaft hat große Datenmengen zu den Geschäftsergebnissen der vergangenen Jahre gesammelt. Die Geschäftsleitung konnte damit drei empirische Regelmäßigkeiten ermitteln. Erstens sind die Verkäufe am Samstag um 15 Prozent höher als an einem durchschnittlichen Wochentag. Zweitens sind die Verkäufe in den letzten fünf Jahren jährlich um 5,5 Prozent gestiegen. Drittens werden in der Vorweihnachtszeit 18 Prozent des jährlichen Gesamtergebnisses erzielt. Man darf annehmen, dass die Manager aus diesen Daten die Verkaufszahlen des kommenden Samstags, der nächsten Vorweihnachtszeit und des nächsten Jahres hochrechnen können. Doch die Geschäftsleitung hat nicht nur die genannten Muster identifiziert. Über einen längeren Zeitraum hat man verschiedene Preiskonzepte getestet und dabei einige interessante Relationen zwischen Preis und Nachfrage ermittelt. In einer Produktreihe fiel auf, dass bei einem um 5 Prozent niedrigeren Preis die Nachfrage durchschnittlich um 7,5 Prozent zunahm. Mit Hilfe dieser ermittelten Beziehung können die statistisch gebildeten Geschäftsführer jetzt die Nachfrage durch die Höhe des Preises beeinflussen.

Hat das Megabucks-Management die Vergangenheit richtig interpretiert? Ihre Einschätzungen scheinen jedenfalls begründet. Gut war, alles einfach zu halten (was es auch für die Chefs leichter machte) und nicht zu sehr ins Detail zu gehen. Die meisten Menschen haben es jedoch lieber, wenn 80 Prozent des Vergangenen erklärt werden können und nicht nur 50 Prozent. Eine 80-Prozent-Version der Ereignisse wäre durch ineinander verwobene Ursachen und Auswirkungen sicher interessanter und umfangreicher. Das Problem aber ist, dass die 80-Prozent-Version neben den Mustern unweigerlich auch viel Rauschen enthalten würde. Damit aber wäre sie ein schlechterer Prophet als die einfachere Version. Unsere natürliche Tendenz, eine »vollständige« Erklärung für vergangene Ereignisse zu suchen, kann uns die Sicht auf das Wesentliche verstellen, nämlich wie gut unsere Erklärung die Zukunft vorhersagt.

Stellen wir uns nun vor, ein internationales Wirtschaftsmagazin beauftragt eine Starjournalistin, eine Reportage über Megabucks zu schreiben. Sie beginnt mit ihrer Recherche im Dezember und findet dabei heraus, dass die Verkaufszahlen in den letzten neun Monaten gesunken sind. An dieser Stelle bohrt sie tiefer. Der Effekt des Vorweihnachtsgeschäfts ist hinlänglich bekannt, wen interessiert das also noch? Stattdessen bastelt sie eine epische Saga aus Spannungen in der Vorstandsetage, Problemen in der Zuliefererkette und Wechselkurs-Zeitbomben. Dem Herausgeber gefällt die Geschichte so gut, dass er sie auf die Titelseite bringt. Die Januarausgabe verkündet den bevorstehenden Niedergang des Unternehmens. Was der Herausgeber aber nicht weiß: Megabucks hat sich entschlossen, seine Quartalszahlen eine Woche früher zu veröffentlichen. Die Nachricht von einer 15-Prozent-Verkaufssteigerung gegenüber dem gleichen Zeitraum des Vorjahres kommt am Tag vor dem Erscheinen der Zeitschrift an die Öffentlichkeit. Der Herausgeber verliert seinen Job und der Ruf der Journalistin ist derart ruiniert, dass sie einen Job in einer Firma für Unternehmenskommunikation annehmen muss. Es hilft auch nichts, dass alle in dem Artikel erwähnten Informationen der Wahrheit entsprechen und diese tatsächlich für die niedrigeren Verkaufszahlen im laufenden Jahr verantwortlich waren. Megabucks konnte diese Probleme beseitigen und war damit wieder auf Erfolgskurs mit der Aussicht auf ein profitables Weihnachtsgeschäft.

Statistik ist ein bisschen wie Geschichten erzählen. Statistische Prognosemethoden analysieren vorliegende Daten, um vorhandene Muster und Relationen zu identifizieren. Genauso arbeitet ein Wirtschaftsjournalist, der einen aufsehenerregenden Artikel schreibt, um vergangene ökonomische Ereignisse zu erklären. Unsere empirischen Untersuchungen, die tausende Datensätze der letzten Jahrzehnte erfasst haben, zeigen, dass eine statistische Methode umso besser mit der Vergangenheit übereinstimmt, je ausgefeilter sie ist. Simplere Methoden dagegen schlagen sich hierbei nicht so gut und versagen bei bis zu 50 Prozent der Datensätze. Jedoch – und das ist der entscheidende Punkt – besteht keine Korrelation zwischen der Eignung zur Erklärung der Vergangenheit und der zur Zukunftsprognose. Vergangene Muster und Beziehungen verändern sich kontinuierlich, manchmal temporär, manchmal für immer. Hinzu kommt, dass neue Dinge geschehen und neue Bedingungen entstehen, die eine Zukunft formen, die von der Vergangenheit sehr verschieden ist.

Um das zu veranschaulichen, wollen wir uns dem zweiten Beispiel zuwenden. Mit Hilfe von Satellitenbildern können Meteorologen Wettermuster leicht ausmachen. Sie beobachten ein Tiefdruckgebiet, das von Süden Regen bringt und nach den Berechnungen in zwei Tagen in Ihrer Stadt ankommen wird. Wieso aber wird es dann doch ein heißer, sonniger Tag? Ein Grund dafür ist, dass Wettersysteme oft den Kurs ändern. Ein neues Hochdruckgebiet kann entstehen und das Tiefdruckgebiet auf seinem Weg stoppen, auflösen oder verändern. Deshalb können Meteorologen, egal wie gut sie sind und wie viele Supercomputer sie haben, nie sicher vorhersagen, wie das Wetter werden wird. Die Zukunft ist nicht immer eine Fortsetzung der Vergangenheit, egal wie gut wir sie verstanden haben.

Zusammenfassend lässt sich sagen: Je komplexer ein Erklärungsmodell, desto weniger wahrscheinlich ist es, dass es auf die Zukunft passt. Einfachere Beschreibungen haben den Vorteil, näher an durchschnittlichen, grundlegenden Mustern oder Relationen zu sein. Sie übersehen den Wald vor lauter Bäumen nicht. Komplexe statistische Methoden sind dementsprechend eine »Überanpassung« an die vorhandenen Daten und finden Muster, wo Rauschen ist. Søren Kierkegaard und die weltbesten Meteorologen zeigen uns, dass die Zukunft selten so sein wird wie die Vergangenheit.

Die Durchschnittsermittlung einsetzen

Wie gesehen bringt die Durchschnittsermittlung der Vorhersagen mehrerer Menschen oder Modellergebnisse akkuratere Werte als die einer einzelnen Person (selbst eines Experten) oder einer Methode (selbst einer statistisch sehr entwickelten). Das ist eine empirisch fundierte Tatsache.[9] Und die Erklärung dafür ist relativ einfach. Die Daten, die wir beurteilen, sind eine Mischung aus grundlegenden Mustern und Rauschen. Der wichtige Beitrag, den die Durchschnittsermittlung leistet, ist, dass sie das Rauschen (wie z. B. große Abweichungen bei der Körpergröße) herausfiltert. Dadurch legt sie die unter dem Rauschen liegende »Melodie« frei (in der Abbildung 11 die gerade horizontale Linie, die auf nützliche Weise die ermittelten Daten repräsentiert).

Hier noch ein weiteres Beispiel dafür, wie die Durchschnittsermittlung das Rauschen beseitigt. Stellen Sie sich ein Spiel vor, bei dem Sie die Anzahl der Geldstücke in einem Gefäß schätzen sollen. Es ist ein modernes Äquivalent zu Galtons Ochsen, mit dem Vorteil, dass hier keine Tiere misshandelt werden und die ganze Sauerei des Schlachtens und Häutens wegfällt. Bei Schulfesten ist dieses Spiel, neben Tombola, Kuchenständen und Aufführungen von Miss Johnstones Chor, eines der Hightlights. Den Regeln nach darf man sich vor dem Schätzen das Gefäß genauer ansehen. Wie bei Galtons Ochsen gewinnt derjenige, der mit seinem Tipp der tatsächlichen Geldmenge am nächsten kommt. Wenn jeder Teilnehmer unabhängig von den anderen die Anzahl der Geldstücke schätzt (sich also niemand durch den Tipp eines anderen beeinflussen lässt), ist es wahrscheinlich, dass manche unter und einige über der tatsächlichen Menge liegen. Einige Schätzungen werden völlig danebenliegen, was das Rauschen erzeugt, während andere der wirklichen Geldmenge ziemlich nahe kommen und so ein bestimmtes Muster auf beiden Seiten ausbilden. Die Ermittlung des Durchschnitts kommt dem richtigen Ergebnis recht nahe, denn die wüsten Schätzungen wie manche der vernünftigen werden sich gegenseitig aufheben.

Immer wieder gewinnt die Menge bei Ratespielen wie diesem. Tatsächlich ist der Durchschnitt aller Schätzungen fast immer treffender als die Schätzung des Gewinners. Die Gruppe ist so verlässlich, dass Unternehmen mittlerweile die Durchschnittsmeinung ihrer Angestellten zur Prognose des Erfolgs eines neuen Produkts oder einer neuen Dienstleistung nutzen. Dieser innovative Ansatz, den man »Prognosemarkt« nennt, hat bei Google, Yahoo und anderen Hightech-Firmen gut funktioniert. Schwierig ist es, die Unabhängigkeit der Meinungen der Angestellten zu erhalten, da diese miteinander kommunizieren.

Welche Bedeutung die Unabhängigkeit hat, wird klar, wenn man die Regeln beim Schätzen der Geldstücke verändert. Zeigt man einigen Mitspielern die vorherigen Schätzungen, entfernt sich der Durchschnittswert immer weiter von der tatsächlichen Anzahl der Geldstücke. Damit die Durchschnittsermittlung ihre Qualität bewahrt, müssen die verschiedenen Vorhersagefehler unabhängig voneinander bleiben. Der Fachbegriff dafür ist die »Unabhängigkeitshypothese«. Als Extrembeispiel stellen wir uns drei Finanzanalysten einer Investmentbank vor, die dasselbe Unternehmen untersuchen. Ihre Meinungen basieren alle auf den Informationen, die das Unternehmen zur Verfügung gestellt hat. Die drei Fachleute analysieren dieselben Zahlen zu Gewinn pro Aktie, lesen dieselben Branchenberichte, trinken Wasser aus derselbe Leitung und Wein in derselben Bar. Da sie sich oft untereinander ausfragen und mehr verraten, als sie eigentlich wollen, ist es sehr unwahrscheinlich, dass ihre Prognosen über die zukünftige Aktiendividende unabhängig voneinander getroffen werden. Fällt die Einschätzung des einen zu hoch aus, ist es wahrscheinlich, dass der andere auch in diese Richtung tendiert, wodurch der Durchschnitt dann zu hoch ausfällt.

Stellen wir uns nun drei Ärzte vor, die denselben Patienten untersuchen. Sie sind verschiedenen Alters, haben an verschiedenen Universitäten studiert und praktizieren unterschiedliche Behandlungsmethoden. Obwohl sie in derselben Stadt arbeiten, dieselben Cocktailpartys besuchen und die Leidenschaft für Paartanz teilen, sind sie durch die ärztliche Schweigepflicht gebunden. Die Fehler in ihrer Einschätzung sind sehr wahrscheinlich unabhängig voneinander. Der »Durchschnitt« ihrer Einschätzungen liegt wahrscheinlich sehr nahe an der Wahrheit. Jetzt verstehen Sie auch, warum wir in Kapitel 3 so ausdrücklich darauf bestanden haben, eine zweite oder dritte Meinung einzuholen.

Glücklicherweise bedarf es zur Verbesserung einer Vorhersage keiner großen Anzahl zusätzlicher Personen oder Modelle. Fünf bis sieben Menschen oder zwei bis vier Modelle reichen normalerweise aus, um das Rauschen auszuschließen und grundlegende Muster oder Relationen herauszufinden. Noch besser ist es, menschliche Prognosen mit statistischen zu kombinieren, um einen »Superdurchschnitt« zu ermitteln, der die Vorteile beider verbindet und die Nachteile minimiert. Dabei müssten die Ergebnisse der Menschen und der Modelle unbedingt unabhängig voneinander bleiben. Ist also die Durchschnittsermittlung die Gans, die goldene Prognose-Eier legt und die uns das Happy End beschert, nach dem wir gesucht haben? Leider nein, denn die der Zukunft innewohnende Unvorhersehbarkeit werden wir nicht überwinden können. Die einzige Option bleibt es, ihre Ungewissheiten zu akzeptieren.

Der Wahnsinn der Menge

Wie viel ist Sie eine Tulpenzwiebel wert? Würden Sie eine davon gegen ein Einfamilienhaus tauschen? Die zweite Frage klingt vielleicht idiotisch, doch vor 370 Jahren, während der Großen Tulpenmanie in den Niederlanden, war sie keineswegs abwegig. 1636, auf dem Höhepunkt des Spekulationsrausches, erzielten einige rare Zwiebeln astronomische Preise und waren teurer als Häuser im Zentrum von Amsterdam. Manch einer verdiente sich während der Manie mit Kauf und Verkauf der Tulpenzwiebeln eine goldene Nase. In weniger als einem Jahr stieg der Preis für die eigentlich nur wenige Gulden teuren Blumenzwiebeln stark an, weil die Nachfrage sprunghaft zugenommen hatte und nicht bedient werden konnte. Als die Blase schließlich platzte und der Preis wieder auf Normalniveau sank, gab es eine Handvoll Gewinner, nämlich diejenigen, die rechtzeitig ausgestiegen waren, und sehr viele Verlierer. Manche blieben auf Zwiebeln sitzen, die sie durch Verkauf oder Pfändung ihres Grundeigentums in der Hoffnung erworben hatten, dass die Preise weiter steigen würden. Jetzt waren sie vollkommen ruiniert. Alles, was ihnen geblieben war, waren ein paar wertlose Tulpenzwiebeln, die keiner mehr haben wollte.

Doch die Tulpenmanie war kein einmaliges historisches Ereignis. Überall auf der Welt hat es Ähnliches gegeben. Im Mai 1924 lag der Dow-Jones-Index bei 90,4 Punkten. Drei Monate später war er um

Tabelle 12 Dow-Jones-Index: Entwicklung von Mai 1924 bis September 1929

Datum	Index	Anstieg in %
Mai 1924	90,4	Basis-Monat
Mai 1925	125,6	40
Mai 1926	140,3	55
Mai 1927	168,8	87
Mai 1928	216,3	140
Mai 1929	310,3	243
September 1929	362,4	301

15 Prozent gestiegen. Tabelle 12 zeigt die Entwicklung des Dow-Jones-Indexes über die darauf folgenden fünf Jahre.

Diese Zahlen erzählen die Geschichte eines grassierenden kollektiven Wahnsinns, der ebenso verrückt war wie der im Amsterdam des 17. Jahrhunderts. Der unvermeidliche Absturz begann im September 1929 (siehe Kapitel 4). Der Dow-Jones-Index fiel von seinem Höchststand bei 362,4 Punkten auf 64,1 Punkte im April 1932 und verlor damit in weniger als drei Jahren 82,3 Prozent seines Wertes. Hätte man im September 1929 10.000 Dollar in Aktien von Dow-Jones-Unternehmen investiert, wären diese am Tiefpunkt der Weltwirtschaftskrise nur 1770 Dollar wert gewesen.

Wem die Weltwirtschaftskrise schon zu weit zurückliegt: Auch im jungen 21. Jahrhundert sind bereits zwei Spekulationsblasen zerplatzt. Der NASDAQ-Crash Anfang 2000 machte aus Dotcom-Unternehmen die Tulpenzwiebeln von heute. Wirklich unheimlich ist, dass der Aufstieg und Fall des NASDAQ in den 90er Jahren und im ersten Jahrzehnt des neuen Jahrhunderts über gleich viele

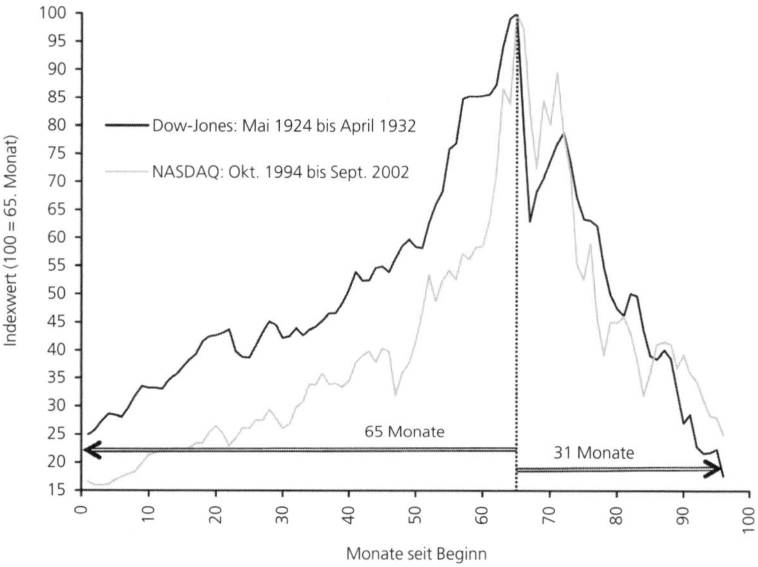

Abbildung 15 Dow-Jones-Index und NASDAQ mit relativen monatlichen Werten, beginnend im Mai 1924 bzw. Oktober 1994

Monate einem ähnlichen Muster folgte wie der des Dow-Jones in den 20er und 30er Jahren des 20. Jahrhunderts. Fast ohne irgendwelche statistischen Tricks haben wir die beiden Indizes in Abbildung 15 gegenübergestellt.

Dieses Muster würde man gerne als Rauschen abtun. Es legt eine immanente Tendenz zur Selbstzerstörung nahe, die aus Menschen Finanz-Lemminge macht. Zu unserem Glück war im NASDAQ von 2000 viel weniger globaler Wohlstand angelegt als 70 Jahre zuvor an der Wall Street. Abbildung 15 zeigt auch, dass der Dow-Jones und der NASDAQ nach dem Absturz wieder auf ihr vorheriges Niveau zurückkehrten, fast so, als wäre nichts passiert. Hätte man die Zeit zwischen 1924 und 1932 auf einer einsamen Insel verbracht oder zwischen 1994 und 2002 in einem tibetanischen Kloster meditiert, wären einem nach der Rückkehr in die so genannte Zivilisation keine großen Veränderungen bei den eigenen Aktienwerten aufgefallen.

Als unser Buch fast fertig war, erreichten uns die Neuigkeiten der Hypothekenkrise wie ein Déjà-vu. Alles hatte in den USA mit einer Gruppe von Kreditnehmern mit niedrigem Einkommen begonnen und endete mit der Erschütterung des globalen Finanzmarktes. Falls Sie die Hintergründe schon wieder vergessen haben sollten, weil irgendein neuer Investmentskandal Sie völlig vereinnahmt, möchten wir jetzt kurz daran erinnern: Steigende US-Immobilienpreise befeuerten einen Boom auf dem »Subprime«-Hypothekenmarkt, was ein anderer Ausdruck dafür ist, dass hochriskante Schuldner von Banken Kredite bekamen, die sie nie hätten bekommen dürfen. Die verschiedenen Finanzunternehmen und Investmentbanken haben diese Kredite immer wieder neu verpackt und an andere Finanzunternehmen und Investmentbanken weiterverkauft. Die Anleihen, in die sich die windigen Kredite verwandelt hatten, sahen dank der Finanzmagier gar nicht mehr gefährlich aus. Und tatsächlich waren sie so sicher wie Häuser, zumindest so lange die Immobilienpreise stiegen und die neuen Hausbesitzer ihre Raten zahlten. Aber wie immer, so gab es auch hier keine großen Gewinne ohne großes Risiko. Als die Schuldner in Verzug gerieten, waren Häuser keine sichere Anlage mehr. Die Immobilienpreise stürzten ab, Großbanken und Finanzinstitute gingen Bankrott und sorgten für Erschütterungen, die auf der ganzen Welt zu spüren waren. Eine weitere Blase war geplatzt, mit katastrophalen Folgen für Anleger und Arbeitnehmer. Auch diese Krise wird vorübergehen und die Lage sich wieder beruhigen. Doch keiner weiß genau, wann wieder Normalität einkehrt. Und noch schlimmer: Wir wissen nicht, wann die nächste Finanzkrise über uns kommt. Trotz der von den Regierungen angekündigten Reformierung des Finanzsystems werden ähnliche Krisen auftreten.

So viel zur Macht der Durchschnittsermittlung. Beim Thema Geld verwandelt sich die Weisheit der Menge von Zeit zu Zeit in Wahnsinn. Doch warum versagt die Durchschnittsermittlung bei Spekulationsblasen? Auch hier gibt es eine einfache Antwort, doch gibt sie diesmal die Evolutionspsychologie und nicht die Statistik. Es stimmt, dass Menschen gerne einzigartig sein möchten. Manche Männer haben Schubladen voll mit neuen Schlipsen, während manche Frauen Designerschuhe horten. Für solche Menschen ist es ein Albtraum, auf einer Party einem anderen Gast zu begegnen, der den gleichen Schlips trägt oder die gleichen High Heels (schlimmer ist nur noch, wenn die Person beides trägt). Doch auch Individuen, die gerne anders sein wollen, haben eine konformistische Seite. Männer mit der neuesten Schlipsmode möchten, dass andere das Besondere daran auch erkennen. Und Frauen mit Designerschuhen wollen unbedingt modisch sein. Tief in uns steckt ein Herdeninstinkt, der aus einer Zeit stammt, als Zusammengehörigkeit für das Überleben in einer bedrohlichen Welt unerlässlich war. Selbst heute ermöglicht er die Teamarbeit und verleiht uns einen wertvollen Gemeinschaftssinn.

Einzigartigkeit fördert Unabhängigkeit und Vielfalt. Herdenverhalten verlangt Konformität, erzeugt Ähnlichkeit und zerstört Vielfalt. Was auch immer seine historischen oder aktuellen Vorteile sein mögen, der Gruppeninstinkt besiegt die Kraft der Durchschnittsermittlung. Im Falle von Galtons Ochsen wurde niemand in seiner Einschätzung von dem anderen beeinflusst. Doch die Reaktion von Menschen, die alle über TV und Presse erfuhren, dass der NASDAQ seinen Wert verdoppelt, verdreifacht und dann vervierfacht hatte, waren überhaupt nicht unabhängig voneinander. Viele fühlten sich ausgeschlossen vom großen Spiel, durch das alle anderen so schnell reich wurden. Und nachdem der Markt seit vielen Jahren gewachsen war, wähnten sie den sicheren Zeitpunkt gekommen, um einzusteigen – und ganz schnell arm zu werden.

Man kann ihnen keinen Vorwurf machen. So eine Reaktion ist Teil des natürlichen Herdeninstinkts, der uns allen innewohnt. An dieser Stelle hört die Unabhängigkeit auf und das Rudelverhalten beginnt. Es befördert Blasen und führt letztlich zu untragbaren Preisen, bei denen die einzige rationale Handlungsoption ist, die Luft herauszulassen.[10] Doch auch hier wird der Herdentrieb wieder zum Problem, da es schnell zu einer Massenpanik kommen kann. Statt dass langsam der Druck abgelassen wird, zerplatzt die Blase mit einem lauten Knall, der durch die Weltwirtschaften hallt. Dieser Klang ist so unbeliebt wie der Gesang einer der Autoren.

Können Sie den exakten Moment bestimmen, an dem die Unabhängigkeit aufhört und das Herdendenken anfängt? In dem Fall könnten Sie von den Vorteilen beider profitieren und sich von den Nachteilen fernhalten. Wir würden Ihnen gerne sagen, wie das geht. Doch ein perfektes Timing, bei dem man genau auf dem Höhepunkt verkauft, ist unmöglich (bzw. nur durch Glück oder illegale Praktiken zu haben). Intellektuelle Schwierigkeiten verbinden sich mit emotionalen. Gier verbindet sich mit der Hoffnung, die Blase möge noch etwas länger halten, oder mit der Angst, viel zu verlieren, wenn man zu schnell verkauft.

Doch wir greifen vor. Kehren wir noch einmal zu der bereits angesprochenen Handlungsstrategie zurück, das Gegenteil von dem zu tun, was die Herde macht. Viele Aktienmarkt-Gurus haben sich auf diese Weise einen Namen gemacht. Bei platzenden Blasen agieren sie mit großem Erfolg. Tatsächlich kommen in diesem Moment die meisten »Gegen-den-Strom-Schwimmer« aus ihren Löchern. Nehmen wir einmal an, sie wären schon gegen den Strom geschwommen, als die Blase sich zu bilden begann. Dann ist es bei ihren ständigen Verlusten nicht verwunderlich, dass wir nichts von ihnen gehört haben. Wendet man diese Strategie kontinuierlich an, funktioniert sie gut, wenn es auf dem Markt schlecht läuft, und schlecht, wenn es dem Markt gut geht. Letztlich kann man mit ihr über längere Zeit nur verlieren, weil der Markt sich langfristig positiv entwickelt. Die Kontra-Haltung ist zudem auch nicht sonderlich eigenständig oder clever. Wenn man systematisch das Gegenteil der Herde tut, ist man komplett von dem abhängig, was die anderen machen. Man ist eng mit dem Verhalten des Rudels verbunden, wenn auch in konträrer Weise.

Wir wollen nicht leugnen, dass einige Personen und Fonds, die oft das Gegenteil tun, gute Wachstumsraten vorweisen können. Und es stimmt, dass sie manchmal bessere Ergebnisse erzielen als der Markt. Doch als kontinuierliche, langfristige Handlungsmaxime zum Schutz vor Finanzblasen kommt diese Strategie definitiv nicht in Frage.

Die Musik des Rauschens

In diesem Kapitel haben wir erneut darauf hingewiesen, dass statistische Modelle und menschliches Urteil nur sehr eingeschränkt im Stande sind, zukünftige Ereignisse vorherzusehen. Selbst wenn es gelingt, Muster und Relationen in vergangenen Ereignissen zu erkennen, garantiert dies nicht, dass die Zukunft so sein wird wie die Vergangenheit. In den Fällen, wo Vergangenheit und Zukunft sich symmetrisch verhalten, können Durchschnittsermittlung und andere einfache Modelle durch Herausfiltern des Rauschens weiterhelfen. Doch in vielen realen Situationen (wie dem Investieren) ist das für die Durchschnittsermittlung nötige unabhängige Denken selten gegeben.

Manche Ereignisse im Bereich der Sozialwissenschaften sind dennoch erstaunlich vorhersehbar, auch wenn es nicht die interessantesten sind. Zum Beispiel können wir mit großer Genauigkeit vorhersagen, wie viele Menschen Werktags zur Hauptverkehrszeit die Londoner U-Bahn benutzen, wie viele Autos am Montag morgen über die George Washington Bridge nach Manhattan fahren und wie viele Franzosen in fünf oder zehn Jahren Anspruch auf Rente haben. Bezieht sich eine Vorhersage auf eine große Anzahl von Ereignissen (wie die Handlungen vieler Menschen) und bleiben die Muster bzw. Beziehungen, die sie verbinden, gleich, dann können die Prognosen sehr präzise sein. Unter solchen Bedingungen ist die Genauigkeit sozioökonomischer Prognosen ähnlich wie die naturwissenschaftlicher Vorhersagen.

Doch leider lassen sich die meisten der wichtigen (und profitablen) Ereignisse nicht vorhersagen. In diesem Buch haben wir uns vor allem mit den Bereichen Medizin, Investment und Management beschäftigt. Doch es gibt viele andere Gebiete, in denen akkurate Prognosen fast unmöglich sind. Selbst die Naturwissenschaften versagen oft. Trotz unzähliger Satellitenbilder und Supercomputer können Meteorologen nicht sicher sagen, ob es in einer Woche regnen wird oder nicht. Die große Frage ist also: Wie können wir wichtige Entscheidungen treffen, wenn wir die Zukunft nicht vorhersehen können?

Das nächste Kapitel beschäftigt sich eingehender mit der Natur der Ungewissheit und bietet praktische Ratschläge, sie realistischer einzuschätzen. Und – ganz untypisch für uns – wir werden eine goldene Regel für Vorhersagen aufstellen. Doch erwarten Sie keine großen Überraschungen. So oft in unserem Leben lagen die Antworten auf unsere Fragen direkt vor unserer Nase. Viele Jahre, nachdem unser Autor zum Mitmachen in Miss Johnstones Schulchor genötigt wurde, dämmerte es ihm plötzlich, obwohl er immer noch nicht besser singen konnte, warum sie ihn unbedingt dabei haben wollte. Er war nicht das einzige Kind mit einer lausigen Stimme, doch der Chor als Ganzes klang richtig gut. Sogar er konnte das hören. Als Musikerin hatte Miss Johnstone intuitiv die Macht der Durchschnittsermittlung erkannt. So lange die Hauptmelodie (das Muster) nicht zu schwierig war, wusste sie, dass die falschen Stimmen (das Rauschen) sich gegenseitig auslöschten. Der Junge mit den Sommersprossen in der hinteren Reihe dagegen brauchte Jahre des Studierens und eine Spezialisierung in Entscheidungstheorie, um die Musik des Rauschens zu entdecken.

Kapitel 10

Von U-Bahnen und Kokosnüssen: Zwei Arten Ungewissheit

Was Mäus' und Menschen fein gesponnen,
Geht scheitern oft,
Und lässt uns Gram nur statt der Wonnen,
Die wir gehofft!
Robert Burns, Dichter

In diesem Kapitel stellen wir uns endlich der Ungewissheit. Wie sich zeigen wird, tritt sie in zwei Formen auf. Die eine ist relativ greifbar, die andere dagegen entzieht sich allen Bemühungen, sie zu messen. Mathematikkundige finden dazu im Anhang einige fachspezifische Erklärungen. Für die anderen bieten wir eine praktische Anleitung, wie man mit der täglichen Dosis Ungewissheit zurechtkommt. Doch bevor sich zu viel Optimismus breitmacht, erzählen wir zuerst eine tragische Geschichte. Auch wenn sie nicht sonderlich aufbauend ist, hilft sie uns, die beiden Arten von Ungewissheit zu verstehen.

Klaus und die Kokosnuss

Der Züricher Klaus Bauermeister arbeitete in der New York Dependance einer Schweizer Investmentbank in der Abteilung für Privatvermögen. Fast sieben Monate plante er die Reise, die ihm zum Verhängnis werden sollte. Sein Sohn war im letzten Jahr der High School und feierte am 27. Juni, vier Tage nach seinem Abschluss, seinen 18. Geburtstag. An diesem Tag sollte er einen Umschlag bekommen, in dem sich die Tickets für eine bis ins kleinste Detail geplante Reise befanden. Die ganze Familie (Klaus, seine Frau, seine

Tochter und Frank) würden von New York nach Singapur und dann nach Thailand reisen, um dort eine Woche lang, unter anderem auf Elefanten, die nördlichen Wälder zu erkunden. Nächste Station der Reise war der Badeort Phuket, an dem sie drei Tage entspannen wollten, um dann für ein finales Verwöhnwochenende in einem Schweizer Hotel nach Singapur zurückzukehren.

Klaus hatte die Angewohnheit, alles in seinem Leben bis ins kleinste Detail zu planen. So auch seinen Weg zur Arbeit. Er wohnte in der Upper East Side, in der 94th Street zwischen Lexington und 3rd Avenue. Um zu seinem Büro Ecke 51st Street und 6th Avenue zu gelangen, ging er erst ein Stück zu Fuß und nahm dann die Subway. Er verließ das Haus immer um Punkt 8:00 Uhr und ging die immer gleiche Strecke. Es machte ihm Spaß, die Zeit zu messen, die er bis ins Büro brauchte. Die durchschnittliche Dauer lag bei 43 Minuten. Von Ausnahmen abgesehen, betrug der Arbeitsweg zu seinem Büro immer zwischen 37 und 49 Minuten.

Endlich kam der 27. Juni (ein guter Tag mit einer Fahrtzeit von nur 39 Minuten). Sein Sohn Frank war mehr als glücklich über das Geschenk, was Klaus die geplante Freude bereitete. Die Reiseunterlagen, am Abend im Lieblings-Thai-Restaurant der Familie überreicht, strotzten vor Details und akribischer Planung. Für den Langstreckenflug hatte man Singapore Airlines gewählt (der besten Sicherheitsstandards wegen) mit Sitzplätzen über den Tragflächen (für den Fall einer Notlandung). Auch Restaurants und Hotels waren bereits gebucht. Klaus hatte nichts dem Zufall überlassen und dafür viele Stunden im Internet recherchiert. Um ehrlich zu sein, es war seine geduldige Sekretärin, die vieles für ihn vorbereitet hatte, doch der Banker war stolz, die besten Optionen selbst ausgewählt zu haben.

Manchmal neckte seine Frau ihn damit, ein Kontrollfreak zu sein. Doch das störte ihn nicht. Im Gegensatz zu seinem Sohn mochte er keine Überraschungen. Und alles genau durchzuplanen hatte fast nur Vorteile. Zum Glück war es ihm entgangen, dass seine genervte Sekretärin da ganz anderer Meinung war. Doch jetzt, wo er mit seiner geliebten Familie eine so große Reise machen wollte, hatte auch sie Verständnis für die aufwendige Planung.

Als die Familie am 14. Juli in Phuket ankam, war bis dahin alles perfekt nach Plan gelaufen und ohne diese unangenehmen Überraschungen, die Klaus so hasste. Keine verspäteten Flugzeuge, kein verloren gegangenes Gepäck, keine verschlampten Reservierungen, kein verdorbener Magen. Die Hotels und Restaurants erfüllten insgesamt alle Erwartungen, von einem Essen abgesehen, das ihm etwas überteuert erschien. Selbst beim Elefantenreiten, das Klaus bei der Planung einige Albträume bereitet hatte, gab es keine Verletzungen. (Er hatte es erst gebucht, als er entdeckte, dass die Veranstalter die höchsten Gesundheits- und Sicherheitsstandards boten, mit Helmen und Schutzanzügen für alle Teilnehmer.) Dass Singapur so sauber und organisiert war, hatte Klaus ganz besonders gefallen. Während er am Strand von Phuket lag, freute er sich schon auf die Rückkehr dorthin.

Am dritten Morgen gab er der Versuchung nach, sein BlackBerry anzumachen. Aber nicht wegen seiner Arbeit, wohlgemerkt. Klaus hatte letzte Nacht im Bett über seine Pensionspläne nachgedacht und wollte deshalb, bevor er es vergaß, seinen Finanzberater kontaktieren. Er war extra früh aufgestanden, damit seine Familie ihn nicht beim Mailen erwischte. Als er im schönsten Sonnenschein am Strand entlang spazierte, spürte er, wie die Sonne auf seiner blassen Haut brannte. In seinem Eifer bezüglich der Altersvorsorge hatte er die Sonnenschutzcreme vergessen. Bei all den Zeitungsartikeln über Melanome kann man ja nicht vorsichtig genug sein. Klaus flüchtete schnell in den einladenden Schatten einer Palme, von der prompt eine Kokosnuss mit einem dumpfen Widerhall auf seinem Kopf landete.

Als das Hotelpersonal ihn endlich fand, atmete er schon nicht mehr. Alle Versuche, ihn wiederzubeleben, schlugen fehl. Ein im Westen ausgebildeter Arzt (dessen Anwesenheit einer der Pluspunkte dieser Hotelanlage gewesen war) erklärte ihn für tot. Der Arzt versicherte der verzweifelten Familie, dass alles sehr schnell gegangen war und Klaus keine Schmerzen gehabt hatte, ja nicht einmal Zeit, überrascht zu sein. Klaus war einer der wenigen Menschen, die von einer Kokosnuss getötet wurden. Ein tragisches Ereignis, das selbst er, der Meister der Vorausplanung, nicht hatte vorhersehen können.

Doch Klaus' Geschichte hat noch eine weitere Pointe. Kein Happy End zwar, aber etwas Trost für seine trauernde Familie. Schon Jahre zuvor hatte Klaus eine Lebensversicherung über

7,5 Millionen Schweizer Franken abgeschlossen. Ebenso eine Reiseversicherung, die alle durch den Reiseunfall entstandenen Kosten übernahm und zusätzlich drei Millionen Dollar bei Tod oder Dauerinvalidität zahlte. Klaus' Leidenschaft für Planung hatte die Möglichkeit eines frühen Todes und die unerwarteten Konsequenzen für die Familie mit eingeschlossen. Obwohl er sein eigenes Leben nicht schützen konnte, hatte er zumindest sichergestellt, dass seine Lieben keine finanzielle Not leiden mussten.

Ein schwarzer Montag und ein schwarzer Schwan

Klaus und seine Familie sind natürlich rein fiktiv. Doch die tragische Geschichte von Pierre Dufour ist wirklich passiert und handelt von einer ähnlichen Art folgenschweren Pechs. Dufour, ein vierzigjähriger Kanadier, lebte mit Frau und Kindern in Arizona. Seine Leidenschaft war das Investieren. Fast sein ganzes Geld hatte er in Aktien angelegt. Er war mit sich selbst sehr zufrieden, denn sein Portfolio hatte sich in den fünf Jahren, die er in den USA lebte, sehr gut entwickelt.

Pierre Dufour starb, oder genauer gesagt, beging Selbstmord am Morgen des 20. Oktober 1987, einen Tag nach dem »Schwarzen Montag«. Der Aktienmarkt war an nur einem einzigen Tag um 22 Prozent abgestürzt, Dufours Anlagen sogar um 39 Prozent. Von seiner Frau erfuhr man später, dass sie immer noch einige Millionen wert gewesen waren, doch 4,8 Millionen Dollar an einem einzigen Tag zu verlieren war mehr, als Pierre Dufour ertragen konnte. Selbst wenn er den Verlust des Geldes hätte akzeptieren können, die Erschütterung seiner Glaubenssätze war zu viel für ihn gewesen. Sein Portfolio bestand zum größten Teil aus Wachstums- und Nebenwerten, mit dem er den Dow-Jones und den S&P 500 um mehr als 6 Prozent übertraf. Bis eine Woche vor seinem Tod war Dufour noch überzeugt, schon bald seinen Einsatz zu verdreifachen.

Seine Zuversicht war nicht unberechtigt. Der amerikanische Aktienmarkt wuchs seit den frühen 80er Jahren stetig. Doch dann begannen die Kurse plötzlich zu fallen. Um 2,7 Prozent am 6. Oktober 1987 und etwas weniger die folgenden vier Tage. Am Dienstag, dem 13. Oktober (die Nummer 13 hatte Pierre Dufour immer Glück gebracht und der Dienstag war sein Lieblingstag der Woche), legte der Markt wieder um 2 Prozent zu. Dufour war wegen dieser Ereignisse nicht sonderlich besorgt, da es sich um normale Kursschwankungen handelte. Doch die folgenden drei Tage waren alles andere als typisch. Am Mittwoch, dem 14. Oktober, gab der Markt um 3 Prozent nach, am Donnerstag um 2,3 Prozent, am Freitag, dem 16. Oktober, sogar um weitere 5,2 Prozent. Dennoch hoffe Pierre Dufour, dass der Abstieg jetzt vorbei sei und die Kurse nächste Woche wieder steigen würden. Die US-amerikanische Wirtschaft wuchs, die Firmengewinne waren hoch und laut allen Vorhersagen sollte sich dies auch 1988 weiter fortsetzen. Auf dieser Grundlage belieh Dufour sein Portfolio, um am Freitag weitere Aktien zum Schnäppchenpreis zu kaufen.

Doch Montag der 19. Oktober sollte der schlimmste Tag in der Geschichte der Aktienmärkte werden. Schlimmer noch als der 28. Oktober 1929, der die Große Depression, die Weltwirtschaftskrise, ausgelöst hatte. Als Dufour sich auf tragische Weise sein Leben nahm, hatte er in nur 10 Handelstagen mehr als die Hälfte seines Geldes verloren. Der Schock war so groß, als wäre er von einer Kokosnuss getroffen worden, sein Gemütszustand war düsterer als der schwärzeste Montag.

Auch wenn es viele Erklärungsversuche für den Schwarzen Montag gegeben hat, ist keiner von ihnen wirklich überzeugend, selbst mit dem Vorteil des Rückblicks nicht. Es sind vor allem Geschichten wie die von Pierre Dufours Selbstmord, die uns vor Augen führen, wie sehr die gesamte Finanzwelt von diesen Ereignissen überrascht wurde. Der Zusammenbruch des Aktienmarkts 1987 war das, was der ehemalige Trader Nassim Nicholas Taleb in seinem gleichnamigen Buch einen »Schwarzen Schwan« nannte, ein völlig unerwartetes Ereignis mit gewaltigen Auswirkungen.[1] Wie die Kokosnuss, die Klaus tötete, sah niemand die kommenden Ereignisse vorher, auch keiner der Experten, von denen viele ihr Vermögen verloren.

Börsen haben ihren eigenen Kopf. Nach dem 19. Oktober stiegen die Aktienkurse wieder an, fast so, als wäre nichts geschehen. 21 Monate und sieben Tage später erreichte der S&P 500 den Wert vom 6. Oktober 1987. Der Aufwärtstrend setzte sich über ein weiteres Jahrzehnt fort, bis zu den Ereignissen, die den Markt in den Jahren 2000 bis 2003 einbrechen ließen. Heute ist der Schwarze Montag nichts weiter als eine Markierung: Eine kleine Talsohle in einer Grafik voll bergiger Hügel und tiefer Täler. Wäre Dufour heute noch am Leben, er hätte miterlebt, wie sein Besitz um das Zigfache gewachsen wäre. Wie sich letztlich zeigte, hatte er an die richtige Art der Geldanlage geglaubt. Seine Aktien aus Wachstumsindustrie und Kleinunternehmen gewannen noch deutlicher als der S&P 500.

Doch für Pierre Dufour kommt das alles zu spät. Genauso wie für James Smith aus Cedar Rapids in Iowa. Er beging Selbstmord, als sein Broker einen Teil des Geldes, das er ihm für den Kauf von Aktien geliehen hatte, die nun rasant an Wert verloren, zurückforderte (eine sogenannte Nachschussforderung). Zu spät auch für den Vizepräsident einer Maklerfirma, der von George King aus Durham in North Carolina umgebracht wurde, nachdem man King aufgefordert hatte, einen Teil seines Kredits zurückzuzahlen (eine weitere Nachschussforderung). Und zu spät auch für King, der sich nach dem Mord selbst umbrachte.[2] Hätten sie ihre Kreditgeber so lange hinhalten können, bis der Markt sich wieder erholt hatte, dann wären Smith und King heute wohlhabende Männer, genau wie Pierre Dufour.

Zwei Arten der Ungewissheit – anhand einfacher Beispiele

Die Geschichte von Klaus schildert beispielhaft die verschiedenen Arten der Ungewissheit. Im Gedenken an unseren fiktionalen Freund nennen wir erstere »U-Bahn-Ungewissheit« und letztere »Kokosnuss-Ungewissheit«. Das Hauptunterscheidungsmerkmal ist, dass man die »U-Bahn-Ungewissheit« quantitativ bestimmen und im Modell erfassen kann, während die »Kokosnuss-Ungewissheit« völlig unberechenbar ist. Ohne Zweifel haben wir Menschen große Schwierigkeiten, mit Ungewissheit jeglicher Art zurechtzukommen. Doch die größte Schwierigkeit, für Laien wie für Experten, besteht darin, zwischen den beiden Arten unterscheiden zu können. Zu glauben, man könnte »Kokosnüsse« quantifizieren und in einem Modell erfassen, so als wären sie »U-Bahnen«, ist nicht einfach nur ein Irrtum. Wie die Geschichte von Pierre Dufour zeigt, kann es tragisch enden.

Der **U-Bahn-Ungewissheit** begegnete Klaus jeden Tag auf dem Weg in sein New Yorker Büro. Ungewiss war, wie lange die Fahrt dauern würde. Klaus wusste, dass sie nur sehr selten genau so lange dauerte wie am Tag zuvor. Stattdessen kam es zu Abweichungen aufgrund einer Menge von unkontrollierbaren Variablen, die unabhängig voneinander die Fahrtdauer beeinflussten: Zugverspätungen, verursacht durch überfüllte Bahnsteige und verstopfte Ausgänge, extreme Wetterbedingungen oder kriminelle Handlungen. Doch Dank Klaus' statistischer Kenntnisse war diese Situation sehr gut planbar. Klaus wusste, dass die durchschnittliche Fahrtzeit 43 Minuten betrug. Etwas mehr als zwei Drittel seiner Fahrten dauerten zwischen 40 und 46 Minuten (also sechs Minuten um den Durchschnitt). Die restlichen 5 Prozent, von einigen wenigen Ausnahmen abgesehen, lagen in der Spanne von 34 und 52 Minuten (neun Minuten um den Durchschnitt). Und schließlich wusste er, dass sich seine Fahrzeit nicht erhöhte oder verringerte: Es gab keinen Trend.

Klaus' Fahrt zur Arbeit war ein Ereignis, das sehr oft passierte und dessen Zeit nie wesentlich vom Durchschnitt abwich. Obwohl

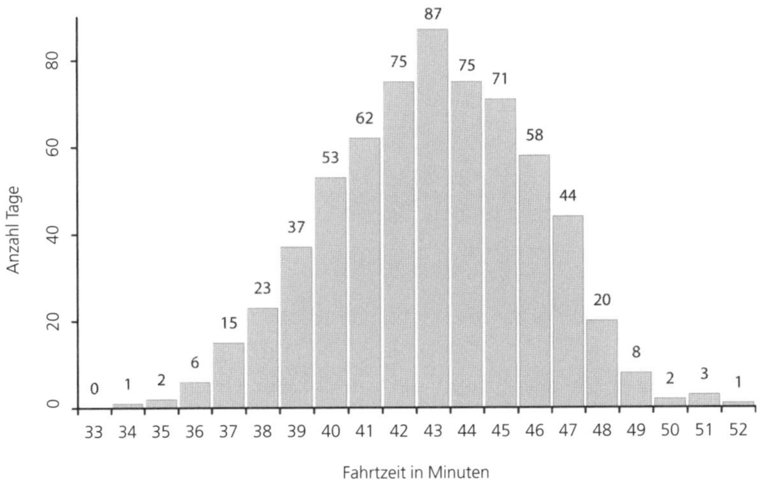

Abbildung 16 Klaus' Fahrtzeiten zur Arbeit

die genaue Fahrtzeit jeden Morgen ungewiss war, konnte Klaus sich sicher sein, vor 9:00 Uhr im Büro zu sein. In all den Jahren, die er in New York lebte, war er nur zwei Mal zu spät gekommen, und zwar aufgrund heftigen Schneefalls. Die Faktoren, die seine Fahrtzeit beeinflussten, waren vielfältig und meist unabhängig voneinander: technische Probleme, eine Gruppe japanischer Touristen oder eine vereiste Stelle auf der Schattenseite des Bahnsteigs. Akribisch wie er war, hatte Klaus alle Fahrtzeiten der letzten drei Jahre und zwei Monate in einer Excel-Tabelle festgehalten (Abbildung 16).

Natürlich betrifft die »U-Bahn-Ungewissheit« viele Ereignisse, die nichts mit U-Bahn-Fahren zu tun haben. Ein offensichtliches Beispiel ist das 100-malige Münzenwerfen aus Kapitel 8. Wir können die Schwankungen (oder Ungewissheiten) in Bezug auf die zu erwarteten Gewinne oder Verluste recht genau vorhersagen. Dank der Meinungsumfragen wissen wir am Vortag einer Wahl schon relativ gut, wer gewinnen wird, noch präziser am Wahltag selbst durch die Wahltagsbefragung. Und wenn, wie im vorherigen Kapitel gesehen, statistische Argumente sich gegenüber Emotionen durchsetzen, können Unternehmen auf Grundlage festgehaltener Verkaufszahlen brauchbare Verkaufsprognosen erstellen und die vermutliche Ungewissheit ausrechnen. Experten unter den Prognostikern sind die Stromversorger. Liegt der durchschnittliche Verbrauch an einem 32 Grad warmen Julitag zwischen 11:00 Uhr und 15:00 Uhr bei 12.000 MW, dann ist es sehr unwahrscheinlich, dass es an einem vergleichbaren Tag jemals mehr sein wird als 14.000 MW. Stromversorger beherrschen die Kunst der Vorhersage perfekt, ganz besonders in England, wo der Verbrauch in der Fußball-Halbzeit schlagartig ansteigt. Denn dann erhebt sich die gesamte Nation vom Sofa und schmeißt den Wasserkocher an, um das nationale Lieblingsgetränk zu kochen.

Die **Kokosnuss-Ungewissheit** ist etwas ganz anderes als die »U-Bahn-Ungewissheit«. Eine »Kokosnuss« bedeutet das Eintreten eines völlig unerwarteten Ereignisses mit schwerwiegenden Folgen. Es kann etwas sein, das so selten passiert, dass man darüber keine Excel-Tabelle erstellen kann. Oder etwas, das so vertraut ist, dass man die Wahrscheinlichkeit seines Eintretens abschätzen kann, ohne jedoch die leiseste Ahnung zu haben, wann und wo es geschehen wird. Ein klassisches Beispiel aus der Natur sind große Erdbeben. Man weiß, dass Erdbeben vor allem in Regionen auftreten, in denen das Aufeinandertreffen der Erdkrustenplatten zu Spannungen führt. In diesen Gegenden (wie zum Beispiel in Teilen Kaliforniens) sind kleine Erdstöße an der Tagesordnung.[3] Und immer wieder kommt es zu großen Erdbeben, die Tod und Zerstörung zur Folge haben, wie in San Francisco 1906 und in Chile 1960. Auch heute noch kann die Wissenschaft nicht vorhersagen, wann und wo sich in den erdbebengefährdeten Gebieten der Welt das nächste große Beben ereignen wird und wie viele Menschen dabei ums Leben kommen werden.[4]

Dennoch haben Wissenschaftler eine bemerkenswerte statistische Relation zwischen der Größe und der Häufigkeit der Erdbeben entdeckt. Es existieren viele Daten über Erdbeben und ihre Stärke auf der Richterskala. Es bedarf keiner großen Analyse, um zu erkennen, dass mit zunehmender Stärke die Häufigkeit konstant abnimmt. (Die genaue Beziehung zwischen der Anzahl der Erdbeben und ihrer Stärke finden Sie im Anhang A.)

Jedes Jahr gibt es weltweit durchschnittlich zirka 134 Erdbeben mit einer Stärke zwischen 6,0 und 6,9 auf der Richterskala, 17 mit einer Stärke von 7,0 bis 7,9 und eines der Stärke 8 oder höher.[5] Wissenschaftler sind sich relativ sicher, dass es im Durchschnitt pro Jahr zu einem großen Erdbeben kommt. Sie tappen jedoch völlig im Dunkeln, wo und wann es geschieht und ob es möglicherweise bewohnte Gebiete treffen wird. Der Grund dafür ist, dass sich die Erdkruste in einem so genannten »kritischen Stadium« befindet und damit in allen gefährdeten Gebieten die Bedingungen für Erdbeben gegeben sind. Große Erdbeben entstehen aber nur durch eine Kettenreaktion kleinerer Ereignisse, in deren Folge es dann zu einer großen Naturkatastrophe kommt, ähnlich wie bei dem in Kapitel 8 beschriebenen Schmetterlingseffekt. Dieses Modell lässt sich auch auf unser Leben übertragen. Jedes Leben kann als in einem kritischen Stadium befindlich betrachtet werden. Ein kleines und unvorhersehbares Ereignis (wie eine tropische Brise) kann ein anderes alltägliches Ereignis auslösen (eine vom Baum fallende Kokosnuss), die mit einem anderen banalen Zufall zusammen (jemand stellt sich unter eine Palme) zu einem tödlichen Unfall führt.

Statistisch gesehen gibt es große Unterschiede zwischen Klaus'

Fahrtzeiten zur Arbeit und dem Auftreten von Erdbeben. Die verschiedenen Erdbebenstärken verteilen sich nicht nahe am Durchschnittswert mit gleich vielen schwachen bzw. starken Beben auf beiden Seiten der Durchschnittslinie (so wie in Klaus' Fahrtzeitengrafik). Stattdessen treten die schwachen Erdbeben am häufigsten auf. Je stärker ein Erdbeben ist, desto seltener ereignet es sich. Dazu kommt, dass ein zerstörerisches Erdbeben in allen erdbebengefährdeten Gebieten jederzeit möglich ist, die Wahrscheinlichkeit eines extremen Ereignisses auf Klaus' Arbeitsweg dagegen verschwindend gering. Bei Erdbeben können wir einfach nur abwarten, bis uns die Kokosnuss, oder besser gesagt die Decke auf den Kopf fällt. Wohnen wir auf einer Verwerfungslinie in einer wohlhabenden Gegend, brauchen wir uns nicht so viele Sorgen zu machen, denn hier haben Ingenieure erdbebensichere Gebäude errichtet. Das Beben selbst aber können sie nicht verhindern.

Klaus hatte den Unterschied zwischen diesen beiden Arten von Ungewissheit begriffen. Seine akribische Recherche und Planung zeigt, dass er wusste, wie man die Regelmäßigkeit der »U-Bahn-Ungewissheit« ausnutzt. Und durch die abgeschlossenen Versicherungen gegen unvorhersehbare Ereignisse bewies er, dass er die Möglichkeit von Kokosnüssen ebenfalls mit einkalkulierte. Dass er durch eine zu Tode kam, soll unseren Respekt vor ihm nicht mindern. Es ist schlicht und einfach unmöglich, der »Kokosnuss-Ungewissheit« in unserem täglichen Leben ganz zu entkommen. Doch wie uns Klaus gezeigt hat, kann man die negativen Folgen durch Planung minimieren.

Kokosnüsse können natürlich viele verschiedene Formen und Gestalten annehmen. Mal sind sie große, rote Doppeldeckerbusse, die zu schnell durch die Londoner Innenstadt rasen. Oder kleine Sprengkörper auf einem Transatlantikflug. Sie können nass sein wie ein Tsunami, trocken wie ein Sandsturm, heiß wie ein Vulkan oder kalt wie eine Schneelawine. Wir haben die Kokosnüsse bisher nur negativ dargestellt. Manchmal sind sie auch Anlass zu großer Freude: beim Gewinn des Jackpots der spanischen Lotterie, beim Schlag eines Einers beim Golf oder beim Teilhaben am Aufstieg einer neuen Firma am Aktienmarkt.

Obwohl Geld nicht an Bäumen wächst, ist es eines der gewöhnlichsten Erscheinungsform einer Kokosnuss. Auch unsere Wirtschaft befindet sich in vielerlei Hinsicht in einem kritischen Zustand. Wir wissen, dass es jedes Jahr zahlreiche Firmenpleiten gibt. Viele dieser Firmen sind eher klein, doch auch schockierende Bankrotts wie die von Lehman Brothers, WorldCom, Enron oder LTCM sind darunter. Solchen Ereignissen folgen unweigerlich Erschütterungen auf den globalen Finanzmärkten. Und alle Jubeljahre kommt es zu einem Schwarzen Montag oder Dienstag. Wir wissen zwar nicht wann, doch wir wissen, dass diese extremen Schwankungen häufiger auftreten, als sie es theoretisch sollten. Besonders wenn wir den Modellen der »U-Bahn-Ungewissheit« glauben schenken, die durch konventionelle statistische Theorien erstellt wurden. Grob ausgedrückt verhält sich der Markt unter dem Einfluss der Weißheit der Menge zu 95 Prozent rational. Doch 5 Prozent der Zeit dreht die Menge durch. Wie Alan Greenspan, der ehemalige Vorsitzende der US-Notenbank, in seinen Memoiren *Mein Leben für die Wirtschaft* schrieb, ist das Problem nicht nur, dass die kollektive menschliche Natur Blasen erzeugt und platzen lässt. Unser kollektives Gedächtnis löscht auch die Vergangenheit aus. Er schreibt: »Die Geschichte der vergessenen Blasen ist lang. Sobald die Erinnerungen an sie verloschen sind, scheint es etwas in der menschlichen Natur zu geben, das zu anschwellendem Überschwang neigt.«[6] Massenhysterie und kollektiver Gedächtnisverlust verwandeln den Markt von einer U-Bahn in eine Kokosnuss.

Bevor wir uns einer komplexeren statistischen Erklärung für den Unterschied zwischen »U-Bahn«- und »Kokosnuss-Ungewissheit« zuwenden, wollen wir einen kleinen Abstecher in die Geschichte der Statistik machen.

Eine kurze Geschichte der Statistik

Wie bereits erwähnt war die menschliche Spezies in Bezug auf Wahrscheinlichkeitsrechnung und Statistik ein Spätentwickler. Der erste Versuch einer wahrscheinlichkeitstheoretischen Beweisführung findet sich im 17. Jahrhundert im Zusammenhang mit dem Glücksspiel, der Einsatz von Statistiken zur Beschreibung von Bevölkerungsgruppen erst im 19. Jahrhundert. Obwohl staatliche Lotterien, Leibrenten und Versicherungspolicen im 18. und 19. Jahrhundert verbreitet waren, hatten Fachleute dieser Gebiete von grundlegenden statistischen Konzepten keine Ahnung. So variierten die Leibrenten-Beiträge oft nicht im Verhältnis zum Alter des Einzahlenden.[7] Doch im 20. Jahrhundert gab es große Fortschritte. Vor allem die Erfindung des Computers erleichterte die Verwendung statistischer Modelle zur Entscheidungsfindung wesentlich.

Und auch schon vor dem Computerzeitalter gelangen einige wichtige intellektuelle Durchbrüche. 300 Jahre nachdem die französischen Mathematiker Pascal und Fermat als Erste das Glücksspiel wissenschaftlich untersucht hatten (siehe Kapitel 8), veröffentlichte der amerikanische Ökonom Harry Markowitz im *Journal of Finance* einen bahnbrechenden Text über Investment.[8] Innovativ war die Einführung des Aspektes des Risikos bei der Zusammenstellung eines Portfolios. Markowitz zeigte, dass bei geringer Risikobereitschaft auch die Renditen geringer ausfallen. Er empfahl die Reduzierung des Risikos durch ein Depot von Wertpapieren, deren Renditen nicht miteinander verbunden sind (die also nicht gleichzeitig steigen oder fallen). Im Prinzip das Gleiche wie: nicht alle Eier in denselben Korb zu tun.

Doch Markowitz ging noch einen Schritt weiter. Er riet zur Verwendung eines statistischen Werkzeugs, der »Standardabweichung«, um das bestehende Risiko zu messen. Der Begriff kam schon Ende des 19. Jahrhunderts auf, die Grundidee selbst war sogar schon über 200 Jahre alt. Die Standardabweichung ist ein statistisches Maß, das besagt, wie sich die verschiedenen Werte eines Datensatzes (Klaus' Fahrtzeiten, der Wert einer Aktie in einem Jahr) um den Durchschnitt bzw. Mittelwert verteilen. Markowitz stellte das bestehende Risiko einer vergangenen Verteilung oder Volatilität gegenüber, wie sie von der Standardabweichung ermittelt wurde.

Ob man nun ein Wahrscheinlichkeitsmodell anwendet oder nicht, die Ungewissheit bleibt, ebenso wie die Risiken und Chancen. Dennoch löste Markowitz' Arbeit eine Investmentrevolution aus. Jetzt konnten Investoren Risiken und Chancen quantifizieren und die Ungewissheit aktiv angehen, anstatt sie nur zu ignorieren. Eine unglaubliche Errungenschaft. Dennoch war die Analyse des großen Ökonomen nicht vollständig. Warum, erklären wir ausführlicher im Anhang B.

Mehr zu den beiden Arten von Ungewissheit

Viele der statistischen Modelle, die – durch Markowitz' Artikel inspiriert – auf den Finanzmarkt losgelassen wurden, waren nicht immer gut durchdacht. Die Experten behandelten Kursbewegungen so wie Klaus seine Fahrtzeiten. Doch im Gegensatz zu Klaus' Arbeitsweg liegen die Werte des Dow-Jones-Indexes nicht nahe am Durchschnittswert. Öfter als selbst von Experten angenommen kommt es zu starken Kursschwankungen. Manche Menschen, wie zum Beispiel Pierre Dufour, können die emotionalen Auswirkungen dieser heftigen Kursbewegungen nicht ertragen.

Der Weg von der Theorie zur Praxis ist mit Schlaglöchern übersät. Niemand (außer Klaus, der aber ausgedacht ist und zudem tot) wird für alltägliche Entscheidungen komplexe Grafiken zeichnen oder statistische Muster herausarbeiten. Deshalb möchten wir Ihnen ein paar einfache Faustregeln anbieten. Natürlich könnten wir Sie auch vor emotionalen, kognitiven und technischen Verzerrungen warnen, die sich einer vernünftigen Entscheidungsfindung in den Weg stellen. Doch wir möchten lieber etwas Positives anbieten.

Wir schlagen vor, der Ungewissheit mit einer mechanischen Routine zu begegnen und so die erwähnten Verzerrungen zu vermeiden. Stellen Sie sich als Analogie vor, Sie sind ein erstklassiger Golfspieler, der den Putt zum Sieg spielt, oder ein Tennisstar, der in Wimbledon zum Matchball aufschlägt. Der Ausgang ist entscheidend, aber auch ungewiss. Zu viel nachdenken, fühlen oder analysieren könnte fatal sein. Richtige Profis meistern solche Situationen durch eine genau festgelegte Routine fürs Putten oder Aufschlagen. Der Tennisspieler lässt den Ball zum Beispiel fünf Mal aufprallen, während der Golfspieler einem strikten Bewegungsritual folgt. Es ist die automatisierte Routine, die zur Gleichmäßigkeit bei der Ausübung führt. Trotz des Drucks und der Erregung des Augenblicks kann so der Sieg errungen werden. Und auf genau diese Weise kann man die Ungewissheit in den Griff bekommen.

Wie bereits erwähnt, kann die »U-Bahn-Ungewissheit« quantifiziert oder im Modell darstellt werden. Die »Kokosnuss-Ungewissheit« dagegen ist nur schwer oder gar nicht zu erfassen. Fast alle ungewissen Situationen enthalten Elemente der »U-Bahn-« wie auch der »Kokosnuss-Ungewissheit«. Der ehemalige amerikanische Verteidigungsminister Donald Rumsfeld hat es einmal so formuliert, dass man zwischen bekannt Bekanntem, bekannt Unbekanntem und unbekannt Unbekanntem unterscheiden muss. Der Ertrag aus einem Festgeldkonto ist etwas bekannt Bekanntes, denn wir wissen genau, wie viel wir erhalten werden. Das Resultat eines Münzwurfs ist ein Beispiel für etwas bekannt Unbekanntes. Wir wissen, dass das Ergebnis entweder Kopf oder Zahl sein wird, aber nicht welches von beiden.

Genauso wissen wir, dass es zukünftig Blasen auf den Finanzmärkten geben wird, jedoch nicht wann und wo. Unbekannt Unbekanntes dagegen sind einzigartige und seltene Ereignisse, die völlig unerwartet und unvorhersehbar sind. Es sind die »Schwarzen Schwäne«, die Taleb in seinem Buch so treffend beschrieben hat. Man kann sie erst nach ihrem Eintreten identifizieren. Könnten wir sie antizipieren, wären es keine Schwarzen Schwäne. Historische Beispiele für Schwarze Schwäne sind das Internet oder auch die Weltwirtschaftskrise von 1929.

Haben wir einmal akzeptiert, dass es bekannt Bekanntes, bekannt Unbekanntes und unbekannt Unbekanntes gibt, können wir systematischer über die Ungewissheit nachdenken. Bei bekannt Bekanntem gibt es keine Ungewissheit, da wir ja genau wissen, was passieren wird. Manche, wenn auch nicht alle bekannt Unbekannten können wir quantifizieren und im Modell darstellen, so beispielsweise die Ungewissheit des Münzwurfs. Blasen auf den Finanzmärkten dagegen lassen sich nicht quantifizieren oder im Modell darstellen, obwohl sie mit Sicherheit auftreten werden. (Ein führendes Mitglied der chinesischen Regierung bemerkte einmal passend, dass der Finanzmarkt wie Champagner sei. Gäbe es keine Blasen, würde ihn niemand trinken wollen.) Das bedeutet, dass einige bekannt Unbekannte (wie der Münzwurf) in die Kategorie der »U-Bahn-Ungewissheit« gehören, andere dagegen in die Gruppe der »Kokosnuss-Ungewissheiten« (wie etwa die Spekulationsblasen).

Die unbekannt Unbekannten gehören zwangsläufig alle in die Kategorie der »Kokosnuss-Ungewissheit«. Diese Unterscheidungen fasst Abbildung 17 zusammen.

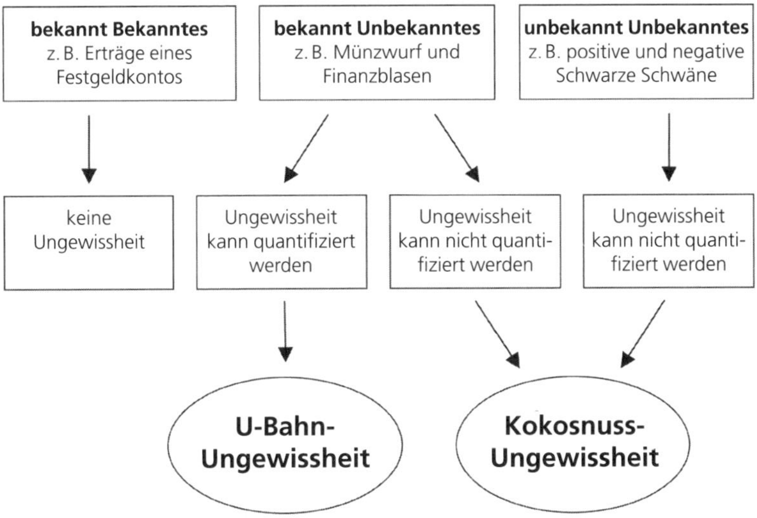

Abbildung 17 U-Bahn-Ungewissheit und Kokosnuss-Ungewissheit

Die Ungewissheit in den Griff bekommen

Die Routine, die wir vorschlagen, um mit der Ungewissheit umzugehen, besteht aus drei Schritten, die alle mit A beginnen. Dies ist der dreifache A-Ansatz, den wir in Kapitel 1 kurz erwähnt haben:

1. **Akzeptieren**, dass man in einer ungewissen Welt agiert.
2. **Abschätzen** des Niveaus der Ungewissheit, dem man ausgesetzt ist, durch die Nutzung aller verfügbaren Inputs, Modelle und Daten, selbst wenn es sich um ein Ereignis handelt, das so regelmäßig erscheint wie ein Uhrwerk.
3. **Ausweiten** der angenommenen Größe der Ungewissheit.

1. Akzeptieren

Als Erstes müssen wir akzeptieren, dass es Ungewissheiten gibt, ob uns das nun gefällt oder nicht. Sie zu ignorieren ist keine Option. Damit akzeptieren wir auch, dass es keine sicheren Vorhersagen gibt. Illusorische Vorhersagemethoden wie Horoskope mögen unterhaltsam sein, sind aber nicht sonderlich nützlich. Der Glaube an

Experten, ob Ärzte oder Fondsmanager, Management-Gurus oder Jahrmarkthellseher, mag in einer verwirrenden Welt beruhigend wirken. Doch wie gezeigt betrifft die Unfähigkeit zur Vorhersage auch alle Sozialwissenschaften. Noch einmal: Die Ungewissheit lässt sich nicht eliminieren, selbst wenn Expertenprognosen einigermaßen zutreffend sind oder die Vorausplanungen akribisch. (Denken Sie an Klaus.) Viele zukünftige Ereignisse, ob Erdbeben oder Schwarze Montage und Dienstage, entziehen sich unserer Kontrolle.

Entscheidend für den Umgang mit der Ungewissheit ist, ob wir im Stande sind, die Spannweite der möglichen Ergebnisse zu ermessen. Ob Verkaufszahlen, Aktienkurse, das Wetter, Erdbeben oder nur die Fahrtzeit ins Büro: man kommt erst zu einer realistischen Einschätzung der kommenden Ereignisse, wenn man alles, was richtig oder falsch laufen kann, identifiziert hat. Haben Sie alle Möglichkeiten akzeptiert, sind Sie bereit für den nächsten Schritt.

2. Abschätzen

Die Finanzwelt vor und nach dem Jahr 1952 ist ein gutes Beispiel dafür, wie wichtig es ist, die Ungewissheit zuerst zu akzeptieren, um sie dann im zweiten Schritt abzuschätzen. Die Mehrheit der Finanzprofis weiß heutzutage, dass eine verlässliche Prognose der Märkte unmöglich ist. Das hält sie aber nicht davon ab, ihren Klienten Ratschläge zu Renditen und Risiken zu geben, oft sogar entgeltlich. Andere sind darauf spezialisiert, Investments mit unterschiedlichem Risikoniveau anzubieten. Heutzutage sind sehr viele verschiedene Finanzprodukte auf dem Markt, von Risikokapitalbeteiligungen bis zu Schatzanweisungen und Termingeld, die sich an alle möglichen Typen von Anlegern richten und alle Arten von Wünschen und Risikoprofilen abdecken. Vor 1952, als noch niemand dem Risiko bewusst Beachtung schenkte, gab es das nicht.

Skeptiker mögen den Versuch der Risikokontrolle als nutzlos ablehnen, wenn Entscheidungen auf einem Modell basieren, das die große Anzahl starker Kursschwankungen in der Vergangenheit nicht mit einbezieht. Das ist eine berechtigte Kritik. Glücklicherweise haben wir dafür endlich einmal eine einfache Lösung.

Benutzen Sie als ersten Schritt Modelle, die für die Berechnung der »U-Bahn-Ungewissheit« eingesetzt werden. Sammeln Sie alle möglichen Daten, um so verlässlich wie möglich herauszufinden, welche Mittelwerte und Standardabweichungen Ihren Daten am besten entsprechen. Viele glauben, dass das, was sie prognostizieren wollen, einzigartig sei, wie zum Beispiel die Kursentwicklung einer neuen Aktie in den nächsten sechs Monaten oder die Verkäufe eines Romans eines unbekannten Autors. In diesem Fall raten wir: Ignorieren Sie die Einzigartigkeit. Sehen Sie sich stattdessen die Verlaufsgeschichte neuer Aktien und die Verkaufszahlen von Erstlingsromanen im Allgemeinen an. Wahrscheinlich gibt es keinen Grund zu glauben, dass sich die Ungewissheit im Umfeld der neuen Aktie oder des neuen Autors von allen anderen neuen Aktien und Autoren unterscheidet. Wie sieht die allgemeine Statistik für diese Situation aus? Haben Sie diese Frage beantwortet, sind Sie bereit für den nächsten Schritt.

3. Ausweiten

Wie immer auch Ihre Einschätzung nach dem zweiten Schritt aussieht, Sie können sicher sein, dass Sie das Ausmaß der Ungewissheit unterschätzen. Wir möchten zwei Wege vorschlagen, wie Sie die bisherige Einschätzung auf ein realistisches Niveau anheben können. Wie im letzten Kapitel gezeigt, ist es schwer, die Zukunft vorherzusagen. Die Vergangenheit zu erklären dagegen ist wesentlich leichter. Unser erster Vorschlag ist, diesen Rückschaufehler für das von uns so genannte »perfekte Zukunft-Denken« zu nutzen. Folgendes Beispiel soll erklären, was wir meinen. Nehmen wir an, Sie sind 50 Jahre alt und wollen Geld anlegen, um in der Zukunft finanziell abgesichert zu sein. Jetzt wollen Sie abschätzen, wie es um Ihr Erspartes stehen wird, wenn Sie 65 sind.

Stellen Sie sich deshalb vor, Sie reisen 15 Jahre in die Zukunft und wären bereits 65. Wie sieht Ihr finanzielles Polster jetzt aus? Unglücklicherweise sind Ihre Ersparnisse, die Sie vor allem in US-Equity angelegt hatten, durch den Schwarzen Freitag 2021 mächtig geschrumpft. Wie konnte es dazu kommen? Überlegen Sie sich eine realistische Erklärung für diese Entwicklung. Viele Leute kommen durch einen Rückblick tatsächlich auf eine stimmige Erklärung. Denn es ist viel einfacher, zurück zu schauen als in die Zukunft zu blicken.

Denken wir nun in eine andere Richtung. Stellen Sie sich noch einmal vor, Sie wären 65 und Ihr Erspartes hätte sich um das Dreifache vermehrt. Endlich können Sie sich einen Swimmingpool bauen und eine Yacht kaufen! Doch wie ist es dazu gekommen? Es ist wieder an Ihnen, die Entwicklung zu erklären. Danach wird diese fantastische Geschichte viel wahrscheinlicher klingen als auf den ersten Blick.

Wenn Sie diese Übung ein paar Mal machen, bekommen Sie ein Gefühl für verschiedene Zukunftsvorstellungen und auch dafür, dass sie alle plausibel sind. Manche Zukunft birgt verschiedene Kokosnüsse. Und obwohl es keine formale Technik gibt, Plausibilität in Wahrscheinlichkeit umzurechnen, können Sie die gewonnenen Eindrücke für eine angemessene Risikoschutz-Strategie nutzen. Das ist der Sinn des »perfekte Zukunft-Denkens«. Es nutzt den Vorteil der nachträglichen Einsicht, um deutlichere Bilder der Zukunft zu entwerfen. So erweitern Sie Ihre Einschätzungen nicht nur um mögliche Kokosnussereignisse, sondern entwickeln vorab auch Pläne, wie Sie mit ihnen umgehen können.

Die zweite Strategie ist weniger imaginativ und auch für die nicht so Fantasiebegabten einfach umzusetzen. Wir wollen sie wieder mit einem Beispiel illustrieren. Wie mittlerweile deutlich geworden sein sollte, ist ein häufiges Problem bei der Einschätzung des Risikos der Mangel an Informationen. Nehmen wir an, Sie müssten die Verkaufszahlen eines neuen Produkts vorhersagen. Wie viele Einheiten werden davon im ersten Jahr verkauft? Man kann die Frage beantworten, indem man Beteiligte wie Produktmanager, Techniker und Vertriebsleute bittet, eine Spannweite der Tiefst- und Höchstwerte einzuschätzen, die 95 Prozent aller möglichen Resultate beinhaltet. Haben Sie diese Spannweite möglicher Ergebnisse erhalten, verdoppeln Sie sie!

Die Begründung für diese Faustregel ist einfach. Umfangreiche empirische Belege zeigen, dass die Spannweite solcher Vorhersagen meist zu eng gewählt ist. Die Menschen unterschätzen die Ungewissheit, vielleicht weil sie zu wenig Fantasie haben oder weil sie das »perfekte Zukunft-Denken« nicht anwenden. Der Trick besteht darin, die erhaltenen Zahlen zu nutzen, ohne ihnen Glauben zu schenken, und sie stattdessen wesentlich zu erhöhen. Sie zu verdoppeln führt zu einer akkurateren Einschätzung der Ungewissheit.

Ähnlich kann man vorgehen, wenn nur wenige Daten aus der Vergangenheit vorhanden sind. Hier kann man die Differenz zwischen dem niedrigsten und dem höchsten Wert als Ausgangseinschätzung für die Spannweite nehmen. Dann aber muss sie verdoppelt werden. Warum das hilfreich ist? Um eine Spannweite akkurat einzuschätzen, muss man die Werte an beiden Extremen beobachten. Diese treten vom Prinzip her aber nur sehr selten auf, was bedeutet, dass man sie in kleinen Datenproben oft nicht findet. Das Verdoppeln der Beobachtungen einer begrenzten Anzahl vergangener Ereignisse ist grob, aber ein realistischer Weg, eine 95-prozentige Spannbreite zu bekommen.

Hat man jedoch viele Daten zur Verfügung, muss die Spannweite nicht verdoppelt werden. Stattdessen kann man sie mit einem Faktor von 1,5 bis 2 multiplizieren. Je mehr Daten Sie haben, desto mehr können Sie sich dem Faktor 1,5 nähern. Diese Zahlen mögen beliebig klingen, doch sie basieren auf empirischen Erkenntnissen. Probieren Sie es selbst aus. Notieren Sie Ihre Schätzungen und rechnen Sie dann aus, wie oft die tatsächlichen Ergebnisse prozentual gesehen innerhalb Ihrer Schätzungen lagen. Es ist schade, dass so wenig professionelle Prognostiker dieses Vorgehen praktizieren. Es würde ihnen ein realistischeres Verhältnis zu den eigenen Fähigkeiten ermöglichen.

Und schließlich ist es wichtig zu verstehen, dass das Ausmaß der Ungewissheit zunimmt, je weiter man in die Zukunft blickt. Das ist natürlich relativ. Bei Verkaufszahlen denkt man in Zeiteinheiten von einem Quartal oder einem Jahr, bei Pensionen eher in Jahrzehnten.

Sich gegen die Wildheit der Welt schützen

Wie geht man nach einer realistischen Einschätzung der Ungewissheit mit dem Risiko um? Bei Investitionen an der Börse muss man mit einkalkulieren, dass Aktien in nur wenigen Tagen 40 Prozent ihres Wertes verlieren können. Haben Sie genug Zeit oder Geld auf der Bank, um das Ende des Sturms abzuwarten, oder müssen Sie mit Verlust verkaufen? Ist Letzteres der Fall, bleibt Ihnen dann noch genug Geld, um anständig leben zu können? Haben Sie die

Kosten und Vorteile einer Diversifizierung durchdacht? In Bezug auf die Art der Investitionen wie auch geografisch? Welche Verlustrücklagen können Sie aufbauen, um einen Schwarzen Montag oder Dienstag zu überstehen? Gibt es verschiedene Arten von Versicherungen, die Sie sich genauer ansehen sollten? Auch ein Geschäftsführer muss darüber nachdenken, ob sein Unternehmen das Scheitern eines Produkts überleben würde.

Natürlich kann man sich nicht auf alle denkbaren Ungewissheiten angemessen vorbereiten. Sollte ein großer Meteorit die Erde treffen und eine neue Eiszeit auslösen, gäbe es wenig, was man tun könnte. Besonders jetzt, wo alle sich auf die Folgen der Klimaerwärmung vorbereiten. Doch wir müssen mit der Möglichkeit dieser beiden Arten von Kokosnüssen leben. Andererseits sollten wir immer genau überlegen, was möglich ist. Es gab nichts, was Klaus hätte tun können, um den Tod durch die Kokosnuss zu vermeiden. Doch für den Selbstmord von Pierre Dufour gibt es keine Rechtfertigung. Er hätte wissen müssen, dass sich die Märkte langfristig erholen und weiter wachsen. Es wäre also nur eine Frage der Zeit gewesen, bis er seine Verluste wettgemacht und sich seine Finanzlage gebessert hätte. Wahrscheinlich ist genau das Weisheit: Zu wissen, was die eigenen Handlungen bewirken können und was nicht.

Wie so oft ist es ein Schriftsteller, der das Besprochene besonders treffend zusammenfasst. Das folgende Zitat von G. K. Chesterton erklärt, wie die »U-Bahn-« und die »Kokosnuss-Ungewissheit« zusammenwirken und die Wahrnehmung der Welt prägen:

> *Das wirkliche Problem mit dieser unserer Welt ist nicht, dass sie unvernünftig oder gar vernünftig ist. Der häufigste Ärger kommt daher, dass sie fast vernünftig ist, jedoch nicht ganz. Das Leben ist nicht unlogisch, für Logiker aber ist es eine Falle. Es scheint mathematischer und gleichmäßiger zu sein, als es ist. Seine Exaktheit ist offensichtlich, seine Fehlerhaftigkeit dagegen versteckt. Seine Wildheit liegt in Lauerstellung.«*[9]

Dieses Zitat fasst dieses Kapitel wahrscheinlich besser zusammen als jede Zusammenfassung unsererseits, doch werden wir es trotzdem versuchen: Erkennbare Muster der Vergangenheit führen uns in Versuchung, sie auch auf die Zukunft zu übertragen. Doch selbst wenn wir Muster erkennen, gibt es keine Garantie für ihre zukünftige Gültigkeit. Das Einzige, was wir tun können, ist, die Ungewissheit zu akzeptieren, eine angemessene Einschätzung unserer Chancen aufzustellen und dann diese Einschätzung auszuweiten, denn das Leben ist selten so simpel wie gedacht. Doch genug der Zusammenfassungen. Die Wildheit des nächsten Kapitels liegt schon auf der Lauer.

Kapitel 11

Genial oder fehlbar?

Es ist schon komisch:
Je mehr ich übe,
desto mehr Glück habe ich.
Arnold Palmer, Golfspieler

Unsere Reise durch die Welt der Gesundheit, des Reichtums und der Geschäfte war bisher eine stürmische. Immer wieder begegneten wir dem Paradox der Kontrolle. Wir sind eingetaucht in die trüben Tiefen der Psychologie und der Statistik. Und wir haben gelernt, wie wir die Ungewissheit akzeptieren, abschätzen und ausweiten können. Doch damit sind wir noch lange nicht am Ende des Weges.

Hat man die Ungewissheit, der man sich stellen muss, einmal ausgeweitet, ist es noch schwerer, eine Entscheidung zu treffen. Um Ihnen bei dieser Entscheidung zu helfen, begeben wir uns auf eine letzte Exkursion in die Komplexität des menschlichen Geistes. Ist er eines der größten Meisterwerke der Natur oder nur ein hoffnungsloser Fall der Biologie?

Es stellt sich als wichtig heraus, wie wir unsere Zeit nutzen. Falls, wie von uns behauptet, der Zufall in unserem Leben allgegenwärtig ist, liegt es doch nahe zu glauben, dass wir nur wenig tun können, um unser persönliches Schicksal zu verbessern. Doch das Gegenteil ist der Fall. Übung und Feedback sind äußerst nützlich für die Aneignung von Fähigkeiten, die die Resultate unserer Entscheidungen beeinflussen. Der Zufall spielt natürlich weiterhin eine wichtige Rolle. Schon hundert Jahre vor Arnold Palmers viel zitiertem Bonmot formulierte es im 19. Jahrhundert der Wissenschaftler Louis Pasteur so: »Der Zufall begünstigt den vorbereiteten Geist.«

In zwei Köpfen

Manche Menschen sind zweifellos Genies. Zum Beispiel William Shakespeare, aber auch Daniel Kahneman und Amos Tversky, zwei unserer persönlichen Helden aus der heutigen Zeit. Doch diese intellektuellen Giganten vertreten sehr gegensätzliche Ansichten zur menschlichen Psyche.

> *Welch ein Meisterwerk ist der Mensch! Wie edel durch Vernunft! Wie unbegrenzt an Fähigkeiten! In Gestalt und Bewegung wie bedeutend und wunderwürdig! Im Handeln wie ähnlich einem Engel! Im Begreifen wie ähnlich einem Gott!*
>
> *Shakespeare, Hamlet (II. Akt, 2. Szene)*

> *Beurteilungsfehler sind eher systematisch als zufällig, manifestieren eher eine Verzerrung denn eine Unklarheit. Folglich leidet der Mensch an mentalem Astigmatismus wie an mentaler Kurzsichtigkeit, und jede korrigierende Verordnung sollte zu dieser Diagnose passen.*
>
> *Kahneman und Tversky*[1]

Die schönfärberische Sichtweise Shakespeares ist mit dem Mensch auf dem Mond, mit Jumbojets, mit Organtransplantation und Ähnlichem leicht zu begründen. Die düsterere Einschätzung ebenso. Wir wissen aus eigener Erfahrung sowie aus den umfangreichen Veröffentlichungen der kognitiven Psychologie, dass Menschen regelmäßig falsche Entscheidungen treffen, und dies manchmal mit fatalen Folgen.

Sollten Sie dies bezweifeln, lesen Sie einfach die Tageszeitung von heute.

In Kapitel 9 haben wir gesehen, dass einfache statistische Modelle oft treffendere Vorhersagen machen als Menschen. Die entscheidende Frage ist also: Wann und unter welchen Bedingungen machen Menschen zutreffende Prognosen? Oder anders ausgedrückt: Wann sollten Sie dem menschlichen Urteil, Ihrem eigenen oder dem anderer Leute, trauen?

Das wunderbare Blinzeln

In seinem Bestseller *Blink! Die Macht des Moments* erzählt Malcolm Gladwell die Geschichte eines Kouros (eine antike griechische Statue, die einen jungen Mann darstellt), der nach 14-monatiger gründlicher Prüfung vom kalifornischen Getty-Museum für 10 Millionen Dollar erworben wurde. Dennoch blieben Zweifel an seiner Echtheit. Einige Experten für griechische Kunst empfanden schon beim ersten Blick auf die Statue ein Gefühl »intuitiver Abstoßung«. Es musste eine Fälschung sein. In nur wenigen Sekunden, so Gladwell, »waren sie im Stande, mehr von der Essenz der Statue zu verstehen als das Team des Getty-Museums in 14 Monaten«.[2]

Die sekundenschnelle Intuition ist nicht auf künstlerische Beurteilungen beschränkt. Während einer Schachtournee im Jahr 1909 spielte der kubanische Schachweltmeister José Raúl Capablanca simultan 28 Partien und gewann alle. Wie machte er das? Wie viele Züge rechnete er im Voraus aus, wenn er für ein Spiel nur wenige Sekunden Zeit hat? »Ich sehe nur einen Schritt voraus«, soll er gesagt haben, »aber es ist immer der richtige.«

Als gut strukturiertes, aber komplexes Spiel ist Schach ein wunderbares Untersuchungsobjekt, um die Fähigkeiten des menschlichen Geistes zu studieren. Schach ist für die kognitiven Wissenschaften, was die Fruchtfliege für die Genetik ist. Ursprünglich nahm man an, die erstaunlichen intellektuellen Leistungen der Schachmeister beruhen auf drei Faktoren: fotografisches Gedächtnis, hoher IQ sowie die Fähigkeit, mehrere Züge im Voraus zu berechnen. Doch wissenschaftliche Untersuchungen konnten diese Thesen widerlegen und stattdessen drei andere Faktoren ausmachen.

Als Erstes muss ein Großmeister die Fähigkeit besitzen, intuitiv den besten Zug zu erfassen. Wissenschaftler montierten Kameras unter den Schachbrettern, um die Augenbewegungen großer Schachspieler aufzunehmen. Dabei fanden sie heraus, dass die Augen des Großmeisters nach dem gegnerischen Zug (bei drei von vier Malen) den bestmöglichen Zug fokussierten. Danach analysierten die Spieler andere mögliche Züge, die oft von ähnlicher Qualität waren, um dann meistens (bei drei von vier Malen) wieder zu dem zuerst gewählten Zug zurückzukehren. Und noch zwei weitere wichtige Fähigkeiten wurden bei den Großmeistern entdeckt. Sie können spontan einen hochwertigen und oft kreativen Zug machen. Und sie haben die analytische Gabe, diesen Zug mit anderen Zügen abzugleichen. Capablanca hat nicht übertrieben. Es ist offiziell: Genialität ist intuitiv.

Das Zweite, was einen Großmeister auszeichnet, ist die ebenfalls intuitive Fähigkeit zur Mustererkennung. Zeigt man Großmeistern fünf Sekunden lang die Stellung eines Schachspiels zweier anderer Großmeister, können sie das Gesehene zu 90 Prozent reproduzieren. Die wenigen Fehler betreffen meist nur unbedeutende Figuren, vor allem Bauern. Andere gute Spieler können dagegen meist nur wenige Details wiedergeben, während Anfänger kaum eine Position erinnern. Wichtig hierbei ist, dass keiner von ihnen, auch kein Großmeister, Figurenkonstellationen erinnern kann, die rein zufällig, also nicht durch ein Spiel entstanden sind. Die Erinnerungsfähigkeit der Großmeister bezieht sich auf Muster, ähnlich wie die Fähigkeit vieler Menschen, eine bekannte Melodie schon nach ein paar Tönen zu erkennen.

Das dritte und wahrscheinlich entscheidende Merkmal eines Großmeisters ist der «Praxisfaktor«. Wissenschaftler haben herausgefunden, dass es Jahre des Übens bedarf, um das Niveau eines Großmeisters zu erreichen. Gemeint ist nicht ein Üben im herkömmlichen Sinne. Ehrgeizige Großmeister müssen sich beständig verbessern. Dafür bedarf es stetiger Wiederholung und eines konstanten Feedbacks. Unablässige harte Schinderei spielt also eine entscheidende Rolle. Die Erfolgreichen, ob im Schach oder auf anderen Gebieten, üben im Durchschnitt jeden Tag viele Stunden. Die Untersuchungen deuten darauf hin, dass sich mit ständiger Übung auch die Leistungen verbessern. Kontinuierliches, fleißiges Üben erleichtert eine »tiefere« oder bessere Informationsverarbeitung und hilft bei der Bewahrung und Entwicklung der Fähigkeiten. Erstaunlicherweise scheint es so zu sein, dass man, um eine gute Intuition zu entwickeln, vorher sehr viel denken muss.

Im Gegensatz zur allgemeinen Annahme scheint Talent mehr mit harter Arbeit als mit Begabung zu tun zu haben.[3] Genies, ob im Schach oder anderswo, haben eine lange Zeit entschlossenen und durchdachten Übens hinter sich. Herbert Simon, dessen Weisheit uns schon einige Male in diesem Buch weitergeholfen hat, schätzt, dass durch Jahre intensiven Übens der typische Schachgroßmeister eine »Festplatte« anlegt, auf der 50.000 bis 100.000 »Brocken« an Schachinformationen gespeichert sind. Da Großmeister relativ anstrengungslos auf diese Informationen Zugriff haben, können sie sich ganz auf die Analyse vielversprechender Züge konzentrieren, die ihnen spontan in den Sinn kommen. Im Gegensatz dazu überdenken schwächere Spieler viele Alternativmöglichkeiten, ohne dabei das Wesentliche zu fokussieren. Ihnen fehlen die 50.000 bis 100.000 Brocken Schachinformationen, die in den Gehirnen der Großmeister gespeichert sind.

Die entscheidende Fähigkeit beim Schachspielen ist also keine analytische, sondern die, sofort und anstrengungslos den besten oder die besten Züge zu erkennen. Eine Fähigkeit, die sich durch langes und geplantes Üben entwickelt hat. Die Analyse selbst, obwohl unerlässlich, ist zweitrangig. Sie spielt zuerst beim Üben eine Rolle und später beim Wählen oder Verwerfen alternativer Züge.

Die kognitiven Fähigkeiten der Schachgroßmeister stehen im starken Kontrast zu den ärmlichen Entscheidungsfähigkeiten, die wir bisher bei Experten wie Ärzten, Fondsmanagern und Management-Gurus ausgemacht haben. Wäre dieses Buch ein Schachspiel, hätte Shakespeare jetzt mit Kahneman und Tversky gleichgezogen. Im folgenden Kapitel werden wir zeigen, dass der menschliche Geist gleichzeitig genial und fehlerhaft sein kann. Wir betrachten einige Beweise für die Kraft der »Intuition« und stellen diese dem »Nachdenken«, dem Prozess der begründeten Entscheidung, gegenüber. Und schließlich untersuchen wir die miteinander verbundenen Aspekte Übung und Feedback. Wir können aus Ihnen keinen Schachgroßmeister machen. Doch wir können Ihnen helfen, die Kraft des entschlossenen Übens und des verlässlichen Feedbacks nutzbar zu machen.

Die erstaunlichen Fähigkeiten autistischer »Savants«

Autistische »Savants«, auch Inselbegabte genannt, sind eine ebenso interessante Menschengruppe wie die Schachgroßmeister. In bestimmten Bereichen sind sie überdurchschnittlich intelligent, in anderen komplett überfordert. Manche von ihnen sprechen mehrere

Sprachen fließend oder können komplexe Rechenaufgaben in Rekordzeit lösen. Manche wissen nicht nur, welcher Wochentag der 23. April 1981 war, sondern auch, wie das Wetter an jenem Tag war. Manche können Entfernungen genau abschätzen, die Zeit ohne Uhr messen, die Zahl Pi hunderte von Stellen nach dem Komma und endlose Listen von Fußballergebnissen aufsagen, selbst dann, wenn sie diese nur ganz kurz gesehen haben. Und auch im künstlerischen und musikalischen Bereich gibt es Savants mit erstaunlichen Fähigkeiten. Gleichzeitig aber können manche mehrsprachige Inselbegabte nicht einmal zwei und drei zusammenrechnen, andere mathematisch begabte Savants hingegen nicht lesen und schreiben. Savants sind gleichzeitig hochbegabt und geistig minderbemittelt, Genies und totale Versager. Die meisten können aufgrund ihres Autismus und der Lernschwierigkeiten kein normales Leben führen. Und vor allem fehlt ihnen, was wir »gesunden Menschenverstand« nennen.

Es scheint so, als wären bei den Savants manche Gehirnbereiche extrem entwickelt, andere dagegen stark unterentwickelt. Das erklärt ihre einzigartigen Fähigkeiten bei gleichzeitiger totaler Hilflosigkeit. Ihr Gehirn arbeitet in gewisser Weise wie ein Computer. Der PC rechnet mit Lichtgeschwindigkeit, doch zu Überlegungen mit gesundem Menschenverstand ist er nicht im Stande. Wenn Computer Großmeister im Schach schlagen, liegt es an der geballten Rechenleistung und der von Menschen programmierten cleveren Algorithmen. Die Computer besitzen keinerlei Kreativität, wie wir sie bei Spitzenspielern beobachten können, und auch keine Intuition.

So viel zu Großmeistern und Inselbegabten. Doch was ist mit dem Rest der Menschheit? Das menschliche Gehirn ist so ausgebildet, dass wir mit vielen verschiedenen Aufgaben zurechtkommen. Wir müssen mindestens eine Sprache lernen, gesunden Menschenverstand ausbilden und soziale Fähigkeiten entwickeln. Später spezialisieren wir uns in einem Studium oder erlernen einen kaufmännischen Beruf. Unser Denken ist flexibel. Wir können Dinge erlernen, die wir für unmöglich gehalten haben. Einen steilen Berghang mit Skiern hinunterfahren, in einem Sturm der Stärke acht windsurfen, die höchsten Berge ersteigen, hoch im Himmel gleiten und tief im Meer tauchen. Gleiches gilt für mentale Vorgänge beim Entwickeln bahnbrechender Erfindungen und hochkreativer Ideen. Dies alles zusätzlich zu den Aktivitäten, die wir jeden Tag ausüben, den Problemen, die wir jeden Tag anstrengungslos lösen, und der großen Anzahl richtiger Entscheidungen, die wir gewohnheitsmäßig treffen. Menschen sind fähig, viele Herausforderungen zu bewältigen, wie Shakespeare es so eloquent formulierte.

Unser Gehirn ist ein beeindruckendes und komplexes Werkzeug. Doch die Welt, in der wir leben, ist noch komplexer. Zielkonflikte und Fehler sind unvermeidlich. Und angesichts der gegebenen Komplexität muss unser Kopf immer wieder geistige Abkürzungen nehmen, manchmal im Bruchteil einer Sekunde und auf der Basis weniger Informationen. Unvermeidlich also, dass manche Entscheidungen falsch sind, doch nur so sind wir lebensfähig. Gleichzeitig, so argumentieren Gerd Gigerenzer und seine Kollegen, bringen Abkürzungen auch richtige Entscheidungen.[4] Wir werden darauf später noch einmal zurückkommen.

Es scheint paradox: Könnten wir alle Informationen in einer superrationalen Weise bearbeiten, würde der daraus folgende Mangel an »Rauschen« wahrscheinlich die Möglichkeit von originellen und neuartigen Problemlösungen reduzieren. Damit meinen wir nicht nur Kreativität in Kunst und Poesie, die oft auf irrationalen Mechanismen beruht, wie der Kubismus oder die Metapher, sondern genuine Durchbrüche in der Wissenschaft, im Ingenieurswesen oder der Geschäftswelt. Wären wir als Spezies immer rational gewesen, gäbe es heutzutage womöglich keine Autos, keine PCs, kein Internet und keine Suchmaschinen. Die gewöhnliche Weisheit hätte darauf bestanden, dass so etwas nicht gebraucht wird. Wie George Bernard Shaw es formulierte:

> *Der vernünftige Mensch passt sich der Welt an; der unvernünftige beharrt auf dem Versuch, sich die Welt anzupassen. Deshalb hängt aller Fortschritt von unvernünftigen Menschen ab.*[5]

Die Herausforderung besteht darin, zu akzeptieren, dass neben der Genialität unseres Geistes auch das Unvollkommene zum Menschen gehört. Haben wir unsere geistige Begrenztheit erst einmal akzeptiert, müssen wir Wege finden, die ungewünschten Folgen zu vermeiden oder zu minimieren. Seltsamerweise ist es Francis

Bacon, ein Zeitgenosse Shakespeares, der unsere Meinung am besten zusammenfasst: »… dass man die Kräfte des menschlichen Geistes fälschlich bewundert und erhebt und seine wahren Hilfsmittel nicht aufsucht.«[6]

Im Folgenden unterscheiden wir zwischen »Intuition« (wie sie Malcolm Gladwell beschrieben hat) und »Nachdenken« als zwei Wegen, Entscheidungen zu treffen. Bei intuitiven Handlungen agieren wir unbewusst und können nicht artikulieren, wie wir so urplötzlich zu einer Entscheidung gekommen sind. Beim Nachdenken, obwohl uns nicht jeder einflussnehmende Faktor bewusst ist, verstehen wir im Großen und Ganzen unsere Entscheidungen und können artikulieren, warum wir sie getroffen haben.

Ich ahne, also bin ich?

Im Finale von Wimbledon retourniert ein Tennisspieler den 210 km/h schnellen Aufschlag seines Gegenspielers. Seine Entscheidung, sich so weit wie möglich zu strecken und seinen Schläger genau zur richtigen Zeit am richtigen Ort zu positionieren, ist bemerkenswert. Es ist eine Entscheidung, die sicher nicht durch Nachdenken über alle Alternativmöglichkeiten gefällt wurde, durch das Sammeln aller verfügbaren Informationen und einer abschließenden Bewertung aller Möglichkeiten. Die Entscheidung wurde im Augenblick gefällt, unbewusst und ohne Analyse. Wiederholt haben wir auf die Rolle des Zufalls hingewiesen. Doch der Return im Finale von Wimbledon ist kein Glücksschlag. Die Fähigkeit, auf dem Centre Court solch eine Entscheidung zu treffen, ist durch Jahre harten Trainings ausgebildet worden, in dem es objektives Feedback dazu gegeben hat, wie man so extrem schnelle Aufschläge retourniert. Wie Schachgroßmeister trainieren auch professionelle Tennisspieler kontinuierlich, effektiv und hart. So erlangen sie die nötigen Fähigkeiten, Aufschläge von derart extremer Geschwindigkeit selbst bei voller Streckung zurückzuspielen.

Viele intuitive Entscheidungen trifft unser Kopf äußerst gut. Denken wir nur an die Fähigkeit der Gesichtererkennung, die selbst beim Erkennen von Menschen funktioniert, die man kaum kennt oder seit Jahren nicht mehr gesehen hat, wie zum Beispiel einen alten Klassenkameraden mit Falten, grauen Haaren und dickem Bauch. Es ist die gleiche Intuition, die am Telefon die Stimme von Margret erkennt, einer alten Freundin, mit der man seit letzten Weihnachten nicht mehr gesprochen hat. Ein Gesicht oder eine Stimme zu erkennen funktioniert durch die Verarbeitung sehr vieler Informationen, die tief in unserem Gehirn gespeichert sind. Irgendwie muss das Bild oder der Klang mit tausenden anderer verglichen werden, die wir über einen langen Zeitraum in unserer Erinnerung gesammelt haben, damit wir sie richtig zuordnen können. Dies geschieht in Nanosekunden, anstrengungslos und effizient, ohne bewusstes Denken. Selbst heutige Supercomputer können da nicht mithalten.

Denken Sie nun an die Entscheidung, Ihr Auto abrupt vor einem Fußgänger zu stoppen, der nur wenige Meter vor Ihnen trotz roter Ampel über die Straße gegangen ist. Wenn man so eine Szene in der Erinnerung ablaufen lässt, ist man überrascht, dass man den Fußgänger, der so unerwartet vor einem auftauchte, nicht umgefahren hat. Um es noch einmal zu sagen: Das ist eine Fähigkeit, kein Glück. Es war nur eine von vielen unbewussten Entscheidungen, die man trifft, ohne genau zu wissen, was man da tut. Solche Entscheidungen treffen wir täglich. Und gerade weil wir nicht über sie nachdenken müssen, machen sie das Leben um einiges leichter. Doch wir sollten nicht vergessen, dass sie besonderer kognitiver Fähigkeiten, eines grundlegenden Entscheidungsvermögens sowie einer beeindruckenden Koordination zwischen Denken und Muskelkontrolle bedürfen.

Ein weiterer Beweis der erstaunlichen intuitiven Fähigkeiten ist das, was Sie gerade tun: diese Seite lesen zu können. Zuerst erkennen Sie einzelne Buchstaben und ganze Wörter. Dann entnehmen Sie einzelnen Sätzen ihren Sinn. Und jedes Mal treffen Sie dabei Entscheidungen, ob Ihnen gefällt, was Sie lesen, und ob Sie sich Teile davon für später merken möchten. Sie beurteilen dazu noch die Originalität und Nützlichkeit dieses Buches im Verhältnis zu anderen Büchern, die Sie gelesen haben. Das sind keine trivialen intellektuellen Errungenschaften, und dennoch fallen sie Ihnen sehr leicht, wie ein Spaziergang im Park.

Es steht außer Zweifel, dass Shakespeare Recht hatte. Unser

Geist ist ein großartiges Instrument, das in der Lage ist, Unmengen von Informationen zu speichern, auf die er bei Bedarf zurückgreifen kann, um eine perfekte (intuitive) Entscheidung zu treffen. Dagegen sind einige unserer Entscheidungen, banale wie bedeutende, äußerst irrational.[7] Erinnern wir uns an den Fall des siebenjährigen Ben Kolb aus Kapitel 2, der bei einer Routineoperation im Florida Martin Memorial Hospital starb. Oder die Mutter, die Mitte der 90er Jahre fälschlicherweise positiv auf HIV getestet wurde. Diese Tragödien waren das Ergebnis fehlerhafter Entscheidungen von intelligenten Menschen. Wie in Kapitel 3 erwähnt sind Fehlbehandlungen die dritthäufigste Todesursache in den USA. Manche unserer Entscheidungen sind komplett falsch, einige davon haben katastrophale Folgen.

In *Das Einmaleins der Skepsis* beschreibt Gerd Gigerenzer folgendes Beispiel:

> *In Essen haben Ärzte bei rund 300 Frauen eine oder beide Brüste amputiert, obwohl die meisten von ihnen gar keinen Krebs hatten. Als das nachgewiesen wurde, verbrannte einer der Ärzte seine Unterlagen und dann sich selbst.*[8]

Haben diese Ärzte intuitiv oder rational entschieden? Warum haben sie ihre Patientinnen so schlecht behandelt? Wer kann einem garantieren, dass zukünftige Entscheidungen, medizinische und nicht-medizinische, nicht ebenso desaströs sein werden?

Die beiden Rogers

Zum Verständnis guter Intuition werden wir jetzt die Geschichte der beiden Rogers erzählen. Roger F. ist ein bekannter Tennisspieler. 2007 gewann er in Wimbledon zum fünften Mal in Folge. Roger G. ist Arzt auf einer Notfallstation in einem großen Krankenhaus in Chicago. Sehen wir uns einmal an, welche Art von Feedback die beiden Rogers bei ihrer Arbeit erhalten. Jedes Mal, wenn Roger F. einen Ball schlägt, einen Punkt macht, einen Satz oder ein Spiel gewinnt, bekommt er ein nahezu perfektes Feedback. Er hat zudem schon zigtausendmal einen Tennisball geschlagen.

Roger G. arbeitet in einem gänzlich anderen Umfeld. Seine Arbeit besteht darin, schnell zu entscheiden, wie ein Patient, der auf der Notfallstation eingeliefert wird, behandelt werden muss. Er hat mit Menschen jeden Alters und aus allen Gesellschaftsschichten zu tun, mit kleineren Schnittverletzungen, Herzinfarkten und Schießwunden. Schwieriger sind Patienten, die so merkwürdige Beschwerden haben, dass sie ebenso gut eingebildet sein könnten. Roger G. leistet gute Arbeit, wenn er seine Prioritäten so setzt, dass jeder Patient rechtzeitig und von dem richtigen Arzt behandelt wird. Hat er einen Patienten einem Arzt übergeben, muss er sich, ohne groß Luft holen zu können, schon dem nächsten Patienten zuwenden. Auf Notfallstationen ist immer viel los. Und ein Problem ist: Roger G. erfährt nie genau, wie es den Patienten, die er weiterleitet, später ergangen ist. Bei manchem weiß er zumindest, dass er in einer anderen Abteilung des Krankenhauses weiterbehandelt wurde. Manche wurden in andere Krankenhäuser überwiesen, und andere ... er weiß es einfach nicht. Das einzige Feedback, das er bekommt, ist das von Ärzten, die sich über falsch überwiesene Patienten beschweren.

Die größte Ähnlichkeit der Arbeit beider Männer ist, dass sie mit Intuition ihr Geld verdienen. Der größte Unterschied liegt nicht nur im Lebensstil und den Verdienstmöglichkeiten. Roger F. lebt in einer Welt mit optimalem Feedback. Roger G. dagegen nicht. Obwohl sie in sehr verschiedenen Welten leben, ist es leicht zu erkennen, welcher der beiden Rogers die akkurateren Urteile fällt. Ein kleiner Tipp: Es ist nicht derjenige, der über Leben und Tod zu entscheiden hat.

Die meisten von uns gehen einer Arbeit nach, bei der nicht nur Intuition gefragt ist. Das Geschäftsleben verlangt wohlüberlegte Entscheidungen, doch auch hier geht es nicht ohne Intuition. Manchmal sind die vorliegenden Informationen nur lückenhaft. Zudem besteht der Druck, schnell zu handeln. Erst kürzlich untersuchte einer der Autoren die Qualität des Feedbacks, das Geschäftsleiter in ihrer täglichen Arbeit bekommen. Teilnehmer eines Seminars für Führungskräfte wurden über mehrere Tage immer wieder per SMS dazu aufgefordert, einen Fragebogen auszufüllen. Sie sollten ihre zuletzt getroffene Entscheidung beschreiben und sagen, wie sie erfahren würden, ob diese richtig gewesen ist. Das Ergebnis:

Leitende Angestellte bekommen wenig Feedback und wissen oft nicht, ob ihre Entscheidungen richtig waren oder nicht.[9]

Zweifellos hat uns die Evolution gut für Aufgaben ausgerüstet, bei denen wir ausreichend Informationen haben und regelmäßiges, akkurates Feedback bekommen. Während diese Bedingungen in vielen realen Situationen (wie dem Fahren auf einer belebten Straße) gegeben sind, fehlen sie typischerweise bei Aufgaben im sozioökonomischen Bereich (wie dem Leiten einer Firma). Hier bekommen wir von außen nicht die relevanten Informationen, es sei denn, wir suchen danach. Auch geht die Verbindung zwischen Handlung und Feedback verloren oder wird verzerrt. So ist es kaum eine Überraschung, dass Entscheidungen, die auf unvollständigen Informationen und mangelndem Feedback beruhen, durch emotionale Kräfte wie Gier, Angst und Hoffnung fehlgeleitet werden. Gleichzeitig ist es nur natürlich, dass wir unser Schicksal kontrollieren wollen, so als würden wir uns durch eine belebte Straße bewegen.

Üben, üben und nochmals üben – zehn Jahre lang

Shareen, ein 17-jähriges Mädchen aus Lubbock, Texas, schaute sich bei ihrem ersten Besuch in New York viele bekannte Sehenswürdigkeiten an. »Wie kommt man zur Carnegie Hall?«, frage sie einen älteren Herrn. »Üben«, antwortete er, »üben, üben, üben!«

Anders Ericsson und andere Forscher meinen, solch ein Lernprozess erstreckt sich über mindestens zehn Jahre. Und viel Spaß mache er auch nicht.

> *Individuen sollten die Zeit, die sie konzentriert üben, möglichst maximieren, um so auf ein gehobenes Niveau zu kommen. Zielgerichtetes Üben ist weder kurzfristig noch einfach. Es erstreckt sich über einen Zeitraum von mindestens zehn Jahren und bedarf der Optimierung mehrerer Notwendigkeiten. Erstens: Das zielgerichtete Üben verlangt vom Schüler Zeit und Energie sowie den Zugang zu Lehrern, Trainingsmaterial und Übungsräumen (Ressourcenbedingung). Zweitens: Zielgerichtetes Üben ist nicht von sich aus motivierend. Für Performer ist es hilfreich, sich in der Per-*

> *formance zu verbessern (Motivationsbedingung). Der Mangel an Belohnung oder Spaß, der dem Üben innewohnt und über die Freude am Ergebnis (Verbesserung) hinausgeht, passt zu der Tatsache, dass Individuen selten spontan mit dem Üben beginnen. Und schließlich ist das zielgerichtete Üben eine anstrengende Aktivität, die jeden Tag nur begrenzt über eine längere Zeit durchgehalten werden kann, ohne zur Erschöpfung zu führen (Aufwandsbedingung).*[10]

Und das ist noch nicht alles. Weitergehende Untersuchungen zeigen, dass es oft nicht die Schlauesten sind, die die meiste Kompetenz entwickeln und ans Ziel gelangen. Hohe Intelligenz in Verbindung mit außerordentlicher Motivation erreicht mehr als außerordentliche Intelligenz mit durchschnittlicher Motivation. Die Schlussfolgerung: Es ist möglich, das Expertenniveau eines Schachgroßmeisters zu erreichen (oder Entsprechendes in einem anderen Bereich), wenn man bereit ist, zielgerichtet und von effektivem Feedback begleitet über mindestens zehn Jahre zu üben.

Schachgroßmeister, Konzertpianist oder Tennisstar zu werden scheint so gesehen gar nicht so schwer. Einfach nur zehn Jahre lang üben! Spezialisten werden nicht geboren, sondern gemacht.

Wie aktuelle wissenschaftliche Erkenntnisse nahelegen, ist Erfolg nicht nur eine Frage von Naturtalent und einzigartiger Begabung, von einigen grundsätzlichen Voraussetzungen mal abgesehen, wie zum Beispiel einer überdurchschnittlichen Größe beim Basketball. Warum also wird nicht jeder, der es will, ein Superstar? Ganz so einfach ist es dann leider doch nicht.

Um eine Ahnung von den dafür aufzubringenden Mühen zu bekommen, stellen Sie sich vor, Sie müssten zehn Jahre lang jeden Tag fünf, sechs oder noch mehr Stunden üben, inklusive Wochenenden und Ferien. Und das ist nur das Eintrittsgeld. Gemeint ist nicht irgendeine Art des Übens. Zielgerichtetes Üben bedeutet die kontinuierliche Leistungssteigerung, ein Prozess, bei dem man sich nie mit dem Erreichten zufrieden gibt. Das ist eine ungeheure Anstrengung.

Der einflussreiche *Fortune*-Journalist Geoffrey Colvin hat ausführlich darüber geschrieben, »was es bedeutet, ein Großer zu sein«:

Winston Churchill, einer der größten Redner des 20. Jahrhunderts, übte unablässig an seinen Reden. Vladimir Horowitz hat angeblich gesagt: »Wenn ich mal einen Tag nicht übe, merke ich das. Wenn ich zwei Tage nicht übe, merkt es meine Frau. Nach drei Tagen merken es alle.« (…) Viele große Athleten sind berühmt für ihre knallharte Trainingsdisziplin. Der Basketballspieler Michael Jordan trainierte regelmäßig und intensiv nach dem eh schon harten Mannschaftstraining weiter. (…) Der als Receiver unerreichte Footballspieler Jerry Rice, der von 15 Mannschaften als zu langsam abgelehnt worden war, trainierte so hart, dass andere Spieler es aufgaben, ihn einholen zu wollen. (…) Tiger Woods ist das Paradebeispiel für das Ergebnis der Untersuchungen. Weil sein Vater ihn schon im sehr jungen Alter von 18 Monaten ermutigte, intensiv zu trainieren, hatte er mindestens 15 Jahre Training auf dem Buckel, als er im Alter von 18 Jahren der jüngste Gewinner der U.S. Amateur Championship wurde.[11]

Wenn Sie hiernach immer noch Größe anstreben, bedenken Sie, dass die Art des Übens, wie es Churchill, Horowitz, Jordan, Rice und Woods vorgemacht haben, eine extreme Beharrlichkeit verlangt. Und noch schlimmer, es ist monoton und langweilig, außer für die extrem Motivierten.

Die gute Nachricht ist also, dass wirkliche Fachkompetenz für alle erreichbar ist. Die schlechte ist, dass Sie trotz aller ernsthaften Hindernisse und mangelnder direkter Belohnung motiviert bleiben und durchhalten müssen. Die noch schlechtere Nachricht ist, dass niemand Ihnen sagen kann, wie man sich selbst zum kontinuierlichen zähen Üben motiviert. Die Forscher können überhaupt nichts dazu sagen, warum manche Menschen motiviert sind, ihre Leistung zu verbessern, und andere dagegen unfähig (oder unwillig).

Zumindest wissen Psychologen, wie zielgerichtetes Üben funktioniert. Erstens ist die qualifizierte Anleitung eines begleitenden Lehrers essenziell. Den Wert eines guten Trainers zeigen die vielen Beispiele der besten Tennisspieler, berühmten Musiker oder großen Künstler, die aus derselben Schule kamen. Der Anleiter sollte die Lernenden mit dem Wissen des jeweiligen Gebiets vertraut machen, sollte die verschiedenen verfügbaren Lernmethoden anwenden und ihre Vor- und Nachteile demonstrieren. Und schließlich braucht der Lernende Feedback, nicht nur, um das eigene Leistungsvermögen zu verbessern, sondern auch, um schnell ein Niveau zu erreichen, wo er sich selbst einschätzen kann. Erst dann kann die lange und gründliche Phase zielgerichteten Übens beginnen.

Es spricht einiges für die Bedeutung zielgerichteten Lernens. So wurden im Sport die Weltrekorde im Laufe der Zeit immer weiter verbessert. Beim Marathon, wo Technologie kaum zur sportlichen Leistung beiträgt, zeigt sich ein substanzieller Fortschritt. Bei den ersten modernen Olympischen Spielen in Griechenland 1896 lief Spyros Louis, der Gewinner des 40-Kilometer-Marathons, eine Zeit von 2:58:50. Wenn wir großzügig annehmen, Louis hätte seine Durchschnittsgeschwindigkeit auch auf der 42,195 Kilometern langen heutigen Marathonstrecke durchgehalten, hätte er eine Zeit von 3:08:33 erreicht. Bei der Entstehung des Buches lag der Weltrekord bei 2:04:26, eine um 33 Prozent bessere Zeit. Ungeachtet der Schuhe, der Ernährung und des Klimas ist der entscheidende Unterschied zwischen Spyros Louis und dem heutigen Weltrekordhalter Haile Gebrselassie die Art, wie sie trainiert haben. Dank längerem und besserem Training findet man die gleichen Verbesserungen auch im Schach, in der Musik und in vielen anderen Bereichen.

Zielgerichtetes Training setzt Ziele, die über dem existierenden Wettbewerbsniveau liegen. Man weiß nur, dass man es aufs nächste Level geschafft hat, wenn man relevantes und im besten Fall messbares Feedback erhält. In sehr strukturierten Spielen wie Tennis oder Schach bekommt man davon reichlich. In anderen Bereichen ist es dagegen schwieriger. In der Musik zum Beispiel ist Feedback subjektiv, wird aber oft von Experten wie Lehrern oder Kritikern bestätigt. In der Geschäftswelt, der Politik, der Medizin oder der Ökonomie (dem Bereich der Sozialwissenschaften, in dem so viele wichtige Entscheidungen getroffen werden) ist es fast unmöglich, brauchbares Feedback zu bekommen.

Ist die Kehrtwende von Dell, die Mitte 2007 bekannt gegeben wurde, erfolgreich? Natürlich braucht es Jahre, bis ein Unternehmen sich erholt. Man sollte bei ersten Anzeichen von Schwierigkeiten nicht gleich aufgeben. Ohne konkrete Zahlen wie Verkaufsergebnisse, Profite oder Aktienwerte weiß man nicht, wie objektiv das Feedback ist. Manfred Kets de Vries, INSEAD-Professor und

Experte für Mitarbeiterführung meint, dass viele hochrangige Geschäftsführer sich mit »Lügnern« umgeben, mit Menschen, die Informationen verfälschen, um keine Fehler angelastet zu bekommen oder um sich selbst Erfolg zuzuschreiben. Diese Korruption des Feedbacks ist mehr oder weniger auf allen Managementebenen zu finden. Niemand kritisiert gern die Entscheidung des Chefs und bringt damit sein eigenes Weiterkommen in Gefahr. Daraus entsteht ein Teufelskreis. Der Boss glaubt (irrtümlicherweise), dass er Recht hat. Der Untergebene verstärkt (unehrlicherweise) diesen Glauben.

Können wir etwas von denen lernen, die es durch Übung zum Meister gebracht haben? Können wir in der Geschäftswelt oder den Sozialwissenschaften Ähnliches leisten? Wir glauben, dass man viel vom Konzept des zielgerichteten Übens lernen kann, vor allem die Bedeutung des Feedbacks. Doch für die Anwendung eines solchen Konzepts bedarf es einer entsprechenden Kultur. General Electric ist dafür bekannt, regelmäßiges und objektives Feedback von ihren leitenden Angestellten einzufordern. Viele andere Unternehmen folgen diesem Beispiel. Die zweite offensichtliche Lehre ist, dass es nicht reicht, das Feedback nur einzusammeln und es dann in den Akten verschwinden zu lassen. Man muss es auch auswerten und nötigenfalls Veränderungen vornehmen.

Führungskräften fällt es schwer, der Versuchung zu widerstehen, Fehler zu sanktionieren. Aus Scheitern sollten Lehren gezogen werden, um so künftige Leistungen zu verbessern. Der französische Kosmetikriese L'Oréal ist hier ein interessantes Beispiel. Deren Manager haben »das Recht, Fehler zu machen«. Machen sie aber einen Fehler ein zweites Mal, ist das möglicherweise ein die Karriere gefährdendes Zeichen für ihre Unfähigkeit dazuzulernen.

Doch das größte Hindernis bei allem ist mal wieder die Kontrollillusion. Wie in der Geschichte der Zwillinge machen wir alle den gleichen Fehler und schreiben Erfolg unseren Fähigkeiten zu, Scheitern dagegen dem Pech oder der Schuld anderer. Viele von uns sind notorische »Leugner«, die trotz aller Beweise die Realität nicht akzeptieren wollen, oder unbelehrbare Optimisten, die glauben, dass Erfolg im Prinzip einfach zu erreichen ist.

Und schließlich ist es wichtig zu begreifen, dass sich die Fachkompetenz in einem Bereich wie Schach oder Geschäftsführung nicht unbedingt auf andere Gebiete übertragen lässt, selbst nicht auf solche, die verwandt erscheinen. Nur weil jemand ein großartiger Musiker ist, wird aus ihm über Nacht kein guter Schauspieler. Das ist vielleicht eine Kehrseite des langwierigen, zielgerichteten Übens. Die dabei entwickelten Fähigkeiten sind nur in einem speziellen Gebiet anwendbar. Um Experte in einem anderen Bereich zu werden, braucht es wieder zehn Jahre und die ganze Motivation und Hartnäckigkeit. Paradebeispiel ist Basketball-Superstar Michael Jordan, der auch ein guter Baseballspieler werden wollte. Es hat nicht geklappt.

Zeit für Entscheidungen

Welche Schlussfolgerungen lassen sich aus alledem ziehen? Gerne würden wir jetzt eines dieser schlichten Erfolgsrezepte präsentieren, die Gurus und Ratgeberbücher immer parat haben. Doch Sie kennen unsere Ansichten dazu bereits. Solche Ratschläge wären alles andere als hilfreich.

So bleiben nur zwei Empfehlungen, die wir Ihnen geben können. Die erste ergibt sich aus der Einsicht, dass der Weg zu außergewöhnlicher Größe lang und ungewiss ist – und übersät mit Schlaglöchern. Zum zielgerichteten Üben gehört es auch, auf die kleinen Freuden des Lebens zu verzichten. Der Psychologe Mihalyi Csikszentmihalyi[12] hat 91 berühmte Menschen befragt, um herauszufinden, was sie »außerordentlich« gemacht hat. Er kam dabei zu der Erkenntnis, dass sie »dialektische« Persönlichkeiten besitzen. Sie sind, so wie die autistischen Savants, extreme Menschen. Sie sind gleichzeitig klug und naiv, extrovertiert und introvertiert. Csikszentmihalyi berichtet, dass keiner der Befragten in seiner Jugend besonders beliebt war oder wesentlich begabter als seine Klassenkameraden. Und sie konzentrierten sich auf ihre Interessen und drauf, ihre gesteckten Ziele durch harte Arbeit zu erreichen. Während sich ihre Mitmenschen alltäglichen Vergnügungen zuwendeten, übten die sich zu Großem berufenen Menschen ohne Unterlass.

Unser erster Ratschlag ist deshalb folgender: Bedenken Sie sorgsam, was wir hier gesagt haben, und prüfen Sie sich, ob Sie den

Mut, die Motivation und die Persönlichkeit besitzen, sich auf die lange und schmerzhafte Reise zu begeben, die zu persönlicher Größe führt. Dabei sollten Sie nicht vergessen, dass – egal wie klug und motiviert Sie sind – es immer andere gibt, die mindestens genauso intelligent und einsatzfreudig sind. Neben jedem Schachgroßmeister, jedem Olympiasieger, jedem Nobelpreisträger und jedem millionenschweren Unternehmer gibt es hundert andere, die ähnlich gut sind, denen aber nicht der große Erfolg beschieden war. Jedes Jahr erhalten nur ein oder zwei Kandidaten den Nobelpreis in einer Kategorie, doch das Nobelpreiskomitee begutachtet jedes Mal viele Kandidaten. Das Gleiche gilt für die Oscars und den Pulitzerpreis. Neben jedem Gewinner gibt es hunderte talentierte Mitbewerber, von denen wir nie etwas hören.

Um zu unserem zentralen Thema zurückzukehren: Auch Größe hat viel mit Zufall zu tun. Der Versuch, die Erfolgsleiter ganz nach oben zu klettern, ähnelt der Teilnahme an einer Lotterie mit sehr teuren Losen. Wie bei jeder Lotterie ist die Chance zu gewinnen recht klein, doch der Preis für die Teilnahme, zehn Jahre des Übens, ist außerordentlich hoch. Um einen Nobelpreis, einen Oscar oder eine ähnliche Auszeichnung zu gewinnen, bedarf es neben den komplexen Fähigkeiten, die man sich in vielen Jahren zielgerichteten Übens angeeignet hat, auch des Losglücks.

Am Anfang des Kapitels haben wir Nobelpreisträger Daniel Kahneman zitiert. Was war die Quelle seines Erfolges?

> *Obwohl ich meiner Mutter zu danken habe, wie auch meinem Mitarbeiter und Freund Amos Tversky, verdanke ich mit Sicherheit am meisten dem Glück.*[13]

Nun ist Kahneman sehr intelligent, kreativ und hat sein ganzes Berufsleben hart gearbeitet. Ist seine Aussage vielleicht nur falsche Bescheidenheit? Wir glauben, dass Kahneman es durchaus ehrlich gemeint hat. Seine Arbeiten zeigen, dass er um die Kontrollillusion weiß und ebenso um die Tatsache, dass viele hart arbeitende, kreative Wissenschaftler den Nobelpreis nicht gewinnen.

Unser zweiter Rat ist bescheidener, aber pragmatisch. Eine herausragende Persönlichkeit zu werden ist extrem schwer und gelingt per se nur wenigen. Aber besser zu werden, das gelingt schon eher –

in welchem Bereich Sie auch immer aktiv sein mögen. Jeglicher Kompetenzzuwachs vergrößert Ihr Selbstvertrauen und wahrscheinlich auch Ihr Leistungsvermögen. Die Prinzipien zielgerichteten Lernens, durch qualitatives Training und nützliches Feedback, helfen, die Leistungen im Berufs- und Privatleben zu verbessern. Es ist nie zu spät, arbeitsspezifische Fähigkeiten zu entwickeln oder präzisere Informationen über die eigene Leistung einzuholen, ob man nun seine Fähigkeiten als öffentlicher Redner, als Segler, Aquarellmaler oder als Elternteil steigern will. Alles trägt zur Verbesserung des eigenen Schicksals bei. Durch Üben wird man nicht unbedingt perfekt, doch zusammen mit dem richtigen Feedback verschafft es mehr Befriedigung und hilft, bessere Entscheidungen zu treffen.

Bleibt noch die Frage, wie man diese Entscheidungen trifft. Wann soll man der Intuition folgen? Wann eher innehalten und nachdenken? In den meisten Situation keines von beiden! Der Plot spitzt sich ein letztes Mal zu ...

Kapitel 12

Entscheidungen sind unvermeidbar

Ich mache es so, dass ich ein Blatt Papier mit einer Linie in zwei Spalten teile. Über die eine schreibe ich »Pro«, über die andere »Kontra«. Dann, während drei bis vier Tagen des Nachdenkens, schreibe ich unter die Überschriften Stichwörter für die unterschiedlichen Beweggründe, die mir in verschiedenen Momenten einfallen, die für oder gegen das zu Entscheidende sprechen.
Benjamin Franklin

Das Unvermeidliche lässt sich nicht länger aufschieben. Wir sind bei der Frage angelangt, wie man in einer ungewissen Welt Entscheidungen trifft. Wir sollten jetzt Klartext reden. Wir werden aber auch jetzt nicht von unserem Kurs abweichen und nun plötzlich doch unfehlbare Methoden mit Erfolgsgarantie anbieten. Das wäre unehrlich, denn die gibt es nicht. Wir haben immer wieder darauf hingewiesen, dass der Zufall eine entscheidende Rolle in unserem Leben spielt. Wir können Ihnen aber Empfehlungen geben, die die Erfolgsquote Ihrer Entscheidungen erhöhen. Manche Entscheidungen erweisen sich als richtig, manche als falsch. Doch wenn Sie unserem Rat folgen, wird die Anzahl der richtigen Entscheidungen zunehmen. Dieses Kapitel ist ein bisschen wie eine Anleitung zur Verbesserung des Tennis- oder Golfspiels. Durch eine beständige und methodische Auseinandersetzung mit allen Schwierigkeiten bringen wir Sie in Form. Doch vergessen Sie nicht: Für die Aus- und Weiterführung sind Sie selbst zuständig.

Niemand hat für jede Entscheidungssituation ein passendes Rezept. Wir möchten deshalb einen »Fahrplan« anbieten, der zwei typische Situationen unterscheidet und vier Wege zeigt, wie man zu den Entscheidungen kommt. Es gibt repetitive Entscheidungssituationen und einmalige Entscheidungssituationen. Zwei der vier

Möglichkeiten, Entscheidungen zu treffen, haben wir schon im vorigen Kapitel angesprochen: Die intuitive Entscheidung und die überlegte Entscheidung. Die dritte Art, die wir »Sminken« nennen, basiert auf simplen Modellen bzw. Entscheidungsregeln. (Wir entschuldigen uns für das erfundene Wort, doch es hilft, das dahinter stehende Konzept zu verdeutlichen.) Die vierte Vorgehensweise bezieht andere Ansichten, möglichst die »wirklicher Experten«, mit ein.

Repetitive und einmalige Entscheidungssituationen

Zuerst müssen wir zwischen repetitiven und einmaligen Entscheidungssituationen unterscheiden. Dazu folgendes Beispiel. Die Top Global Unternehmensberatung betreibt jedes Jahr eine erfolgreiche Rekrutierungskampagne unter jungen Universitätsabsolventen. Dabei gibt es mehr Bewerber, als Top Global einstellen kann. Wie soll das Unternehmen die Besten auswählen?

Die Kandidatenselektion ist für Top Global eine sich jährlich wiederholende, also repetitive Entscheidungssituation. Tatsächlich ist die Struktur dieses Problems in vielen anderen Kontexten identisch: Ärzte, die Patienten ins Krankenhaus überweisen; Firmen, die Kunden einen Kredit gewähren; Supermarktleiter, die neue Ware bestellen; Universitäten, die Studenten aufnehmen usw. Die gleiche Entscheidung wird in einer relativ unveränderten Umgebung ständig wiederholt.

Sehen wir uns die Entscheidungssituation von Top Global aus einem anderen Blickwinkel an. Alex, ein 21-jähriger Student, steht kurz vor seinem Abschluss an der Prestige-Universität. Top Global hat ihm ein Jobangebot unterbreitet. Auch von Schmerz & Co. hat er eines bekommen. Und auch das Bewerbungsgespräch bei McFlimsey letzte Woche war positiv. Um die Sache noch komplizierter zu machen: Alex hat zusätzlich noch die Chance auf einen Studienplatz an der Elite-Universität im Fachbereich Journalismus. Und dann wollen wir Alex' Freundin nicht vergessen, die unbedingt für ein halbes Jahr Europa und Asien bereisen will. Bisher ist für Alex alles perfekt gelaufen. Doch jetzt steht der brillante Student vor der schwierigen Aufgabe, eine einmalige, sein weiteres

Leben bestimmende Entscheidung zu treffen. Und es hilft ihm wenig, dass alle Optionen fast zu gut sind, um wahr zu sein.

Bevor wir versuchen, Alex zu helfen, und uns die Fragen anschauen, die mit dieser einmaligen Entscheidungssituation verbunden sind, widmen wir uns zuerst der Anwerbung neuer Mitarbeiter durch Top Global. Bei repetitiven Entscheidungssituationen eignet sich das von uns so genannte Sminken, also der Einsatz simpler Modelle oder Entscheidungsregeln. Wir werden das anhand von drei Beispielen verdeutlichen.

Sminken 1: Eheglück vorhersagen?

George und Jill sind ein sympathisches junges Paar. George ist 30 und arbeitet im örtlichen Krankenhaus. Jill ist 28 und hat gerade ihren Doktor in Molekularbiologie gemacht. Führen sie eine glückliche Ehe? Ihre Familien sind davon überzeugt, doch tatsächlich sehen sie die beiden nur selten. Man könnte das Paar jetzt ausgiebig befragen, um durch eine Mischung aus Intuition und Reflexion einen Eindruck zu gewinnen. Eheberater machen das so. Hier eine alternative Methode.

Die Psychologen John Howard und Robyn Dawes untersuchten 27 Paare, von denen je ein Ehepartner das eheliche Verhalten 35 Tage lang in Bezug auf zwei Aspekte beobachten und auf einer siebenstelligen Skala bewerten sollte. Howard und Dawes verwendeten eine einfache Entscheidungsformel zur Beurteilung des Eheglücks: Die Differenz zwischen den beiden Verhaltensarten über einen Zeitraum von 35 Tagen.[1] Das Ergebnis: Die einfache Entscheidungsregel, die sie entwickelt hatten, war ein nützliches, wenn auch nicht perfektes Prognose-Tool für das eheliche Glück.

Elaborierte Theorien verfehlen bei einem komplexen Thema wie dem ehelichen Glück oft das Ziel (erinnern wir uns an Kapitel 9 und das Problem des Rauschens), obwohl diese Theorien in der Rückschau großartige Erklärungen liefern. Simplere Entscheidungsregeln haben dagegen trotz ihrer Eingeschränktheit einen besseren Vorhersagewert. Wie Robyn Dawes und sein Forschungskollege Bernard Corrigan es ausdrücken: »Der Trick besteht darin, die richtigen Variablen auszuwählen. Dann braucht man nur noch zu rechnen.«[2] Für die Auswahl der Variablen ist Urteilsvermögen gefragt, das zweite macht der Taschenrechner.

Ahnen Sie, welches die beiden entscheidenden Variablen für die Ermittlung des ehelichen Glück waren? Die einfache Entscheidungsregel bestand aus der Häufigkeit, mit der die Paare Sex hatten, abzüglich der Anzahl der Streits.

Mit diesem Wissen wenden wir uns dem nächsten Beispiel zu, bei dem es um ein millionenschweres Geschäft geht.

Sminken 2: Kreditwürdigkeit

Bell System, die ehemalige US-Telefongesellschaft mit Monopolstellung, hatte Ende der 80er Jahre ein Problem mit unbezahlten Rechnungen. Die einfachste Lösung wäre es gewesen, von neuen Kunden eine Kaution zu verlangen. Doch die Gesetze ließen dies nicht zu. Um von ihren Kunden eine Kaution verlangen zu können, brauchten die Geschäftsführer einen triftigen Grund.

Die Firma machte ein Experiment. Sie wählten 80.000 neue Kunden nach dem Zufallsprinzip aus und gab ihnen einen kautionsfreien Telefonanschluss. Nach einer gewissen Zeit überprüften sie, wer aus dieser großen Testgruppe seine Rechnungen nicht bezahlt hatte. Obwohl nur wenige Informationen über die Kunden vorhanden waren, gelang es trotzdem, einige Faktoren ausfindig zu machen, um diejenigen, die die Rechnungen nicht zahlten, von den anderen zu unterscheiden. Die Geschäftsleitung entwickelte daraufhin eine einfache Entscheidungsregel, mit der ermittelt werden konnte, wer in Zukunft eine Kaution hinterlegen musste.

Zur Zeit der Studie hatte das Unternehmen jährlich 12 Millionen neue Kunden. Schätzungen nach würde die neue Regel eine Verringerung der Zahlungsrückstände von 137 Millionen Dollar einbringen.[3]

Bells Erfindung war ein Vorläufer aktueller Praktiken zur Beurteilung der Kreditwürdigkeit. Heutzutage werden die Variablen zwar gewichtet, doch wenige reichen bereits aus. Sie können durch Beobachtung (das Beispiel des ehelichen Glücks) oder durch statistische Analysen ermittelt werden (das Beispiel der Telefongesellschaft). Die gebräuchlichen Faktoren bei der Kreditvergabe sind:

Wie lange jemand im gleichen Zuhause gewohnt hat, ob es ihm gehört oder nicht, wie lange er einen aktuellen Job hat und wie viel Geld der gesamte Haushalt verdient. Die Kreditsuchenden erhalten für jede Variable Punkte. Je länger sie ihr Zuhause besitzen, desto mehr Punkte bekommen sie. Die Punkte werden gewichtet und zusammengezählt. Die Gesamtzahl bestimmt die Kreditwürdigkeit. Die repetitive Entscheidungsfindung ist einfach und gradlinig. Man identifiziert die richtigen Variablen (nützlicherweise nur ein paar von ihnen) und verwendet eine einfache Entscheidungsregel. Oder in einem Wort: smink! Es mag zwar eine Wortschöpfung sein, dennoch steckt ein nützliches Konzept dahinter. Wer sminkt, akzeptiert Fehler, um Fehler zu vermeiden.[4] Es ist ein perfektes Beispiel für das Paradox der Kontrolle. Man weiß, dass eine Prognose unmöglich ist, also versucht man es auch gar nicht erst. Stattdessen gibt man sich mit dem Identifizieren und Verwenden der wichtigsten Prädikatoren zufrieden, und lebt dann mit den falschen Entscheidungen, beruhigt durch das Wissen, dass man auf diese Weise zu einer wesentlich größeren Anzahl richtiger Entscheidungen gekommen ist. Es ist wie Baseball oder Kricket spielen. Man kann nicht mit jedem Schlag Punkte machen. Man muss der Strategie folgen, den bestmöglichen Trefferdurchschnitt zu erreichen.

Viele lehnen solche Vorschläge ab. Dafür gibt es drei Hauptgründe. Oft wird das Prinzip dahinter nicht verstanden. Die Smink-Skeptiker argumentieren, dass der Mensch mehr Informationen als nur ein paar Variable verarbeiten kann und auch mit ungewöhnlichen Fällen zurechtkommt. Das stimmt. Doch das Problem ist, dass die grundlegende Inkonsistenz menschlichen Denkens heruntergespielt wird, ebenso wie die Möglichkeit, dass die Begründungen falsch sein können. Wird der Mensch zu verschiedenen Zeiten mit identischen Entscheidungssituationen konfrontiert, neigt er dazu – ob aus Müdigkeit oder aufgrund einer Stimmungsänderung, – verschiedene Entscheidungen zu treffen. Auch kognitive Verzerrungen, wie zum Beispiel zu großes Selbstvertrauen und unbegründete Ansichten, spielen eine Rolle. Richtig ist, dass simple Modelle in einigen wenigen Fällen wichtige Informationen nicht verarbeiten können. Doch sie sind äußerst konsistent und unanfällig für emotionale und kognitive Verzerrungen. Es ist die Entscheidung zwischen der Fähigkeit des menschlichen Geistes, zusätzliche Informationen verarbeiten zu können, und der Beständigkeit der Entscheidungsregeln. Doch empirische Erhebungen zeigen immer wieder (vgl. Kapitel 9), dass simple Modelle erfolgreicher sind.[5] Sminken schneidet bei repetitiven Entscheidungen wie der Massenrekrutierung, der Reduzierung von Zahlungsrückständen oder der Kreditvergabe besser ab als das menschliche Urteil.

Auch der zweite Einwand ist beachtenswert. Trotz aller empirischen Belege sorgen sich manche Menschen, dass der Einsatz von Entscheidungsregeln beim Rekrutieren, bei der Senkung uneinbringlicher Schulden oder bei der Bewilligung von Hypotheken zu Diskriminierungen führen könnte. Werden bestimmte Minderheiten benachteiligt? Simple Modelle können falsch sein, doch sind sie tendenziell weniger diskriminierend als Menschen. Selbst wenn eine heikle Korrelation zwischen Zahlungsrückständen und einer bestimmten Menschengruppe besteht, kann beim Erstellen des Modells sichergestellt werden, dass dies kein Entscheidungsfaktor bei der Vergabe eines Darlehens oder eines Jobs wird. Die Entscheidungsregel lässt sich so abstimmen, dass sie für ausgewählte Minderheiten eine besondere Behandlung vornimmt. Affirmative Action mag für das Londoner und Pariser Rekrutierungsteam von Top Global rechtlich problematisch sein, in den USA dagegen kann die Firma Quoten für Frauen und ethnische Gruppen in ihren Entscheidungsprozess mit einbeziehen.

Die dritte gewichtige Erwiderung gegen das Sminken kommt von den Anhängern der intuitiven Entscheidung. Ihrer Meinung nach wird Bankmanagern und Personalrekrutierern, deren Intuition durch ein simples Modell ersetzt wird, die Entscheidungsmacht genommen. Das mag sein. Doch warum sollten Menschen einen durch Routine geprägten Job erledigen, wenn ein Rechner das ebenso gut kann? Wir trauen dem Urteil des Computers bei allen möglichen wichtigen Kalkulationen, zum Beispiel bei der Ausarbeitung der Steuererklärung und der Berechnung der Statik einer Autobahnbrücke.

Immer mehr Organisationen nutzen das Sminken für repetitive Entscheidungen. Doch warum wird es nicht auch bei der medizinischen Diagnose oder der Aufnahme von Studenten an Universitäten genutzt? Hier ist wieder die Kontrollillusion am Werk. Man hält daran fest, selbst zu entscheiden, und ist nicht gewillt, die Kontrolle an eine Regel abzugeben, auch wenn es dadurch im Ganzen zu besseren Entscheidungen kommen würde. Das zeigt auch unser drittes Beispiel, ein klassisches Experiment aus der Psychologie.

Sminken 3: Blinkende Lichter

Stellen Sie sich vor, Sie nehmen an einem Experiment an einer Universität teil. An Ihrem Tisch befinden sich zwei Knöpfe mit der Beschriftung A und B. Die Wissenschaftler erklären Ihnen, dass Sie nach den Aufgaben auf A oder B drücken sollen. Leuchtet die grüne Lampe, gewinnen Sie einen kleinen Geldbetrag, bei Rot nichts. Alles klar? Dann los.

Zuerst probieren Sie etwas herum. Beide Knöpfe können das rote und das grüne Licht auslösen. Doch dann merken Sie, dass bei A das grüne Licht öfter erscheint als bei B. Was tun Sie? Da dieses Experiment schon viel Male gemacht worden ist, können wir Ihnen genau sagen, was die meisten Menschen tun. Sie drücken weiter beide Knöpfe, neigen aber etwas mehr zu A als zu B.

Was Sie und alle anderen Testpersonen nicht wissen: Die durchtriebenen Wissenschaftler haben das System so programmiert, dass das grüne Licht bei Knopf A zu 60 Prozent angeht, bei Knopf B nur zu 40 Prozent. Was die meiste Menschen wahrnehmen, ist also richtig. Doch ihre Entscheidungen sind es nicht. Da Sie bemerkt haben, dass die Chancen bei A besser stehen, hätten Sie diesen Knopf jedes Mal drücken sollen. Das wäre Sminken der einfachsten Art gewesen. Doch warum macht das keiner?

Wie weitere Untersuchungen zeigen, ist die Gier ein Grund dafür. Die Teilnehmer können der Versuchung nicht widerstehen, das System durchschauen zu wollen. Werden jedoch die Geldeinsätze erhöht, nimmt die Wahrscheinlichkeit zu, dass die Probanden bei A bleiben. Die Furcht, die größeren Summen zu verlieren, besiegt die Gier. Es ist die klassische Kontrollillusion, angefeuert durch Gefühle.

Das gleiche Verhalten lässt sich auch im wirklichen Leben beobachten. Bei Gleichgültigkeit gegenüber den Konsequenzen neigen die Leute eher dazu, Kontrolle zu gewinnen, indem sie Kontrolle an eine einfache Entscheidungsregel abgeben. Doch viele Rekrutierer ziehen es vor, ihrem Bauchgefühl zu folgen anstatt zu sminken. Während die schlauen Rekrutierer eine Kombination aus Informationen zu Qualifikationen, Universitätsabschlüssen, Erfahrungen, Testergebnissen und psychologischen Fragebögen verwenden und erst dann subjektive Auswahlkriterien anwenden, halten andere hartnäckig an ihrer Intuition fest. Stehen jedoch höhere finanzielle Einsätze auf dem Spiel, verändert sich das Verhalten. Große Banken machen sich nicht die Mühe, potenzielle Kreditkartennutzer zu interviewen. Sie haben einige ausgewählte Fragen und überprüfen die Datenbanken zu vergangenen Zahlungsrückständen. Sminken hat hier geholfen, viele Milliarden zu sparen und wird auch nicht mehr in Frage gestellt.

Wir behaupten nicht, dass simple Modelle zu erstellen immer einfach ist. Die größte Herausforderung liegt in der Auswahl der richtigen Variablen. Die dabei auftretenden Schwierigkeiten sind eher emotionaler als kognitiver Art. Dazu kommt, dass nur so viel erreicht werden kann, wie es die vorhandene Ungewissheit zulässt. In dem Laborexperiment war alles so präpariert, dass das grüne Licht zu 60 Prozent beim Drücken des A-Knopfes aufleuchtete. Ein besseres Ergebnis als dieses war deshalb nicht zu erreichen. In solch einer Situation treffen Sie mit einem einfachen Modell bessere Entscheidungen. Genau das tat auch Top Global, als sie Alex einen Job anboten. Trotzdem haben sie ihn später noch zu einem persönlichen Gespräch eingeladen, um zu sehen, ob er auch wirklich in die Firma passt.

Einmalige Entscheidungssituationen: Effektives Nachdenken

Alex grübelt immer noch darüber, welchen Weg er einschlagen soll. Und das ist genau richtig. Eine einmalige Entscheidungssituation bedarf des ausgiebigen Nachdenkens, vorausgesetzt, man hat die Zeit dafür. Doch jede Entscheidungsmethode kann effektiv und auch ineffektiv angewendet werden. Das ist besonders beim Nachdenken der Fall, da es für viele Einflüsse offen ist. Wie also kann Alex effektiv denken? Sollte er dem vernünftigen Rat seines Vaters folgen und das Angebot von Top Global annehmen? Oder sollte er seinem Herzen folgen, Europa und Asien bereisen und die Karrierefrage erst einmal aufschieben? Oder vielleicht doch den finanziell riskanten Weg des Journalisten einschlagen und damit seiner geheimen Leidenschaft folgen? Alex merkt, dass eine einmalige Entscheidung schwer zu treffen ist, kognitiv wie emotional. Hier gibt es keine einfachen Modelle, mit denen man sminken könnte. Doch wir können Alex beim Denken helfen. Deshalb schlagen wir vor, dass er drei grundlegende Fragen systematisch angeht. Erstens: Was steht auf dem Spiel? Zweitens: Welche Ungewissheiten gibt es (der Moment, den dreifachen A-Ansatz einzusetzen)? Drittens: Wie groß ist seine Risikobereitschaft?

Beginnen wir mit der ersten Frage: Was steht für ihn auf dem Spiel? Der Fokus liegt hierbei auf den verschiedenen Möglichkeiten und ihren Konsequenzen. Alex mag es so vorkommen, als hätte er schon viel zu viele Möglichkeiten zur Auswahl. Doch trotzdem sollte er überlegen, ob er nicht irgendwelche Alternativen übersehen hat. Könnte er zum Beispiel zuerst etwas Berufserfahrung sammeln und die Journalistenschule später besuchen? Veröffentlicht eine der Beraterfirmen eine Zeitschrift, für die er schreiben könnte? Und wenn die Beziehung zu seiner Freundin wirklich so gut ist, hält sie dann nicht auch einige Monate Trennung aus?

Alex ist schlau genug, um keine plötzliche Erleuchtung, kein Aha-Erlebnis oder gar einen Flaschengeist zu erwarten. Innovatives Denken verlangt große Konzentration. Außerdem möchte er die Situation mit seinen guten Freunden besprechen, die, im Unterschied zu seinem Vater und seiner Freundin, objektiver sind. Kennen die Freunde vielleicht jemanden, der Erfahrungen und Kontakte in diesen zur Auswahl stehenden Berufsfeldern hat? Je mehr Alternativen Alex entwickelt, desto besser kann er die guten herausfinden. Einige Möglichkeiten sollte er nicht zu schnell abschreiben, denn mit etwas Ausarbeitung könnten auch sie attraktiv sein. Und schließlich sollte er herausfinden, was ihm jeder der Berufswege für das Erreichen seiner übergreifenden Lebensziele bringt. Es wäre kurzsichtig, das Angebot von Top Global nur deshalb anzunehmen, weil alle anderen aus seinem Jahrgang mit dem Anfangsgehalt angeben. Vielleicht ist es ein Traumjob, doch Alex hat noch sein ganzes Leben vor sich.

Jetzt, nachdem er sich weitere Alternativen überlegt hat, sollte

Alex über die Ungewissheiten nachdenken. Er muss sie, wie in Kapitel 10 beschrieben, akzeptieren, abschätzen und ausweiten. Das bringt einen wichtigen Schuss Realismus in seine Überlegungen. Er muss akzeptieren, dass jede Möglichkeit auch gewisse Unwägbarkeiten beinhaltet. Sie sich wegzuwünschen oder einfach das Beste zu hoffen heißt, der Kontrollillusion Tür und Tor zu öffnen.

Nun zur Abschätzung. Einen Vorteil der Journalistenausbildung ist nach Alex' Ansicht, dass er mit einem Abschluss eine Stelle bei einer Topzeitschrift bekommen kann. Doch Anstellungen im Medienbereich sind unwägbarer als bei großen Firmen wie Top Global. Was ist, wenn zu der besagten Zeit kaum Journalisten eingestellt werden? Oder wenn ihm nur ein unbezahltes Praktikum angeboten wird? In der Wettbewerbswelt des Journalismus wäre das nichts Ungewöhnliches. Schon nach dem Studium würde Alex einige Schulden angehäuft haben. Einen unbezahlten Job könnte er sich dann nicht leisten. Und auch die Chancen auf einen gut bezahlten Posten in einem Beratungsunternehmen hätten sich dann in Luft aufgelöst. Auf diese Weise grübelt Alex weiter vor sich hin und entdeckt dabei immer mehr Ungewissheiten. Doch zu seinem Glück findet er heraus, dass der Vater eines Mitstudenten Journalist bei einer großen internationalen Wirtschaftszeitschrift ist. Hinzu kommt noch, dass die Mutter eines anderen Freundes bei einer Partnerfirma von Top Global arbeitet. Diese Recherchen sind mit Mühe verbunden, doch wenn Alex die Sache aus allen möglichen Blickwinkeln betrachten und böse Überraschungen vermeiden will, sind sie unerlässlich.

Mit wachsender Unsicherheit steigt auch Alex' Sorgenpegel. Er muss jetzt aufpassen. Erscheint die Unsicherheit zu bedrohlich, entsteht oft ein Unwille, den Konsequenzen ins Auge zu sehen. Viele nehmen dann eine optimistische Haltung ein, um die möglichen Kehrseiten herunterzuspielen. Deshalb empfehlen wir jetzt einen »Blick von außen«. Anstatt nur für sich allein nachzudenken, sollte Alex sich vorstellen, er wäre Berater bei Top Global und hätte die Aufgabe, dieses Problem zu analysieren und Ratschläge zu geben. Wie würde der Berater die Ungewissheit abmessen? Wahrscheinlich würde er mit einigen Benchmarks beginnen. Als einer der besten Studenten in der Vordiplomklasse der Prestige-Uni hat Alex beste Chancen, ein guter Managementberater zu werden. Als rechenbegabter Student mit Volkwirtschaftslehre im Hauptfach, als aktives Mitglied vieler studentischer Vereinigungen und mit guter zwischenmenschlicher Kompetenz erfüllt er das klassische Anforderungsprofil. Der Journalismusbereich ist schwieriger zu beurteilen. Hier ist Erfolg mehr von Gespür, Kontakten, Durchsetzungsvermögen und nicht zuletzt von Glück abhängig. Und was die Liebe betrifft, sollte man im Alter von 21 Jahren überhaupt schon solche Bewertungen anstellen?

Als Nächstes muss Alex die abgeschätzte Ungewissheit ausweiten. So kann er sichergehen, dass sie annähernd realistisch ist. Je weiter er in die Zukunft denkt, desto größer sollte die Anpassung der Ungewissheit ausfallen. Wird zum Beispiel die Nachfrage nach Beratern und Journalisten langfristig größer oder kleiner sein? Dann sollte Alex auch die Möglichkeit persönlicher »Kokosnüsse« mit einbeziehen. Was ist, wenn er krank wird oder einen Unfall hat und sein Journalistikstudium nicht beenden kann, aber ohne eigenes Einkommen weiter Schulgeld bezahlen muss? Eine Möglichkeit wäre, Versicherungen gegen solche Eventualitäten abzuschließen. Doch kann er sich die bei seinem knappen Budget überhaupt leisten?

Das Ausweiten ist für eine realistische Einschätzung der Ungewissheit sehr wichtig. Viele Unternehmen leiden unter den negativen Folgen der »Optimismusverzerrung« in ihren Kalkulationen. IT-Unternehmen sind dafür ein klassisches Beispiel. Normalerweise dauert die Entwicklung des Produkts länger, als die ersten Einschätzungen der Entwickler vermuten ließen. Ähnliches kennt man aus der Bauwirtschaft, von intellektuellen Projekten wie Bücherschreiben ganz zu schweigen, oder von Politikern, die soziale Veränderungen einleiten wollen. Interessanterweise verlangt die britische Regierung von ihren Planern, Kostenaufstellungen in Zusammenhang mit großen Transportprojekten um einen Faktor zu erhöhen, der den Namen »optimism bias uplift« trägt.[6] Trotzdem werden die geplanten Kosten oft überschritten und der Zeitplan wird nicht eingehalten.

Nachdem die »Optimismusverzerrung« mit einberechnet wurde, muss Alex seine persönliche Risikobereitschaft einschätzen. Während andere Leute gut beurteilen können, ob er bei seinen Zielen alle Alternativen bedacht und die Ungewissheiten realistisch eingeschätzt hat, kann nur Alex selbst bestimmen, wie viel Risiko er eingehen will. Der beste Rat, den wir geben können, ist der, aktiv die eigene Risikoschwelle zu bestimmen. Wie die wissenschaftliche Literatur deutlich zeigt, beeinflussen Gier und Angst die Risikobereitschaft, je nachdem, wie einem die Situation dargestellt wird. So stimmen Patienten einer medizinischen Behandlung eher zu, wenn Ärzte das mögliche Behandlungsergebnis in Bezug auf die Überlebensrate darstellen, anstatt die Anzahl der Menschen zu erwähnen, die die Behandlung nicht gemacht haben![7] Deshalb ist es für Alex wichtig, das Glas einmal als halb leer und einmal als halb voll zu betrachten, um so die Konsequenzen beider Blickwinkel zu verstehen.

Ebenso sollte Alex seine Entscheidung von verschiedenen emotionalen Zuständen aus bedenken. Das kann helfen, den negativen Einfluss der Hoffnung zu vermindern. Die eine Sichtweise sollte den möglichen Gewinn seiner Handlungen hervorheben, um so die Gier anzusprechen, die andere Sichtweise die möglichen Verluste, um die Angst zu stimulieren. Durch beide Perspektiven wird Alex besser verstehen, welche Gefühle die möglichen Entscheidungen und das Risiko in ihm auslösen, und so eine bessere Balance zwischen Angst und Gier finden.

Letztlich gibt es *die* einzig richtige Antwort nicht. Auch wird Alex nie wissen, ob seine Entscheidung tatsächlich die beste gewesen ist. Doch durch das eben beschriebene Überdenken kann Alex besser herausfinden, was richtig für ihn ist, jedenfalls besser, als wenn er nur seiner Intuition folgen, sminken oder eine Münze werfen würde.

Die Hilfe von Experten

Seit Alex sein Studium begonnen hat, nutzte er auch immer wieder die Berufsberatung an der Prestige-Uni. Das will er jetzt noch ein letztes Mal tun, um endlich zu einer Entscheidung zu kommen. Top Global berät Unternehmen weltweit. Deshalb ist es nur folgerichtig, wenn Alex seine Entscheidung an einen entsprechenden Experten, einen Berufsberater, delegiert.

Alex' Schritt ist kein ungewöhnlicher. Entscheidungen zu treffen kann viel Arbeit bedeuten und durch Ungewissheiten erschwert werden. Viele Menschen bevorzugen es deshalb, dies an »Experten« zu delegieren. Eine verbreitete Praxis bei Fragen der Gesundheit, der Geldanlage und der Geschäftsführung. Und wenn die Experten falsch gelegen haben, liegt die Schuld nicht bei einem selbst.

Solch eine Haltung können wir nicht gutheißen. Denn wieder einmal ist hier die hinterlistige Kontrollillusion am Werk. Auch Experten können die Ungewissheiten nicht beseitigen. Niemand kann das. Doch stellt man Fachleuten die richtigen Fragen, versetzt man sich in den Stand, eine Entscheidung auf Grundlage guter Informiertheit zu treffen. Auf den nächsten Seiten geht es darum, was man die Experten fragen sollte, um die eigene Entscheidungsfindung zu verbessern.

Wichtig beim Umgang mit Experten ist das, was wir die Harry-Potter-Regel nennen. Sie lautet: In unserer Welt gibt es keine Magie, wir alle sind »Muggels«. Sie sollten deshalb äußerst argwöhnisch gegenüber jeder Art von Ratschlag sein, der Ihnen wie Magie vorkommt. Manche millionenfach verkauften Ratgeber bieten Hilfe zu fast jedem Thema: Wie werde ich ein erfolgreicher Manager, wie Millionär, wie ein guter Vater oder eine gute Mutter? Sie tragen Titel wie: »Manager in einer Minute«, »Millionärin in einer Minute«, »Vater in einer Minute«, »Mutter in einer Minute« und sogar »Unternehmer in einer Minute«.[8] Diese Bücher können Sie getrost vergessen. Durch Bücherlesen gelangen Sie nicht ans Ziel, und schon gar nicht in einer Minute!

Der Ratgebermarkt ist riesig. Hier ein typischer Ausschnitt für das, was darin versprochen wird:

> *Die Wissenschaft des Erfolges macht universelle Erfolgsprinzipien zugänglich und anwendbar. Jeder Mensch kann diese Wissenschaft einsetzen und damit konstant Erfolg haben. Möglich ist das, weil die Wissenschaft des Erfolges mit universellen Gesetzen arbeitet. Gesetze, die so fundamental und unabänderlich sind wie das Gesetz der Schwerkraft. Wenn Sie diesen Gesetzen folgen, garantiere ich Ihnen, dass Sie erfolgreich sein werden. Jederzeit und unabhängig davon, was Ihr Bestreben ist. Das ist so sicher wie das Fallen des Stiftes nach unten.*[9]

Diese Behauptungen appellieren an die Kontrollillusion ahnungsloser Menschen. (Oder sollten wir besser von »Opfern« sprechen?) Doch vergessen wir nicht, wir leben nicht in J. K. Rowlings Romanen.

Es sind viele Fantasybücher und Erfolgsratgeber auf dem Markt, aber nur wenige über das Scheitern und wie man es vermeidet. Und diese wenigen werden selten Bestseller. Dabei ist es offensichtlich, dass der Umgang mit dem Scheitern und die Vermeidung verbreiteter Fehler sehr wichtig ist.[10] In einem jüngst erschienenen Buch geht R. J. Herbold so weit zu behaupten, dass »Erfolg eine große Schwächung für ein Unternehmen bedeutet«.[11] Er verhindert die Einsicht in notwendige Veränderungen und schwächt die Motivation. Schneller Erfolg, zumal wenn man nicht versteht, wie er zustande gekommen ist, ist unter Umständen für den langfristigen Erfolg von Nachteil.

Wir sollten die Rolle von Experten und ihre Ratschläge hinterfragen. Trotz der Gefahr, uns zu wiederholen, möchten wir betonen, dass es Grenzen der Vorhersagbarkeit gibt. Niemand, auch nicht die besten und teuersten Experten können die Ungewissheit des Zukünftigen reduzieren. Doch genau das erwartet man von ihnen. Sie sollen die Zukunft vorhersagen und Ungewissheit ausräumen. Ein nicht zu erfüllender Wunschtraum und ein typischer Fall von Kontrollillusion.

Auf der anderen Seite sollte man aber begreifen, dass richtige Experten wie Ärzte, Anwälte, Psychologen und Buchhalter das neuste Wissen in ihrem Bereich kennen. Der Zugriff darauf hilft, die Entscheidungen zu überprüfen. Das ist keinesfalls das Gleiche wie eine Entscheidung abzugeben. Wir empfehlen den Rat der Experten als einen weiteren Input, den wir für unseren Entscheidungsprozess nutzen. In Kapitel 3 haben wir beschrieben, wie man am besten Ärzte konsultiert. Das lässt sich auch auf andere Bereiche übertragen:

- So viele Fachinformationen wie möglich einholen. Auch aus Bereichen, in denen die Ansichten unterschiedlich sind. Dazu idealerweise einige harte Fakten, wenn möglich empirische Erhebungen zu vergangenen Ereignissen, um die Zukunft abschätzen zu können.

- Experten fragen, welchen Rat sie geben würden, wenn es sich bei der betreffenden Person um Vater, Mutter, Kind oder Ehefrau handelt.
- Mit Hilfe anderer weitere Optionen finden, an die man nicht gedacht hat. Dann mit ihnen Vor- und Nachteile der verschiedenen Optionen bewerten.
- Objektiven Rat suchen, der die Dringlichkeit der Situation einschätzt. Wenn es keinen Zeitdruck gibt, weitere Standpunkte einholen.
- Nach anderen Experten und weiteren Quellen (inklusive Webseiten) fragen, um sich zusätzlichen, unabhängigen Rat und Informationen zu holen.
- Fragen aufwerfen zu möglichen Interessenkonflikten, die die Experten haben könnten.

Oft fehlt es an Zeit und Ressourcen, um Experten so detailliert befragen zu können. Das Internet bietet die Möglichkeit, Fragen zu beantworten, die wir gerne Fachleuten gestellt hätten, und dies oft kostenfrei. Doch nie sollten wir von Experten oder dem Internet unfehlbare Prognosen erwarten. Fachleuten blind zu vertrauen ist eine weitere Art, Opfer der Kontrollillusion zu werden. Nun aber genug der Worte!

Genau das sagte der Berufsberater der Prestige-Universität zu Alex. Er gab ihm viele nützliche Informationen zu den drei Beraterfirmen, zur Journalistenkarriere und zu den möglichen Nachteilen eines Pausenjahres. Doch als ein anerkannt guter Experte riet er Alex letztlich, seine Entscheidung selbst zu treffen.

Intuition, Nachdenken, Sminken und Expertenrat: Vor- und Nachteile

In diesem und im vorangegangenen Kapitel haben wir gezeigt, dass eine Entscheidung auf vier verschiedenen Wegen oder durch eine Kombination dieser Wege getroffen werden kann. Nicht vergessen sollte man, dass jede Methode ihre Vor- und Nachteile hat.

Intuitive Entscheidungen haben oft mit muskulären Reaktionen zu tun, wie ein Return beim Tennis oder eine Notbremsung beim

Autofahren. In Sekundenbruchteilen ist keine Zeit zum Nachdenken.

Doch jenseits muskulärer Reaktionen funktioniert Intuition nicht immer. Tatsächlich ist es schwer zu sagen, wann sie effektiv ist und wann nicht. Das hat seine Gründe. In Malcolm Gladwells Buch *Blink* behaupten Experten, sie hätten schon auf den ersten Blick erkannt, dass es sich bei dem vom Getty-Museum erworbenen Kouros um eine Fälschung handelt.[12] Doch tatsächlich ist man sich bis heute nicht einig, ob ihre Intuition richtig war. John Walsh, Direktor des Museums, sagt zur noch ungeklärten Frage der Authentizität der antiken Statue: »Nach Jahren intensiver Recherche ist uns klar geworden, dass das Rätsel in absehbarer Zeit nicht gelöst werden wird.« Diese Meinung wird von der Mehrheit der 19 angesehenen Kunsthistoriker geteilt, die sich in Athen getroffen hatten, um über die Echtheit des Kouros zu befinden. Nach eingehender Beratung kamen fünf der 19 Experten zu der Ansicht, es handele sich um eine Fälschung, drei waren von seiner Echtheit überzeugt, während die anderen elf mit Walsh der Meinung waren, dass man keine endgültige Aussage abgeben könne.[13] Selbst Gladwells gefeierte Abhandlung über die Intuition kommt nicht zu dem Schluss, dass sie in diesem Fall funktioniert hat.

Doch selbst wenn sich alle einig wären, dass der Kouros eine Fälschung ist, wäre das noch kein Beweis, dass die Intuition immer Recht hat. Auch Experten geben ihre Fehler nicht gerne zu. Deshalb sind nur wenige Fälle belegt, bei denen die Intuition der Experten falsch war. Und wie viele Kunstfälschungen hängen in den großen Museen der Welt, ohne dass es irgendeinem Experten bisher aufgefallen ist? Ein besonders infamer Fall war der des niederländischen Malers Han van Meegeren. Vor und während des Zweiten Weltkrieges produzierte er mehrere Meisterwerke von Vermeer, die jahrelang in großen europäischen Galerien ausgestellt wurden. Erst der Maler selbst enttarnte sie als Fälschungen.

Neben Situationen, in denen schnelle muskuläre Reaktionen notwendig sind, leistet die Intuition bei hochklassigen Schachwettkämpfen Außergewöhnliches. Doch wirken hier zwei wichtige Faktoren zusammen. Zum einen entwickeln die Großmeister ihre Intuition erst nach mindestens zehn Jahren intensiven Übens mit Hilfe von beständigem, akkuratem Feedback. Zum anderen wenden Schachgroßmeister eine Kombination aus Intuition und Nachdenken an. Jede Intuition wird durch Nachdenken überprüft. Wie systematische Analysen zeigen, ist die ursprüngliche Intuition in 75 Prozent der Fälle richtig. Nachdenken ist für den Erfolg eines Großmeisters entscheidend und eine Grundvoraussetzung für eine erfolgreiche Intuition.

Wenn ausreichend Zeit zur Verfügung steht, ist es ratsam, der Vorgehensweise der Großmeister zu folgen, zumal wenn viel auf dem Spiel steht. Nur so können mögliche Fehlentscheidungen vermieden werden. Ratsam wäre es zudem, eine dritte Person in den Reflexionsprozess mit einzubeziehen, um so den Einfluss eigener Gefühle objektiver einzuschätzen. Auf diese Weise gelang es Alex, nicht dem ersten Instinkt zu folgen und ein Ticket für eine Weltreise mit seiner großen Liebe zu kaufen.

Nun zum Sminken, der Verwendung einfacher Modelle bei der Entscheidungsfindung. Bei repetitiven Entscheidungen zögern wir nicht, diese Handlungsstrategie zu empfehlen. Alle Untersuchungsergebnisse kommen zu dem Resultat, dass Sminken aufwendigem Nachdenken überlegen ist. Top Global, die Unternehmensberatung, die Alex einen Job angeboten hat, holt sich ihre neuen Mitarbeiter nur von den weltbesten Universitäten. Früher hatte die Firma noch mit hohem Zeit- und Geldaufwand Präsentationen an zweitklassigen Schulen durchgeführt. Doch es zeigte sich, dass mehr als 80 Prozent der erfolgreichsten Angestellten (und ein noch höherer Prozentsatz ihrer Führungskräfte) aus den oberen Rängen der Bildungshierarchie stammen. Deshalb wurde das Procedere vereinfacht, was Zeit und Geld sparte. (Gleichzeitig wurden an allen Universitäten spezielle Praktikumsprogramme für Frauen, für Menschen ethnischer Minoritäten und für behinderte Studenten eingerichtet.) Die einzige Gefahr beim Sminken ist, dass die Entscheidungsregeln durch veränderte Umstände obsolet werden. Solche Veränderungen sollten beobachtet und die Regeln entsprechend verändert werden. Und man sollte nicht vergessen: Zum Sminken gehört zuerst das Nachdenken, um die richtigen Variablen auszuwählen und ein einfaches Modell oder eine Entscheidungsregel aufzustellen.

Und nun zum Expertenrat. Über die Rolle und den Wert von Experten wird zurzeit viel diskutiert, nicht zuletzt weil mit Fachkompetenz eine Menge Geld zu verdienen ist. In einem kürzlich veröffentlichten Buch widmet sich Philip Tetlock, Professor an der Berkeley's Haas School of Business, dieser Frage. Als Grundlage dienten ihm die Ergebnisse einer großen Studie, für die mehr als 82.000 Expertenentscheidungen im Bereich der politischen Wissenschaften analysiert wurden.[14] Seine Ergebnisse, die unseren wie auch vorherigen Untersuchungen entsprechen, sind deutlich. Einfache Modelle sind zuverlässiger als das, was Menschen prognostizieren. Und Experten sind im Vorhersagen selten besser als gut informierte Normalsterbliche. Politikexperten schnitten sogar schlechter ab als Nichtexperten, wenn es darum ging, bei neuer Informationslage die Prognosen zu modifizieren, da die Experten überzeugt waren, alle relevanten Fakten bereits zu kennen. Auch bei der Einschätzung ihrer eigenen Prognosen waren sie zu selbstsicher. Gleichwohl kann der Rat von Experten sehr hilfreich für die eigene Entscheidungsfindung sein, man sollte nur vorsichtig damit umgehen.

Und schließlich zum Nachdenken: Das ist der gängigste Lösungsweg, wenn die zu fällende Entscheidung weder repetitiv noch muskulär ist. Wichtig ist das Nachdenken auch zur Bestätigung intuitiver Entscheidungen, wie etwa beim Schachspiel und beim Formulieren von Sminken-Regeln. In diesem Kapitel haben wir einige Prinzipien des effektiven Nachdenkens am Beispiel von Alex' Berufsentscheidung veranschaulicht. Wir haben davor gewarnt, dass das Nachdenken durch eine Vermischung kognitiver und emotionaler Faktoren vom richtigen Weg abgebracht werden kann. Wir haben aber auch gezeigt, dass man bei einem sorgsam umrissenen Problem mit klaren Prinzipien und Prozeduren durch Nachdenken zu einer guten Lösung kommt.

Und Alex? Durch die Gespräche mit den Eltern seiner Kommilitonen fand er heraus, dass es an Journalisten mit fundierten Wirtschaftskenntnissen mangelt. Der Herausgeber der Zeitschrift ging sogar so weit zu sagen, dass er die Schnauze voll habe von graduierten Journalistikstudenten, die weder Erfahrungen noch Interesse an ihrem Thema haben. Die Geschäftspartnerin von Top Global verriet ihm, dass die Beraterfirma schon bald eine neue, auf die Beratung von Medienfirmen spezialisierte Abteilung einrichten würde. Das alles kam Alex sehr entgegen. In der Zeit des Nachdenkens war ihm klar geworden, dass er eher risikoscheu ist und sich kein weiteres Jahr kostspieligen Studierens leisten kann. Er entschied sich für den Job bei Top Global und schaffte es, in die neue Abteilung zu kommen, wo er eine Menge nützlicher Kontakte aufbaute. Außerdem lernte er dort eine große, schlanke und attraktive Kollegin namens Ellen kennen, die ihn schnell davon überzeugte, dass seine bisherige Freundin doch nicht so »hinreißend« war.

Und was ist mit den Emotionen?

Die griechischen Philosophen der Antike verehrten die Vernunft. Entscheidungen aufgrund von Gefühlen zu fällen war ihnen zuwider. Es dauerte lange, bis Philosophen die Bedeutung der Emotionen erkannten. Im 17. Jahrhundert kam Blaise Pascal zu der Erkenntnis, dass »das Herz Gründe hat, die der Verstand nicht kennt«. Im 18. Jahrhundert vertrat David Hume die Ansicht, die Vernunft sei den Gefühlen unterwürfig. In jüngerer Zeit haben Neurowissenschaftler nachgewiesen, dass Emotionen oft eine wichtige und positive Rolle beim Fällen von Entscheidungen spielen.[15] Wie sollen wir also mit unseren Gefühlen umgehen, wenn wir eine Entscheidung treffen müssen?

Es ist wichtig zu verstehen, dass das emotionale Bermudadreieck aus Gier, Furcht und Hoffnung auch wichtige und nützliche Funktionen haben kann. In einer gefährlichen Situation schützt uns Angst vor zu hohem Wagnis. Hoffnung ist eine wichtige Motivationskraft für vielerlei Aktivitäten. Unsere Emotionen bilden eine Art »primitives« System zum Fällen von Entscheidungen. Doch von bestimmten Aktivitäten abgesehen sollten immer ergänzende Betrachtungen dazukommen. Wir sollten wissen, wann und wie viel Aufmerksamkeit wir unseren Gefühlen schenken.

Wir behaupten, dass ein kluger Umgang mit den Emotionen sehr von der Art der Entscheidung und der genutzten Methode abhängt.

Im Zusammenhang mit repetitiven Entscheidungen ist es wahrscheinlich, dass Gefühle dem Entscheidungsprozess Rauschen hinzufügen. Manchmal legt das Gefühl eine Handlung nahe (ein Bewerber wird ausgewählt, weil man gut fand, was er im Gespräch gesagt hat) oder das Gegenteil (ein Bewerber wird abgelehnt, weil man schlechte Laune hatte). Eine der vielen Vorteile des Sminkens ist, dass es gerade Verzerrungen durch Stimmungen oder Gefühle vermeidet. Sminken vereinfacht repetitive Entscheidungssituationen, man muss sich nur trauen.

Folgt man seiner Intuition, hängt man meist ganz und gar von seinen Emotionen ab. Ist man in Gefahr, dass einem ein Gegenstand (eine Kokosnuss) auf den Kopf fällt, wird die Angst sofort Schutzhandlungen auslösen (schnell aus dem Weg gehen). Das läuft ganz automatisch ab. Und das ist gut so.

Schwieriger ist der Umgang mit Gefühlen, wenn eine Entscheidung durch Nachdenken herbeigeführt werden soll. Zwei Punkte sind hierbei wichtig. Erstens lassen sich Emotionen bei einer Entscheidung nicht vermeiden. Sie gehören zur menschlichen Natur. Doch nicht immer ist es angebracht, der ersten Intuition zu folgen. Und zweitens werden verschiedene Emotionen durch unterschiedliche Stimuli ausgelöst. In einem Moment erscheint eine bestimmte Handlung als zu riskant, im nächsten als zu mutlos. Unser Vorschlag ist, beide Aspekte der Emotion zu beachten. Zum einen sollte man emotionale Reaktionen als »Daten« oder Informationen betrachten, die man zusammen mit anderen Informationen für seine Entscheidung auswertet.[16] Anders ausgedrückt: Registrieren und bedenken Sie sorgsam die emotionalen und alle anderen Erwägungen für Ihre Entscheidung. Außerdem sollte man Entscheidungen aufschieben, so wie Alex es getan hat, um nochmals darüber nachdenken zu können. So profitiert man von der Beobachtung, wie sich eine Entscheidung in Abhängigkeit von der Stärke der Gefühle ändern kann. Noch einmal »darüber zu schlafen«, bevor man eine Entscheidung fällt, ist nicht umsonst zur Redewendung geworden.

Und schließlich: Sie wären kein Mensch, wenn die Gefühle, die der Ratschlag eines Fachmannes bei Ihnen auslöst, Sie nicht bei Ihrer Entscheidung beeinflussen würde. Unsere Empfehlung: Rechnen Sie damit, dass dies passiert, und versuchen Sie, die Dinge aus der Sicht eines anderen zu sehen. Wie würden Sie sich fühlen, wenn der Fachmann Ihrem Konkurrenten diesen Ratschlag gibt?

Bessere Entscheidungen treffen

Vor allem möchten wir Ihnen einfache Modelle oder einfache Entscheidungsregeln ans Herz legen. Unser Rat zum Nachdenken ist zwar vernünftig, doch vielleicht ein bisschen zu vernünftig, um sonderlich aufregend zu sein. Der intellektuelle Kick, den uns das Sminken bereitet, ist da schon wesentlich größer, denn es erkennt nicht nur die Kontrollillusion an. Es geht einen Schritt weiter und vertraut auf das Paradox der Kontrolle. Indem man die Kontrolle an ein simples Modell delegiert, anstatt selbst nachzudenken, erhält man mehr Kontrolle über das Resultat.

Das soll nicht heißen, es gäbe einfache Lösungen dafür, wie man Entscheidungen trifft. Wir bleiben dabei: keine Allheilmittel. Sminken hilft nur bei rein repetitiven Entscheidungen. Dort wird es aber noch viel zu wenig eingesetzt. Einfache Modelle kommen bei der Kreditvergabe oder bei Bewerbungen zur Anwendung. Man könnte sie aber auch in der Medizin, in der Geschäftswelt und bei gemeinnützigen Organisationen einsetzen. Auch der einzelne Mensch kann vom Sminken profitieren, obwohl die meisten unserer nicht berufsbezogenen Entscheidungen eher zu den einmaligen Entscheidungen gehören oder zu unbedeutend sind, um dafür Modelle zu entwickeln.

Durch die Aufteilung in repetitive und einmalige Entscheidungssituationen haben wir selbst ein einfaches Modell entworfen. Wir haben zwei Pole beschrieben, die in Wirklichkeit ein Kontinuum sind. Viele Entscheidungen haben repetitive und einmalige Anteile. Wenn deshalb einfache Modelle nicht die alleinige Grundlage für eine endgültige Entscheidung sein sollten, können sie ebenso wie Entscheidungsregeln oder Experten als Bezugspunkt dienen, um unsere Beurteilungen und Prognosen abzugleichen. Doch dafür müsste man ständig seine Entscheidungen und die folgenden Ergebnisse festhalten. Ein Grund, warum das gerne unterlassen wird, ist die Angst, für die eigenen Entscheidungen verantwortlich gemacht zu werden. Diese Angst verhindert, dass man das zum Lernen nötige Feedback bekommt.

Natürlich weisen nicht alle Entscheidungen repetitive Elemente auf, weshalb Intuition und Nachdenken notwendig sind. Wir haben unsere Empfehlungen zu diesen Arten der Entscheidungsfindung in den letzten Kapiteln bereits ausreichend dargestellt. Doch wir möchten noch einmal betonen, dass Intuition durch Nachdenken ergänzt werden muss. Ebenso sollte es vermieden werden, Entscheidungen einfach abzugeben, selbst wenn uns die Meinung von Fachleuten bei unseren Entscheidungen hilfreich sein kann.

Evolutionsgeschichtlich betrachtet ist die Reflexion auf gehobenem Niveau eine relativ junge Kulturtechnik. Noch vor einigen Jahrzehnten war sie auf eine Minderheit unserer Gesellschaft beschränkt. Die menschliche Spezies war die meiste Zeit ihrer Existenz mit Ernährung und Überleben beschäftigt. Für Kunst, Wissenschaft, Schachspielen oder andere intellektuelle Beschäftigungen gab es kaum Zeit. Eine moralisch fragwürdige Ausnahme war das antike Griechenland, in dem Sklaven die manuelle Arbeit verrichteten und dadurch große Teile der Bürger freistellten, sich intellektuellen Aktivitäten widmen zu können. Erst durch die industrielle Revolution und den Siegeszug der Automatisierung entstand in der westlichen Welt auch für gewöhnliche Menschen die Möglichkeit zur Bildung und zum Broterwerb durch Kopf- statt durch Handarbeit.

So sollte es nicht überraschen, dass wir Menschen schlecht ausgerüstet sind, um das Prinzip der Wahrscheinlichkeit zu begreifen, die Ungewissheit der Zukunft zu verstehen oder die daraus folgenden Konsequenzen rational anzugehen. Das ist ein Grund, warum unsere Entscheidungen oft simplen statistischen Modellen unterlegen sind. Gleichzeitig haben die Erzeugnisse unseres sich ständig weiterentwickelnden Gehirns in kürzester Zeit die Welt immer komplexer gemacht. In ihr müssen wir Entscheidungen treffen, ohne dass die Evolution uns dafür ausgerüstet hat.

Die gute Nachricht ist, dass wir die intellektuellen Fähigkeiten besitzen, das Ausmaß der ungewissen Zukunft zu ermessen sowie die Kontrollillusion und deren Bedeutung für das Fällen von Entscheidungen zu verstehen. Die schlechte Nachricht dagegen ist, dass uns das aus psychologischen Gründen oft nicht gelingt und deshalb immer wieder teuer zu stehen kommt. In einer Welt, die gleichzeitig von Zufällen und Fähigkeiten bestimmt wird, müssen wir zuerst die Kontrollillusion besiegen und uns gegebenenfalls das Paradox der Kontrolle zu Nutze machen. Auf Kontrolle zu verzichten bringt oft mehr Kontrolle. Das wollten wir in den letzten zwölf Kapiteln zeigen.

Kapitel 13

Glück und Zufriedenheit

Glück kann man nicht kaufen.
Sprichwort

Diejenigen, die meinen, dass man Glück nicht kaufen kann,
wissen nur nicht, wo der richtige Laden ist.
Anonym

Am Anfang dieses Buches haben wir Ihnen voreilig Glück versprochen. So wenden wir uns nun endlich diesem Versprechen zu. Vielleicht erinnern Sie sich noch an den Flaschengeist aus dem ersten Kapitel. Von ihm wünschten sich die meisten Menschen Glück, dazu ein langes, gesundes Leben, Wohlstand und Erfolg im Beruf. Über die Rolle des Zufalls in diesen drei Lebensbereichen haben wir ausführlich gesprochen. Im zweiten Teil des Buches wollten wir das grundlegende praktische und theoretische Wissen vermitteln, um das eigene Schicksal in all diesen Bereichen gedeihen zu lassen. Nehmen wir einmal an, Sie sind unseren Ratschlägen gefolgt: Sind Sie jetzt glücklich? Ihr persönliches Schicksal sollte sich merklich verbessert haben. Aber sind Sie dadurch automatisch zufriedener? Vielleicht ist es für Sie über alle Maßen gut gelaufen. Deshalb müssen Sie aber nicht unbedingt glücklicher sein. Glücklich sein ist als Kategorie wie als subjektive Empfindung nur schwer zu greifen. Und es scheint unmöglich, zukünftige Zufriedenheit vorherzusagen oder irgendwie zu beeinflussen, denn auch hier spielt der Zufall eine große Rolle. Im Gegensatz zur Liebe (ein anderer häufiger Wunsch an den Flaschengeist) besitzen wir zumindest zu diesem Thema vielerlei Informationen. Es ist möglich, daraus einige Erkenntnisse über das Streben nach Glück zu gewinnen. Und genau das wollen wir in diesem Kapitel tun.

Doch trotz aller wissenschaftlichen Bemühungen können wir Ihnen kein Glück garantieren. Aber legen Sie das Buch noch nicht weg! Wir bieten Ihnen jetzt eine aufregende Mischung aus Berühmtheiten, schnellen Autos, Sex und Nonnen.

Warum ist Maria glücklich?

Einer der Autoren kennt ein Mädchen namens Maria. Zu kaum einem Menschen passt die Beschreibung »glücklich« so gut wie zu ihr. Maria ist gerade elf geworden. Sie lebt mit ihren liebevollen Eltern und ihrem Bruder in Sarrià, einem wohlhabenden Viertel von Barcelona. Doch mehr offensichtliche Gründe für ihr Glück scheint es nicht zu geben. Maria ist behindert und wird ihr Leben lang Beinschienen tragen müssen. Die Ärzte wissen nicht genau, wieso ihre Beine nicht richtig funktionieren. Vielleicht war Sauerstoffmangel bei ihrer Geburt dafür verantwortlich oder ein seltener genetischer Defekt. Aber das alles scheint nicht so wichtig, denn Maria lacht die ganze Zeit. Sie braucht keine Hilfe beim Treppensteigen und fällt auch nie hin, obwohl es oft so aussieht. Das kleine spanische Mädchen scheint so viel Spaß am Leben zu haben, dass ihr Glücklichsein ansteckend ist.

Marias Schule ist ganz in der Nähe, aber Freunde hat sie dort nur wenige. Ihre Mitschüler spielen nicht mit ihr und hänseln sie wegen ihrer Behinderung. Doch Maria tut so, als würde sie die Sprüche nicht hören. Sie genießt es, von körperlich leistungsfähigen Kindern umgeben zu sein. Nie hört man von ihr auch nur eine einzige Klage über ihre Behinderung. Maria ist eine gute Schülerin, die Beste in Mathe und im Computerkurs. Und sie gibt es nicht auf, sich um Freundschaften zu bemühen. Selbst bei Pilar versucht sie es.

Pilar wohnt direkt gegenüber von Maria, in einem noch größeren Haus. Die beiden Mädchen gehen in diesselbe Klasse. Hübsch, intelligent, gesund, geliebt und umsorgt müsste Pilar eigentlich das glücklichste Kind der Gegend sein. Doch das ist sie nicht. Sie meckert über alles und jedes, übers frühe Aufstehen bis zur Farbe ihrer Schuhe. Mit Unterricht und Mitschülern kommt sie einigermaßen klar. Ihre Leistungen sind zwar eher mittelmäßig, was aber auch daran liegt, dass sie ihre Hausaufgaben oft nicht macht und auch sonst wenig für die Schule tut. Zuhause ist Pilar zumeist damit beschäftigt, sich mit ihrer jüngeren Schwester Anna zu streiten. Den Rest der Zeit verbreitet sie schlechte Laune und verkündet unablässig, dass sie ihre Familie, ihr Zuhause und ihr Leben hasst. Schon als Baby hat sie wenig gelächelt und immer geweint, wenn niemand sich mit ihr beschäftigt hat. Zum Glück ist Anna ein fröhlicherer Typ, doch die Atmosphäre in der Familie wird durch Pilars Art sichtlich vergiftet. Die Mutter versteht nicht, wie ihre beiden Töchter so verschieden sein können, hat sie die beiden Mädchen doch völlig gleich erzogen.

Es ist schwer zu verstehen, warum Maria glücklicher ist als Pilar, oder warum Anna ein sonnigeres Gemüt hat als ihre Schwester (ihre Mutter will es nur ungern dem Schicksal zuschreiben). Genauso wenig versteht man, warum manche Länder oder Kulturen glücklicher sind als andere. Untersuchungen haben immer wieder gezeigt, dass die Unterschiede groß und unstrittig sind. Man vergleiche Japan mit Bhutan, ein Land, das 1999 als letztes der Welt Fernsehen bekommen hat.

Bhutan ist ein kleines buddhistisches Königreich zwischen China und Indien und ungefähr so groß wie die Schweiz. Dem staatlichen Zensus zufolge beträgt die Bevölkerung 672.000 Einwohner, von denen 60 Prozent selbstversorgend Landwirtschaft betreiben. Die Weltbank schätzt das Bruttosozialprodukt (BIP) pro Kopf auf nur 1400 Dollar, nach globalen Maßstäben verfügt die Bevölkerung über eine äußerst geringe Kaufkraft. Doch Bhutan besitzt eine unberührte Natur mit Bergen, dichten Wäldern und pittoresken Klöstern. Bei vergleichenden Untersuchungen zur Zufriedenheit der Bevölkerung erlangt Bhutan immer eine hohe Punktzahl.

Japan ist auch ein buddhistisches Land. Der Lebensstandard ist hoch, die Lebenserwartung ist die höchste weltweit, wenn man von Zwergstaaten wie Andorra absieht. Doch den Umfragen zufolge ist die japanische Bevölkerung ein richtig trauriger Haufen. 2006 erstellte der englische Psychologe Adrian White von der Universität Leicester eine Metaanalyse über große Studien zur Zufriedenheit.[1] Daraus entstand eine Art Weltkarte des Glücklichseins. Bhutan liegt auf dem achten Platz, umgeben von reichen europäischen Ländern. Japan dagegen kommt nur auf Platz 90, noch hinter Usbekistan, wo das BIP pro Kopf 18-mal niedriger ist. Genauso wie es keinen guten Grund dafür zu geben scheint, dass Maria so viel glücklicher ist als Pilar, gibt es keine offensichtliche Erklärung für die größere Zufriedenheit der Einwohner Bhutans im Vergleich zur Bevölkerung Japans.

Glücklich zu sein war der dringendste Wunsch an unseren Flaschengeist. Doch manche Menschen scheinen ohne ersichtlichen Grund und von Natur aus glücklicher zu sein als andere. Das ist aber nicht das einzig Rätselhafte am Glück, wie wir im Folgenden sehen werden.

Die verzwickte Sache mit dem Geld

Können wir aus den obigen Beispielen folgern, dass man weder Glück noch Liebe kaufen kann? Eine Frage, die Philosophen, Poeten und Popstars seit jeher beschäftigt. Die Psychologen Ed Diener und Martin Seligman wollten sie ein für allemal beantworten.[2] Sie interviewten verschiedene Menschengruppen, Tycoons, Milliardenerben und Slumbewohner. Die Befragten sollten den Grad ihrer Zustimmung zu dem Statement »Ich bin mit meinem Leben zufrieden« bewerten, und zwar auf einer Skala von 1 (überhaupt nicht einverstanden) bis 7 (völlig einverstanden).

Wie weit stimmen Sie diesem Statement zu? _______

(Der Befragung nach wären Sie, falls Ihre Antwort über 5,9 liegt, glücklicher als ein Milliardär.)

Von den Obdachlosen abgesehen konnten die Wissenschaftler keine großen Unterschiede in der Zufriedenheit der verschiedenen Gruppen feststellen. Die Inuit aus dem eisigen Grönland und die Amische aus Pennsylvania zeigen das gleiche Maß an Zufriedenheit wie die reichsten Amerikaner. Die halbnomadischen Massai aus Afrika sind nur geringfügig unzufriedener als Milliardäre, erreichen jedoch einen höheren Wert als eine zufällige Gruppe schwedischer Bürger. Selbst der Zufriedenheitsgrad indischer Slumbewohner ist nicht wesentlich geringer als der durchschnittliche Wert von

College-Studenten, einer durchaus privilegierten Gruppe. Erstaunlich ist der große Unterschiede zwischen den Amischen aus Pennsylvania (mit einem ähnlichen Wert wie Milliardäre) und den Amischen aus Illinois (mit einem geringfügig besseren Wert als die Slumbewohner Kalkuttas).

Doch das verblüffendeste Ergebnis ist, dass keine der von Seligman und Diener untersuchten Gruppen, inklusive der Superreichen, nahe an die perfekte »7« kam. Vergleichen Sie Ihre Antwort mit den Ergebnissen in Tabelle 13.

Diese wie auch andere Studien kommen zu der gleichen Erkenntnis: Die Lebenszufriedenheit nimmt ab einem bestimmten Einkommen nicht weiter zu.[3] Manche Wissenschaftler meinen, diese Einkommensgrenze liege bei einem BIP pro Kopf von ungefähr 16.000 Dollar (bei Kaufkraftparität).[4] In einer anderen Untersuchung wurde den Bewohnern verschiedener Länder folgende Frage gestellt: »Auf einer Skala von 1 (unzufrieden) bis 10 (zufrieden), wie zufrieden sind Sie zurzeit mit Ihrem Leben?«[5] Dann haben die Wissenschaftler die durchschnittliche Zufriedenheitsrate des jeweiligen Landes in Relation zum Bruttosozialprodukt pro Kopf gesetzt. Dabei ließen sich zwei Gruppen ausmachen: Länder mit einem BIP pro Kopf von mehr als 16.000 Dollar und jenen mit niedrigerem Einkommensniveau. Die beiden Gruppen sind in Ab-

Tabelle 13 Durchschnittliche Lebenszufriedenheit verschiedener Gruppen

»Reichste Amerikaner« (nach *Forbes*)	5,8
Amische aus Pennsylvania	5,8
Inuit (aus dem nördlichen Grönland)	5,8
Massai (halbnomadische Volksgruppe aus Kenia und Tansania)	5,7
Stichprobe von schwedischen Bürgern	5,6
Stichprobe von internationalen College-Studenten (47 Nationen, 2000)	4,9
Amische aus Illinois	4,9
Slumbewohner aus Kalkutta	4,6
Obdachlose aus Fresno, Kalifornien	2,9
Obdachlose aus Kalkutta (»pavement dwellers«)	2,9

bildung 18 mit einem rechteckigen bzw. ovalen Rahmen zusammengefasst.

Diese grafische Darstellung eines internationalen Vergleichs der Zufriedenheit bringt eine wichtige Einsicht. Innerhalb beider Ländergruppen gibt es keine offensichtliche Relation zwischen Wohlstand und Zufriedenheit, doch der durchschnittliche Zufriedenheitsgrad ist in reicheren Ländern höher. Es gibt aber auch bemerkenswerte Ausnahmen. Neben Bhutan ist auch in Costa Rica die Zufriedenheit größer als in den USA. Auch die Inder sind zufriedener als die Russen, trotz niedrigerem BIP, und das kommunistische Kuba scheint glücklicher zu sein als das kapitalistische Japan. Besonders der Vergleich von Hongkong und China ist interessant. Der durchschnittliche Lebensstandard in Hongkong ist wesentlich höher als der auf dem chinesischen Festland, doch der Grad an Zufriedenheit unterscheidet sich kaum.

Wie steht es um die Zufriedenheit in Ländern mit schnellem wirtschaftlichen Wachstum? Noch einmal zurück nach Japan: Hier ist das Realeinkommen zwischen 1958 und 1987 um das Fünffache gestiegen, aber der Grad der Zufriedenheit in der Bevölkerung ist über den gesamten Zeitraum konstant geblieben.[6] Und Richard Layard, Wirtschaftsprofessor an der London School of Economics, hat beobachtet, dass der prozentuale Anteil an britischen oder US-amerikanischen Bürgern, die sich als »sehr glücklich«, »recht glücklich« und »überhaupt nicht glücklich« bezeichnen, über fünf Jahrzehnte konstant geblieben ist, obwohl der Wohlstand in diesem Zeitraum kontinuierlich gestiegen ist.[7]

Es überrascht wenig, dass Wissenschaftler das gleiche Phänomen auch auf individueller Ebene beobachtet haben, wie zum Beispiel beim extremen Fall eines Lottogewinns. Man würde erwarten, dass der Gewinn eines Jackpots glücklich macht. Doch das hält nicht lange an. Schon nach einem Jahr, spätestens aber nach vier bis fünf Jahren, kehren die Gewinner wieder auf ihr vorheriges Zufriedenheitsniveau zurück. Sie gewöhnen sich an ihren Reichtum und sind dann kaum noch glücklicher als vor dem Lotteriegewinn.

Ist es also sinnvoll, unter ständigem Stress den ganzen Tag zu schuften, um das Einkommen auf ein Niveau zu bringen, das weit unter dem eines Lottogewinns liegt? Macht uns das irgendwie glücklicher?

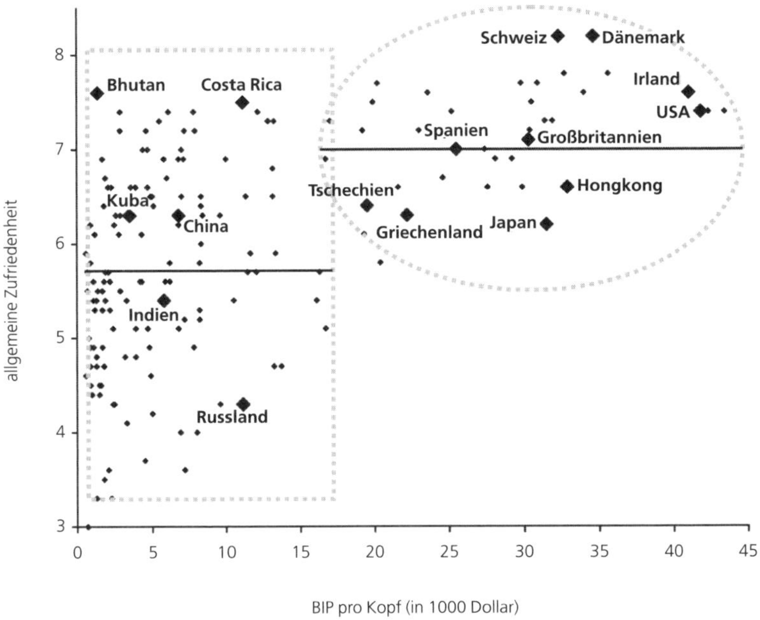

Abbildung 18 Zufriedenheit und Bruttoinlandsprodukt pro Kopf (BIP) im Vergleich

Der Oxforder Wirtschaftshistoriker Avner Offer geht noch einen Schritt weiter. Er behauptet, dass der gestiegene Wohlstand das menschliche Wohlbefinden untergraben hat. In seinem Buch *The Challenge of Affluence* (2006) vertritt er die Ansicht, dass eine Zunahme an psychologischem Unwohlsein wie auch die Zunahme der Kriminalität, des Drogenmissbrauchs und der Fettleibigkeit im Zusammenhang mit ökonomischem Wachstum und zunehmendem Wohlstand stehen.[8] Werden wir diese Entwicklung umkehren können und in Zukunft glücklicher sein?[9] Und wird es etwas geben, das uns permanentes Glück beschert?

Sind es die kleinen Dinge, die zählen?

Daniel Kahneman entwickelte mit der »Daily Reconstruction Method«[10] einen neuen Ansatz zum Verständnis der Zufriedenheit.

Bei diesem Forschungsprojekt haben die Teilnehmer täglich einen Fragebogen ausgefüllt. Alle Aktivitäten des Tages wurden notiert. Dann wurden die Gefühle (angenehm, glücklich, deprimiert, müde, besorgt) zu jeder dieser Tätigkeiten auf einer Skala von 0 (überhaupt nicht) bis 6 (sehr viel) bewertet. Die Wissenschaftler extrahierten daraus einen »Netto«-Befriedigungswert für jede Aktivität und ermittelten einen Durchschnittswert für die untersuchte Bevölkerung. Einbezogen wurde auch die durchschnittliche Zeit, die man mit der jeweiligen Aktivität verbracht hat.

Wollen Sie nicht einmal selbst eine vereinfachte Form des Fragebogens ausfüllen? Kahnemans Aktivitätenliste finden Sie alphabetisch sortiert in Tabelle 14. Geben Sie jeder Aktivität einen Wert zwischen 0 und 6, wobei 0 »macht mir überhaupt keine Freude« und 6 »macht mich sehr zufrieden« bedeutet. Wenn Sie noch mehr machen wollen, notieren Sie die Anzahl der Stunden, die Sie täglich mit jeder dieser Aktivitäten verbringen.

Tabelle 14 Liste täglicher Aktivitäten

	Grad der Zufriedenheit	Stunden
Arbeiten	______	______
Beten/Gottesdienst/Meditation	______	______
Computer, E-Mail, Internet	______	______
Einkaufen	______	______
Entspannen	______	______
Essen	______	______
Fahrt zur Arbeit	______	______
Fernsehen	______	______
Freunde treffen	______	______
Hausarbeit	______	______
Kinder versorgen	______	______
Kochen	______	______
Nickerchen	______	______
Sex	______	______
Sport	______	______
Telefonieren	______	______

Kahnemans Testgruppe bestand aus 909 texanischen Frauen und war relativ repräsentativ zusammengesetzt: 24 Prozent Afroamerikanerinnen, 22 Prozent Hispanics, 49 Prozent Weiße und 5 Prozent andere. Das Durchschnittsalter betrug 38 Jahre, das mittlere Haushaltseinkommen 55.000 Dollar. Als Statistikexperten ahnen wir, dass Sie keine Texanerin sind. Doch als interessierter Beobachter der menschlichen Natur gehen wir davon aus, dass Sie gerne Ihr Ergebnis mit dem der texanischen Frauen vergleichen möchten. Sehen Sie sich deshalb Tabelle 15 nicht an,[11] bevor Sie nicht Ihren Fragebogen ausgefüllt haben.

Wir wissen nicht, wie sich Ihre Antworten zu den unten aufgeführten Zahlen verhalten, doch einige Ergebnisse sind verblüffend. Wenig überrascht, dass Sex und Sozialkontakte die beliebtesten Aktivitäten sind, Arbeiten und Fahrt zur Arbeit dagegen die unbeliebtesten. Doch ist es nicht erstaunlich, dass »Kinder versorgen« so schlecht abschneidet, schlechter noch als Hausarbeit? Sind texanische Kinder wirklich so furchtbar? Oder ist Kindererziehung überall so unbefriedigend?

Zahlen aus den Sozialwissenschaften sollte man nicht einfach für bare Münze nehmen. Man beachte, dass angegeben wurde, nur 0,2 Stunden würden durchschnittlich mit Sex verbracht. Niemand will ernsthaft behaupten, dass 12 Minuten für eine 4,74 auf der Zufriedenheitsskala ausreichen! Sex ist bei den meisten Umfragen ein schwieriges Thema, da man nur selten ehrliche Antworten bekommt. Manche Menschen übertreiben, andere dagegen sind schüchtern. In dieser besagten Studie gaben nur 11 Prozent der Befragten Sex als Aktivität an, was umfassende Verallgemeinerungen unmöglich macht. Stattdessen interessierten sich die Wissenschaftler besonders für die zweitgenannte Aktivität, die soziale Interaktion. Sie sammelten Zahlen zu den verschiedenen sozialen Beziehungen und kamen zu den Resultaten, die Tabelle 16 zeigt (unter Verwendung der gleichen Zufriedenheitsskala).[12] Wenig überraschend ist, dass die gemeinsame Zeit mit Freunden besonders zur Zufriedenheit beiträgt, die mit dem Chef dagegen weniger. Genauso wenig mögen die Befragten es, alleine zu sein, doch selbst das ist noch besser als die Anwesenheit des Chefs.

Nach der Analyse aller Zahlen kamen Kahneman und seine Kollegen zu dem Schluss, dass die Zufriedenheit der Menschen im All-

Tabelle 15 »Netto«-Zufriedenheit und tägliche Stundenzahl (im Durchschnitt)

	durchschnittl. »Netto«-Zufriedenheit	durchschnittl. tägliche Stundenzahl
Arbeit	2,65	6,9
Beten/Gottesdienst/Meditation	3,76	0,4
Computer, E-Mail, Internet	3,01	1,9
Einkaufen	3,21	0,4
Entspannen	3,91	2,2
Essen	3,75	2,2
Fahrt zur Arbeit	2,56	1,6
Fernsehen	3,61	2,2
Freunde treffen	4,02	2,3
Hausarbeit	2,96	1,1
Kinder versorgen	2,95	1,1
Kochen	3,24	1,1
Nickerchen	3,27	0,9
Sex	4,74	0,2
Sport	3,81	0,2
Telefonieren	3,07	2,5

Tabelle 16 Zufriedenheit bei verschiedenen sozialen Interaktionen

Interaktion mit:	durchschnittl. »Netto«-Zufriedenheit	durchschnittl. tägliche Stundenzahl
Freunden	3,69	2,6
Verwandten	3,37	1,0
Ehegatte/Partner	3,32	2,7
eigenen Kindern	3,29	2,3
Klienten/Kunden	2,84	4,5
Mitarbeitern	2,84	5,7
Chef	2,43	2,4
Gesamtdurchschnitt	*3,11*	
allein sein	2,72	3,4

tag stark vom Charakter, der Lebenssituation und der mentalen Gesundheit abhängt. Neigt man zu Depressionen, sind Routinehandlungen eine Belastung. Doch noch bedeutender war die Erkenntnis, dass Bildung und Einkommen nur wenig Einfluss auf die Zufriedenheit der Texanerinnen hatten. Doch je besser sie schliefen, desto zufriedener waren sie am nächsten Tag. Wenn man Glück nicht kaufen kann, kann man es sich vielleicht »erschlafen«.

Mehr Glück

Schlaf scheint aber nicht die einzige Lösung zu sein. Der noch neue Bereich der »Positiven Psychologie« will den Menschen helfen, ihre Lebenszufriedenheit zu steigern und eine optimistischere Haltung zu entwickeln. Verworfen wird Freuds Ansatz, den Menschen vornehmlich durch seine Neurosen zu charakterisieren. Beweise werden angeführt, dass lächelnde Menschen nicht nur gesünder sind und länger leben, sondern auch härter arbeiten, produktiver, sozial engagierter und allgemein erfolgreicher sind. Griesgrämige Gestalten, argumentieren sie, sind selbstbezogen und pessimistisch, wodurch sie auch anderen eine schlechte Meinung von sich geben. Das mache alles noch schlimmer und sie immer unglücklicher. Das Wichtigste aber, was wir von den Psychologen lernen können, ist, dass jeder, selbst der mürrischste Mensch, Dinge tun kann, die ihn langfristig zufriedener machen.

Jetzt kommen die versprochenen Nonnen ins Spiel. Nonnen sind für Psychologen ein wunderbares Untersuchungsobjekt, da sie alle ein durch Routine geprägtes Leben führen, ähnlichen Aktivitäten nachgehen und sich ähnlich ernähren. Zudem heiraten sie nicht und bekommen keine Kinder. Nonnen bilden eine sehr homogene Bevölkerungsgruppe.

Eine unter den Vertretern der Positiven Psychologie besonders beliebte Studie wurde unter 180 Nonnen aus Milwaukee durchgeführt.[13] 1932 wurden die damaligen Novizinnen gebeten, ihr Leben kurz zu beschreiben. Eine von ihnen schrieb: »Gott hat mein Leben gut beginnen lassen, indem er mich mit Gnade von unschätzbarer Größe beschenkte. Das vergangene Jahr war ein sehr glückliches.« Sie starb erst kürzlich, im Aller von 88 Jahren, nach einem äußerst gesunden Leben. Dagegen zeichnete eine andere Schwester ein eher neutrales bis trauriges Bild ihres Lebens: »Mit Gottes Gnade hoffe ich, das Beste für meinen Orden tun zu können.« Sie starb mit 59 an einem Herzinfarkt.

Doch diese beiden Nonnen aus Milwaukee beweisen noch gar nichts. Wissenschaftler werteten alle 180 Aufzeichnungen aus und ordneten sie entsprechend der Netto-Zufriedenheit. Dann sahen sie sich an, wie lange die Nonnen gelebt haben. Tatsächlich wurden fast 90 Prozent des »glücklichsten« Viertels 85 Jahre oder älter, 54 Prozent von ihnen lebten sogar noch mit 94! Da waren die meisten des »traurigsten« Viertels bereits gestorben. Weniger als ein Drittel von ihnen wurden 85 Jahre alt, nur 11 Prozent brachten es auf stolze 94. Einer der führenden Vertreter der Positiven Psychologie, Martin Seligman von der University of Pennsylvania, zitiert eine andere Umfrage unter 839 Patienten der Mayo-Klinik in Minnesota. Die »Optimisten« dieser Stichprobe lebten 19 Prozent länger als die »Pessimisten«.[14] Doch das ist schon alles, was man daraus schließen kann. Könnte es nicht sein, dass die bessere Gesundheit der Hauptgrund für die optimistische Haltung war?

Es gibt weltweit viele Studien, die einen Zusammenhang von Lebenszufriedenheit mit Gesundheit, einem langen Leben und allgemeinem Erfolg feststellen. In Großbritannien nahmen Wissenschaftler Blutproben von 216 Beamten mittleren Alters und fanden dabei heraus, dass die glücklichsten unter ihnen die niedrigsten Cholesterin- und Fibrinwerte hatten (Fibrin ist ein Protein, das mit Herzinfarkt in Verbindung gebracht wird).[15] In Holland kam eine groß angelegte Studie unter 3149 älteren Menschen zu dem Ergebnis, dass Glücklichsein, oder zumindest eine gewisse Zufriedenheit, mit Langlebigkeit in Verbindung steht.[16] Man verglich zudem die Lebenserwartung von Menschen, die eine bedeutende Auszeichnung erhalten hatten, mit der Lebenszeit derjenigen, die nur nominiert wurden (obwohl es ein logischer Schritt zu weit ist, davon auszugehen, die ersten seien glücklicher als die zweiten). Nobelpreisträger zwischen 1901 und 1950 lebten im Durchschnitt zwei Jahre länger als die nur Nominierten. Einen Oscar zu gewinnen ist noch besser! Unter den 1649 Nominierten lebten die Gewinner 3,6 Jahre länger als die »Verlierer«.[17] Nicht, dass Sie nachher behaupten, wir hätten nicht davor gewarnt, solche Daten mit Vorsicht zu genießen: Eine andere Studie, die von den Vertretern der Positiven Psychologie nie erwähnt wird, fand heraus, dass Oscar-prämierte Drehbuchautoren im Durchschnitt 3,6 Jahre früher sterben als die Kollegen, die nur nominiert wurden.[18]

Doch die mit Abstand kontroverseste Behauptung der Vertreter der Positiven Psychologie ist, dass sie zu wissen glauben, wie man glücklicher wird und bleibt.[19] Manche empfehlen, sechs Wochen ein Tagebuch zu führen, um »die Segnungen zu zählen«, oder zwei Monate lang einmal pro Woche »Briefe des Dankes« zu schreiben. Andere Ratschläge beinhalten: Einmal pro Woche über einen Zeitraum von zwei Monaten Optimismus aufbauen durch die Visualisierung der bestmöglichen eigenen Zukunft; sechs bis zehn Wochen lang Nächstenliebe praktizieren und regelmäßig Freundlichkeiten erweisen; 15 Minuten am Tag damit verbringen, über den glücklichsten und den traurigsten Moment im Leben zu reflektieren, zu schreiben und zu reden. Dr. Seligmans Webseite, eine von vielen Internetprojekten, die die Stimmung heben sollen, ist wenig bescheiden in Bezug auf die eigenen Leistungen.[20]

> *Erste Ergebnisse der Reflektive-Happiness-Website von Dr. Seligman zeigen, dass 94 Prozent der Teilnehmer nach der ersten Glücksaufbau-Übung ihre Depressionen reduzieren konnten (manche um mehr als 50 Prozent) und 92 Prozent ihr Glücksempfinden gesteigert hatten. Diese Ergebnisse sind vergleichbar mit den Wirkungen von Antidepressiva und kognitiver Therapie.*

Positive Psychologie ist bis zu einem gewissen Punkt nicht mehr als gesunder Menschenverstand. Natürlich können Menschen kurzfristig ihre Denkweise ändern, um die positiven Seiten des Lebens hervorzuheben. Es leuchtet auch ein, dass glückliche Menschen mehr Freunde haben, sich seltener scheiden lassen, mehr Zuversicht ausstrahlen und weniger gestresst sind. Doch das ist ein bisschen wie die Geschichte mit der Henne und dem Ei. Und wer mag wirklich glauben, dass Zufriedenheit ein längeres Leben beschert? Man denke an die 180 Nonnen aus Milwaukee oder das japanische Volk, das auf der »Zufriedenheits«-Skala weit unten liegt, aber weltweit die höchste Lebenserwartung vorweisen kann. (Tatsächlich ist die Korrelation zwischen Lebenszufriedenheit und Lebenserwartung in Ländern mit einem BIP pro Kopf von über 16.000 Dollar gleich null.)

Für alle Zyniker, denen übel wird, wenn sie Segnungen zählen oder eine strahlende Zukunft visualisieren sollen, gibt es eine einfache Alternative: Golf spielen. Eine aktuelle Studie hat herausgefunden, dass 300.818 schwedische Golfspieler durchschnittlich fünf Jahre länger lebten als Nicht-Golfer, unabhängig von Geschlecht, Alter oder sozialer Zugehörigkeit.[21] Falls diese Berechnungen stimmen, bedeutet dies eine enorme Steigerung der Lebenserwartung. Doch bevor Sie losrennen und sich einen Satz Golfschläger kaufen, sollte erst einmal der gesunde Menschenverstand befragt werden. Sind es vielleicht die vier bis fünf Stunden an der frischen Luft, die sechs bis sieben Kilometer Spazierengehen und das Zusammenkommen mit gleichgesinnten Golfern, die zu der höheren Lebenserwartung führen? Dann gäbe es noch viele andere Möglichkeiten, etwas für die Gesundheit zu tun und die Lebenserwartung zu verbessern. Golf und Positive Psychologie sind nur zwei davon.

Es überrascht wenig, dass viele Psychologen den Behauptungen von Dr. Seligman und seinen Gefolgsleuten skeptisch gegenüber stehen. Ist die Persönlichkeit so veränderbar, dass aus unserer Pilar eine Maria werden kann? Julie Norem, Psychologieprofessorin am Wellesley College und Autorin des Buches *Die positive Kraft negativen Denkens* sagt: »Wenn Sie ein Pessimist sind, der bis ins letzte Detail überlegt, was alles schiefgehen kann, dann ist das eine Strategie, die für Sie wahrscheinlich gut funktioniert. Vielleicht geraten Sie völlig durcheinander, wenn Sie versuchen, stattdessen eine positive Haltung einzunehmen.«[22] Ihre Sorge ist, dass die Positive Psychologie den in den USA weit verbreiteten naiven Glauben verstärkt, individuelle Aktivität und positive Haltung könnten alle Probleme beseitigen.

Kritiker der Positiven Psychologie hinterfragen vor allem den Zusammenhang von Zufriedenheit und Erfolg. Die in Kapitel 11 erwähnte Untersuchung des Psychologen Mihaly Csikszentmihalyi bestätigt, dass Ruhm nicht automatisch Zufriedenheit bedeutet.[23] Keiner der 91 berühmten Menschen, die er befragte, waren in ihrer Jugend besonders beliebt gewesen. Ihre Stärke war es, sich auf eine Fähigkeit zu konzentrieren, mit der sie sich einen Namen machten. Erfolg, so scheint es, bedarf einer gewissen Entschlossenheit, die nicht zu einem gesunden sozialen Leben passt. Vielleicht sind erfolgreiche Menschen im fortgeschrittenen Alter, wenn sie auf ihr Leben zurückblicken, glücklich. Doch der Umkehrschluss ist sicherlich nicht richtig. Sobald wir mit unserer Leistung zufrieden sind, ruhen wir uns darauf aus, was weiterem Erfolg nur abträglich sein kann.

Csikszentmihalyi ist ein berühmter Psychologe. Bekannt wurde er durch eine frühere Untersuchung, die zu beweisen schien (im Gegensatz zu der Untersuchung unter texanischen Hausfrauen), dass Menschen bei der Arbeit am glücklichsten sind (zumindest unter bestimmten Umständen).[24] Anstelle die Probanden Aktivitäten und Stimmungen notieren zu lassen, schickte er ihnen irgendwann am Tag auf einem Pager eine Nachricht. Dann sollten sie berichten, was sie gerade taten und wie zufrieden sie dabei waren. Am zufriedensten, so Csikszentmihalyi, waren sie in einem »fließenden« Zustand. Damit meinte er die Beschäftigung mit einer lohnenden Tätigkeit, die schwierig, aber nicht unlösbar ist und die mit klaren Zielen und regelmäßigen Rückmeldungen über den Fortschritt verbunden ist.

In diesem Zustand des Flusses entsteht das Gefühl der Kontrolle bei gleichzeitigem Verlust des Zeitgefühls und des bewussten Handelns. So fühlt es sich auch beim Schreiben eines Buches an, zumindest wenn es gut läuft. Dieser höhere Zustand wird eher bei der Arbeit erreicht als in der Freizeit.

Positive Psychologie hin oder her, vielleicht liegt die Antwort im Fernen Osten. Meditation, so wie sie seit über 1000 Jahren im Buddhismus und im Hinduismus praktiziert wird, scheint Csikszentmihalyis Zustand des Flusses mit der von den texanischen Frauen gepriesenen Entspannung zu verbinden. Doch dafür bedarf es beachtlicher Anstrengungen und die Meisterschaft einiger schwieriger Techniken. Tiefe spirituelle Erfüllung zu erlangen ist wesentlich schwieriger, als eine »Glücklichsein«-Webseite anzuklicken und ein paar Übungen in positivem Denken zu machen. Wie gesagt: Achtung vor Gurus, die einfache Lösungen anbieten. Und Glück und Zufriedenheit vorherzusagen ist sehr schwierig, um nicht zu sagen sinnlos. Doch lassen Sie uns das erklären.

Whoa-oa-oa! I feel good, I knew that I would, now

Sex, Prominente und Nonnen haben wir bereits geliefert. Jetzt kommen die schnellen Autos. Geben Sie sich einmal kurz dem Tagtraum hin, Sie müssten sich zwischen einem schneidigen Sportwagen (vielleicht einem Porsche Cabrio) und einem netten, verlässlichen, aber eher langweiligen Auto (sagen wir einem Volvo) entscheiden. Finanzielle oder praktische Dinge spielen keine Rolle. Doch es gibt eine gute Fee, die eine Bedingung stellt. Bevor Sie Ihre Entscheidung treffen, sollen Sie sich vorstellen, wie glücklich Sie als Besitzer eines Porsches oder eines Volvos wären. Selbst in der wirklichen Welt, in der es keine Feen gibt, ist das eine gute Strategie für viele Lebensentscheidungen.

Welches Auto würden Sie nehmen? Die meisten Leute würden natürlich den Porsche wählen. Doch hier liegt das Problem. Es wäre besser, wenn unser Verstand für die Zufriedenheit zuständig sein würde.

Der Harvard-Psychologe Daniel Gilbert hat eingehend untersucht, inwieweit Menschen im Stande sind, zukünftige Zufriedenheitszustände vorherzusagen. Sein Buch *Ins Glück stolpern: Suche dein Glück nicht, dann findet es dich von selbst*[25] ist unterhaltsam, aber gleichzeitig auch deprimierend. Als Spezies, so behauptet er, sind wir Menschen Nieten im Vorhersagen unseres Zufriedenheitsniveaus. Schuld daran ist die uns innewohnende Anpassungsfähigkeit. Der neue Porsche sorgt erst einmal für große Freude, doch sobald wir uns an ihn gewöhnt haben (man erinnere sich an die Lottogewinner), wenden wir uns dem nächsten Begehren zu, einem schönen Haus oder einer umwerfenden Ehefrau. Und auch hier machen wir wieder den gleichen Vorhersagefehler, bekommen unseren Schuss Freude, um dann, nach einem kurzen Hochgefühl, wieder davon runter zu kommen. Und so geht es immer weiter. Es scheint fast, als seien wir anpassungsfähiger, als es gut für uns ist. Viel zu schnell gewöhnen wir uns an die luxuriösesten Güter oder außergewöhnlichsten Errungenschaften, die nur kurz für Glücksgefühle sorgen.

Die ständig wiederkehrende Unzufriedenheit hilft der menschlichen Spezies, sich weiter zu entwickeln. Sie ist Teil des kreativ-destruktiven Prozesses, den wir in Kapitel 7 besprochen haben. Die übermäßige Anpassungsfähigkeit hat auch für den Einzelnen positive Seiten. Sie hilft einem immer wieder auf die Beine, nach Niederschlägen wie nach Triumphen. Menschen, die HIV-positiv getestet wurden, sind zuerst am Boden zerstört. Doch mit verstreichender Zeit lernen sie, mit der neuen Situation zu leben, und das emotionale Leiden klingt ab. Das Gleiche gilt für diejenigen, die plötzlich schwer behindert sind.[26] Menschen passen die Ziele ihren Möglichkeiten an. Manche sind dankbar, am Leben zu sein, während andere sich über Fähigkeiten freuen, die sie vor kurzem noch als selbstverständlich empfunden haben: Sehen, Hören, Riechen, Sprechen. Nach Scheidung, Todesfall, Bankrott oder Verlust von Körperteilen schwindet der Schmerz und das Leben wird neu aufgebaut. Ärgerlicherweise ist es auch mit intensiven Genüssen so. Sie vergehen auf die gleiche Weise. Euphorie ist schon von der Definition her kurzlebig – erst recht für einen Nicht-Golfer oder eine unglückliche Nonne.

Zusammenfassend lässt sich sagen: Unsere Anpassungsfähigkeit betrifft gute wie schlechte Ereignisse, die der Zufall in unser Leben bringt. Wir neigen dazu, die langfristige Wirkung der guten wie der schlechten Ereignisse in unserem Leben überzubewerten. Die Unfähigkeit, unsere zukünftige Zufriedenheit vorherzusagen, bringt uns dazu, immer wieder falsche Entscheidungen zu treffen. Doch – wie wir bereits bei den Themen Gesundheit, Investitionen und Management gesehen haben – ist es wichtig, unsere armseligen Vorhersagefähigkeiten anzuerkennen und in unsere Entscheidungen mit einzubeziehen. Wie empirische Untersuchungen zeigen, können wir nicht erwarten, dass momentanes Glück ewig anhält. Auf der anderen Seite schwindet die Wirkung negativer Ereignisse auf unsere Zufriedenheit mit der Zeit, die ja sprichwörtlich alle Wunden heilt.

In Übereinstimmung mit Gilbert halten wir es für besonders wichtig, die Begrenztheit der eigenen Vorstellungskraft anzuerkennen. Wir neigen dazu, bestimmte Kleinigkeiten überzubewerten und andere aus Bequemlichkeit zu übersehen. So können wir uns eine Fahrt in einem Porsche an einem sonnigen Tag mit offenem Verdeck lebendig vorstellen. An ein plötzliches Gewitter, hohe Versicherungskosten, teure Reparaturen, Strafen für zu schnelles Fahren, zerstörte Frisuren, drei zu große Beifahrer oder ähnliche Scherereien, die ein schickes Cabrio mit sich bringt, denken wir dagegen nicht.

Gilbert schlägt deshalb vor, andere Menschen nach Rat zu fragen, die die Erfahrungen, die uns noch bevorstehen, schon gemacht haben. Statt von unserer eingeschränkten Vorstellungskraft abhängig zu sein, könnten wir Personen befragen, die schon längere Zeit einen Porsche oder einen Volvo fahren. Wir sollten sie bitten, uns möglichst detailliert zu erzählen, was ihnen gefällt und was nicht. Entsprechende Experimente von Gilbert und seinen Kollegen zeigen, dass sich die Zufriedenheit viel besser einschätzen lässt, wenn man nur eine zufällig ausgewählte Person befragt, die bereits entsprechende Erfahrungen gemacht hat. Das ist ein auf die Spitze getriebenes »perfekte Zukunft-Denken«, wie wir es in Kapitel 10 beschrieben haben. Sich vorzustellen, wie sich bevorstehende Erfahrungen als Vergangenheit anfühlen, ist genauso gut wie jemanden zu finden, für den diese Erlebnisse schon Schnee von gestern sind. Entscheidungen, die unsere Zufriedenheit beeinflussen, können also auf rationalere Weise angegangen werden als nur mit dem naiven Glauben an ihre Vorhersehbarkeit. Zusammenfassend können wir festhalten, dass eine Vorhersage zukünftiger Zufriedenheit nicht möglich ist.

Zufriedenheit messen

Wahrscheinlich fragen Sie sich bereits, was diese vielen Untersuchungen zum Thema Glück und Zufriedenheit wirklich gebracht haben. Bisher gibt es keine überzeugende Messeinheit für Glück. Fragt man Menschen nach der Bewertung ihrer Zufriedenheit auf einer Skala von 1 bis 5 oder von 1 bis 7, hängen die Antworten sicherlich von ihrer Kultur und ihrem Alter ab, und auch davon, wie gut sie geschlafen haben. Tatsächlich ist die Messung des Glücklichseins unter Psychologen ein kontrovers diskutiertes Thema.

Manche Wissenschaftler weisen darauf hin, dass die so genannten subjektiven Maßeinheiten bemerkenswert beständig sind. Andere Psychologen haben ausführlich nachgewiesen, dass das Zufriedenheitsniveau je nach Wetter oder Mittagessen schwankt. Professor Norbert Schwarz von der University of Michigan zum

Beispiel bat Menschen, einen Fragebogen zu ihrer Lebenszufriedenheit auszufüllen. Bevor sie dies taten, sollten sie ihn aber erst noch fotokopieren. Manche der Probanden fanden ein Geldstück auf dem Kopierer (das extra dort hingelegt wurde), die anderen nicht. Und, Sie ahnen es schon: Diejenigen, die das Geldstück fanden, waren in Bezug auf ihr Leben wie auf die Wirtschaft optimistischer gestimmt.[27]

Bei einem anderen Experiment waren Studenten die Probanden. Eine Gruppe wurde gefragt: »Wie zufrieden sind Sie ganz allgemein mit Ihrem Leben?« Die zweite Frage lautete: »Wie viele Verabredungen hatten Sie letzten Monat?«[28] Zwischen diesen beiden Antworten ergab sich fast keine Relation. Bei der zweiten Gruppe wurde die Reihenfolge der Fragen umgekehrt. Und dieses Mal ergab sich ein deutlicher Zusammenhang zwischen der Anzahl der Verabredungen und dem Zufriedenheitsniveau. Natürlich waren die Gruppen groß und repräsentativ genug, dass die existierenden Zufriedenheitsunterschiede vernachlässigbar waren. Der Test zeigt nur, dass ein Monat des Liebesglücks auch alle anderen Lebensbereiche in ein rosarotes Licht taucht.

Eine gleiche Frage wird in verschiedenen Kontexten ganz unterschiedlich beantwortet. Erinnern wir uns an die texanischen Frauen, die Kinder versorgen im Vergleich zu Hausarbeit als weniger angenehm bewerteten. Diese Aussagen widersprechen den Befunden der wissenschaftlichen Literatur wie auch populärwissenschaftlichen Veröffentlichungen. Von der Universität im schwedischen Uppsala Befragte bewerteten den Umgang mit ihren Kindern als die angenehmste Aktivität von allen, gefolgt von Reisen und Freunde treffen.[29] Die *Time* fragte ihre Leser: »Was hat Ihnen im Leben das größte Glück gebracht?« 35 Prozent gaben ihre Kinder, Enkelkinder oder beides an.[30] Daraus sollten wir nicht schließen, dass die schwedischen Kinder und die der *Time*-Leser kleine Engel sind, sondern uns genauer ansehen, wie hier gefragt wurde.

Denn natürlich gibt es einen großen Unterschied zwischen »Kinder versorgen« als täglicher Routine und als Lebenswerk. Kindererziehung ist zeitintensiv und kräftezehrend, besonders für werktätige Mütter. Doch beim Blick auf das Erreichte (selbst wenn die Kinder noch jung sind) erscheint alles in einem anderen Licht.

Der Unterschied zwischen der Mühsal bei der Bewältigung einer Aufgabe und der Freude über das Gelingen ist nicht nur wichtig, sondern auch komplex. Der Graben dazwischen lässt sich nicht mit der Frage nach der Zufriedenheit messen. Stellen Sie sich vor, Sie überqueren in einem Einhandsegler den Atlantik. Es ist Mitternacht und ein Sturm tobt. Sie sind durchnässt, durchgefroren und erschöpft. Auf Ihrem Glück-o-mat ist der Zeiger mit Sicherheit auf weit unter null. Sie brummeln vor sich hin: »Nie wieder machen ich das! Falls ich es überlebe …« Doch schon eine Woche später, als Sie bei Sonnenschein den Hafen erreichen, sieht alles ganz anders aus. Das Erfolgsgefühl und die Freude, Ihre Familie wiederzusehen, die Ihnen vom Ufer lächelnd zuwinkt, sind überwältigend. Schon einen Monat später planen Sie bereits das nächste Segelabenteuer, diesmal über den Pazifik.

So ähnlich ist es auch, ein Buch zu schreiben. Es ist so zeitintensiv und geistig anstrengend, dass die ganze Familie zu meckern beginnt. Doch sobald das Werk veröffentlicht ist und den Lesern gefällt, scheint es sich gelohnt zu haben. Und wenn das Buch dann noch ein Bestseller wird, ist alles Negative schnell vergessen. Selbst das mürrischste Familienmitglied wird den Autor ermutigen, sich bald an den Nachfolger zu machen.

Der Preis des Glücks

Zufriedenheit ist nur schwer zu messen, doch wir sollten nicht aufgeben. In der amerikanischen Unabhängigkeitserklärung steht, dass »Leben, Freiheit und das Streben nach Glückseligkeit« zu den unveräußerlichen Rechten des Menschen gehören. Und Jeremy Bentham, aufklärerischer Denker des 18. Jahrhunderts, ging so weit vorzuschlagen, dass es das Ziel der Politik sein muss, das Glück zu maximieren. Heute ist die »Ökonomie der Zufriedenheit« Teil des Mainstreams. Manche Wissenschaftler bewerten verschiedene Lebensaspekte sogar mit Geldwerten. Unter Verwendung der Ergebnisse einer britischen Langzeitstudie hat ein Wissenschaftler Angaben zur Lebenszufriedenheit mit sozioökonomischen Daten und Einkommenszahlen in einer Zufriedenheits-Preisliste zusammengeführt (siehe Tabelle 17).[31]

Kaum überraschend, dass Gesundheit den höchsten Wert erreicht, während Arbeitslosigkeit und Behinderung die größten Kosten verursachen. Gute zwischenmenschliche Beziehungen, ob zur Ehefrau, zum Partner, zu Freunden, zu Nachbarn oder Verwandten, sind sehr wichtig für ein glückliches Leben. Und interessanterweise ist eine Scheidung 50.000 Dollar weniger schmerzhaft als eine Trennung. Anscheinend ist der Akt der Trennung das Schlimmste an diesem Prozess, während die finale Scheidung auch den positiven Aspekts des Abschlusses in sich birgt.[32]

Wir sind über das heikle Thema Geld wieder zur Suche nach dem Glück zurückgekehrt. Geld macht nicht automatisch glücklich, doch manche nutzen es, um damit Zufriedenheit zu messen. Studien wie diese haben ihre Grenzen, doch weisen sie uns eine grobe Richtung, um zu verstehen, was uns glücklich macht und wie weit man bei der Untersuchung des Glücks kommen kann. Auch die

Tabelle 17 Wertbestimmung des sozialen Netzwerkzustandes und anderer Lebensereignisse

	Wert (in $)
Freunde und Verwandte treffen	
fast täglich	85.750
ein- bis zweimal die Woche	75.750
ein- bis zweimal im Monat	52.500
mit Nachbarn sprechen	
fast täglich	59.000
ein- bis zweimal die Woche	35.501
sozioökonomische Variablen	
Gesundheit: hervorragend	456.000
Gesundheit: gut	376.500
Ehepaar	96.000
eheähnliche Gemeinschaft	80.750
geschieden	– 36.750
getrennt	– 86.501
behindert	– 108.000
arbeitslos	– 111.251

Neurowissenschaften sind mittlerweile in diese Debatte eingestiegen. Sie untersuchen die Hirnregionen, in denen sie die Zufriedenheit vermuten. Dazu kommen Ernährungswissenschaftler, die behaupten, dass bestimmte Lebensmittel wie Pute, Tomaten oder Schokolade durch ihren hohen Serotoninwert glücklicher machen. Mit stimmungshebenden Medikamenten macht die Pharmaindustrie schon seit langem stimmungshebende Gewinne, vom Drogenhandel ganz zu schweigen.

Währenddessen versuchen so unterschiedliche Länder wie Bhutan, Australien, China, Thailand und Großbritannien »Zufriedenheits-Indizes« zu erstellen, die neben dem BIP den sozioökonomischen Fortschritt bewerten sollen. In Großbritannien sucht selbst die Bank von England, nationales Symbol der Bedeutung des Geldes, nach Wegen, Zufriedenheit zu messen. Doch die größte Herausforderung ist es wohl, Besitz so einzusetzen, dass er Zufriedenheit generiert. Und das ohne das Wachstum einzuschränken. Die meisten Menschen glauben, dass ein gutes Verhältnis von Arbeit und Leben glücklich macht. Unglücklich macht es dagegen, den Job zu verlieren. Länder wie Frankreich, in denen es Regelungen zur Arbeitsplatzgarantie, zur Verkürzung der Wochenarbeitszeit und für längeren bezahlten Urlaub gab, spüren die ökonomischen Auswirkungen davon. 2007 wählten die Franzosen einen neuen Präsidenten, der diese Arbeitsgesetze reformieren will, um so die Wirtschaft wieder anzukurbeln. Mit Zufriedenheit gewinnt man scheinbar keine Wahlen.

Ein Happy End

Kurioserweise unterscheiden viele Sprachen wie Französisch, Deutsch und Spanisch nicht klar zwischen »luck« (Glück haben) und »happiness« (glücklich sein). Dabei sind beide Begriffe auf fundamentale Weise verschieden: Während man »Glück haben« nicht beeinflussen kann, gelingt dies manchen Menschen im Fall von »glücklich sein«. Wie das genau geht, ist noch nicht ganz klar. Doch manche Psychologen meinen, wir kommen einer Antwort näher.

Viele unserer Handlungen sind durch die Suche nach Glück bestimmt. Geld ist keine Antwort, aber was könnte es sonst sein?

Schlaf und Schokolade helfen zumindest ein bisschen. Und obwohl wir nicht vorhersagen können, was uns glücklich macht, können wir frohen Mutes sein. Die dem Menschen innewohnende Anpassungsfähigkeit reduziert die Schwankungen unserer Zufriedenheit, zumindest langfristig. Obwohl Glück, so Aristoteles, als »das vollkommene und selbstgenügsame Gut« das Endziel menschlichen Handelns ist, konnte auch er mit all seiner klassischen Weisheit nicht sagen, wie man es erreicht. Und auch wir können es nicht. Uns bleibt nur vorzuschlagen, mehr Golf zu spielen (oder jede andere ähnliche gesundheitsfördernde Aktivität, die Spaß macht) und sich weniger mit dem Geldverdienen zu beschäftigen. Und treffen Sie Entscheidungen, bei denen es um Ihre Zufriedenheit geht, auf Grundlage der Erfahrungen anderer, die schon in ähnlichen Situationen waren.

Doch immer noch können wir nicht erklären, warum Menschen wie Maria zufriedener sind als Menschen wie Pilar. Oder warum die Einwohner Bhutans so viel glücklicher sind als die Japaner. Hat es mit den Genen zu tun oder einem anderen tiefer liegenden Grund, den wir nie ergründen werden?

In diesem Buch gab es immer wieder spannende Hinweise auf die Kraft des menschlichen Geistes: Placebos, die Schmerzen unterdrücken; Selbsteinschätzungen des Gesundheitszustandes, die zutreffender sind als die der Ärzte; Jahre des Übens, die zum Großmeisterniveau führen, wie auch die destruktiven Kräfte der Kreativität, die für unsere Gesellschaft von Vorteil sind. Gleichzeitig haben wir die Verzerrungen und Beschränktheiten unseres Geistes aufgezeigt, dazu die negativen Folgen der Art und Weise, wie wir Entscheidungen treffen und mit der ungewissen Zukunft umgehen, inklusive der infamen Kontrollillusion. Diese Phänomene, obwohl bisher noch wenig verstanden und akzeptiert, sind alle Teil unserer geistigen Anlagen. Nur weil wir sie nicht verstehen oder ihre Konsequenzen nicht vorhersagen können, dürfen wir sie nicht einfach ignorieren.

Das Gleiche gilt auch für das Glück. Wären wir weniger komplizierte Wesen, wäre der Umgang damit leichter. Doch das Glück ist ebenso wie Gesundheit, Lebensdauer, Wohlstand und Karriere etwas sehr Komplexes und nicht vorhersehbar. Nur eines, entsprechend dem schottischen Sprichwort, ist gewiss: »Sei glücklich, so lange du lebst, denn du wirst eine lange Zeit tot sein.«

Fazit

30 Jahre später

Es wäre schön, am Schluss sagen zu können: Alle, die dieses Buch gelesen haben, lebten glücklich bis ans Ende ihrer Tage. Dazu verhalfen ihnen das Fachwissen aus Kapitel 1 bis 7, die Einsichten aus Kapitel 8 bis 12 und der kurzen Blick aufs Glück in Kapitel 13. Damit dies tatsächlich so kommt, fassen wir noch einmal zusammen:

Zu allererst sollten die empirischen Beweise akzeptiert werden. Sie belegen, dass es in vielen Fällen ratsam ist, sich von der Kontrollillusion zu verabschieden und einen Tanz mit dem Glück zu wagen. Dadurch erlangt man, paradoxerweise, in vielen Bereichen des Lebens mehr Kontrolle.

Das gilt zum Beispiel für die Gesundheit und die Lebenserwartung. Die Medizin ist keine exakte Wissenschaft. Sie kann nicht vorhersagen, was den Einzelnen gesünder macht oder länger leben lässt. Auch Ärzte können das nicht. Also hält man sich besser von ihnen fern, es sei denn, man ist krank (oder schwanger). Beratung durch Ärzte, Vorsorgeuntersuchungen oder regelmäßige Checkups erhöhen nicht die Lebenserwartung. All dies führt nur zu unnötigen Kosten, unangenehmen Tests und Behandlungen, möglicherweise sogar zu überflüssigen Operationen. Positiv zu vermerken ist die mentale Fähigkeit zur Selbstheilung, wie der Placeboeffekt und die Selbsteinschätzung der eigenen Gesundheit zeigen. Anstatt Ärzten blind zu vertrauen, empfiehlt sich ein statistischer, evidenzbasierter Umgang mit der Gesundheitsvorsorge. Er erhöht die Chance auf eine richtige Behandlung.

Zweiter Themenschwerpunkt dieses Buches war der finanzielle Wohlstand. Ökonomie und Finanzwissenschaften sind noch weniger exakt als die Medizin. Fachleute aus diesen Bereichen können vergangene Ereignisse relativ gut erklären. Doch sollen sie vorhersagen, welche Wertpapiere die besten Renditen bringen, sind sie nicht besser als Affen an einer Dartscheibe. Statt dem Rat von Experten zu folgen, sollte man besser sein Erspartes in zufällig ausgewählte Aktien investieren oder sich an einem Index-Fonds beteiligen, der sich an namhaften Wertpapieren orientiert. Das reduziert nicht nur die langfristigen Risiken, sondern spart auch die Gebühren für den Fondsmanager, der sich mit den Ihnen gegebenen Ratschlägen eine goldene Nase verdient. Eine sehr wichtige Erkenntnis ist, dass die kurz- und mittelfristigen Unwägbarkeiten am Aktienmarkt sehr groß sein können. Im 20. Jahrhundert betrug der extremste Absturz des Dow-Jones-Indexes an einem Tag 22,6 Prozent, in zwei Wochen 38,4 Prozent (der höchste Kursanstieg an einem Tag betrug 15,3 Prozent, in zwei Wochen 31,5 Prozent). Die theoretischen Modelle der Finanzwissenschaften, die auf »normaler« Distribution basieren, können solch extreme Kurschwankungen nicht erfassen. Das sind zusätzliche Gründe dafür, besser dem Zufall oder dartwerfenden Affen zu vertrauen als irgendwelchen selbsternannten Experten.

Und – drittens – wie steht es mit dem Erfolg im Managementbereich? Hier haben wir das Feld der Wissenschaft gänzlich verlassen. Management-Gurus können schon die Vergangenheit nicht richtig erklären, geschweige denn zukünftige Entwicklungen vorhersagen. Die Ermittlung des Durchschnittswertes einer Gruppe von sachkundigen Individuen oder der Einsatz einfacher statistische Modelle ist hier etwas verlässlicher. Doch offen gesagt dienen Geschäftsvorhersagen meist doch nur dazu, Geschäftsführer angesichts bestehender Ungewissheiten zu beruhigen – und die Kontrollillusion zu verstärken. Darüber hinaus sollte man akzeptieren, dass die kreative Zerstörung ein integraler Bestandteil der freien Marktwirtschaft ist. Sie zerstört das Alte und schafft Platz für das Neue. Auch wenn Einzelpersonen oder gar ganze Geschäftsbereiche Opfer eines Fortschritts-Tsunamis werden, die Gesellschaft als Ganzes profitiert letztlich davon. Kreative Zerstörung kann ebenso wie die Evolution erst nach ihrem Eintreten erklärt werden und lässt sich nicht vorhersagen. Das ist ein weiteres Element der Ungewissheit, der sich Manager bei ihren Entscheidungen stellen müssen. Sie sollten die Unvorhersehbarkeit der Geschäftswelt akzeptieren und ein bisschen mehr wie Risikokapitalisten agieren, indem sie in einige gut ausgewählte Ideen »investieren«. Dann besteht die Chance, mit einer brillanten Idee Geschäfte zu machen und dadurch die unvermeidlichen Misserfolge wettzumachen.

Die Grundsätze, die hinter den Geschichten des ersten Teilen des Buches stehen, sind im zweiten erklärt worden:

1. Die Zukunft gleicht nie exakt der Vergangenheit.
2. »Komplexe« statistische Modelle passen gut zu den Fakten vergangener Ereignisse, können dadurch aber nicht automatisch die Zukunft vorhersagen.
3. »Simple« Modelle passen nicht gut zu den Daten vergangener Ereignisse, sagen die Zukunft aber besser voraus als komplexe Modelle.
4. Statistische Methoden und Menschen haben sich als unfähig erwiesen, das volle Ausmaß der ungewissen Zukunft zu erfassen, und werden immer wieder von gravierenden Prognosefehlern und unerwarteten Ereignissen überrascht.
5. Expertenurteile sind einfachen statistischen Modellen unterlegen.
6. Die Durchschnittsermittlung (ob von Modellergebnissen oder Expertenmeinungen) erhöht normalerweise die Genauigkeit der Vorhersage.

Dazu kommt: Es gibt zwei Arten von Ungewissheit (die wir in diesem Buch »U-Bahn-« und »Kokosnuss-Ungewissheit« genannt haben), die der Herausforderung, eine Vorhersage zu treffen, eine neue Dimension verleihen.

Bei der Entscheidungsfindung ist das Einkalkulieren der Ungewissheit äußerst wichtig. Eine Methode dafür sind die drei A: Akzeptieren, Abschätzen und Ausweiten der Ungewissheit. Zu oft wird das Ausweiten der Ungewissheit vergessen, was dann zu überraschenden Situationen führen kann. Ist genug Zeit vorhanden, ist das Überdenken intuitiver Entscheidungen eine weitere Strategie. Wir haben die Schachgroßmeister und ihr mühsames und jahrelanges Üben beschrieben. Das Sminken, das Verwenden einfacher Modelle, wird von Entscheidungsträgern zu wenig genutzt. Stattdessen verlassen sie sich zu sehr auf die Meinungen von Experten, die die Konsequenzen ihrer Gutachten nicht fürchten müssen.

Auch beim Glücklichsein spielt der Zufall eine bedeutende Rolle. Den Vertretern der »Positiven Psychologie« sollte man hier nicht auf den Leim gehen. Sie behaupten, ein Rezept zu besitzen, wie man glücklicher und länger leben kann. Doch empirische Beweise strafen diese selbsternannten Fachleute Lügen. Golf spielen steht ihren Rezepten in nichts nach. Und die Japaner, die unzufriedensten Menschen auf diesem Planeten, die weltweit die höchste Lebenserwartung haben, sind der lebende Beweis des Gegenteils. Auch die Griechen leben, trotz ihrer Neigung zur Tragödie, besonders lange. Zum Paradox der Kontrolle gehört es, dass wir uns und unsere Kultur, egal wie negativ und melancholisch sie ist, annehmen und damit die besten Chancen für Zufriedenheit schaffen. Mehr Happy End haben wir nicht zu bieten.

Im Juli 2008 war dieses Buch fertig, fast 30 Jahre nachdem sich die beiden Professoren, die nicht singen können, an der Business School das erste Mal zufällig getroffen hatten. Während dieser drei Jahrzehnte hat es in ihrem Leben viele unvorhersehbare Wendungen und Ereignisse gegeben. Neue Jobs, neue Länder (der Professor, der als Kind britischer Eltern in Indien geboren wurde, ist mittlerweile amerikanischer Staatsbürger und lebt in Spanien), neue Frauen und neue Kinder. Zum Glück für diese geduldigen und verständnisvollen Familien wurde nur wenig gesungen. Geredet wurde dagegen umso mehr – etwas, das Professoren fast so gut können wie denken. Dieses Reden findet mittlerweile mit Hilfe moderner Kommunikationstechnologie statt. Errungenschaften, die man sich vor 30 Jahren überhaupt nicht vorstellen konnte: den Globus umfassende Glasfasernetzwerke, Mobiltelefone, Videokonferenzen und Konferenzschaltungen via Skype.

Doch nicht alles, was in den letzten 30 Jahren passierte, kam überraschend. Die Erkenntnisse der Professoren zum Thema Vorhersagen sind von vielen empirischen Untersuchungen begleitet und bestätigt worden. Und die Unterteilung der Ungewissheit in zwei Arten ist mittlerweile allgemein anerkannt. Der dritte Professor, der noch nicht so lange zum Team gehört, hat durch viele Stunden unter der Dusche, wo er nicht singt, sondern denkt, aufgeholt. Zusammen mit seinen unmusikalischen Freunden bietet er prakti-

Abbildung 19a Belebte Straße im Zentrum von Paris

Abbildung 19b Restaurantküche

sche Ratschläge für den Umgang mit den Herausforderungen an, denen sich Vorhersager, Entscheider und Normalsterbliche stellen müssen. Daraus entstand dieses Buch, das jetzt fast am Ende ist.

Die große Frage, die die drei Professoren ursprünglich zusammengeführt hat, war die nach der begrenzten Verlässlichkeit von Vorhersagen. Wie können wir Entscheidungen treffen und Pläne

Abbildung 19c Entspannung zu Hause

Abbildung 19d Technologie auf dem Bauernhof

machen, wenn es so wenig Vorhersagbares und so viel Ungewissheit in unserem Leben gibt? Die drei erkannten sofort, dass der Zufall einen ebenso großen Anteil an ihrem Zusammentreffen hatte wie diese wichtige Frage. Wie sonst hätten sich drei Menschen mit so unterschiedlichen Biografien – ein Grieche, ein Spanier und ein Inder – in Frankreich treffen können, um gemeinsam ein Buch zu schreiben, während sie in Athen, Barcelona und Singapur lebten?

Wird dieses Buch, diese Geschichte aus drei Städten, den Lesern gefallen? Wird es sich gut verkaufen? Wer weiß das schon. Bestimmt wissen es nicht die drei Autoren, die zu ihren Ansichten bis zur letzten Zeile stehen. Doch sollten Sie immer noch Zweifel an den Erkenntnissen dieses Buches haben, werfen Sie einen Blick auf die Abbildungen 19a bis 19d. Es sind Zeichnungen vom Anfang des 20. Jahrhunderts, auf denen Pariser Futurologen zeigten, wie das Leben ihrer Vorstellung nach zu Beginn des nächsten Jahrhunderts aussehen könnte. Ziehen Sie Ihre eigenen Schlussfolgerungen daraus. Doch es gehört nicht sonderlich viel Mut zu der Behauptung, dass das Leben in 100 Jahren so unvorhersagbar ist wie eh und je.

Anhang A

Abbildung 20 zeigt die Beziehung zwischen der Anzahl der seit 1900 weltweit aufgetretenen Erdbeben und ihrer Stärke auf der Richterskala. Die vertikale Achse gibt die Anzahl der Erdbeben an (auf einer geometrischen Skala), die horizontale Achse die Stärke der Beben. Wie man sieht, gibt es viele Erdbeben mit einem Wert unter 6 auf der Richterskala (oben rechts). Die Anzahl der Beben fällt bei steigender Stärke. Die Korrelation zwischen der Anzahl der Erdbeben und den Werten der Richterskala beträgt 0,998, was ein fast perfekter Ausdruck einer physikalischen Regelmäßigkeit oder eines »Gesetzes« ist.

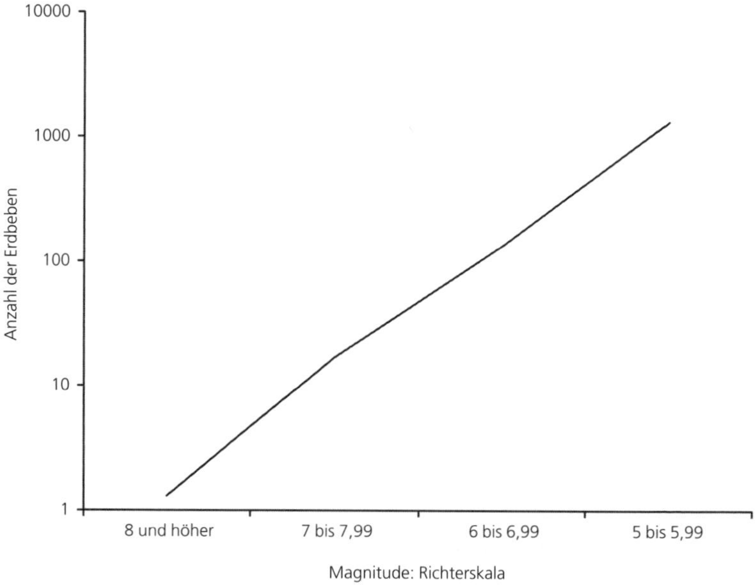

Abbildung 20 Häufigkeit von Erdbeben nach ihrer Stärke (seit 1900)

Anhang B

Zwei Arten von Ungewissheit

Sehen wir uns noch einmal ein Säulendiagramm von Klaus' Arbeitsfahrten an (Abbildung 21). Dieses Mal haben wir eine symmetrische glockenförmige Kurve über die Balken gelegt sowie einige vertikale Linien hinzugefügt. Die vertikalen Linien sind drei verschiedene Standardabweichungen vom Mittelwert (dargestellt durch die fette zentrale vertikale Linie).[1]

Etwas mehr als 68 Prozent von Klaus' Fahrtzeiten liegen innerhalb von plus und minus einer Standardabweichung (s) vom Mittelwert, etwas mehr als 90 Prozent innerhalb von zwei Standardabweichungen und kolossale 99,73 Prozent innerhalb von drei Standardabweichungen. Somit passen Klaus' Fahrtzeiten genau zu dem statistischen Modell der »Normalverteilung«. Davon ausgehend,

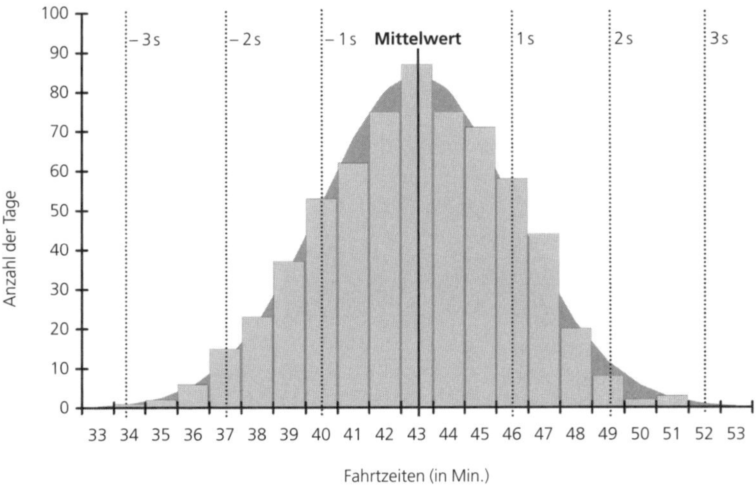

Abbildung 21 Klaus' Fahrtzeiten zur Arbeit

dass auch zukünftige Fahrten in dieses Modell passen, kann Klaus recht einfach die Wahrscheinlichkeit berechnen, mit der er zwischen 8:35 und 8:50 im Büro ankommt, wenn er das Haus um 8:00 Uhr verlässt.

Es war der deutsche Mathematiker Friedrich Gauß (1777–1855), der die statistischen Eigenschaften der Normalverteilung erkannte, weshalb sie auch als Gauß-Verteilung bezeichnet wird. Sie bedeutete einen Durchbruch im Verständnis und der Quantifizierung der Ungewissheit und ist für viele Bereiche der Sozial- und Naturwissenschaften von großem Nutzen. Zum Beispiel bei der Beschreibung von Schwankungen und Fehlern bei wissenschaftlichen Messungen oder Meinungsumfragen, der Körpergröße oder der Lebenserwartung von Menschengruppen. Auch IQ-Werte und Examensergebnisse folgen der Gauß-Verteilung. Das ist meistens in Situationen der Fall, wenn das Ergebnis, wie bei der Fahrt zur Arbeit, von vielen verschiedenen Faktoren abhängt. Vorteil der Gauß-Verteilung ist, dass man nur zwei Größen abschätzen muss, um eine Wahrscheinlichkeitsrechnung über die Abweichung vom Durchschnitt anzustellen, nämlich den Mittelwert und die Standardabweichung. Der Nachteil ist, dass man eine große Datenmenge braucht, um diese beiden Parameter abzuschätzen (je mehr Daten, desto genauer die Schätzungen).

Sehen wir uns nun die täglichen Renditen am Aktienmarkt an. Abbildung 22 zeigt die Kursentwicklung des Dow-Jones-Indexes seit Beginn des 20. Jahrhunderts bis Ende 2007.[2] Die Datenmenge ist groß (29.439 Werte). Wir sehen deutlich, dass mehr Werte außerhalb von plus und minus drei Standardabweichungen liegen als bei einer Normalverteilung. Es gibt zu viele »Schwarze Tage« mit unproportionalen Abschwüngen zur linken und zu viele sonnige Tage steiler Anstiege zur rechten Seite. Insgesamt sind es 429 Tage, an denen die Kurswerte mehr als drei Standardabweichungen vom Mittelwert aufweisen. Der Normalverteilung entsprechend müssten es weniger als 90 sein. Dazu kommen 53 Werte, die mehr als fünf Standardabweichungen niedriger sind als der Mittelwert und 38 Werte größer als fünf Standardabweichungen vom Mittel. Bei der Normalverteilung sollten diese überhaupt nicht vorkommen. Kurz gesagt sind die »Äste« bei der Verteilung sehr lang (bzw. »flach« in statistischer Terminologie) im Vergleich zu

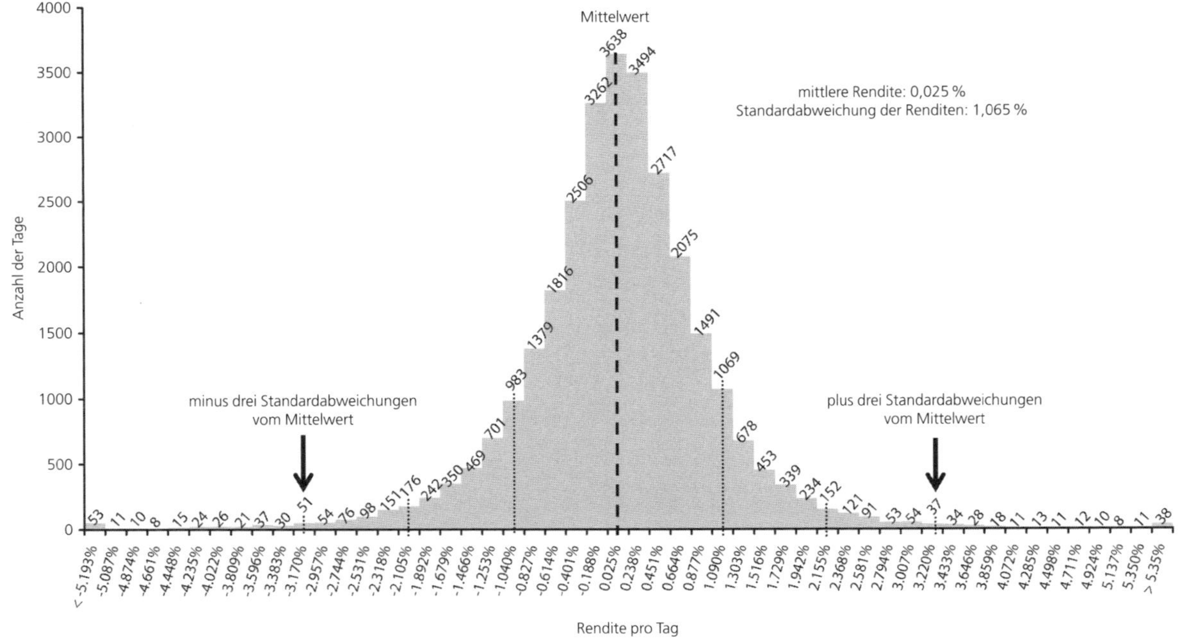

Abbildung 22 Tägliche Renditen des Down-Jones-Indexes, Januar 1900 bis Dezember 2007

einer Normalverteilung, bei der es nur wenige Werte über oder unter drei Standardabweichungen gibt. Nun betrachten Börsenprognostiker wie auch Statistiker die 429 Tage, die jenseits der drei Standardabweichungen liegen, als »Ausreißer« und damit als etwas, das nicht zum System gehört, wie sie auch die 91 Tage, die jenseits von fünf Standardabweichungen liegen, als nicht existent betrachten.

Die »Ausreißer« zu ignorieren ermöglicht es den Analysten, die Normalverteilung zu nutzen, um Kalkulationen zu erstellen, wie sie Markowitz' Risikomodell verlangt.[3] Doch wie wir gesehen haben, führt diese Vorgehensweise zu Selbstmord, finanziellem Ruin und anderem Elend. Warum sind die Prognostiker so stur? Schuld ist wieder einmal eine potente Mischung aus Psychologie und Statistik. Was dabei herauskommt, kann man gut in Abbildung 22 sehen. Sie benutzen statistische Modelle, die nicht einmal die Vergangenheit richtig beschreiben, geschweige denn die Zukunft mit all ihren Ungewissheiten vorhersagen.

Abbildung 23 zeigt die gleichen Daten in einer noch eindringlicheren Weise als die vorherige Abbildung. Die vertikalen Linien stellen die täglichen Renditen des Dow-Jones vom 1. Januar 1900 bis zum 31. Dezember 2007 dar, während die beiden horizontalen Linien die Standardabweichungen vom Mittel zeigen. Man beachte die stark ausschlagenden Spitzen. Abbildung 23 verdeutlicht drei große Gruppen von »Ausreißern«. Die erste ist die Weltwirtschaftskrise, die 1929 begann. Die zweite Gruppe ist die Krise vom Oktober 1987 (bei der ein Wert 23 Standardabweichungen unter dem Mittel liegt). Die dritte Gruppe ist das Platzen der Internetblase zu Beginn des 21. Jahrhunderts.

Ein Modell, das die täglichen Renditen genauer beschreibt, ist das »Potenzgesetz«, welches durch die mathematische Relation zwischen zwei Größen definiert ist, bei der die eine proportional zur fixen Kraft der anderen ist. Das sollte reichen, um einzusehen, dass die Renditen des Dow-Jones nicht der Normalverteilung gehorchen, sondern etwas ganz anderem. Das Potenzgesetz kann große Fluktuationen jenseits des Durchschnitts beschreiben, aber nicht vorhersagen, wann sie auftreten werden (wie zum Beispiel bei Erdbeben).

Auch wenn die Potenzgesetze recht kompliziert sind, ist das all-

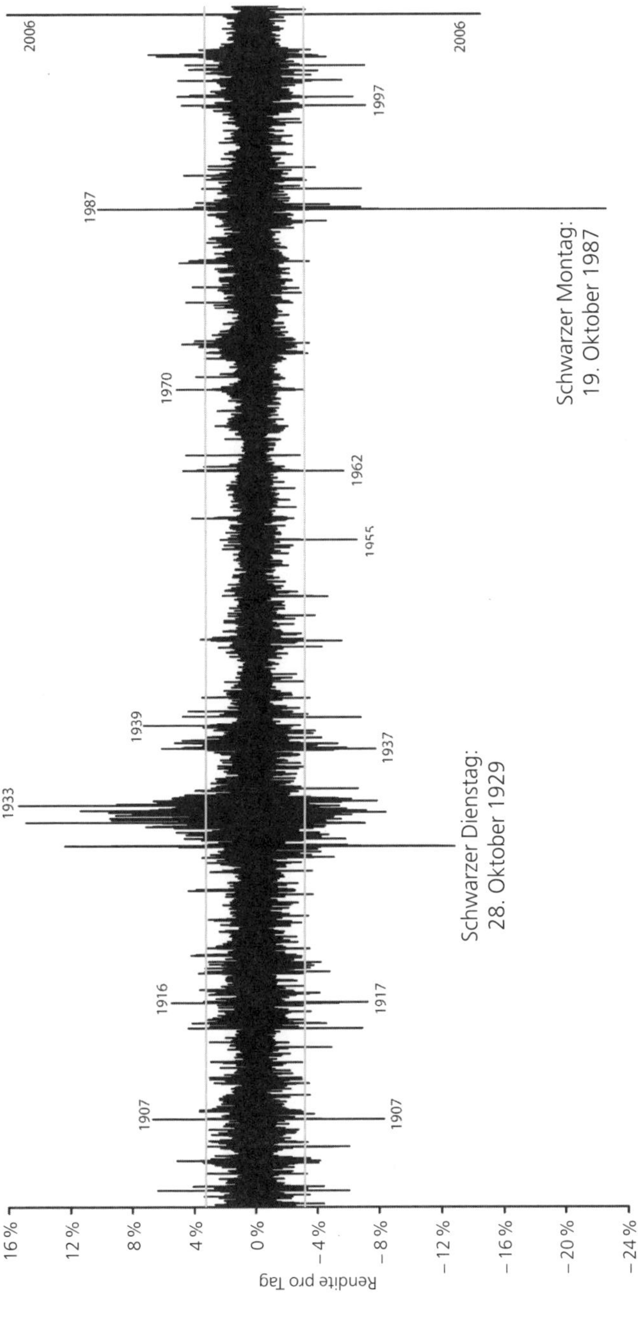

Abbildung 23 Tägliche Renditen des Down-Jones-Indexes, Januar 1900 bis Dezember 2007

gemeine Interesse an ihnen in letzter Zeit gestiegen, besonders an denen, bei denen lange »Äste« der Verteilungskurve vorkommen (Werte weit unter oder über drei Standardabweichungen) wie in den Abbildungen 22 und 23. *The Long Tail: How Endless Choice is Creating Unlimited Demand* von Chris Anderson geht detailliert auf die Potenzgesetze ein, die wir verstehen sollten.[4] Ereignisse wie große Erdbeben und »schwarze« Montage und Dienstage werden von diesem Modell erfasst. Chris Anderson wendet es auf die Geschäftswelt an und begründet, warum Produkte mit einem niedrigen Absatzvolumen zusammengenommen einen großen Marktanteil haben können – manchmal sogar größer als das bestverkaufte Produkt in der entsprechenden Warengruppe. Doch es gibt noch viele weitere Anwendungsmöglichkeiten, so zur Beschreibung von Vogelpopulationen, von Weblogs, Flusssystemen oder der Häufigkeit der in diesem Buch benutzten Wörter.

Welches Modell sollte also für Vorhersagen benutzt werden? Wäre ein Potenzgesetz mit langen »Ästen« besser bei der Vorhersage steiler Anstiege und abrupter Abstürze? Einiges spricht dafür. Um bei der Erdbebenanalogie zu bleiben: Auch am Aktienmarkt lösen extreme Ereignisse weitere Ereignisse aus und bilden seismographische Muster von Vor- und Nachbeben. Aber Potenzgesetze sind nur sehr schwer anzuwenden. Auch wenn die Normalverteilung nicht perfekt ist für die Vorhersage von Entwicklungen auf dem Finanzmarkt, ist sie ein guter Ausgangspunkt und statistisch leicht zu manipulieren. Wir können also mit der Normalverteilung beginnen und dann die Annahmen um die vorhandene Ungewissheit ausweiten. Leider gibt es für die Prognostiker dann keine schönen, langen »Äste«, sondern nur extreme Spitzen.

Anmerkungen

Vorwort

1 Makridakis, S., und Hibon, M. (1979). The accuracy of forecasts: An empirical investigation, *Journal of the Royal Statistical Society*, Series A, *142*, 97–145 (mit Diskussion).
2 Siehe auch Sawyer, J. (1966). Measurement and prediction, clinical and statistical, *Psychological Bulletin*, *66 (3)*, 178–200.
3 Das Konzept »Kontrollillusion«, ein zentraler Begriff in diesem Buch, basiert vor allem auf der Arbeit des Psychologen Ellen Langer. Vgl. Langer, E. J. (1975). The illusion of control, *Journal of Personality and Social Psychology*, 32 *(2)*, 311–328.
4 BBC news, China's »lucky« phone number, Dienstag, 19.08.2003.
5 Sagan, C. (1996). *The Demon-Haunted World: Science as a Candle in the Dark*. New York, NY: Ballantine Books.

Kapitel 1

1 Siehe zum Beispiel: Gigerenzer, G. (2006). Out of the frying pan into the fire: Behavioral reactions to terrorist attacks, *Risk Analysis*, *26 (2)*, 347–351.
2 Im Durchschnitt sterben in den USA jedes Jahr weniger als 200 Menschen bei Flugzeugunfällen, im Vergleich dazu kommen 40.000 Menschen bei Straßenverkehrsunfällen ums Leben. Die Wahrscheinlichkeit, im Leben durch einen Autounfall zu Tode zu kommen, liegt in den USA bei 1 : 100, die eines Todes durch ein Flugzeugunglück bei 1 : 20.000.
3 In zwei Büchern erörtert Nassim Nicholas Taleb ausführlich unsere Unfähigkeit, für wichtige Ereignisse, die unser Leben beeinflussen, akurrate Vorhersagen zu treffen. Siehe Taleb, N. N. (2004). *Fooled by Randomness: The Hidden Role of Chance in Life and in the Markets*. New York, NY: Random House und Taleb, N. N. (2007). *The Black Swan: The Impact of the Highly Improbable*. New York, NY: Random House.
4 Siehe Fenton-O'Creevy, M., et al. (2003). Trading on illusions: Unrealistic perceptions of control and trading performance, *Journal of Occupational and Organizational Psychology*, *76*, 53–68.

Kapitel 2

1 Kolata, G., Live long? Die young? Answer isn't just in genes, *New York Times*, 31. August 2006.
2 Haggard, H. W. (1934). *The Doctor in History*. New Haven, CT: Yale University Press.
3 Vgl. seroxatsecrets.wordpress.com/2008/02 (geöffnet 28.7.2010) sowie Bass, A. (2008). *Side Effects: A Prosecutor, a Whistleblower, and a Bestselling Antidepressant on Trail*. Chapel Hill, NC: Algonquin Books.
4 Starfield, B. (2000). Is US health really the best in the world? *The Journal of the American Medical Association*, *284 (4)*, 483–485.

5 Für die weitere Analyse solcher Geschichten siehe Gigerenzer, G. (2002). *Calculated Risks: How to Know When Numbers Deceive You.* New York, NY: Simon und Schuster; dt.: *Das Einmaleins der Skepsis. Über den richtigen Umgang mit Zahlen und Risiken.* Berlin Verlag, Berlin 2002.

6 Ebd.

7 Angaben zur durchschnittlichen Lebenserwartung nach Ländern unter www.nationmaster.com/graph/hea_lif_exp_at_bir_tot_pop-life-expectancy-birth-total-population (geöffnet 28.7.2010)

8 Ezzati, M., et al. (2003). Estimates of global and regional potential health gains from reducing multiple major risk factors, *The Lancet, 362 (9380),* 271–280.

9 Wright, J. C., et al. (1998). Gains in life expectancy from medical interventions – Standardizing data on outcomes, *The New England Journal of Medicine, 339,* 380–386.

10 Stamler, J., et al. (2000). Relationship of baseline serum cholesterol levels in 3 large cohorts of younger men to long-term coronary, cardiovascular, and all-cause mortality and to longevity, *The Journal of the American Medical Association, 284,* 311–318.

11 Taubes, G., What's cholesterol got to do with it? *New York Times,* 27. Januar 2008. Siehe auch Taubes, G. (2007). *Good Calories, Bad Calories: Challenging the Conventional Wisdom on Diet, Weight Control, and Disease.* New York, NY: Alfred A. Knopf.

12 Titelgeschichte, Do cholesterol drugs do any good? *Business Week,* 17. Januar 2008.

13 Rubenstein, S. New York probes vytorin study, *Wall Street Journal,* 26. Januar 2008.

14 Doll, R., et al. (2004). Mortality in relation to smoking: 50 years' observations on male British doctors, *British Medical Journal, 328,* 313–316.

15 Franco, O. H., et al. (2005). Effects of physical activity on life expectancy with cardiovascular disease, *Archives of Internal Medicine, 165,* 2355–2360.

16 Peeters, A., et al. (2003). Obesity in adulthood and its consequences for life expectancy: A life-table analysis, *Annals of Internal Medicine, 138,* 24–32.

17 Franco, O. H., et al. (2005). Blood pressure in adulthood and life expectancy with cardiovascular disease in men and women life course analysis, *Hypertension, 46,* 280–286.

18 Tworoger, S. S., et al. (2008). Caffeine, alcohol, smoking, and the risk of incident epithelial ovarian cancer, *Cancer, 112 (5),* 1169–1177.

19 Graudal, N. A., et al. (1998). Effects of sodium restriction on blood pressure, renin, aldosterone, catecholamines, cholesterols, and triglyceride: A meta-analysis, *Journal of the American Medical Association, 279,* 1383–1391.

20 Eine kürzlich veröffentlichte Studie zeigt die positive Wirkung des reduzierten Salzkonsums in Bezug auf Herz-Kreislauf-Erkrankungen. Doch die Debatte ist weiterhin kontrovers. Siehe Cook, N. R., et al. (2007). Long term effects of dietary sodium reduction on cardiovascular disease outcomes: observational follow-up of the trials of hypertension prevention (TOHP), *British Medical Journal* (28. April), *334 (7599),* 885.

21 Van Den Akker, E. H., et al. (2004). Large international differences in (adeno)tonsillectomy rates, *Clinical Otolaryngology & Allied Sciences, 29 (2),* 161–164.

22 Siehe Bjelakovic, G., et al. (2007). Mortality in randomized trials of antioxidant supplements for primary and secondary prevention: Systematic review and meta-analysis, *The Journal of the American Medical Association, 297,* 842–857.

23 Lawson, K. A., et al. (2007). Multivitamin use and risk of prostate cancer in the National Institutes of Health–AARP diet and health study, *Journal of the National Cancer Institute, 99 (10),* 754–764. Liz Baker, Öffentlichkeitsreferentin des Cancer Research UK, sagte: »Es ist noch nicht komplett geklärt, welche Faktoren beim Mann die Entwicklung des Prostatakrebses beeinflussen. Es gibt sich widersprechende Ergebnisse in Bezug auf Vitaminpräparate. Diese Produkte scheinen nicht so gut für die Vitaminversorgung zu sein wie die Aufnahme von Vitaminen durch Nahrung.«

24 Siehe Hellmich, N. Obesity on track as No. 1 killer. *USA Today,* 9. März 2004. Die zugrunde liegende Studie ist von Mokland, A. H., et al (2004). Acrual causes of death in the United States, 2000, *Jounal of the American Medical Association, 291 (10),* 1238–1245.

25 Siehe Flegal, K. M., et al. (2005). Excess deaths associated with underweight, overweight, and obesity, *Jounal of the American Medical Association 293 (15),* 1861–1867.

26 Zu dieser Kontroverse vgl. »History of a great unraveling« unter: www.consumerfreedom.com/article_detail.cfm/a/162-history-of-a-great-unraveling (geöffnet 13.8.2010).

27 Vgl. *The New York Times*, 22. April 2005.

28 Gronniger, J. T. (2006). A semiparametric analysis of the relationship of body mass index to mortality, *American Journal of Public Health*, 96, 173–178.

29 Flegal, K., et al. (2007). Cause-specific excess deaths associated with underweight, overweight, and obesity, *The Journal of the American Medical Association, 298 (17)*, 2028–2037.

30 Sui, X., et al. (2007). Cardiorespiratory fitness and adiposity as mortality predictors in older adults, *The Journal of the American Medical Association, 298 (21)*, 2507–2516.

31 Tatsioni, A., et al. (2007). Persistence of contradicted claims in the literature, *The Journal of the American Medical Association, 298 (21)*, 2517–2526.

32 Gilbert, H. G. (2004). *Should I be Tested for Cancer? Maybe Not and Here's Why*. Berkeley, CA: University of California Press, S. 154–155. Zitiert nach Shapiro, S., et al. *Periodic Screening for Breast Cancer: The Health Insurance Plan Project and Its Sequelae, 1963–1986* (John Hopkins Series in Contemporary Medicine an Public Health).

33 Miller, A. B., et al. (1992). Canadian National Breast Screening Study: 1. Breast cancer detection and death rates among women aged 40 to 49 years, *Canadian Medical Association Jounal* (15. November 1992), 147 (10), 1459–1476.

34 Welch, H. G. (2004). *Should I Be Tested for Cancer? Maybe Not and Here's Why*. Berkeley, CA: University of California Press, pp. 153–162. Siehe auch http://ije.oxfordjournals.org/cgi/content/abstract/33/1/43 (geöffnet 13. 8. 2010) sowie Olsen, O., et al. (2001). Cochrane review on screening for breast cancer with mammography, *Lancet*, 358, 1340–1342.

35 Franco, O. H., et al. (2005). Blood pressure in adulthood and life expectancy with cardiovascular disease in men and women life course analysis, *Hypertension*, 46, 284.

Kapitel 3

1 Linde, C., et al. (1999). Placebo effect of pacemaker implantation in obstructive hypertrophic cardiomyopathy. PIC study group. Pacing in cardiomyopathy, *American Journal of Cardiology, 83 (6)*, 903–907.

2 Coronary Drug Project Research Group. (1980). Influence of adherence to treatment and response of cholesterol on mortality in the coronary drug project, *New England Journal of Medicine, 303 (18)*, 1038–1041.

3 In: Spiro, H. M. (Hg.) (1986). *Doctors, Patients, and Placebos*. New Haven, CT: Yale University Press.

4 Mossey, J. M., und Shapiro, E. (2005). Self-rated health: a predictor of mortality among the elderly, *Journal of Epidemiology and Community Health*, 59, 794–798.

5 Siehe z. B. Chacko, K. M., und Anderson, R. J. (2007). The annual physical examination: important or time to abandon? *American Journal of Medicine, 120(7)*, 581–583. Dazu siehe den Artikel »The Annual Rip-Off« im *Time Magazine* (26. Juli 1976), der eindringliche Beweise aus 30 Jahren dafür liefert, dass jährliche Check-ups wenig bringen.

6 Rabin, R., New screening advice for pregnant women, *International Herald Tribune*, 10. Januar 2007.

7 Gigerenzer, G. (2002). *Calculated Risks: How to Know when Numbers Deceive You*. New York, NY: Simon & Schuster, p. 103; dt.: *Das Einmaleins der Skepsis. Über den richtigen Umgang mit Zahlen und Risiken*. Berlin Verlag, Berlin 2002.

8 Black, W. C., und Baron, J. (2007). CT screening for lung cancer; spiraling into confusion? *The Journal of the American Medical Association*, 297, 995–997.

9 Welch, H. G. (2004). *Should I Be Tested for Cancer? Maybe Not and Here's Why*. Berkeley, CA: University of California Press.

10 Hadler, N. M. (2004). *The Last Well Person: How to Stay Well Despite the Healthcare System*. Quebec City, Canada: McGill-Queens University Press.

11 Zitiert nach Carey, J., und Barrett, A. Is heart surgery worth it? *Business Week*, 18. Juli 2005.

12 Lemonick, M. D., Medicine's secret stat, *Time*, 15. Februar 2007.
13 Kennare, R., et al. (2007). Risks of adverse outcomes in the next birth after a first Cesarean delivery, *Obstetrics & Gynecology, 109*, 270–276.
14 »Nach vorläufigen Ergebnissen stieg die Rate der Kaiserschnittentbindungen 2005 um 4 Prozent auf 32,2 Prozent der Geburten, ein weiteres Allzeithoch für diese Nation ... Die Kaiserschnittrate ging in den frühen 90er Jahren zurück, ist jedoch seit 1996 wieder um 46 Prozent angestiegen (von 20,7%).« Vgl. www.cdc.gov/nchs/data/nvsr/nvsr55//nvsr55_11.pdf (geöffnet 28.7.2010).
15 Tatsächlich liegt die Relation zwischen der Anzahl der Kaiserschnittgeburten und der Kindersterblichkeitsrate bei 0,57 (und ist damit statistisch relevant).
16 Vgl. www.nationmaster.com/graph/hea_bir_by_cae_sec-helth-birth-by-caesarean-section (geöffnet 28.7.2010).
17 Mossialos, E., et al. (2005). An investigation of Cesarean sections in three Greek hospitals: The impact of financial incentives and convenience, *European Journal of Public Health, 15*, 288–295.
18 Weintraub, A. Physician, reveal thyself, *Business Week*, 12. Mai 2008.
19 News, *Business Week on Line*, 18. Juli 2005, www.businessweek.com/magazine/content/05_29/b3943037_mz011.htm (geöffnet 28.7.2010).
20 Fisher, E. S., et al. (2003). The implications of regional variations in medicare spending. Part 1: The content, quality, and accessibility of care, *Annals of Internal Medicine, 138 (4)*, 273–287.
21 Romains, J. (1923). *Knock, ou, Le triomphe de la medicine*. Paris: Gallimard.
22 Welch, H. G., et al. What's making us sick is an epidemic of diagnoses, *The New York Times*, 2. Januar 2007.
23 Foundation for Informed Medical Decision Making; www.fimdm.org (geöffnet 28.7.2010).
24 Groopman, J. (2007). *How Doctors Think*. Boston, MA: Houghton Mifflin Company.
25 Wurzbacher, T. (2007). *Your Doctor Said What? Exposing the Communication Gap*. Ontario, Canada: LifeSuccess Publishing,

Kapitel 4

1 Batra, R. (1988). *The Great Depression of 1990*. New York, NY: Simon & Schuster; dt.: *Die große Rezession von 1990. Überlebensstrategien – Wie Sie Ihr Kapital retten und zum Gewinner werden*. Heyne Verlag München, 1989.
2 Glassman, J. K. und Hassett, K. A. (1999). *Dow 36,000: The New Strategy for Profiting from the Coming Rise in the Stock Market*. New York, NY: Random House (das Zitat findet sich auf S. 140).
3 Elias, D. (1999). *Dow 40,000: Strategies for Profiting from the Greatest Bull Market in History*. New York, NY: McGraw Hill.
4 Kadlec, C. W. (1999). *Dow 100,000: Fact of Fiction*. New York, NY: Prentice-Hall.
5 Am 24. Juni 2008 fiel der Dow-Jones auf 11.453 Punkte. Das war ein niedrigerer Stand als das Hoch von 11.722 Punkten, das er vor achteinhalb Jahren, am 14. Januar 2000, erreicht hatte. So viel zur Vorhersage eines Wertes von 36.000!
6 Shiller, R. J. (2000). *Irrational Exuberance*. Princeton, NJ: Princeton University Press; dt.: *Irrationaler Überschwang. Warum eine lange Baisse an der Börse unvermeidlich ist*. Campus-Verlag, Frankfurt a. M. 2000.
7 Shiller, R. J. (2005). *Irrational Exuberance* (2. Aufl.). Princeton, NJ: Princeton University Press.
8 Hamel, G. (2000). *Leading the Revolution*. Boston, MA: Harvard Business School Press, p. 212.
9 Abbildung 3 zeigt einen wesentlich höheren Wert als 675 Dollar, weil sie sich auf den Goldpreis des konstanten Dollars 2006 bezieht.
10 Anfang Juli 2008 (als dieses Kapitel zum letzten Mal redigiert wurde), lag der Goldpreis bei ungefähr 935 Dollar pro Unze.

11 Siegel, J. J. (2002). *Stocks for the Long Run* (3. Aufl.). New York, NY: McGraw-Hill.
12 Dimson, E., Marsh, P., und Staunton, M. (2002).*Triumph of the Optimists: 101 Years of Global Investment Returns*. Princeton, NJ: Princeton University Press.
13 Beachten Sie, dass wir hier die Dividenden nicht reinvestiert haben und zu Grunde legen, dass wir uns an Fonds beteiligen können, die dem Dow-Jones-Index und dem NASDAQ folgen.

Kapitel 5

1 Malkiel, B. G., und Saha A. (2005). Hedge funds: Risk and returns, *Financial Analysts Journal, 61 (6)*, 80–88.
2 Kaplan, S. N., und Schoar, A.(2005). Private equity performance: Returns, persistence, and capital flows, *The Journal of Finance, 60 (4)*, 1791–1823.
3 Bird, S. The future of venture capital: Private equity gets more private, *Focus Venture*, 6. Januar 2004.
4 Malkiel, B. G. (1995). Returns from investing in equity mutual funds 1971 to 1991, *The Journal of Finance, 50 (2)*, 549–572.
5 Kosowski, R., et al. (2006). Can mutual fund »stars« really pick stocks? New evidence from a bootstrap analysis, *The Journal of Finance, 61 (6)*, 2551–2595.
6 Nitzsche, D., et al. (2006). *Mutual fund performance*, Working Paper, University of London, Cass Business School.
7 Graham, J. R., und Harvey, C. R. (1997). Market timing ability and volatility implied in investment newsletters' asset allocation recommendations, Working Paper 4890, National Bureau of Economic Research.
8 Jensen, M. (1967). The performance of mutual funds in the period 1945–1964, *The Journal of Finance, 23 (2)*, 389–416. Siehe auch Carhart, M. R. (1997). On persistence in mutual fund performance, *The Journal of Finance, 52 (1)*, 57–82.
9 Blake, C. R., et al. (1993). The performance of bond mutual funds, *The Journal of Business, 66 (3)*, 371–403.

Kapitel 6

1 Hammer, M., und Champy, J. (1993). *Reengineering the Corporation: A Manifesto for Business Revolution*. New York, NY: Harper Business; dt.: *Business Reengineering. Die Radikalkur für das Unternehmen*. Campus-Verlag, Frankfurt a. M. 1994
2 Abrahamson, E., und Fairchild, G. (1999). Management fashion: Lifecycles, triggers, and collective learning processes, *Administrative Science Quarterly*, 44, 708–740.
3 Peters, T., und Waterman, R. H. jr. (1982). *In Search of Excellence: Lessons from America's Best-Known Companies*. New York, NY: Harper & Row.
4 Collins, J., und Porras, J. (1994). *Built to Last: Successful Habits of Visionary Companies*. New York, NY: HarperBusiness.
5 Die Untersuchung begann 1983.
6 Popper, K. (1989). *Objective Knowledge: An Evolutionary Approach*. Oxford, UK: Clarendon Press.
7 Kim, C., und Mauborgne, R. (2005). *Blue Ocean Strategy: How to Create Uncontested Market Space and Make the Competition Irrelevant*. Boston, MA: Harvard Business School Press.
8 Foster, R., und Kaplan, S. (2002). *Creative Destruction: Why Companies that Are Built to Last Underperform the Market – and How to Successfully Transform Them*. New York, NY: Currency.
9 De Geus, A. (2002). *The Living Company: Habits for Survival in a Turbulent Business Environment*. Boston, MA: Longview Publishing.
10 Foster, R., und Kaplan, S. (2002). *Creative Destruction*. S. 9.
11 Collins, J. (2001). *Good to Great: Why Some Companies Make the Leap... and Others Don't*. New York, NY: HarperCollins; dt.: *Der Weg zu den Besten: Die sieben Management-Prinzipien für dauerhaften Unternehmenserfolg*. Dtv 2003

12 Joyce, W., Nohria, N., und Roberson, B. (2003). *What Really Works: The 4+2 Formula for Sustained Business Success.* New York, NY: HarperCollins; dt.: *Wie erfolgreiche Unternehmen arbeiten. Die 4+2-Formel für nachhaltigen Erfolg.* Schäffer-Poeschel, 2005.

13 Marcus, A. (2006). *Big Winners and Big Losers: The 4 Secrets of Long-Term Business Success and Failure.* Philadelphia, PA: Wharton School Publishing.

Kapitel 7

1 Schumpeter, J. (1942). *Capitalism, Socialism and Democracy.* New York, NY: Harper & Row, S. 83; dt.: *Kapitalismus, Sozialismus und Demokratie.* Tübingen: Francke, 2005 (8. Aufl.)

2 Zitiert nach Battelle, J. (2005). *The Search: How Google and Its Rivals Rewrote the Rules of Business and Transformed Our Culture.* New York, NY: Penguin.

3 Nayak, P. R., und Ketteringham, J. M. (1986). *Break-Throughs.* New York, NY: Rawson Associates.

4 Colvin, G. »Steve Jobs' bad bet: The visionary CEO didn't have enough faith in Apple's future«, *Fortune*, 5. März 2007.

5 Foster, R., und Kaplan, S. (2002). *Creative Destruction: Why Companies that Are Built to Last Underperform the Market – and How to Successfully Transform Them.* New York, NY: Currency.

6 Ricadela, A. »Google's newest role: Venture capitalist«, *Business Week*, 4. September 2007.

7 Komisar, R. (2000). *The Monk and the Riddle: The Education of a Silicon Valley Entrepreneur.* Boston, MA: Harvard Business School Press.

Kapitel 8

1 Bernstein, P. L. (1996). *Against the Gods: The Remarkable Story of Risk.* New York, NY: John Wiley & Sons, S. 15–16; dt.: *Wider die Götter – Die Geschichte von Risiko und Risikomanagement von der Antike bis heute.* München: Gerling Akademie Verlag 1997.

2 Wiseman, R. (2004). *The Luck Factor.* London, UK: Arrow Books.

Kapitel 9

1 Bavelas, J. B. (1973). Effects of the temporal context of information, *Psychological Reports*, 32, 695–698.

2 Makridakis, S., und Hibon, M. (1979). The accuracy of forecasts: An empirical investigation, *Journal of the Royal Statistical Society, Series A*, 142, 97–145.

3 Makridakis, S., und Hibon, M. (2000). The M3-competition: Results, conclusions and implications, *International Journal of Forecasting, 16 (4)*, 451–476.

4 Meehl, P. (1954). *Clinical versus statistical prediction: a theoretical analysis and a review of the evidence.* Minneapolis, MN: The University of Minnesota Press.

5 Siehe auch Sawyer, J. (1966). Measurement and prediction, clinical and statistical, *Psychological Bulletin, 66 (3)*, 178–200, und Kleinmuntz, B. (1990). Why we still use our heads instead of formulas: Toward an integrative approach, *Psychological Bulletin, 107 (3)*, 295–310. Ebenso Grove, W. M., et al. (2000). Clinical versus mechanical prediction. A meta-analysis, *Psychological Assessment, 12 (1)*, 19–30. Die Metaanalyse fasst die Ergebnisse von 136 Studien zusammen, die klinische und statistische Einschätzungen in einer Vielzahl von Umgebungen verglichen haben. Zusammenfassend wird festgestellt: »Wir konnten zur allgemeinen Überlegenheit der mechanischen Vorhersage keine systematischen Ausnahmen (oder zumindest eine maßgebliche Aquivalenz) ausfindig machen. Das gilt in Bezug auf die Allgemeinmedizin, psychische Erkrankungen und in der Erziehung. Dies gilt für medizinisch ausgebildete Richter wie für Psychologen. Es gilt gleichermaßen für junge und erfahrene Richter.«

6 Clemen, R. T. (1989). Combining forecasts: A review and annotated bibliography, *International Journal of Forecasting, (5)*, 559–583.

7 Surowiecki, J. (2005). *The Wisdom of Crowds.* New York, NY: Anchor Books; dt.: *Die Weisheit der Vielen. Warum Gruppen klüger sind als Einzelne*, Goldmann, 2007.

8 Simon, H. A., und Sumner, R. K. (1968). Patterns in music. In B. Kleinmuntz (ed.), *Formal Representation of Human Judgment*. New York, NY: Wiley, p. 220.

9 Aufschlussreiche Beispiele für dieses Prinzip sind die vielen Wettseiten, auf denen man Wetten auf verschiedene zukünftige Ereignisse wie Sportergebnisse und Wahlen abschließen kann. Die Wettquoten geben die Einschätzung vieler Menschen wieder; und im Durchschnitt sind diese recht treffsicher.

10 Eine interessante Analyse des Herdenverhaltens bei Prechter, R. R. jr., und Parker, W. D. (2007). The financial/economic dichotomy in social behavioral dynamics: The socionomic perspective. *Journal of Behavioral Finance, 8(2)*, 84–108.

Kapitel 10

1 Taleb, N. N. (2007). *The Black Swan: The Impact of the Highly Improbable*. New York, NY: Random House.

2 Diese Börsengeschichten basieren auf öffentlich zugänglichen Berichten. Wir haben trotzdem Namen und Orte verändert.

3 Mehr Informationen zu den letzten Erdbeben in Kalifornien und Nevada auf der Webseite: http://quake.usgs.gov/recenteqs/

4 Siehe Buchanan, M. (2001). *Ubiquity: The Science of History or Why the World is Simpler than We Think*. London UK: Phoenix.

5 Siehe http://neic.usgs.gov/neis/eqlists/eqstats.html

6 Greenspan, A. (2007). *The Age of Turbulence: Adventures in a New World*. New York, NY: The Penguin Press.

7 Siehe Daston, L. (1988).*Classical Probability in the Enlightenment*. Princeton, NJ: Princeton University Press.

8 Markowitz, H. (1952). Portfolio selection, *The Journal of Finance, 7 (1)*, 77–91. Bruno De Finetti, ein brillianter italienischer Mathematiker, hatte diese Idee bereits 12 Jahre früher in einem Heft eines italienischen Versicherungsmagazins formuliert. – Siehe De Finetti, B. (1940). Il problema dei «pieni» (Das Problem der Komplett-Versicherung), *Giornale dell' Instituto Italiano degli Attuari, 11 (1)*, 1–88.

9 Siehe Chesterton, G. K. (1908). *Orthodoxy*. Toronto, Canada: John Lane Company.

Kapitel 11

1 Kahneman, D., und Tversky, A. (1979). Intuitive prediction: Biases and corrective procedures, *TIMS Studies in Management Science, 12*, 313–327.

2 Gladwell, M. (2005). *Blink: The Power of Thinking without Thinking*. London, UK: Penguin Books. In dem Bericht eines 1992 in Athen abgehaltenen Kolloquiums, in dem 19 Experten zur Frage der Authentizität des Kouros Stellung nehmen, wird die große Unstimmigkeit zwischen den Fachleuten deutlich. (In Kapitel 12 gehen wir noch einmal auf die Intuition und den Getty-Kouros ein.)

3 Howe, M. J. A., et al. (1998). Innate talents: Reality or myth? *Behavioral and Brain Sciences, 21*, 399–407.

4 Gigerenzer, G., et al. (1999). *Simple Heuristics that Make Us Smart*. New York, NY: Oxford University Press.

5 Shaw, G. B. (1950). *Man and Superman: A Comedy and a Philosophy*. Bel Air, CA: Amereon Limited.

6 Bacon, F. (1994). *Novum Organum: With Other Parts of the Great Instauration*. Chicago, IL: Open Court. (Erstmals erschienen 1620.)

7 Ariely, D. (2008). *Predictably Irrational: The Hidden Factors that Shape Our Decisions*. New York, NY: HarperCollins.

8 Gigerenzer, G. (2002).*Calculated Risks: How to Know when Numbers Deceive You*. New York, NY: Simon & Schuster, S. 92; dt.: *Das Einmaleins der Skepsis. Über den richtigen Umgang mit Zahlen und Risiken*. Berlin Verlag, Berlin 2002).

9 Hogarth, R. M. (2006). Is confidence in decisions related to feedback? Evidence from ran-

dom samples of real-world behavior. In K. Fiedler und P. Juslin (ed.), *Information Sampling and Adaptive Cognition*. Cambridge, UK: Cambridge University Press.

10 Ericsson, K. A., et al. (1993). The role of deliberate practice in the acquisition of expert performance, *Psychological Review, 100 (3)*, 363–406.

11 Colvin, G. What it takes to be great: Research now shows that the lack of natural talent is irrelevant to great success. The secret? Painful and demanding practice and hard work, *Fortune*, 19. Oktober, 2006.

12 Csikszentmihalyi, M. (1997). *Creativity: Flow and the Psychology of Discovery and Invention*. New York, NY: Harper Perennial.

13 Kahneman, D., zitiert in: *Monitor on Psychology, 38* (9), Oktober 2007, S. 13.

Kapitel 12

1 Howard, J. W., und Dawes, R. M. (1976). Linear prediction of marital happiness, *Personality and Social Psychology Bulletin*, 2, 478–480.

2 Dawes, R. M., und Corrigan, B. (1974). Linear models in decision making, *Psychological Bulletin, 81 (2)*, 95–106.

3 Showers, J. L., und Chakrin, L. M. (1981). Reducing uncollectible revenue from residential telephone customers, *Interfaces, 11 (6)*, 21–34. Leider bieten die Autoren dieser Studie keine Details zu der von ihnen entwickelten Formel (so werden z. B. die Variablen nicht spezifiziert).

4 Einhorn, H. J. (1986). Accepting error to make less error. *Journal of Personality Assessment*, *50*, 387–395.

5 Grove, W. M., et al. (2000). Clinical versus mechanical prediction: A meta-analysis, *Psychological Assessment, 12 (1)*, 19–30.

6 Flyvbjerg, B., in Zusammenarbeit mit Cowi (2004). *Procedures for Dealing with Optimism Planning Bias in Transport*. The British Department of Transport, UK.

7 McNeil, B. J., et al. (1982). On the elicitation of preference for alternative therapies, *New England Journal of Medicine*, *306*, 1259–1262.

8 Blanchard, K. H., und Johnson, S., (2000). *The One Minute Manager*. New York, NY: Harper Collins Business; Hansen, M. V., und Allen, R. G. (2002). *The One Minute Millionaire: The Enlightened Way to Wealth*. New York, NY: Harmony Books; Johnson, S., und Candle Communications (1995). *The One Minute Father*. New York, NY: Collins; Johnson, S., und Candle Communications (1995). *The One Minute Mother*. New York, NY: Collins; Blanchard, K. H, Hudson, D., und Willis, E. (2008). *The One Minute Entrepreneur: The Secret to Creating and Sustaining a Successful Business*. New York, NY: Doubleday.

9 Ray, J. A. (2006). *The Science of Success: How to Attract Prosperity and Create Harmonic Wealth® Through Proven Principles*. Carlsbad, CA:. Sunark Press.

10 Ormerod, P. (2007). *Why Most Things Fail: Evolution, Extinction and Economics*. New York, NY:Wiley.

11 Herbold, R. J. (2007). *Seduced by Success: How the Best Companies Survive the 9 Traps of Winning*. New York, NY: McGraw-Hill.

12 Gladwell, M. (2005). *Blink: The Power of Thinking without Thinking*. London, UK: Penguin Books.

13 The Goulandris Foundation und das J. Paul Getty Museum (1993). *The Getty Kouros Colloquium: Athens, 25–27 May 1992*. Athen: Kapon Editions.

14 Tetlock, P. E. (2005). *Expert Political Judgment: How Good Is It? How Can We Know?* Princeton, NJ: Princeton University Press.

15 Siehe z. B. Damasio, A. R. (1994). *Descartes' Error: Emotion, Reason, and the Human Brain*. New York, NY: Avon; Bechara, A., et al. (1997). Deciding advantageously before knowing the advantageous strategy, *Science*, *275*, 1293–1295; sowie Slovic, P., et al. (2002). The affect heuristic, in T. Gilovich, D. Griffin, und D. Kahneman (ed.). *Intuitive Judgment: Heuristics and Biases*. New York, NY: Cambridge University Press.

16 Siehe auch Hogarth, R. M. (2001). *Educating Intuition*. Chicago, IL: The University of Chicago Press.

Kapitel 13

1 White, A., 2007, vgl. www.le.ac.uk/pc/aw57/world/sample.html
2 Diener, E., und Seligman, M. (2004). Beyond money: Toward an economy of wellbeing, *Psychological Science in the Public Interest, 5 (1)*, 1–31.
3 Kahneman, D., et al. (2006). Would you be happier if you were richer? A focusing illusion, *Science, 312 (5782)*, 1908–1910; Diener, E. (1984). Subjective well-being, *Psychological Bulletin, 95*, 542–575; Layard, R. (2005). *Happiness: Lessons from a New Science*. New York, NY: Penguin.
4 Layard, *Happiness: Lessons from a New Science*.
5 Seligman, M. E. P. (2002). *Authentic Happiness: Using the New Positive Psychology to Realize Your Potential for Lasting Fulfillment*. New York, NY: Free Press.
6 Easterlin, R. E. (1974). Does economic growth improve the human lot? Some empirical evidence. In P. A. David und M. W. Reder (ed.), *Nations and Households in Economic Growth: Essays in Honour of Moses Abramowitz*. New York, NY: Academic Press.
7 Layard, *Happiness: Lessons from a New Science*. Der Vollständigkeit halber möchten wir hinzufügen, dass einige aktuelle Arbeiten zu ebensolchen Ergebnissen gekommmen sind, ganz besonders zu den Schlussfolgerungen, die unsere Grafik zur Lebenszufriedenheit im Verhältnis zum BIP pro Kopf beschreibt. Die statistischen Fragen, die diese aktuelle Studie aufwirft, sind eine Herausforderung, sodass es unserer Einschätzung nach einige Zeit dauern wird, bis die »korrekte« Relation zwischen Zufriedenheit und Einkommen verstanden ist. Siehe B. Stevenson und J. Wolfers, *Economic Growth and Subjective Well-being: Reassessing the Easterlin Paradox*, Working Paper, University of Pennsylvania, Mai 2008.
8 Offer, A. (2006). *The Challenge of Affluence: Self-Control and Well-Being in the United States and Britain since 1950*. New York, NY: Oxford University Press.
9 Oswald, J. A. (1997). Happiness and economic performance, *Economic Journal, 107 (445)*, 1815–1831.
10 Kahneman, D., et al. (2004). A survey method for characterizing daily life experience: The day reconstruction method, *Science, 306 (5702)*, 1776–1780.
11 Kahneman, A survey method for characterizing daily life experience.
12 Kahneman, A survey method for characterizing daily life experience.
13 Seligman, *Authentic Happiness*, S.3 f.
14 Seligman, *Authentic Happiness*, S. 10.
15 Steptoe, A., et al. (2005). Positive affect and health-related neuroendocrine, cardiovascular, and inflammatory processes, *Proceedings of the National Academy of Science of the United States, 102 (18)*, 6508–6512.
16 Veenhoven, R. (Hg.) (1989). *How Harmful Is Happiness? Consequences of Enjoying Life or Not*. Universitaire Pers Rotterdam.
17 Rablen, M. D., und Oswald, A. J. (2007). *Mortality and immortality*. University of Warwick Discussion Paper No. 2560.
18 Redelmeier, D. A., und Singh, S. M. (2001). Longevity of screenwriters who win an academy award: a longitudinal study, *British Medical Journal, 323 (7327)*, 1491–1496.
19 Lyubomirsky, S. (2008). *The How of Happiness: A Scientific Approach to Getting the Life You Want*. New York, NY: The Penguin Press.
20 www.reflectivehappiness.com
21 Farahmand, B., at al. (2008). Golf: a game of life and death – reduced mortality in Swedish golf players, *Scandinavian Journal of Medical Science in Sports*, Online-Ausgabe 28. Mai 2008.
22 Norem, J. K. (2002).*The Positive Power of Negative Thinking: Using Defensive Pessimism to Harness Anxiety and Perform at Your Peak*. New York, NY: Basic Books; dt.: *Die positive Kraft negativen Denkens*, Scherz, 2002.
23 Csikszentmihalyi, M. (1997).*Creativity: Flow and the Psychology of Discovery and Invention*. New York, NY: Harper Perennial.
24 Csikszentmihalyi, M. (1990). *Flow: The Psychology of Optimal Experience*. New York, NY: Harper & Row.

25 Gilbert, D. (2006). *Stumbling on Happiness.* New York, NY:Vintage Books; dt.: *Ins Glück stolpern: Suche dein Glück nicht, dann findet es dich von selbst*, Goldmann, München 2008.
26 Ubel, P., et al. (2001). Do nonpatients underestimate the quality of life associated with chronic health conditions because of a focusing illusion? *Medical Decision Making*, *21*, 190–199.
27 Siehe dazu Pam Bellock. Looking for happiness? It may be very near; when the heart sings, part of the cortex gets busy, *The New York Times*, 24. Juli 1999.
28 Strack, F., Martin, L. L., und Schwarz, N. (1988). Priming and communication: Social determinants of information use in judgments of life satisfaction, *European Journal of Social Psychology, 18 (5)*, 429–442.
29 Juster, F. T. (1985) in: F. Juster und F. Stafford (Hg.), *Time, Goods, and Well-Being.* Ann Arbor, MI: Institute for Social Research, 397–414; Flood, L. (1997). *Household, Market, and Nonmarket Activities; Procedures and Codes for the 1993 Time-Use Survey, Vol.* VI. Uppsala Univ. Dept. Economics, Uppsala.
30 Wallis, C., The new science of happiness, *Time*, 9. Januar 2005.
31 Powdthavee, N. (2008). Putting a price tag on friends, relatives, and neighbors: Using surveys of life satisfaction to value social relationships. *Journal of Socio-Economics, 37 (4)*, 1459–1480.
32 Siehe Gardner, J., und Oswald, A. (2006). Do divorcing couples become happier by breaking up? *Journal of the Royal Statistical Society: Series A, 169(2)*, 319–336.

Anhang B

1 Falls es Sie interessiert: Statistiker rechnen die Standardabweichung als Quadratwurzel der Durchschnittssumme der quadrierten Differenzen zwischen jedem Wert und dem Durchschnitt aller Werte. Aber eigentlich müssen Sie nur wissen, dass die Standardabweichung die Streuung im Verhältnis zum Mittelwert von Klaus' Fahrtzeiten angibt und dass sie bei seinen Zeiten nahe an der 3 liegt.
2 Die Daten »Daily Closing Values of the DJIA in the United States, 1885 to Present« wurden zugänglich gemacht von Samuel H. Williamson unter www.measuringworth.com
3 In *The Black Swan* hinterfragt Nassim Nicholas Taleb kritisch den Einsatz der Normalverteilung in den Finanz- und Sozialwissenschaften, die hier seiner Meinung nach nicht zur Realität passt. Vgl. Taleb, N. N. (2007). *The Black Swan: The Impact of the Highly Improbable.* New York, NY: Random House.
4 Anderson, C. (2006). *The Long Tail: How Endless Choice is Creating Unlimited Demand.* New York, NY: Random House Business Books.

Register

Dank

Bei der Arbeit an diesem Buch haben wir von Beginn an von zahlreichen Einzelpersonen und Organisationen vielseitige Unterstützung erhalten. Kollegen und Freunde haben Entwürfe dieses Buches gelesen, uns dazu animiert, unsere Gedanken, Beispiele und Ausführungen noch deutlicher herauszuarbeiten, und viele hilfreiche Vorschläge geliefert. Zu ihnen gehören Fred Collopy, Gerd Gigerenzer, Reid Hastie, Bob Herbold, Tassos Karagiannis, Manfred Kets de Vries, Tomás Lejarraga und Emre Soyer sowie Grace Hung, Chris Lobello und andere Leser des CLSA. Anmerkungen von Irina Cojuharenco, Spyros Efstathopoulos, Natalia Karelaia, Gueorgui Kolev, George Koumbas, Litsa Panagiotopoulou, Carmen Pi-Sunyer und Eric Thomson sind in diese Arbeit mit eingegangen. Der größte Dank geht an Elin Williams, die nicht nur unsere Schreibversuche in großem Umfang verbessert hat, sondern uns auch bei vielen Fragen geholfen hat – und das immer gut gelaunt.

Dieses Buch wurde an verschiedenen Orten geschrieben: Athen, Barcelona, Fontainebleau und Singapur. Drei intensive Wochen waren wir gemeinsam für ein Projekt der INSEAD in Singapur tätig und möchten dieser Institution für die Unterstützung danken, besonders dem Centre for Decision Making and Risk Analysis (CDMRA), das auch während der Arbeit an dem Projekt finanzielle Mittel zur Verfügung gestellt hat. Spyros Makridakis dankt der John S. Latsis Public Benefit Foundation für die kontinuierliche Unterstützung. Robin Hogarth dankt dem spanischen Ministerio de Educación y Ciencia für die finanzielle Hilfe.

Und schließlich möchten wir uns bei Mike Harpley und dem Oneworld-Team dafür bedanken, dass sie sich mit solcher Hingabe unserem Projekt gewidmet haben.